编辑委员会

魏礼群　李　韬　总主编

新型社会治理智库丛书·创新案例系列

中国社会工作与社会治理

创新案例与评价

李　韬◎主　编

朱　瑞◎副主编

北京师范大学中国社会管理研究院
中国社会工作联合会 ◎组织编写

人民出版社

目 录

序 言 ·· 001

绪 论 ·· 001

党建引领社会治理篇

江苏省无锡市:党建引领多元共商小区电梯加装 ···················· 012

四川省成都市:党建引领社区"平安"与"幸福"双线融合治理 ····· 019

北京市顺义区:"红色力量"共创绿色家园行动 ······················· 030

广西壮族自治区贵港市:以"红格善治工程"加强网格治理党建引领 ···· 036

山东省临沂市:选好用好"兵支书" 培育基层治理"领头雁" ····· 042

山东省潍坊市:"美好社区·幸福家园"绘就党建引领基层治理新图景 ···· 048

上海市松江区:全域党建引领青年发展型街道治理 ················ 054

四川省成都市:与业务相融合的社会组织党建探索 ················ 062

天津市北辰区:以"一核多圈、多委合一"创新党建引领新路径 ···· 068

浙江省杭州市:党建引领园区社区化治理新模式 ···················· 075

基层治理创新发展篇

湖南省长沙市:破解商品房小区物业纠纷的实践经验 ············ 082

江苏省无锡市:以"五库双循环"破解社会慈善资源运营难题 ···· 090

广东省广州市:以全域服务治理大力提升老旧社区品质 ········· 098

广东省深圳市:"334"工作法助力城市老旧小区环境治理 ······· 103

广东省深圳市：社会心理服务体系建设的"福城模式" …………………… 111

重庆市大渡口区：以新"三治"解决破产企业职工社区治理难题 …………… 119

四川省成都市：多措并举全面整治老旧院落 ………………………………… 125

社会工作体制机制建设篇

江苏省苏州市：街道级社会工作站助推社区治理创新探索 ………………… 132

北京市：红枫失独家庭心理关爱计划在行动 ………………………………… 139

广东省中山市：运用社会生态系统理念推进残疾人辅助性就业 …………… 144

湖北省监利市：多部门联动有效化解婚姻家庭矛盾 ………………………… 152

广东省佛山市：社区精神康复服务模式下的残疾人社会工作行动研究 …… 159

河北省肃宁县：以"5341"工作法推进信访工作法治化 …………………… 167

山东省济南市：新旧动能转换起步区社工人才队伍建设 …………………… 175

山东省日照市：加强队伍建设布局社会工作"人才雁阵" ………………… 181

陕西省宝鸡市：社工介入儿童青少年心理健康服务实践 …………………… 188

社会治理基层自治互助篇

江苏省昆山市：三重空间互构实现未成年人充权与家庭关系改善 ………… 198

浙江省宁波市："共享奶奶"打造社会互助系统新模式 …………………… 205

山东省淄博市："社工+邻里互助" 打造养老志愿服务新模式 …………… 212

浙江省海宁市：构建"乡帮人"互助体系助力社区治理 …………………… 218

浙江省嘉善县：打造"五和众议" 助推村级民主协商再上新台阶 ……… 224

社会治理数字赋能篇

广东省佛山市："立体式智治模式"助推基层治理现代化 ………………… 232

山东省济宁市：以"数治网格"构建基层社会治理新格局 ………………… 239

北京市：互联网法院构建数据权益巡回审判机制促进数据市场规范运行 … 245

江苏省常州市："民生晴雨"助力基层一图智治 …………………………… 250

浙江省杭州市：创建全量信息视图　打造社会治理智能塔基 ……………………… 256

社会治理多元主体共治篇

安徽省芜湖市：创新航运综合治理模式　助力江海联运高质量发展 ……………… 264

北京市朝阳区：以"朝阳群众"为切入点拓展基层治理局面 ………………………… 271

湖北省武汉市：志愿服务与基金建设双轮驱动社区发展 …………………………… 278

湖南省张家界市："旅游医生"助力景区安全治理 …………………………………… 284

浙江省宁波市："甬学安"校园矛调新解法筑牢平安根基 …………………………… 289

重庆市北碚区："寻幽入微"乡村助老服务新方法 …………………………………… 296

社会组织高质量发展篇

浙江省嘉兴市：以"城市主理人"加强社会治理共同体建设 ……………………… 306

江苏省无锡市：社会组织社区基金双向赋能　构建基层治理共同体 …………… 312

江苏省太仓市：养老社会组织高质量发展的县域路径 …………………………… 318

北京市大兴区：大兴枫华参与基层治理的创新实践 ……………………………… 328

山东省济南市：社区社会组织参与基层治理的创新实践 ………………………… 335

四川省成都市：构建"1368"服务模式　助力社区社会组织发展 ………………… 343

县乡社会治理现代化篇

江苏省睢宁县：新时代坚持和发展"枫桥经验"的睢宁实践 ……………………… 350

湖北省崇阳县：创新农村基层治理的新探索 ……………………………………… 356

安徽省南陵县：以"周郎法治"助推文化赋能基层社会治理 ……………………… 362

贵州省荔波县："两约四议三提醒"的乡村善治实践 ……………………………… 369

四川省成都市："在地光芒行"公益慈善行动助推街域治理 ……………………… 374

福建省泉州市："'老叮'—耆绿地"助力乡村老年人社区参与 …………………… 379

后　记 ………………………………………………………………………………… 387

序　言

　　社会工作和社会治理是党和国家工作的重要组成部分,事关党长期执政和国家长治久安,事关社会和谐稳定和人民幸福安康。在进一步全面深化改革、推进中国式现代化的新形势下,社会工作参与社会治理尤为重要。社会工作以专业的理论和技术,致力于解决社会问题、化解社会矛盾、维护社会公正、促进社会和谐、提升民众福祉,在社会治理体系中发挥着独特且不可或缺的作用。习近平总书记指出,社会治理是一门科学。要着力推进社会治理系统化、科学化、智能化、法治化,深化对社会运行规律和治理规律的认识,善于运用先进的理念、科学的态度、专业的方法、精细的标准提升社会治理效能,增强社会治理整体性和协同性,提高预测预警预防各类风险能力,增强社会治理预见性、精准性、高效性,同时要树立法治思维、发挥德治作用,更好引领和规范社会生活,努力实现法安天下、德润人心。党的十九大提出,要打造共建共治共享的社会治理格局;党的二十大再次提出健全共建共治共享的社会治理制度,提升社会治理效能,强调坚持党建引领,多元主体参与,为畅通和规范社会工作参与社会治理的途径,促进社会工作服务机构与政府、企业、其他社会组织协同合作提供了难得机遇。我们应当乘势而上,顺势而为,建立更加顺畅、更加有效的社会工作参与社会治理的沟通协调机制。

　　2024 年 11 月,习近平总书记对社会工作作出重要指示,指出当前我国社会结构正在发生深刻变化,尤其是新兴领域迅速发展,新经济组织、新社会组织大量涌现,新就业群体规模持续扩大,社会工作面临新形势新任务,必须展现新担当新作为。要求社会工作坚持以习近平新时代中国特色社会主义思想为指导,全面贯彻党的二十大和二十届二中、三中全会精神,坚持以人民为中心,践行新时代党的群众路线,坚定不移走中国特色社会主义社会治理之路。习近平总书记关于社会工作的重要指示,为做好新形势下的社会工作、创新社会治理指明了前进方向,提供了根本遵循。刚刚闭幕的首次中央社会工作会议,对社会工作进行了全面部署,明确了新时代社会工作的方向和任务,提出了具体的实施路径和保障措施,在我们党的社会工作历史上具有里程碑式的重要意义。第十五次全国民政会议对做好民政民生工作也做了全面部署,聚焦"一老一小"等基层民众的所思所想所盼,提出了明确要求,布置了具体任务。服务民政民生需求是基本而重要的社会工作,是我们义不容辞的责任。我们要一并认真学习,抓好落实,奋力开创新时代社会工作新局面。

当前我国社会结构正在发生深刻变化，尤其是新兴领域迅速发展，这给社会工作和社会治理带来了新挑战。坚定不移走中国特色社会主义社会治理之路，推动新时代社会工作高质量发展，是我们的历史使命和重大责任。这就要求社会各界必须形成合力共同推进，要发挥社会工作在社会治理中的重要作用，紧密联系实际，紧扣中国国情，聚焦现实问题，总结典型案例，推进社工理论和实践创新发展，在各地丰富多彩的创新实践中总结提炼具有中国特色和时代特征的经验模式，实现社工理论中国化。

为此，北京师范大学中国社会管理研究院与中国社会工作联合会共同举办首届"全国社会工作和社会治理创新"典型案例征集活动，这是学习贯彻党的二十大和二十届三中全会精神，学习贯彻习近平总书记关于社会工作和社会治理的重要论述的具体行动。本次案例征集活动圆满成功，全国有 25 个省（区、市）踊跃参与案例评选，投稿案例多达 600 个，经过数月好中选优、优中选强，最后评选出 54 个优秀案例和 70 个入围案例。虽然是首次举办，但社会各界高度关注，积极踊跃，呈现出以下特点：一是案例丰富。党政机关、科教机构、社会组织等单位积极申报，社会动员充分、覆盖面较广。二是类型多样。有党建引领社会治理、基层治理创新发展、社会工作体制机制建设、社会治理基层自治互助、社会治理数字赋能、社会治理多元主体共治、社会组织高质量发展、县乡社会治理现代化 8 个主题。三是评审严谨。评审专家在评审过程中严格把关、工作认真细致，无论是评审指标设置、专家评价还是后期的现场评审，都做到了严格规范。四是质量很高。这些优秀案例和入围案例，既有理论性又有实践性，既有创新性又有典型性，不仅展现了各地社会工作和社会治理的新面貌，也反映了我国基层社会蓬勃发展的新景象，值得社会各界关注和研究。

社会工作和社会治理中的大量工作，都是看似柴米油盐酱醋茶般的日常小事、琐事，却是老百姓的难事，直接关系到人民群众的获得感、幸福感、安全感，正是基层党和国家的大事，真正做实做好做到位，才能守住人民的心！让我们在习近平新时代中国特色社会主义思想指引下，以人民群众为中心，树立服务就是最好的社会治理的理念，坚持党建引领社会工作和社会治理，不断深化社会工作与社会治理改革创新，努力健全社会工作服务体制机制，不断完善社会治理体系，为实现中国式现代化，为民族复兴强国建设贡献智慧和力量。

陈存根

中央国家机关工委原副书记

中国社会工作联合会会长

2025 年 2 月

绪　论

习近平总书记在主持二十届中央政治局第十九次集体学习时指出："要完善社会治理体系、健全社会工作体制机制，建设人人有责、人人尽责、人人享有的社会治理共同体。"在社会快速发展与变革的大背景下，社会工作与社会治理均被赋予了不可估量的时代意义，二者紧密交织，共同为社会的稳健发展保驾护航。社会治理是应对复杂社会变迁的关键方略。在全球化与国内改革的双重催化下，社会结构碎片化、利益诉求多元化、矛盾冲突显性化等问题纷至沓来。社会治理现代化所构建的协同格局，犹如一张精密且强韧的大网为社会稳定保驾护航。社会治理已成为国家繁荣稳定、人民安居乐业的关键基石。在目前的发展阶段，社会工作与社会治理的协同共进显得尤为关键。社会工作致力于解决社会问题、促进社会公正、提升民众福祉，在社会治理体系中发挥着不可或缺的作用。社会工作的专业理念和方法为社会治理模式创新提供了思路。着眼于未来的发展趋势，我们需要建立更有效的社会工作与社会治理协调联动机制。

一、案例活动基本情况

首届"全国社会工作和社会治理创新"典型案例征集活动由北京师范大学中国社会管理研究院和中国社会工作联合会联合发起，新华社《半月谈》杂志社、人民出版社、《社会治理》期刊联合支持，旨在深入贯彻落实党的二十大和二十届三中全会精神与习近平总书记关于社会工作和社会治理的重要论述，推动社会工作与社会治理的深度融合，在全国范围选树社会工作与社会治理创新发展典型，加快推进社会工作与社会治理高质量发展，助力中国式现代化建设。

本案例征集活动于 2024 年 3 月正式启动，主要围绕社会工作和社会治理两大重点领域，涵盖党建引领社会治理、基层治理创新发展、社会工作体制机制建设、社会治理基层自治互助、社会治理数字赋能、社会治理多元主体共治、社会组织高质量发展、县乡社会治理现代化 8 个类型方向。可以说是目前社会工作范畴内首次涵盖内容比较全面的案例征集活动，活动得到了全社会的高度重视与大力支持，至 2024 年 6 月 3 日，共收到投稿案例 583 篇，经过初筛，502 个案例通过，81 个未通过（包含无盖章、缺少申报表等情况）。投稿单位来自全国 25 个省（区、市），其中经济社会较发达地区案例数量较多，如浙江省、江苏省、山东省案例数量超过 50 个，四川省、北京市超过 20 个。参加案例征集的单位含党政机构、高校科研机构、社会组织等各类主体，案例来源的广泛性较好。

案例经过初筛后进入复审流程，主要是对案例的完整性与政治性进行审核，评审组根据评审标准，作出是否通过的判断。2024 年 6 月 4 日，主办方组织召开案例复审会，共有 11 位来自相关学科的专家参加，分三组同时进行，对通过初审的 502 个案例进行复审。最终，共 241 个案例通过。对这 241 个案例进行重新分类统计后，主要呈现出 8 个类型的案例，其主题和数量分别是党建引领社会治理 35 个、基层治理创新发展 73 个、社会基层自治互助 14 个、社会治理数字赋能 24 个、社会工作体制机制建设 23 个、社会治理多元主体 26 个、社会组织高质量发展 16 个、县乡社会治理现代化 30 个。通过初审的案例的完整程度较好，基本包括了主要背景、具体做法、经验成效与反思等内容。

之后进入后续评审环节。2024 年 6 月到 7 月，主办方邀请来自高校、科研机构、国家机关等单位的 16 位专家参与评审工作。评分标准按照"1+6"原则进行制定，具体指标为："1"是案例的政治性，此项为案例选题立意的方向性与政治性，本项不计分为一票否决；"6"是案例评选的六个维度，分别是科学性、有效性、完整性、创新性、示范性与推广性，这六个维度围绕案例评价形成"六边形"案例评价体系（图 1）。案例的科学性占 10 分，指"申报案例须已完成资料收集、分析预估、服务计划等工作，正在或已完成实施"；案例的有效性占 30 分，指"提交的材料中案例做法真实有效、案例中的具体做法具备应用价值、案例经验做法的可操作性"；案例的完整性占 20 分，指"提供的案例报告较为完整、提供的案例分析较为深入、提供的案例报告可以收录进案例选"；案例的创新性占 20 分，指"基于一线经验、提供具有创新经验的治理做法、典型做法有一定的理论意义、具备创新机制研究与分析"；案例的示范性占 10 分，指"在本领域或同类案例中具有一定的借鉴和示范意义"；案例的推广性占 10 分，指"可有效发挥先进典型的示范引领和辐射带动作用"（图 2）。根据"1+6"原则，最终选拔一定数量案例进入后续答辩环节。通过"六边形"案例评价体系，选拔工作严格把控了案例质量，为后续工作奠定了基础。

为规范案例评审程序并进一步验证案例质量，2024 年 9 月 7 日，主办方组织首届"全国社会工作和社会治理创新"典型案例答辩会，答辩分线上线下进行。共 64 家案例单位参加了当天线下的案例答辩活动。答辩历时 1 天，经过专家评选，共评选出 54 个优秀案例和 70 个入围案例。

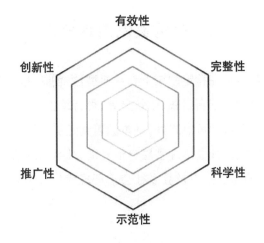

图 1　"六边形"案例评价体系

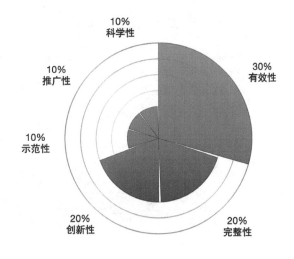

图 2　案例评分标准占比构成

　　本次案例征集及评审活动有四个特征：一是案例来源丰富，有来自全国省（区、市）和各类机构的投稿，社会动员强、覆盖面较广；二是案例类型多元，涉及了八大主要社会工作与社会治理类型，其中常态领域与应急领域、经典议题与新兴问题都有涉及；三是案例把关严格、评选工作细致严谨，整体案例评审，无论从指标设置、操作流程还是案例价值开发，都相当规范；四是优中选优、求真务实。本次活动的入围案例经验经得起考验与检视，既有理论性又有实效性。本次案例评选是"以赛代练"，投稿单位在活动参与的过程中，不仅呈现了自己工作的方式方法与独特价值，也实现了经验到理论的提炼与转化，相信通过参加本次评选活动，各单位的实践创新能力会进一步得到提升。

二、优秀案例内容分析

获评的优秀案例基本是在特定领域下具有典型性、创新性、有效性和可推广性的实际事例，并且具备目标精准、创新实践、成效显著、可持续性等条件。本书中所收录的优秀案例在不同的方面都有可圈可点之处，基本涵盖党建引领社会治理、基层治理创新发展、社会工作体制机制建设、社会治理基层自治互助、社会治理数字赋能、社会治理多元主体共治、社会组织高质量发展以及县乡社会治理现代化等主题。54 个优秀案例主题及数量分布见图 3。

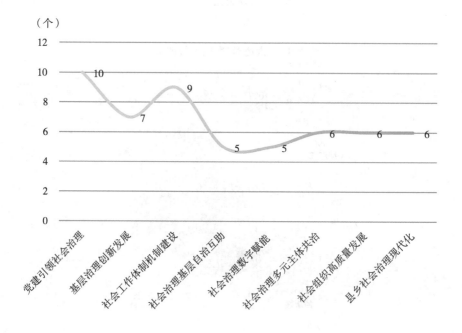

图 3 优秀案例主题及数量分布

党建引领社会治理方面的优秀案例数量较多，整体体现了基层实践中"深度融合党建与民生，构建和谐发展新格局"的趋势。在社会治理创新中，围绕着党建引领与完善治理结构的案例相对成熟。在社会发展的进程中，党建工作与民生问题紧密相连，犹如车之两轮、鸟之双翼，缺一不可。将党建工作切实落到实处，以党建引领为核心驱动力，精准发力解决民生问题，不仅是践行党的根本宗旨的必然要求，更是夯实党的执政基础、提升党的执政能力、实现社会长治久安与人民幸福安康的关键所在。例如：江苏无锡的党建引领多元共商小区电梯加装的安全、业务相融合的社会组织党建探索，体现了党建在社会治理中的核心与引领作用。四川成都围绕党建工作重心，开展党建引领下的筑牢片区平安"底线"和提升居民幸福"高线"双线融合社区治理创新项目,铸就幸福之城。广西贵港创新实施党建引领网格治理"红格善治工程",以党建"一根针"串起网格治理"千条线",达到增强整体效能的基层社会治理新模式。山东潍坊强化党建统领,形成了"服务有感"、"治理有效"、"统领有力"的党建引领基层治理的良好格局。上海松江树立了特大城市基层治理的样本,通过全域党建,突破区域、层级、行业、部门等界限,逐步构建全域统筹、多方联动、集群发力、共建共享的党建工作新格局。

基层治理创新发展中的"创新性"体现在多个方面,其中重要的一个创新作用体现在可以提升公共服务质量和及时化解基层矛盾。基层治理创新可以精准对接群众需求,可以更好地了解居民的需求和诉求,从而提供更加精准、个性化的公共服务。比如深圳用"334"工作法助力城市老旧小区的环境治理、四川成都全面整治老旧院落,都是创新工作方式方法,及时解决群众关心的问题。同时,治理创新还有助于解决实际问题和矛盾,湖南长沙有些小区受困于商品房小区的物业纠纷问题,政府部门和法院运用"诉源治理"解决了其中的问题,构建了法院参与基层社会治理的路径与经验。创新是治理的灵魂,创新基层治理模式能够加强政府与社会之间的沟通与协作,形成政府、社会、居民共同参与的治理格局。政府可以更好地了解民意、汇聚民智,提高决策的科学性和民主性,同时也增强了居民对政府的信任和支持。江苏无锡创新"五库双循环"慈善资源链接框架和"内外双循环"机制,以社区需求为导向实现多元主体合作共治,提高了资源整合效能。广东广州创新老旧社区治理方法,通过硬件改造、服务迭代、留住记忆等方式,系统探索社区服务新模式,在推进全域服务治理初步实现系统化、全区域化,并取得积极成效。重庆大渡口通过抓住社区主要居住群体为破产企业职工这一切入点,创新开展社区"艺治"活动,引导退休党员、流动党员融入志愿服务活动中,激发社区治理参与者智慧与力量,提供更加多样化的公共服务。

在社会工作体制机制建设方面,社会工作者关注社会弱势群体的权益,倡导社会公平正义,推动社会政策的制定和完善,促进社会的进步和发展。例如,北京市红枫中心致力于失独家庭的心理关爱,有112位失独老人参与了活动。红枫的失独关爱工作以哀伤疗愈为核心,红枫模式的创新性在于打破一般心理干预中"不求不助"的原则,主动伸出援手帮助有需要且愿意接受帮助的人,更新了社区工作者的关爱理念,也为失独家庭构建了更为友好的社区环境。同时,社会工作者还善于回应各类务实的社会问题,运用专业知识和方法,针对各种社会问题开展工作,如贫困、失业、心理健康等。如广东中山运用社会生态系统理念推进残疾人辅助性就业,陕西宝鸡的社工介入儿童青少年心理健康服务实践,这些都是通过扎实的社工工作来缓解服务对象在生活中遇到的各种困难,同时去发掘服务对象的潜能,增强其自身能力。江苏苏州斜塘街道社工站实施多种措施,通过社会组织的内外联动、社会工作站室的推动、人才储备和载体建设等增强了社区凝聚力和居民参与度。湖北监利的社会组织"蓝天下妇女儿童维权协会"关注家庭暴力问题,在深入剖析反家暴工作中痛点难点的基础上,打破了部门、信息和流程壁垒,完善和提升了家暴治理体系和能力,运用专业手段探索防治家暴的善治良方。广东佛山围绕精神障碍患者的服务主题,成立社区精神康复社工项目,建立"社工+预防医生+社区干部+监护人"的四位一体管理服务团队,落实对严重精神障碍患者救治救助的相关工作。河北肃宁创新构建"5341"工作法推进信访工作法治化发展,有效预防和化解了社会矛盾,提升了政府公信力和人民的满意度等。

在诸多优秀案例中,社会治理基层自治互助现象充分体现。基层自治有利于激发群众的积极性和创造力。基层群众是社会治理的直接参与者和受益者,通过参与基层自治,能够充分发挥他们的智慧和力量,共同解决基层社会问题,推动社区或村庄的发展。发挥基层的自治亦有利于提高社会治理的效率和质量,基层自治组织贴近群众,能够及时了解群众的需求和诉求,快速做出反应,解决问题。基层群众的参与也能够增强社会治理的合法性和有效性,提高社会治理的质量。山东淄博市"社工+邻里互助"模式,有效地整合了社区资源,提高了养老服务的及时性和有效性,这表明依托社区资源和邻里互助的模式具有较高的适应性和灵活性。浙江宁波建立"共享奶奶"志愿服务团队,既解决了孩子们的接送和照料问题,还为社区内的老年人提供了重新发挥社会价值的机会,构建互助共赢的社会支持网络。浙江海宁构建"乡帮人"互助体系,以挖掘骨干、组建"乡帮人"志愿队伍为轴线,摸底社区居民的优点与特长,整合社区居民资源,增进居民的互助意识。浙江嘉善打造"五和众议"模式,结合了中国传统文化与现代治理理念,形成了具有地方特色的民主协商路径,不仅提高了村民的满意度和幸福感,还增强了基层组织的凝聚力和执行力。

数字社会治理是指运用数字技术和信息化手段,对社会事务进行全面、高效、精准的管理和服务,以促进社会和谐与稳定发展。我们已经进入数字经济时代,因应时代发展潮流,如何与时俱进推进社会治理的数字化进程是一个重要议题。案例中有20余个关于"数字社会治理"的创新案例,其中有5个获评优秀案例。广东佛山的朗沙社区以"诚信"为核心价值,以数字化为支撑,多元联动,探索建立一种"立体式智治模式",提升基层治理能力。其中,针对钟村经济社内的40多栋出租屋进行诚信评级,实行"红、黄、绿"三色图标管理,治理成效明显。此外,浙江杭州"社会治理全量信息社图",通过对数据资源的整合、数字模型的建构,实现了数据共享并提升了数字治理效能。山东济宁打造"数治中都"综合服务管理平台,成立"1+1"专职网格员队伍,健全"嘟来办"事件处理机制,充分发挥多网联动作用,将矛盾纠纷化解在基层。北京互联网法院构建数据权益巡回审判机制,与多个职能部门合作,实现了司法与行政的协同,提高了司法服务的效率和体验。江苏常州的"民生晴雨"数字治理项目,构建数字治理"全景图",整合了检察办案、投诉举报、政务协同及公共管理四类数据,响应了社会治理现代化的需求,通过数字赋能法律监督,提升了群众的安全感、幸福感和获得感。

共建共治共享是我国社会治理的核心理念和重要实践路径,体现了以人民为中心的发展思想,对于推进国家治理体系和治理能力现代化具有重要意义。多元主体共治是社会治理的重要理念和模式,强调政府、企业、社会组织、公民等多个主体共同参与社会治理过程,形成协同合作的治理格局。6 个优秀案例体现出了多元主体共建共治共享,如安徽芜湖通过一站式政务服务大厅的建立,推动了长江黄金水道航运审批融合,极大地提升了航运政务服务质量。芜湖案例在航运的服务模式、系统整合与事项标准制定方面都进行了创新,实现航运产业链上下游协同联动,引入航运协会、船员俱乐部等社会机构和民间协会组织入驻,打造真正的产业闭环。北京朝阳探索出一系列政府与群众有效协同的多元化基层治理创新做法,建立相关机制,吸纳人大代表、政协委员、"金领"、"白领"、房屋中介、外卖小哥等力量参与基层社会治理,构建以"朝阳群众"为品牌的基层治理体系,在维护政治社会安全稳定、提升群众安全感满意度、快速响应群众诉求为民解忧、提高群众主人翁意识等方面取得了显著成效。湖北武汉将志愿服务培育和社区基金建设进行了有机结合,有效识别、动员组织社区积极分子,为其赋权增能、给予可持续激励,从而有效实现带动社会多元主体广泛参与和达成合作的作用机制,促进社区慈善文化与活力,推进基层治理体系和治理能力现代化,推动了"人人有责、人人尽责、人人享有"的社会治理共同体建设。湖南张家界人民医院号召动员广大医务人员利用休息时间化身"旅游医生"志愿者,以走出医院、走进景区及关键区域的服务方式,为广大游客提供零距离医疗服务,确保旅行安全。一方面为游客安全保驾护航,另一方面也为景区的进一步发展加大宣传,提高吸引力。重庆北碚以农村地区特殊困难老人的需求为出发点,采用"双寻并进"的策略,即通过发掘、培养、赋能本土志愿者,为乡村特殊困难老人提供居家助老服务。村委作为服务平台,助老员作为村民志愿者,民政和社会组织提供资金支持,社工组织作为服务载体发挥动员、整合、赋能等专业技巧,推动共治共享的养老服务体系建设。

在多元主体共建共治共享中,离不开社会组织这个重要社会力量的参与,其高质量发展是目前的实践重点。社会组织能够汇聚社会各界的资源,并将这些资源有效地整合起来,为社会提供各种专业化、多样化的服务。在教育、医疗、养老、环保等领域,许多社会组织通过开展公益项目、提供专业服务等方式,弥补了政府和市场在某些方面的不足,满足了社会成员的多元化需求。在社会组织高质量发展方面共有 6 篇优秀案例,其中社会组织与社区基金双向赋能的无锡模式非常有代表性意义。本案例的独特之处在于通过成立社区基金的方式,盘活社区组织的经济能力,为社会治理提供资金赋能和长期造血的能力。截至 2024 年 9 月,灵山慈善基金会已成立并运行 47 个社区基金,设立社区基金项目 287 个。其中,基金会推出了 100 万元的"种子社区·共益基金"计划,对于激发社区自我管理和服务的能力有较大助益。江苏太仓促进养老社会组织发展,通过引入外部优质机构快速带动本地社会组织发展、大力保障人才队伍建设、政府持续深耕养老议题等措施,鼓励和激发社会力量参与解决养老问题。北京大兴区枫华社会工作服务中心扎根北京市大兴区,致力于通过社会工作专业方法,以党建引领专业化参与基层治理服务。该组织大力开展"我为群众办实事"实践活动,实践内容全面、综合,涵盖基层治理的方方面面。山东济南把握了社区社会组织"高质量发展"的准确方向,诊断了当前社区社会组织普遍存在的问题,并通过党建引领的枢纽型社会组织,聚焦社区服务需求,挖掘社区资源,建立激励机制,促进社区社会组织的活力培育和发展,取得了较为明显的效果。四川成都聚焦社区社会组织的培育问题,基于涉农社区的治理背景,探索出了一套"1368"服务模式,在社区治理的整体格局下,为处理好组织培育和作用发挥、社区发展和治理的依存关系提供了有益借鉴。

基层强则国家强。基层治理是国家治理的基础性工程。目前县乡社会治理现代化建设特色鲜明,亮点突出。社会治理是国家治理的重要内容,社会治理现代化是国家治理体系和治理能力现代化的内在要求。社会治理现代化主要包括社会治理目标、治理主体、治理体制、治理方式、治理能力的现代化。其中,"枫桥经验"是中国基层社会治理的典范,这一基层社会治理的宝贵经验在传承中发展、在发展中创新,形成特色鲜明、内涵丰富的新时代"枫桥经验"。江苏睢宁新时代坚持和发展"枫桥经验",在县委的引领下,构建覆盖诉求解决全链条的"速来办"工作机制,协同联动不同部门和流程,高度重视复盘溯源工作,在实践中更新和改进工作机制,取得了较为可观的治理成效。湖北崇阳以"美好环境与幸福生活共同缔造"为核心理念,构建"纵向到底、横向到边、共建共治共享"的全方位、立体化的城乡社会治理体系。通过把基层治理单元向下延伸到村民小组,着力解决基层治理中的"最后一公里"难题,将完善共建共治共享的社会治理制度与基层群众直接挂钩,保障了基层治理机制的持续、有效。安徽南陵将法治供需平台建设与当地传承悠久的历史文化有机结合,根据周瑜治军、治乱、治恶、治县理念,塑造"周郎法治"文化品牌,形成了立策决策科学化、政策服务便捷化、行政执法精准化人性化、司法诉讼智能化、法治宣传普及化等体系措施,有效深化了基层法治建设,助力社会发展活力持续增强、人民安居乐业和社会安定有序。贵州荔波构建党建引领、村民自治、长期有效的"两约四议三提醒"议事协商机制,通过制度化的协商机制、多元主体的参与以及文化与治理的结合来推动乡村治理的现代化。

三、讨论与反思

2024 年 11 月，习近平总书记对社会工作作出重要指示，指出社会工作是党和国家工作的重要组成部分，事关党长期执政和国家长治久安，事关社会和谐稳定和人民幸福安康。当前我国社会结构正在发生深刻变化，尤其是新兴领域迅速发展，社会工作面临新形势新任务。习近平总书记指出要坚定不移走中国特色社会主义社会治理之路，推动新时代社会工作高质量发展。在顶层设计明确之后，重要的是政策如何落地、如何发挥实效。社会治理中的大量工作都是看似日常的小事、细事，但群众的"小事"正是社会治理的"大事"。"些小吾曹州县吏，一枝一叶总关情。"这正是表达了对百姓琐事的关切。新时代社会治理效能的提升，需要建立多维度、立体化的对话机制。

一是顶层和基层的对话。顶层设计有如灯塔，在宏观层面规划发展的愿景，而基层实践则是对顶层设计的反馈和支撑。基层实践是检验顶层设计合理性和可行性的重要途径。如果顶层设计脱离了基层实际，在实践中就会出现问题。这时就需要及时调整方案，自我纠偏的能力是执政能力的重要方面。基层实践能够为顶层设计提供丰富的经验素材，很多时候都是基层创新走在了重大改革前面。应重视基层实践创新，提供创新的环境与机制。基层单位在实际操作过程中会不断探索创新，总结出许多有效的做法和模式。民生是执政之基，未来的社会工作与社会治理创新实践，要牢牢把握主线，坚持把人民群众的小事当作自己的大事，要切实解决老百姓最关心的问题，维护百姓切身利益。

二是理论与实践的对话。学术研究者可将案例作为实证研究素材，依据研究兴趣与方向选取多个案例进行深度剖析，挖掘隐藏其中的理论命题，运用科学研究方法进行验证拓展，进一步丰富社会治理理论体系。社会学者研究社会组织与政府互动关系时，通过对比多个社会组织培育发展案例，从不同案例的细微差异中发现影响互动模式的关键因素，从而为理论创新奠定基础，共同推动社会工作在社会治理中的深度融入与创新发展，为构建中国社会工作和社会治理自主知识体系贡献力量。

三是行业与实践的对话。深入剖析案例背后的逻辑机理，挖掘成功经验与深刻教训，为社会治理从业者、社会治理行业以及关注社会发展的各界人士提供决策参考、实践指南与研究素材，助力其在各自岗位上开拓创新，切实提升社会治理效能。激发全社会对于社会治理问题的关注与思考，吸引更多力量参与到社会治理创新中来，培育社会共治共享的良好氛围，为构建更加美好的社会凝聚广泛共识，形成强大合力。

　　社会治理创新之路漫漫，来自全国范围的优秀案例恰似一幅描绘当下中国社会治理实践探索的斑斓画卷，凝聚着无数开拓者的智慧与汗水。它承载着社会治理知识传承、经验推广、协同共进的使命，期望能够在社会各界人士手中发挥最大价值，成为照亮社会治理前行道路的一盏明灯。愿社会工作、社会治理从业人士能从中汲取灵感，开启属于自己的创新之旅，携手共创更加和谐有序、充满活力的社会治理新局面。

党建引领社会治理篇

　　党的二十届三中全会报告指出,党的领导是进一步全面深化改革、推进中国式现代化的根本保证,要健全党组织领导的自治、法治、德治相结合的城乡基层治理体系,完善共建共治共享的社会治理制度。各地始终强化各级党组织在治理中的统领作用,充分发挥党员干部的"领头雁"作用,将党的建设贯穿社会工作和社会治理全过程、全领域,以党建引领街道、社区、网格建设,绘就基层治理现代化新图景。

江苏省无锡市:党建引领多元共商小区电梯加装

【专家点评】

江苏省无锡市隐秀苑社区的"1+3"电梯治理模式充分彰显了党建引领、分类治理、多元共治、全面参与的基层治理理念,有效解决基层老旧社区面临的"电梯困境"。该模式包括楼栋自议、社区共议和部门联议三个层级,分别针对隐秀苑社区面临居民自发加装电梯前、中、后期暴露的不同类型的问题设计了专门化的议事协商机制。该模式不仅保障了居民权益,解决了电梯烂尾问题和加装矛盾,协调修复了漏洞合同,而且夯实了基层吹哨制度,推动了电梯市场规范化发展,并形成了"六个一"的加装指引,为电梯加装提供了具象化的经验做法。

首先,通过居民自提、事务分流,社区党委调研摸清了不同楼栋电梯加装遭遇的问题,建立信息库,并形成了细致的问题清单,将问题分为楼栋内解决的"家务事"、社区共议的"居务事"和部门联议的"公务事"三种类型。其次,通过党员牵头、楼栋自议,社区成立楼栋自治会,分类确定议题,组织有序议事,处理停工、选择电梯公司、监督施工等问题。再次,通过邀约协商、社区共议,社区组建了共治会,针对停工、合同漏洞、维保单位等问题进行协商解决,并积极开展群众宣传,预防电梯加装问题的复发。最后,通过多方参与的部门联议,搭建了部门联治会平台,推动电梯加装规范化、标准化,解决补贴、质量和安全问题。

总的来看,该案例展现了党建引领、民主参与、精准治理等诸多方面的治理价值和创新意涵,为其他社区提供了可借鉴的经验和启示:一是党建引领下的多元共治。隐秀苑社区在电梯加装项目中,充分发挥了党组织的领导作用,通过党建引领整合资源,构建了包括居民、社区、政府部门、企业和第三方机构在内的多元共治模式。这种模式不仅增强了社区治理的合力,还提升了社区治理的效率和效果。此外,隐秀苑社区在实践中还不断创新服务和管理方式,如引入第三方监理公司、建立多方通话机制等。这些创新举措提升了社区服务的专业性和管理水平,满足了居民日益增长的新型服务需求。二是全过程参与的人民民主。案例中,居民被广泛动员参与电梯加装的全过程,从问题发现到解决方案的制订和执行,充分体现了人民民主的理念。这种参与式民主不仅保障了居民的知情权、参与权和监督权,也增强了居民对社区治理的认同感和满意度。更进一步,通过建立多渠道的信息传播机制和定期召开议事会等形式,确保了信息的透明传播和各方意见的充分表达,促进了共识的形成和问题的解决。三是精细分类下的精准治理。社区通过将电梯加装问题分流为"家务事"、"居务事"和"公务事",并采取不同的解决策略,实现了对不同问题的精准治理。这种分流机制提高了问题处理的效率和针对性,避免了资源的浪费和治理的盲区。四是标准化操作的规范治理。社区在处理电梯加装问题的过程中,逐步推动了一系列规范化和标准化的措施,如合同模板的制定、施工标准的明确等。这些措施不仅提高了电梯加装工作的规范性,也为未来的社区治理提供了可借鉴的标准。同时,通过建立风险防控机制,如提前介入、资金监管、质量监督等,有效预防了电梯加装过程中可能出现的风险,保障了居民的合法权益。这种前瞻性的风险防控思维对于提升社区治理的科学性和有效性具有重要意义。

点评人:黄家亮　中国人民大学社会学院副院长、教授

一、背　景

江苏省无锡市隐秀苑社区是 2005 年建成的农民拆迁安置社区,入住居民 3583 户,8500 余人,自 2019 年以来,居民陆续自发加装电梯,为滨湖区最多。2023 年春节前,小区有 10 台电梯突发停工,居民联系电视台、《江南晚报》,并多次拨打 12345,跑到社区反映,情绪激动。为此,社区开启了对电梯加装事务的治理。

一是通过一个分流机制,将问题分流为楼栋"家务事"、社区"居务事"、部门"公务事"。二是搭建三级议事平台,让居民在三级议事平台中参与全过程,解决电梯加装矛盾。首先是通过党员引导楼栋居民自议,解决电梯加装和使用的问题。其次是对楼内无法解决的问题邀约各方,通过社区层面加以解决。最后是针对电梯的安全隐患、质量监管问题,由社区、居民代表协同上级部门联议来组织解决。最终形成党建引领下,楼栋自议、社区共议、部门联议的居民全过程参与的"1+3"电梯治理模式。

(一)政策背景

针对小区电梯加装,各级政府出台了系列相关政策。中华人民共和国住房城乡建设部在《推进建筑和市政基础设施设备更新工作实施方案》中提出统筹安排、稳步推进既有住宅加装电梯。江苏省住房和城乡建设厅发布了《江苏省老旧住宅电梯安全评估及隐患整治办法》,为电梯安全隐患治理提供了方向。无锡市出台了《无锡市市区既有

住宅加装电梯管理办法》和《无锡市市区既有住宅加装电梯实施细则》，为电梯的加装及管理提供了指引。

（二）理论背景

本项目参考了罗伯特议事规则，简·曼斯布里提出"协商系统"理论，即通过辩论、论证、表达和说服等手段来应对冲突和解决问题的系统。同时积极吸取了习近平总书记关于全过程人民民主理论论述和"全面性"、"过程性"、"人民性"的理念思想，为项目开展提供了系列理论指引。

（三）实践背景

2023年无锡市完成新电梯加装385台，其中隐秀苑社区电梯加装数量29台，为滨湖区最多。同年，有10台电梯停工烂尾，居民交了钱却迟迟不见施工，自发联系电视台、《江南晚报》，并多次拨打12345，跑到社区反映，情绪激动，同时施工队也跑到社区讨钱。经过调查发现，电梯公司老板挪用款项开发新项目，导致资金链断裂，无法支付施工队欠款，各工地停工，居民愤怒地要起诉电梯公司。面对黑心老板耍赖怠工，社区居民权益受到严重侵害的急迫局面，社区党委启动治理，进一步摸排和梳理了治理难点。

1. 居民权益受损，电梯公司避重就轻

电梯加装由楼栋居民自己寻找公司，委托代表（电梯法人）办理加装，民间商业行为导致社区难以及时知晓楼栋电梯加装情况，无法第一时间介入和监督。后续排查发现同一家电梯公司加装的10台电梯竟签了10份不同的合同，处处皆有漏洞，一旦打官司居民难以维权。此外，代表年纪偏大，被电梯公司牵着鼻子走，不仅反复跑手续，预算明细还看不懂。电梯公司跑材料避重就轻，不符合上级部门施工要求，可能导致居民拿不到20万元的加装政策补贴。

2. 加装矛盾激化，电梯使用难达共识

电梯加装前，原则上楼栋内2/3居民同意即可加装，但楼层出资屡谈不拢，导致许多楼栋居民渴盼加装却无法施行。而加装电梯过程中，居民间少有沟通，交完钱就产生无责的心理，也不关心流程、质量。电梯加装后，使用与维护问题未提前商定，出现有因8元电费不交导致停电的情况，迫使需要电梯的老人、病人不得不继续爬楼，邻里间爆发冲突，此外居民还反映了搬物件卡楼层、垃圾流污水导致电梯臭味等情况，长期未能协商解决。

3. 安全隐患暗藏，基层稳定风险加剧

居民为图便宜找的公司为非专业电梯公司，许多是皮包公司，由第三方施工队来装，施工质量不一，是否按图纸施工未知，可能破坏社区雨污水管道。此外平层电梯通至阳台部分非上级部门验收范围，居民对质量监管没有概念，还喜欢在阳台堆杂物，电梯公司施工若偷工减料可能遗留重大安全隐患。并且电梯建成后管理多以居民和公司事前约定为主，约定相对简单，面临维保不统一、没有养护单位和值守人员、出现事故无法立刻抵达解救的问题。还有一系列问题和隐患随着电梯使用年限增加都可能在未来陆续爆发，最终影响基层稳定。

二、主要做法

（一）居民自提，事务分流，理顺"纠纷事"

面对居民的强烈维权诉求和社区对加装情况了解不够充分、存在信息差的问题，社区党委决定先将矛盾梳理出来，再逐一治理。

首先是摸清小区加装情况。一是统计预加装楼栋。我们通过微信群、宣传栏、楼组长通知等方式，收集到有加装意愿楼栋 5 座，进而委派网格员摸清楼栋情况，包括意向签约公司、代办居民联系方式等，为后续及时介入打好基础。二是摸清已加装和正加装楼栋信息。我们通过组织三轮电梯加装交流会，邀请电梯公司代表、电梯法人、楼道长参与，统计楼栋的加装情况，摸清各个楼栋的施工造价、施工单位、维保单位、加装进度、合同原件等信息，由社工一楼一档，归档整理。三是摸清电梯使用问题。我们委托楼栋党员与楼组长，组织各自楼栋的电梯吐槽会，让楼栋内的居民有了对电梯加装和使用过程中遇到的问题的倾诉渠道，电梯使用的小纠纷由楼道长和居民代表在楼内解决，暂时解决不了的问题统一记录，反馈到社区。通过调研，社区基本摸清了小区内电梯加装总体情况，建立了齐备的加装信息库，同时也将诸多情况进行梳理，形成问题清单。

其次是建立事务分流机制。我们将问题归纳、分流为楼内能商议解决的"家务事"，需社区共议解决的"居务事"，需部门联议解决的"公务事"，将加装问题依照"三事"分流，分层解决。

（二）楼栋自议，党员牵头，自治"家务事"

面对停工楼栋及其他加装楼栋居民的急难愁盼问题，我们利用现有楼栋队伍，用好党员户，牵头发动居民自议，先解决楼内的问题。

一是成立楼栋自治会。社区用党员户带头，邀请电梯法人、户代表、楼道长、社区社工等参与电梯治理，得到 29 个加装单元居民一致响应。

二是分类确定议题。根据摸排到的问题和不同楼栋加装情况，我们将其分为待加装、加装中、已加装三类，定位楼栋内居民面临的主要问题，从而确定出议题。

三是组织有序议事。我们依照滨湖区"五步七规"议事办法，让楼栋中有位、有为的党员与电梯法人、楼道长有序组织居民商议。

　　首先针对最为急迫的 10 个停工楼栋，我们组织了 10 场议事会，通过"倾诉与恳谈+表态+商议"的步骤，先让电梯法人介绍现状，让居民发声疏泄情绪，接着书记出面表态为居民落实复工，再让党员带头，协助社区做居民的思想工作。经过商议，居民紧张情绪得到缓和，其中一单元居民一致通过，愿意再追加预付款，使施工队能收到欠款复工，先装完 1 台电梯，并结清尾款，电梯公司资金链修复后为其他楼栋继续加装。

　　其次针对正加装楼栋，我们考虑到法人年纪偏大，在议事时与居民推选年轻法人跑手续，对于没有推举到年轻人的楼栋，由党员和社工协助法人跑手续，并由社区对现已施工的电梯公司的资金情况、施工进度、施工用料等进行核查。此外，我们与电梯法人框出了加装流程和所需办事材料，形成了一份清单。

　　接着针对待加装楼栋，我们邀请律师为居民拟定一份合同模板，在议事会上商定共同签署一份倡议书，选举了能胜任的法人跑手续，并向居民广泛宣传加装会遇到的问题，居民从贪图便宜到愿意花多点费用选择专业电梯公司，规避了风险。

　　最后针对已加装楼栋，我们通过党员在会议上向不交电费的钉子户做思想工作，缓和邻里矛盾，并和楼栋居民协商一致，同意拿出质保金的 5% 成立一个维保基金，收纳于电梯法人处，为电梯运转提供保障，并共同制定了一份全体认同的文明用梯公约，规范用梯要求。

（三）社区共议，邀约协商，共治"居务事"

　　通过引导居民自议，一定程度上解决了部分电梯矛盾，接下来针对楼栋自治会暂时解决不了的问题，由社区出面牵头，共议解决。

　　一是组建社区共治会。我们邀请各单元电梯法人、各电梯公司代表、社区物业等多元主体，以停工问题为切入点，牵头组建了社区共治会。目的是将楼内暂无法解决的问题推送到共治会中，由社区协助破局，再将决议权交回百姓手里。

　　二是问题导向协商。针对停工问题，社区由书记出面，组织了 10 个单元的楼道长、电梯法人和电梯公司老板会谈。电梯公司老板接受了先复工一台再逐步加装的方案，并立下军令状，有效地抚慰了楼栋居民的情绪，复工得以施行，同时社区帮助居民做担保，对接厂商直接付款，先将材料配置到位，极大地加快了施工进度；针对合同问题，我们邀请了律师加入，组织电梯法人和电梯公司洽谈，指出漏洞，在社区牵头、律师援助和居民监督之下，电梯公司皆同意使用律师提供的规范模板，已签约楼栋重新签署规范合同，提升押金，有效为居民规避了后续维权失败风险，同时让电梯公司提供好的服务；针对维保问题，我们将手头维保单位档案给到物业，确保 1 年维保期内出现问题，居民和社区找得到人。同时与多方协商一致，维保单位到期后使用社区推荐的靠谱的维保单位，派驻维保专员。

三是做好群众宣传。我们要求电梯公司提供培训，让电梯法人知晓养护标准、年检要求等，同时提供一份养护手册，发放给社区物业、电梯法人和楼栋居民户。并将不同单元的加装问题及成功的协商经验通过兴趣活动、恳谈活动、座谈活动的渠道，向社区居民广泛宣传，将有效做法逐步推广到其他楼栋。经过良好的宣传，后续加装楼栋居民能未雨绸缪、充分讨论，矛盾发生率显著下降。

（四）部门联议，多方参与，联治"公务事"

通过楼栋自治会和社区共治会，目前电梯加装过程中暴露的部分问题得到了较好的解决，最后我们将社区无法协助的问题，积极对接上级部门协商解决。

首先，搭建部门联治会平台。社区由书记出面，将保障居民生命财产安全的迫切需要和加装问题列支成清单与上级部门沟通，同市场监督管理局、住建局、应急管理局、城管部门和物业、电梯公司、电梯法人一同组建部门联治会平台。

其次，通过多轮议事会逐步推动电梯加装规范化、标准化。

一是皮包公司问题。我们与市场监管局、住建局、电梯法人协商，对电梯公司的市场准入设置了门槛，签约前核查，发现如有资金问题、经营异常、法律纠纷的公司，第一时间告知居民。

二是电梯补贴问题。我们向法人介绍了后续可能拿不到补贴的风险，使电梯法人意识到施工合规的重要性，并配合住建局对电梯法人进行座谈宣讲，让居民知晓补贴审核标准。

三是电梯质量问题。我们与市场监管局、住建局、城管部门协商，由区财政出钱、住建局聘任第三方监理协同城管，不断检查现场施工安全、工人是否持证作业、基坑是否规范施工，连廊质量检测等。并在建后由第三方监理进行验收，合格后方能使用。

四是电梯安全问题。我们与物业、居民代表商定，组织各楼栋自治会议，清理和引导居民不在连廊处堆积杂物，保障过道使用安全。并建立五方（社区、物业、电梯公司、维保单位、应急管理局）通话机制，为小区几十台电梯救援提供保障，发现紧急情况协同处理，第一时间保障居民生命安全。

三、经验与成效

一是切实保障了居民权益。社区将矛盾的问题分类化，对加装前、中、后期暴露的矛盾进行充分梳理，归纳了加装面临的系列共性问题，形成了家务事、居务事、公务事的三事分流机制。治理过程中，召开了 35 场议事会，动员了超过 500 人次居民、政府单位成员参与议事，解决了 10 台电梯烂尾问题，化解了加装矛盾 28 起，协调修复了漏洞合同 15 份，切实维护了居民权益。之后加装楼栋，合同规范、手续齐备、进度清楚，加装较之前楼栋有明显增速。

二是夯实了基层吹哨制度。社区将复杂的问题简单化，搭建了三级议事平台，通过不同平台下居民有序参与及多方协商，解决了电梯加装和使用矛盾。不仅落实了全过程人民民主理念，社区和12个政府部门陆续参与进来，解决了皮包公司乱象、加装信息滞后、无法参与监管、不知道工程进度质量等系列问题，推动了电梯市场规范化发展，夯实了基层吹哨、部门报道响应制度，《无锡博报》《江南晚报》、无锡新传媒等媒体平台深度追踪报道，在社会面引起良好反响。

三是形成"六个一"的加装指引。社区将简单的问题标准化，形成"一份倡议书、一份清单、一份合同、一个联动机制、一家维保公司、一个楼栋维保金"的加装指引。一份倡议书即楼栋100%同意加装电梯倡议书，确保工程实施过程顺利；一份清单为加装电梯需要准备的事项、资料，减少居民奔跑办理时间；一份合同为一份律师审阅修正的合同模板，帮助加装法人规避签约的风险，维护居民合法权益；一个联动机制为将居民、物业、住建、市场监督管理局、城管、第三方监理公司纳入项目队伍，形成多元参与监督机制，确保工程保质保量；一家维保公司为建议用统一的专业维保公司，确保维保服务、紧急救援等不掉链子；一个楼栋维保金，即以5%质保金作为楼栋维保基金，用于电梯的后期维保、运行等事务。"六个一"为电梯加装提供了具象化的经验做法。

（案例报送单位：江南大学法学院、无锡市滨湖区蠡园街道隐秀苑社区居民委员会、无锡市滨湖区蠡悦社会工作创新中心）

四川省成都市：
党建引领社区"平安"与"幸福"双线融合治理

✍【专家点评】

　　本案例在成都市盛乐社区的背景下，展示了党建引领实现社区治理的创新和提升的实践。案例中提到的"双线融合、铸就幸福之城"的社区治理创新项目，体现了党组织在基层治理中的核心作用，以及如何通过党建引领解决社区治理中的复杂问题，如居民矛盾纠纷调解、楼宇商圈的经济发展与社会性平衡等。盛乐社区作为一个商业楼宇多、中小微企业多、流动人口多的社区，其治理面临的问题具有特殊性。案例中提到的"警地共建"平安楼宇治理工作、寒暑假共享自习室、"夜间护航"计划等，都是针对该社区特点设计的治理措施，这些措施在其他社区可能难以直接复制，显示了案例的独特性。案例中提到通过党建引领的治理模式，实现了警情的下降、居民幸福指数的提升，以及社区服务的改善。例如，警情同期相比下降约10%，反诈警情同比下降约35%，以及通过"熊猫爱情驿站"等项目提升了职工的幸福感。这些数据和成效表明了案例在实际操作中的有效性。案例中提到的"133"治理体系和"554"服务体系，以及"5F"工作法等，都是在传统社区治理模式基础上的创新。这些创新不仅提升了社区治理的效率，还增强了社区居民的参与感和幸福感，体现了治理模式的创新性。案例中提到的治理模式和策略，如"双线融合"和"两情"稳控策略，已经在实践中取得了显著成效，并且获得了多项荣誉和认可。这些成果的展示，为其他社区提供了治理的参考和启示，具有较强的示范性。虽然案例中提到治理经验在普通社区的复制和推广存在一定的难度，但其核心的党建引领和多元共治的理念是具有普遍适用性的。案例中提到的"街社商物企"五方沟通平台、"5F"工作法等，都是可以在其他社区推广的治理策略。综上所述，本案例在重要性、独特性、实效性、创新性、示范性和推广性方面都有其显著的特点和价值。

点评人：章文光　北京师范大学政府管理学院教授、博士生导师、院长

一、背 景

党的二十大报告指出要"推进以党建引领基层治理"。在基层治理体系中，党组织处于领导核心地位。统筹推进社区治理，是实现国家治理体系和治理能力现代化的基础。

成都市盛乐社区地处高新区石羊街道，面积 2 平方公里，常住居民 3.8 万人，辖区聚集了 1200 余家企业和 1600 余家商户，近 50% 为流动人口。辖区特点商业楼宇多、中小微企业多、流动人口多，社区管理面临众多困难，例如居民矛盾纠纷调解困难、楼宇商圈强"经济性"与弱"社会性"等。盛乐社区在治理工作开展中，面临着复杂多元的服务诉求，一头连着企业经济发展，一头关系着居民幸福指数。如何坚持党建引领，激发多方力量参与社区治理，为构建楼宇商圈幸福生活注入活力，是盛乐社区亟须解决的关键问题。

二、主要做法

在石羊街道党工委、盛乐社区和复城国际楼宇综合党委的指导下，本项目围绕党建工作重心，实地开展了党建引领下"双线融合、铸就幸福之城"的社区治理创新项目。其中"双线"特指通过筑牢片区平安"底线"和提升居民幸福"高线"。一方面，筑牢平安"底线"旨在实施"警地共建"平安楼宇治理工作，发挥社区、派出所、街道等组建"警地工作专班"，聚焦三个层次，合力将综治警情降下去。另一方面，提升居民幸福"高线"，推出"寒暑假共享自习室"，为职工子女提供托管服务；推出"夜间护航"计划，为楼宇职工提供职场后勤服务；组建职工社团，为职工提供社交联谊服务。将"双线"打通，不仅累积"小网格"下的善治经验，更实现了"大社会"的平安稳定，把服务温情提起来。

（一）筑牢平安"底线"——"降警情"

第一，组建安全队伍，夯实工作根基。在安全方面，复城国际联动派出所民警、消防大队、市场监管所、社区、物业和商户六方力量，赋能物业秩序队伍，孵化"石羊义警"、反诈联盟等群防组织；培养警企联系专员、法治宣传专员、楼宇平安员等群防力量，构建多样化风险化解机制，及早发现并有效处置楼宇风险隐患，形成"发现—上报—处理"的逻辑闭环，控制楼宇矛盾风险，避免潜在危机升级。

第二，打造微阵地，形成平安网格。将复城国际划分为 5 个微网格，微网格吸纳了社区、商户、物业、民警等组成网格员，负责治安、信息、管理等工作。同时设立中心警务工作站,将警务要素下沉至社区网格,探索"警地共建机制"。网格不仅覆盖复城国际商圈,更辐射周边居民小区。作为就近服务的工作阵地,以"少跑腿"、"上门帮"、"协同管"等服务管理模式,构建起点对点、面对面的警企和警民服务新模式,实现"平安建设"和"社区治理"双向奔赴。

第三,开通"微巡访",科技赋能平安。为助力打造"社区 15 分钟便民生活圈",石羊街道推出了"小羊家园·融蓉圈"小程序,通过小程序科技赋能,增添线上"微巡访"模块。"小羊家园"线上驱动,实时链接线下安全队伍,群众一旦发现任何安全问题,可随时随地线上报备。安全服务让群众"找得到"又"用得好",人人都是大楼的安全监督员。

（二）提升幸福"高线"——"升温情"

第一,共享微空间,纾解家庭负担。搭建"寒暑假共享自习室",为职工子女提供托管服务。在党群办牵头下组建了 7 支志愿者队伍,链接党群服务中心场地,动员企业参与,服务由"公益普惠"过渡至"公益+低偿收费"模式。同时制定安全预案确保孩童安全,加强"石羊义警"对共享自习室场所的安全监测,微信群实时共享儿童动态。这不仅有效解决了职工家庭育儿"看护难、辅导难"问题,又提升了职工生活幸福感。

第二,职场微环境,营造温馨氛围。结合楼宇职工多方需求,打造"五大补给站"——能量补给站、职场补给站、绿色补给站、情感补给站、健康补给站。多层次链接资源,为职工提供生活和心理支持。推出"夜间护航"计划,提供代订餐、代叫车服务,并针对单身女职工做好全行程安全监测。不仅构建了安全健康的楼宇环境,更为就业群体带来关怀支持。

第三,情感微补给,拓宽社交网络。组建楼宇职工社团,定期开展健身、插花、交友、篮球等联谊活动,以"趣缘"为载体丰富职工文化生活。在"520"、"七夕"等节日,以"熊猫爱情驿站"为服务代表,举办楼宇职工联谊会,拓宽 8 小时社交圈。

截至 2024 年 4 月,盛乐社区共成立楼宇职工社团 14 支,开展职工活动、安全宣传等 70 余场次,累计服务职工 3000 余人次,寒暑假职工子女托管累计服务 580 余人次,营造出"和谐友爱"的职场和生活氛围。

三、工作成效

盛乐社区楼宇治理构建了一套党建引领下坚持"双线"融合,实现"两情"稳控的成熟治理机制。其中,"双线"融合,即社区平安"底线"和居民幸福"高线"相互融合促进。通过完善治理体系,筑牢平安治理"底线",为幸福"高线"筑牢根基;深化精细服务,精织幸福治理的"高线",为平安"底线"清除隐患。"两情"稳控,即社区警情和温情的平衡协调,通过提高政治站位,形成主体价值共识,把综治警情降下去;突破利益框架,打通人文关怀闭环,把服务温情提起来。

（一）构建"双线"融合治理框架（图1）——党建引领社区治理

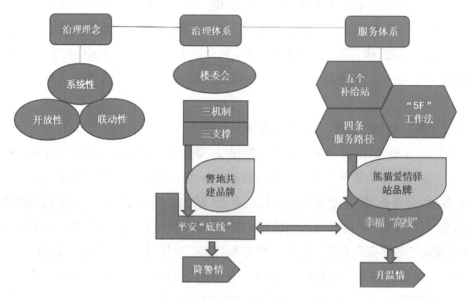

图1　复城国际楼宇"双线"融合治理框架

1."133"治理体系——筑牢平安"底线",降低警情

通过完善组织、细化机制、组合动能,筑牢平安"底线"建设,营造和谐宜居环境,提高社区居民和职工的安全感。

（1）"1"——党建引领下的复城国际楼宇治理委员会

"133"治理体系中的"1"是指党建引领下的复城国际楼宇治理委员会（以下简称楼委会）,楼委会下设五支队伍——楼宇协商议事队伍、楼宇平安建设官队伍、平安商圈联盟队伍、矛盾纠纷多元调解队伍、律师联盟队伍,分别针对楼宇平安建设中的重大议题、事项开展工作,职能详见图2。楼委会的设置不仅保证了党建引领的政治方向,也为落实楼宇治理的系统性、开放性、联动性提供了组织保障。

（2）"3"——三大工作机制

"133"治理体系中第一个"3"是指平安楼宇建设的三大工作机制——网格化管理机制、协商共建机制、评价激励机制。将网格化管理机制沉浸至楼宇中搜集、发现问题;问题一旦提出,协商共建机制即可落实行动;评价激励机制则引导商企主体积极、有序参与。三大机制以"共创共建"为主旨,联动多方力量形成共建共治共享治理格局。三

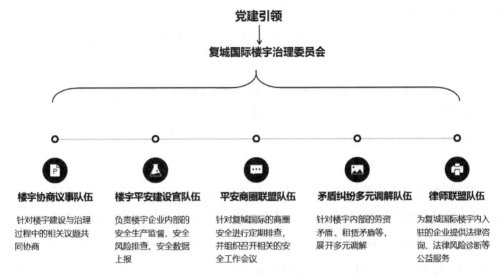

图 2　复城国际楼宇治理委员会体系架构

大工作机制的具体内容详见表 1。"三大机制"环环相扣,让楼委会动起来,平安建设工作沉下去。

表 1　平安楼宇建设的三大工作机制

三大机制	具体内容
网格化管理机制	每 5 名网格员分别负责一个微网格,每月组织微网格内安全官代表开展会议,搜集困难需求等,通过 O2O 的方式上报社区
协商共建机制	每月召开微网格工作会议,讨论本月的平安企业、平安楼宇建设工作开展情况;每季度召开平安商圈联盟工作会议,传达近期综合治理相关工作精神和上级相关安排部署,收集分析复城国际存在的风险隐患和企业难题,研究解决办法
评价激励机制	制定平安流动红旗机制,根据企业对复城国际楼宇安全治理作出的贡献赠予平安流动红旗。流动红旗数作为年底平安企业创建的指标之一,流动红旗获得数前 10 名,评定为平安企业

（3）"3"——三大支撑

"133"治理体系中第二个"3"是指三大支撑——资源支撑、平台支撑、制度支撑。其中,资源支撑即社区人力资源和组织资源,由党员、居民、志愿者等多元主体提供人力资源支撑,场地、商企、社会组织作为组织资源。平台支撑包括线上和线下平台。线上平台,如微网实格小程序。网格员通过小程序上报需求,平台自动转派并审定后上报街道。线下平台,如各企业安全官交流反馈平台。安全官先反馈需求至网格员进行处理,若无法处理则上报楼宇治理委员会,仍然无法处理继续上报社区,社区也可以形成专报上报街道行业主管部门联合处,形成"发现—上报—处理"的逻辑闭环。制度支撑包括信访代理制度、矛盾纠纷排解制度、心理帮扶及情绪疏导制度、安全隐患排查制度等。三大支撑通过整合资源、搭建平台、搭建制度，为平安建设解决动力和流程问题。

2. 完善"554"服务体系——精织幸福"高线"，提升温情

通过特色化服务站点、专业化服务策略、明晰化服务路径营造社区温情氛围，提升楼宇内居民、职工的幸福生活。

（1）"5"——五大补给站

"554"服务体系中第一个"5"是指五大补给站——能量补给站、职场补给站、绿色补给站、情感补给站、健康补给站。通过收集以新就业群体为代表的员工需求，针对楼宇商圈强"经济性"而弱"社会性"的特点，为职工匹配能量补给、素能提升、公益参与、青年交友、健康生活等服务。具体内容见表2。

表2 复城国际五大补给站简介

名称	内容
能量补给站	为新就业群体及企业员工提供关怀支持服务，包括划定区域安装规范化充电桩，解决其充电的方便性、规范性、安全性
职场补给站	针对楼宇内部电信网络诈骗犯罪率高等问题，链接金融机构、法律咨询机构等，为企业员工提供反诈知识培训、公益普法讲座等
绿色补给站	倡导绿色、公益、可持续的生活方式，为企业员工搭建参与楼宇基层治理的平台，推动他们加入复城国际楼宇治理委员会下的各支队伍
情感补给站	为企业员工提供交友互动的平台和服务，帮助企业员工建立、完善、强化其社会网络，构建和谐友好的楼宇氛围，预防问题的发生
健康补给站	针对健康环境、健康心理，链接专业资源，为企业员工提供支持服务，提供公益心理咨询、情绪认知沙龙等，构建安全健康的楼宇环境

（2）"5"——"5F"工作法

"554"服务体系中第二个"5"是指"5F"工作法。五大特色服务补给需要系统专业的服务策略，为此，复城国际探索出了"5F"工作法，为社区内居民和职工提供更全面、有效的服务。具体介绍如表3。

表3 复城国际"5F"工作法

"5F"	具体做法	服务成效
"覆"盖全城	以党建为引领，实现平安楼宇建设覆盖全部入驻企业及商户，包括主体覆盖、机制覆盖、服务覆盖	覆盖400余家企业商家

续表

"5F"	具体做法	服务成效
"孵"化队伍	孵化楼宇协商议事队伍、企业平安建设官队伍、楼宇平安建设官队伍、矛盾纠纷多元调解队伍、律师联盟队伍，精细化推动楼宇安全治理	孵化5支队伍，吸纳了500余人
"富"集资源	发动企业、商户、员工、居民不同主体参与，助力"平安复城人人有责，创建成果家家共享"建设	汇集高地物业、第一健康、强森医疗、一赴健身、袁记云饺、盒马鲜生、蜜雪冰城、星巴克等，价值100多万元的资源
"扶"持企业	加强平安企业创建的扶持和指导，强化复城国际内部群防群治组织建设，突出企业单位主体责任落实，建立治安防范长效机制基础	扶持疫情间密闭场所经营企业17家
"赋"能发展	链接专业资源，针对复城国际平安楼宇建设的各支队伍开展专业指导，提升队伍成员的专业性、规范性	链接消防大队、派出所、交警队、律师团队、心理咨询团队、社会组织等资源，开展了120余场赋能培育活动

（3）"4"——四条服务路径

"554"服务体系中"4"是指四条服务路径——法律咨询进楼宇、关心帮扶进员工、部门联动进商圈、平安创建进企业。

以党建引领的"133治理体系"筑牢片区平安"底线"，把综治警情降下来；以党建引领的"554服务体系"提升职工和居民幸福"高线"，将服务温情提上去。以"双线"融合+"两情"稳控的治理策略，提升楼宇商企、职工、居民的安全感、幸福感。

（二）社会反响

1. 依托"双线"融合，辐射整体楼宇治理

经过2022—2024年的不懈努力，楼宇治理共开展10个项目，详见表4。据初步统计，项目动员人数共有1800余人，受益商家企业150余家，投入物质经费合计200余万元。项目落实了"双循环、双服务、双领办"的治理机制，并推动企业单位积极认领，共建平安楼宇、平安复城。

表4　复城国际治理动员的主要项目

项目名称	主要内容	认领单位
平安楼宇建设	在高新区政法委应急局、石羊街道党工委、盛乐社区党委、复城国际楼宇综合党委的指导下，推动成立平安楼宇治理委员会，开展平安楼宇建设工作，推进城市治理的现代化	石羊街道社区治理办公室、盛乐社区综治工作站、高地物业、艺仁社工

续表

项目名称	主要内容	认领单位
楼宇治理委员会队伍培育	对楼宇治理委员会成员单位(企业、商户)资源进行定期维系管理,包括发掘新资源、更新及盘活现有资源、促进不同资源之间的联动和使用	艺仁社工、西南企联、高地物业、宇洲物业
职工志愿者队伍培育	组织企业内员工进行志愿者队伍建设及培育,开展志愿服务	艺仁社工、楼宇工会联合会、餐饮行业联合工会、快递网约送餐业联合工会
平安护航	围绕电信网络诈骗开展普法宣传、知识宣传,提高企业员工的反诈意识。针对复城国际楼宇商圈的治安安全,开展夜间巡逻,加强安全检查	石羊派出所、农业银行、高地物业、宇洲物业
职场安全提升	针对复城国际楼宇商圈的消防安全问题,定期举行消防演习、消防知识培训,并打造可视化的场景,提高企业员工的消防安全意识	高新区消防三大队、石羊派出所、盛乐社区、高地物业、宇洲物业、赢在生存
心法关爱	通过联接法律资源、心理资源,为楼宇商圈企业员工提供"公益+市场"法律援助和心理咨询服务,维护职工合法权益,保障职工心理健康,促进楼宇商圈平安和谐建设	艺仁社工、鼎高律所、英鼎律所、咸鱼心理工作室、未来心健康科技公司
幸福生活守护者关怀	组织区域内的企业、商家、员工等,对辖区里的外卖员、快递员、清洁工等人员开展定期的关怀性活动	石羊街道总工会、焕然社区、盒马配送部
食品安全	针对复城国际楼宇商圈的食品卫生、食品安全问题开展定期督查、抽查,督促商户重视食品安全问题	石羊街道市场监管所、高地物业
复城国际一站式服务落地	为入驻企业提供"一站式"服务,积极推动资源对接、建党建会、企业培育、企业咨询、企业服务等工作,推动营商环境持续优化	石羊街道党群办、治理办、发展办、营商办、综合便民服务中心、高地物业
健康社区治理	链接辖区内的医疗机构等相关资源,以居民健康为主题,面向院落、企业等开展健康社区志愿服务活动,进行健康生活场景营造	第一健康、强森医疗、石羊社区卫生服务中心

2. 实现"双情"稳控,提高楼宇居民幸福感

通过"网格布局感知触觉"、"党委政府高效联动"、"多元参与共同化解"等方式,项目妥善处置了有关物业服务、劳资纠纷、房屋租赁等 10 多起案件,警情同期相比下降约 10%,其中反诈警情同比下降约 35%,平安楼宇建设取得了明显进展。

同时,幸福之城建设成效也十分显著。截至 2024 年,复城国际引进 7 家专业服务组织,培育了 5 支服务队伍,开展各类培训 60 场,实现了 90%的商企积极参与了幸福建设活动,累计4000余名员工报名参与项目。其中,熊猫爱情驿站项目已经成为幸福之城建设的品牌项目,深受职工喜爱。

3. 品牌效应显著,推广成果可观

盛乐社区楼宇治理模式凭借出色成效和创新模式,荣获2023年成都市蓉城先锋·暖心物管示范项目。从筑牢平安"底线"和提升幸福"高线"探索"警地共建"项目,以卓越表现和突出的示范效应,获得了2023年成都市党建引领城乡社区发展治理"六微"工程优秀项目,并吸引周边社区纷纷加入。盛乐社区打造的爱心共享自习室经过精心策划和运营,已经形成了可复制和标准化的运营机制,并在石羊街道各个社区成功推广。复城国际职工之家熊猫爱情驿站于2022年被中华全国总工会授予"最美工会户外劳动者服务站点"荣誉称号。2023年中组部组织二局(基层办)办公室副主任、三级调研员王志超一行调研复城国际楼宇党建工作,省委组织部部务委员文春雷一行到盛乐社区复城国际调研区域化党建工作,青岛高新区工委委员、管委副主任赵建让一行到复城国际党群服务中心调研区域化党建工作。盛乐社区的创新实践也受到了成都广播电视台、新浪网、金台资讯等主流媒体的广泛关注和报道。同时,项目受邀在众多社区宣传推广,提供了宝贵的借鉴和启示。

四、经验与不足

(一)经验总结:明确党建引领"引什么"、"怎么领"

1. 搭建"街社商物企"五方沟通平台

以党建引领下复城国际楼宇治理委员会为核心,搭建便利社区、企业、商管、物管、街道五方沟通交流的平台,打破以往管理部门或机构各自为政的分散局面,筑牢平安"底线"。

2. 坚持党建引领组织、人群、服务的全景覆盖

以党建为引领,盛乐社区党委协调多方资源、组建多支服务队伍为企业、商户、职工在内等各类人群提供共享空间、职场供能、情感补给等多项服务,创新社区治理经验,提升社区人群幸福高线。

3. 构建楼宇治理全方位社区支持网

"双线"融合+"两情"稳控策略,帮助小微企业和居民重建社会支持网络,厘清涉事多元主体(包括非涉事主体)的权利与责任。通过互谅互助,打通冷冰冰的一纸协议约束,共克时艰、传递温情。

（二）存在的问题

1. 治理经验可复制性不足

复城国际商务楼宇经济密度高，汇聚多元群体，社区形式独特，具有服务资源多样、服务人群复杂、服务形式多元的特殊性。因此，该治理经验难以在普通社区进行复制和普遍推广。

2. 楼宇治理的双主体问题

商圈楼宇治理涉及两个主体，即业主和物业管理方。业主是楼宇的所有者，拥有楼宇的产权，而物业管理方则是负责楼宇日常管理和维护的机构。双主体在服务质量、治理要求等方面存在较多冲突，需要二者密切合作，共同协商。

五、启示与建议

（一）启示

1. 党建与社区治理共融共通

党建引领模式激发了党支部活力，更筑牢了党组织、企业和社会组织之间，党员和群众之间，群众与群众之间的服务合作关系，探索出一条基层党组织引领下的社区多元组织协调行动、资源共享的有效治理机制。"5F"工作法做到了以党建为引领，将服务"覆"盖全域。通过"富"集资源，发动企业、商户、员工、居民等多元主体参与，实现党建工作与社区治理同命运、共担当。

2. 多元共治有序性和合理机制生成

在党建引领下，以楼委会为核心，专业问题找专业力量解决，实现多元共治的有序性。在党建引领下完善网格化管理、协商共建和评价激励三大工作机制。"双服务，双循环，双领办"的治理机制环环相扣，让楼委会"动"起来，平安建设工作"沉"下去，推动项目平稳运行。

（二）建议

1. 以"党建"为引领，坚持"抓重点"

楼宇建设应深入坚持党建引领，充分发挥党组织的领导核心作用，强化党组织"统筹实干"角色，在组建服务队伍、提供多元服务的过程中让党员为人民群众办实事、办好事。同时，深入分析社区存在的问题和矛盾，突出重点、解决关键，将资源集中投到关键问题上，让成果更突出、改善更明显。

2."时效性"与"持续性"并举

楼宇建设要及时回应突发事件和风险，让群众看到治理"时效性"。同时建立治理长效机制,针对不易解决的难题、顽固性问题要持续改进,确保社区治理的持久性和可持续性,让这类难题在持续治理下潜移默化地消融。从"硬性控制"向"良法善治"转移,从"一时平安"向"长治久安"转变。

（案例报送单位:成都焕然社会工作服务中心、成都高新技术产业开发区石羊街道办事处、成都高新技术产业开发区石羊街道盛乐社区居民委员会）

北京市顺义区:"红色力量"共创绿色家园行动

📝【专家点评】

党建引领基层治理是提升基层治理体系和治理能力现代化水平的重要抓手。北京顺义区绿港家园社区的"红色力量"共创绿色家园行动,展示出社区治理中党建引领的独特价值。首先,提升社区治理效能。不仅提高了社区环境质量,而且增强了居民的归属感和凝聚力,实现了空间再生产的功能。其次,创新社区治理机制。通过"党建引领—规范运行—精准服务—多方联动—促进共建共荣",优化治理流程,打造"党员+团员"和"1网+1店+1员"多元主体协同治理新模式。最后,探索社区治理路径。社区党委以群众急难愁盼问题为导向,以推动环境守护队成立与组织化运作为手段,以多元利益主体合作协商为关键,破解社区治理难题,激发社区活力,构建人人参与、人人负责、人人奉献、人人共享的社区治理共同体。

点评人:刘　冰　北京师范大学社会学院教授

一、背　景

社区毗邻商业街,面对外来人口多、外来商户多,环境差、噪声大、停车难、居民融入度低等多元化、复杂性问题,如何寻求长效破解之道,如何保障社区居民、社区商户的利益,实现外来人口的社区融入、提升社区精细化治理水平,是社区亟须破解的重要课题。北京市顺义区绿港家园社区以"红色力量"共创绿色家园行动,通过"党建引领—规范运行—精准服务—多方联动—促进共建共荣",探索"党员+团员"和"1网+1店+1员"等模式,运用专业方法聚焦问题,逐步破解社区治理"难点"和"痛点"问题,推动社会工作专业化与本土化有机结合,充分动员党员、团员、志愿者、居民和商户等广泛参与,吹响共治集结哨、日常监督哨、重点整治哨,从社区自治迈向党建引领社区"共治",唱响人人有责、人人尽责、人人享有的社区共建共治"交响曲"。顺义区光明街道绿港家园社区成立于 2011 年 5 月,户籍人口 934 户,常住人口 2074 户。毗邻金汉餐饮街,几年来商业街在满足附近和南来北往人们"口福"的同时,存在的安全、环境、矛盾纠纷等诸多问题是社区党组织需要破解的一道难题。

二、存在问题

(一)餐饮一条街问题突出,多方利益矛盾激化

长 200 米、宽 8 米的金汉餐饮街地处社区繁华地段,营业面积 4000 平方米,有门店 18 家,员工 150 人,客流量平均每天 2000 多人。一是有环境问题,金汉餐饮街除了有废弃餐盒、纸巾、烟头、呕吐物等,高峰时段还垃圾遍地;二是有扰民问题,反对噪声、油烟扰民呼声很高;三是有停车难问题,商户、附近住户和外来客户都有意见;四是各方利益群体的矛盾问题,居民与商户矛盾冲突,居民对居委会缺乏信任,认为整治效果不明显、总反弹,来自居民和商户的 12345 政务服务便民热线拨打量居高不下。

(二)外来人口和商户融入问题,凝聚力和向心力不足

一是外来居民融入难,人口流动性高、总体参与率较低、居民参与渠道不畅、居民组织化程度低、社区归属感差。二是商户管理难度大,门店频繁易主,每年至少 1—2 家改换门庭,甚至有的刚开张几个月就关门,员工也总换新面孔,给管理造成很大难度。三是社区两头难,一方面,即便是联合各方力量治理见到成效,但是居民心理上就是觉得有烟味,认为就不应该开饭店,社区和相关部门的工作就是走过场;另一方面,商户也埋怨由于停车难影响了生意,挣不着钱,更不愿意配合治理。

三、主要做法

社区党总支通过"吹哨报到"解难题,培育"红色力量"环境守护队,动员居民和商户参与自治,共同开展常态化绿色家园保护行动。餐饮一条街的环境卫生及安全问题持续明显改进,社区整体归属感和向心力有效提升。

(一)党建引领,组建队伍

1. 坚持党建引领,确保队伍正规化

为进一步净化社区金汉餐饮街,彻底清除各类"顽疾",社区党总支成立了一支"红色力量"环境守护队伍,以离退休干部党支部牵头,由支部书记、退休于顺义粮油公司的副处级调研员杜淑芝担任队长。

2. 统一形象标识，行为规范标准化

一是统一旗帜，方便居民、商户对"红色力量"环境守护队快速识别和有效监督。二是统一服装，统一马甲后不仅使队伍规范自身行为，增强服务意识，还提醒大家微笑服务，传递和谐向上的力量，拉近距离。三是统一徽章，由社区带领大家群策群力一起设计制作专用徽章、专属规则和口号，激励大家时刻保持良好的精神面貌和工作状态。

（二）规范运行，健全机制

培训职责分工，运行管理规范化。根据需要对各职能岗位负责人的职责分工进行了明确细化，不断完善工作机制、优化工作流程。定期组织学习环境整治方法，定期开展整治效果反馈会，做到有意见及时反映，有问题及时解决。形成运行机制，确保服务常态化。完善工作机制，做到"日日有工作，周周有计划，月月有主题，季季有反馈，年年有表彰"。一是每日制订工作计划，明确具体服务时间、内容和事项。二是每周开展周例会，制订周计划。三是每月开展交流会，将常见、重点、难办问题汇总，集思广益商讨解决办法。四是每季开展联席会，搭建守护队和金汉餐饮街商户沟通的平台。五是每年开展表彰会，结合全年工作情况总结评价。

（三）精准服务，常态运行

动态时间管理，分类服务灵活化。不断对流程、规则等进行优化，视角不局限于单项任务的处理，做到对整体服务流程的及时配合和补位，更灵活地应对社区居民问题，时间不局限于固定时间，而是根据天气和时间段特点动态调整。周一到周日设置七个小组，确保每天有人值守巡逻，保证服务的常态化。加强服务平台投诉建议体系与"好差评"体系的建设，打造部门联动、便捷高效的服务"总客服"，畅通堵点问题的反馈通道。

（四）多方联动，模式探索

"党员+团员"模式，促进队伍多元化。"红色力量"环境守护队现有队员65名，平均年龄62岁。除50名党员外，还有社区的15名团员，可贵的是这些年轻人也能参与到安全维护、环境整治等志愿服务活动中，并发挥了积极作用。

"1网+1店+1员"模式，促进治理模块化。社区采取"1个网格员+1个门店+1个监督员"模式，进一步做好"门前三包"管理。一是监督员前期对辖区门店进行监督和服务认领与对接，让门店有困难也能找监督员。二是监督员每天在餐饮门店开门之前，就开始对自己的责任区进行清理，对门店人员摆放广告牌的行为及时进行提醒劝阻。三是对于正在装修的门店，监督员及时了解并告知相关责任，提前打好预防针。及时码正杂乱无章的自行车、电动车，及时检查清理路桩、标识牌等容易贴小广告的地方，成了监督员的"职业病"。

（五）共建共治，融合共享

1. 多方宣传倡导，营商环境法治化

开展宣传倡导，一是积极利用各个微信公众号、视频号对企业经营相关法规政策进行宣传。二是开展《优化营商环境条例》、知识产权保护系列宣传活动，增强企业管理者和职工依法维权意识。三是通过摆摊设点、悬挂横幅、向商户发放"法治大礼包"、设立法律咨询台、开展法治讲座等方式，向商户介绍条例和解答涉及案件的有关法律政策问题。四是网格员带领党员深入商户，送法、送安全进门，向辖区商户介绍安全生产责任保险重要性、日常安全常识以及安责险基本内容、投保方式和理赔要求等相关内容。五是建立商户群，为商户提供沟通交流的新平台，拉近社区与商户的距离，让沿街商户积极主动地关注文明城市创建，自觉参与文明创建。六是开展"爱心商铺"评选，对履行"门前三包"较好的商铺店家，给予奖励。七是发现新装修的门店，及时将新商户登记入册，详细了解营业范围，与其建立良好联系。

2. 多方融合联动，破解难题联合化

商业街停车乱、停车难、停车位紧张、停车不规范一直是社区"老大难"问题，社区居委会一直在想办法解决，栽地桩、志愿者劝导，尽管能够解决一些问题，但是车多位置少、乱停车问题还是频繁出现。为此社区党总支联合城管部门、市政管委、环保局等，通过"社区吹哨、部门报到"，多次召开座谈会、研讨会，将所有金汉餐饮街空地进行整体规划，在合法合规前提下，划了32个停车位，在马路旁划了17个临时停车位，有效解决了停车难问题，得到了商户和居民的一致好评。

（六）深层治理，共享美好

1. 暖心帮扶行动，社区治理柔性化

为解决居民反映的噪声扰民问题，社区加强对餐饮企业中午与晚上高峰时段进行检测。一次检测查到噪声来源是一家火锅店卫生间的排风扇，社区及物业及时走访商家，本着帮助商家的态度，共同商量研究解决措施。商家表示理解，表示要改造排风系统，并且随用随开，不用的时候关闭，降低噪声，以免影响居民的正常生活。居民也看到社区的努力，逐步解开了心结，对居委会多了一份理解和认可。

2. 共同守护家园，凝心聚力同心化

社区党建协调委员会成员——顺新律师事务所律师担任金汉餐饮街公益律师，有效解决农民工薪资拖欠问题，既为商户和居民之间的纠纷提供法律帮助，也为商户中的"打工人"提供劳动法方面的支持。企业受益，30余家商户逐步行动起来，从"被管理"者，逐步转变为参与治理的一分子和社区服务的志愿者，甚至部分商户也加入了"红色力量"环境守护队。门店里的党员都佩戴党徽亮明身份，定期参与社区月末清洁日活

动。有的门店动员年轻员工不定期参与社区志愿服务,甚至为社区孤寡老人送菜上门。在社区组织的联欢活动中,社区志愿者、商户代表、外来人口等同台演出,共同感受来自社区的温暖。

四、工作成效

(一)社区党总支领导力明显加强,组织力不断提升

"红色力量"环境守护队从无到有、从有到优,充分体现了社区党总支的领导核心作用。绿港家园社区坚持党建引领,始终坚持和加强党对基层治理的全面领导,尊重人民在基层治理中的主体地位,在社区治理过程中,紧紧依靠人民、不断造福人民、牢牢植根人民;不断提升基层党组织统筹协调能力,提升社区党组织服务群众能力;同时,社区不断提升专业自觉和专业自信,专职社区工作者 12 名中有 5 名持证社工,占比达41.7%。社区荣获"优秀环保公益组织"、"社区级优秀河长"等荣誉,队伍也更加成熟化、规范化、专业化,积极带领辖区更多党员群众参与到社区治理中。

(二)社区党员带团员意识明显增强,凝聚力不断提高

"红色力量"环境守护队成立之初,由老干部牵头,到现在形成了党员、团员、群众齐参与的格局。"红色力量"环境守护队成员每天在餐饮街轮流站岗值勤,发现问题及时向社区报告,金汉餐饮街环境卫生得到了明显改善,占道经营、"门前三包"等问题得到了有效解决。绿港家园社区党总支书记郝玲君说:"通过他们的努力,吸引了很多在职党员参与,主动认领周六日的岗位,检查门前是否有乱堆乱放,发挥出党员先锋模范作用,让社区环境提升了一个档次。""红色力量"环境守护队做到了"一个党员一面旗",也得到了社区居民的一致好评。

(三)商业街旧貌换新颜,成为居民心中的后花园

"过去餐饮街的垃圾桶占道不仅影响行人通行,偶尔处理不及时,散发的气味也很难闻。现在街面上的厨余垃圾桶不见了,我出来遛弯儿心情都舒畅了。"绿港家园社区居民王先生表示,金汉餐饮街实行"撤桶还店"一年多,环境的变化让居民看在眼里、乐在心里。绿港家园金汉餐饮街已经成为社区的一张名片,潮白河、减河公园环境和安全系数明显增强,停车难等问题得到有效化解。"餐饮街新划停车位后,顾客自觉停车入位,来店就餐更舒心,也有助于我们做好'门前三包'管理工作。"万家灯火饺子城京汉店经理王宏伟开心地说。2023 年 9 月,金汉餐饮街荣获区级"门前三包"精品示范街荣誉称号。

(四)环境保护深入人心,社区凝聚力向心力明显提升

环境脏乱差、占道经营、噪声扰民等问题得到了有效解决,12345 投诉由原先一

周两三次到现在几乎为零,居民的心态有了转变,商户也积极主动参与到社区治理中来。走过 5 个春夏秋冬,"红色力量"环境守护队的职责也在不断扩充,不仅守护商业街环境、社区楼道和社区周边环境,还坚持每日进行巡河,越来越多的年轻队员们加入,大家手持捡拾夹和垃圾袋,行走在河堤步道,穿梭在街巷楼道,开展社区为老帮扶、上门慰问等暖心服务,成为光明街道一道亮丽的"风景线"。"红色力量"环境守护队的组建,增强了社区的凝聚力,促进了外来人口融入,切实增强了社区的凝聚力和向心力,共同成为社区环境保护的先行者、实践者和守护者,携手共建美好家园。

五、经验与启示

(一)党建引领破解治理难题,实现精细化长效化治理

社区毗邻商业街,面对外来人口多、外来商户多,环境差、噪声大、停车难、居民融入度低等多元化、复杂性问题,如何寻求长效破解之道,如何保障社区居民、社区商户的利益,如何实现外来人口的社区融入,如何提升社区居委会的认可度和社区精细化治理水平,是社区亟须破解的重要课题。在光明街道党工委的正确领导下,绿港家园社区以"红色力量"共创绿色家园行动,运用专业方法,聚焦问题,逐步破解社区治理"难点"和"痛点"问题,实现精准化、精细化社区治理,推动社会工作专业化与本土化有机结合。

(二)运用新时代群众工作法,促进自治到共治蝶变

社区虽小,却连着千家万户。习近平总书记指出:"保持党的先进性和纯洁性、巩固党的执政基础和执政地位靠什么? 最重要的就是靠坚持党的群众路线、密切联系群众。"①

当前社区群众权利意识高涨,利益诉求多样,社区工作如果没有好的方法,为群众办事就很难办到人们的心坎上。光明街道以党建引领,努力寻求"锦囊妙计",充分听取群众意见建议,运用博弈智慧做到利益均衡,充分统筹各个部门等多方资源,充分动员党员、团员、志愿者、居民和商户等广泛参与,吹响共治集结哨、日常监督哨、重点整治哨,从社区自治迈向党建引领社区"共治",唱响了人人有责、人人尽责、人人享有的社区共建共治"交响曲"。

(案例报送单位:北京市顺义区义祥社会工作事务所)

---

① 《习近平著作选读》第一卷,人民出版社 2023 年版,第 124 页。

广西壮族自治区贵港市：
以"红格善治工程"加强网格治理党建引领

【专家点评】

近年来,党中央强调"推进社会治理精细化,构建全民共建共享的社会治理格局"。作为社会精细化治理主要抓手的网格化管理发挥着越来越重要的作用。广西壮族自治区贵港市探索的"红格善治工程",以问题为导向,针对传统网格化党组织功能虚化弱化、群众参与积极性不高、服务不精细、机制运转不顺畅等问题,在组织机制、制度保障、社会动员、技术赋能等方面进行了创新和优化,取得了诸多成效,具有推广价值。

在组织机制上,贵港市探索的党建引领"红格善治工程",通过做实划格、配人、建章、履职、保障五个环节,推动党建、网格、大数据深度融合,为破解基层社会治理中党建引领"不到边"、多元主体"不热衷"、为民服务"不精细"、平急转换"不顺畅"等突出问题做出了良好示范。在制度保障上,出台系列规章制度,优化设置"两类四级"网格,注重在"建、管、用"上下功夫,优化网格设置管理,确保运转高效、指令速达。在组织动员上,以多元共治为依托,深入推进"综治中心+综治网格+综治信息化"建设,激活网格治理"一盘棋"。在技术赋能上,创新实施了党建引领网格治理推动"全科网格"向"智治网格"迭代,实现"党建+网格+大数据"融合的"共建、共治、共享",增强了群众获得感、幸福感、安全感。

通过党建引领的"红格善治工程"的创新举措,为优化和深化网格化治理、提升社会治理精细化水平提供借鉴范例,值得进一步研究推广。

点评人:杨 旎 北京市委党校公共管理教研部副主任、教授

一、背 景

从 2003 年开始,党中央从个别地方试点逐步推进网格化服务管理基层治理模式,经过全国各地 20 余年的实践探索,基层治理质效有了较大突破。但面对新形势新任务新要求,仍然存在党组织功能虚化弱化、群众参与积极性不高、服务不精细、机制运转不顺畅等问题。

贵港市位于广西东南部,辖桂平市、平南县、港北区、港南区、覃塘区,总面积 1.06 万平方公里。户籍总人口 565 万余人,排名广西第三,是驻军大市和交通枢纽大市,长期以来多民族混居、聚居、人员结构复杂、社会维稳压力大,且肩负着守护边疆重任,对基层治理机制顺畅运转的要求高。为此,贵港市委探索实施党建引领"红格善治工程",做实划格、配人、建章、履职、保障五个环节,推动党建、网格、大数据深度融合,有效破解了基层社会治理中党建引领"不到边"、多元主体"不热衷"、为民服务"不精细"、平急转换"不顺畅"等突出问题。其发展有三个阶段:

2013—2015 年,试点探索期。在此阶段,贵港市委把做精网格管理作为破解地方平安建设难题和社会治理短板弱项的重要抓手,试点探索网格化社会治理,以"门前三包"管理的"维稳"和"管控"推进基层社会治理。

2016—2021 年,经验积累期。在此阶段,贵港市委在全市乡镇(街道)全面推广网格化服务管理,出台《关于构建党建引领全周期基层社会治理体系的实施意见》《贵港市城乡网格化服务管理办法》等,不断积累基层社会治理经验,不断完善基层治理平急转换的体制机制。特别是疫情防控期间,充分发挥了网格治理效能,实现了"网中有格、格中有人,人在格上、事在格中"的"安全"和"共治"。

2022 年至今,巩固拓展期。贵港市委将前期基层各类群体实践经验归纳总结提升,创新实施了党建引领网格治理"红格善治工程",以党建"一根针"串起网格治理"千条线",推动"全科网格"向"智治网格"迭代,实现"党建+网格+大数据"融合的"共建、共治、共享",群众获得感、幸福感、安全感不断增强。

二、主要做法

"红格善治工程"就是坚持人民至上、多元共治、数字赋能,强化党建引领,聚焦"红"、"格"、"善"、"治"四个方面,提升规范化、精细化、信息化水平,构建组织体系全域覆盖、各方力量全员融入、服务管理全时响应、资源要素全面保障、激励约束全效提升的网格治理体系，打造增强整体效能的基层社会治理新模式。

聚焦"红"字，以党建引领为核心，树起网格治理"一面旗"。突出三个"强化"，织密纵横到边、一插到底的组织体系，全面加强党的领导，确保有力有序。一是强化党委统领。市委将"红格善治工程"作为重要的民生工程、"一把手工程"，市委主要领导亲自抓、常态抓，层层传导压力，形成市县乡村四级党组织书记统抓统管、严抓严管的工作格局。市委政法委和市委组织部牵头主抓，调动各级各部门深度参与，确保抓得住、抓得实。二是强化党组织引领。明确乡镇、村（社区）基层党组织领导大、中网格。农村小网格单独或联合成立党支部（党小组），城市小网格普遍单独成立党支部。农村微网格通过"五户四联"机制明确一名党员中心户负责管理，城市微网格普遍成立党小组。专属网格由单位党组织或联合组建党组织负责管理。三是强化党员干部带领。广泛开展"单位联网、党员回格"行动，推动市县企事业单位包联社区网格，出台机关企事业单位公职人员下沉城市社区网格实施办法，推动公职人员全员下沉小网格报到领岗、包联网格。

聚焦"格"字，以精细管理为抓手，优化网格治理"一张网"。注重在"建、管、用"上下功夫，不断优化细化网格设置管理，确保运转高效、指令速达。一是推动建格精细化。优化设置"两类四级"①网格3.2万个，并逐步向"家格"延伸，形成"两类五级"网格。逐格建立网格基础信息册、网格长（员）信息册、网格居民信息册、网格重点场所信息册"四册"，对网格实行统一编码、地图标识，基本实现网格人、物、事等治理信息要素分类采集、有效运用。二是推动管格规范化。配齐配优"六长两员"②6.5万名，其中专职网格员1314名，实现村（社区）专职网格员100%配备。制定"六长两员"履职考评"四张清单"，出台网格常态包联、力量下沉、平战结合、要素保障、考核激励等机制，规范网格治理。三是推动用格便捷化。推广使用政务微信，搭建干群信息交换平台，上传下达事务、发布便民服务信息、宣传政策法规，实现"管理信息实时采集、管理措施实时跟进、管理成效实时体现"。用好"乡村大喇叭"，及时发布信息到村、到户、到人。

聚焦"善"字，以多元共治为依托，激活网格治理"一盘棋"。强化三个方面作用，深入推进"综治中心+综治网格+综治信息化"建设，推动"一元化"向"多元化"转变，确保共建共治共享。一是建强综治管理"指挥所"。明确乡镇政法委员统筹综治中心、派出所、司法所等政法业务，建立网格化服务管理工作调度机制，确保网格治理政令畅通、指挥有力。打造"平安红格"综治指挥平台，双向联动警务盯防系统、"110接处警平台"、

---

① "两类四级"：综合网格、专属网格两类网格；大、中、小、微四级综合网格。
② "六长两员"：第一网格长、大网格长、中网格长、小网格长、微网格长、专属网格长；专职网格员、兼职网格员。

"12345"、"数字乡村"、"平安家园"工程等,以科技赋能精准指挥、高效治理。综治指挥平台每周至少召开一次民情分析会或工作碰头会,及时研判调度工作。二是打造联合治理"桥头堡"。组建"以专为主、专群结合"网格化服务管理团队,实施"专职网格员+村(社区)干部、民警辅警、综治巡逻队员+群众志愿者"、"1+3+N"模式,联动保安协会、综合行政执法队伍、驻村工作队员等专门力量,发动乡贤能人、快递小哥等社会力量入格共治。三是完善群众自治"微平台"。依托"一组三会"协商自治机制①,打造"一组牵头,三会联动"的基层治理新架构,推行"红格积分"管理模式,每月公示、年终核算,完善积分管理兑现制度,激发群众参与网格治理积极性。

聚焦"治"字,以守护平安为重点,拧成精准服务"一股绳"。抓好三个领域服务,以规范化手段拓展精细服务和防范抵御风险功能外延,确保服务更加精准。一是抓好矛盾纠纷化解服务。广泛推行"网格+政法"模式,建立健全"前端源头预防—中端排查化解—末端综合治理"的"三端解纷"机制,并编制"三端解纷421导览图",以指南服务精准推动矛盾纠纷调解"法治化"。二是提升防范抵御风险能力。创建"网格+警格"双格融合机制②,深化"网格+反邪""网格+禁毒""网格+反诈"等模式,推动治安联防、平安联创,重点做好打击违法犯罪、重点人群服务管理、治安联防联控等工作。三是拓展民生公共服务领域。把乡村振兴、政务服务、社会救助等工作纳入网格服务事项,探索实施"网格+医保",常态推进"网格+消防"、"网格+气象"等工作,推动公共服务延伸到群众家里。

三、工作成效

贵港市委自实施"红格善治工程"以来,有效拓展网格治理的广度和深度,有力破解社会治理难题,提升基层治理水平,得到社会各界的认可。2022年,贵港市健全网格事项"人随事动、费随事转"经验做法获中央政法委在全国会议上表扬。2023年,"党建+网格化+数字化"乡村治理模式获国家乡村振兴局总结推广,并入选全区乡村振兴典型案例;广西深化网格治理夯实平安基础现场经验交流会在贵港市召开;贵港市命案预防治理每十万人发案数为广西最低;群众安全感满意度连续多年保持在98.5%以上;社会稳定动态考评排名全区第一,获评为2023年度广西平安市。经验做法获10多

---

① "一组三会"协商自治机制:屯级采用党组织引领、户主会决策、理事会执行、监事会监督的群众自治模式。

② "双格融合"机制:依托"红格善治工程"和社区警务工作机制,全力打造以"一网三防、双格同频、五融十联"为主要内容的综治网格和警务网格双格融合共治体系。

家中央、自治区级主流媒体宣传推介。

第一，有效破解党建引领"不到边"问题，组织战斗堡垒更加坚实。坚持"应建尽建、同步组建、单建为主、联建兜底"，全覆盖建立小区（屯级）小网格党支部（党小组）1.2万个，微网格党组织9000多个，在"五户四联"中明确党员中心户，建立小区（网格）党组织1060个，小区楼栋普遍成立党小组，延伸党组织触角，小、微网格长党员比例达53%。各网格还进行党建引领创新探索，如港北区创新城市小区党建引领、四级联动、三大机制的"先锋物业"管理模式等。各层级各网格各党组织形成了纵横交错治理网，有效破解了网格治理中基层党组织功能虚化弱化问题，让群众切实感受到党就在身边、党就是主心骨。

第二，有效破解多元主体"不热衷"问题，基层治理力量更加凝聚。集结社会组织及干群先锋力量，开展"单位联网、党员回格"先锋示范行动，推动市县企事业单位全覆盖包联社区网格，9.3万名公职人员下沉小网格，解决群众难题6.8万件，为群众服务3.7万件次。同时，通过建立一批各领域共建机制，建设一批"红色一家"、"荷城红巢"等一线党群服务驿站，打造一批"和事堂"、"议事园"、"红格板凳会"等基层自治品牌，不断提升社会参与度。比如，港南区创新社会组织培育孵化履职机制，引导社会组织踊跃参与社区网格治理，等等。模范的示范、体系的集成、品牌的打造，厚植"群众的事情群众商量着办"的基础，实现"事在格了"，在社会各界营造了浓厚的"共建共治共享"氛围，有效破解群众参与网格治理积极性不高问题，让群众有了更强的"主人公"意识。

第三，有效破解为民服务"不精细"问题，群众获得感更加殷实。优化细化网格设置管理，将网格延伸至"家格"，深耕"平安红格"，将医保、消防、气象等20多项事务纳入网格化服务管理；搭建数"智"乡村建设管理云平台，实现964项政务服务网上办。因地制宜联动贵港在全国首创的"一组三会"等协商自治机制，港北区探索建立网格管理"一户一档"、"提房知人、提事知情"，平南县实行集单、议单、办单、晒单、评单"一事五单"工作法，桂平市推动党建网、治理网、防控网"三网合一"，覃塘区搭建"覃塘数智乡村平台"，港南区做实履职指导、管理培养、考核激励机制等，做到"一站式受理、一揽子调处、全链条服务"，有效破解基层为民服务不精细问题，让群众有了更多的获得感、幸福感。

第四，有效破解平急转换"不顺畅"问题，网格运行机制更加顺畅。完善平急指挥调度运行机制，深度融合大数据，推动"一网统筹、事事入格"的"全科网格"向"党建+网格+大数据"的"智治网格"迭代。平时，强化基础信息平台数据资源整合，打破数据壁垒，组织网格员常态化开展巡查走访，闭环反馈处置。急时，涉事网格立即进入应急状态，实行提级管理和扁平化指挥，高效统筹指挥应急处置。在疫情防控措施优化调整前，贵港市依托网格体系开展精准防控，未发生本土续发病例疫情。自2022年以来，全市各级网格共对接需求服务 38 万多次,快速流转处置各类事件 19.2 万余件,处置率达 99.9%,有效破解了机制运转不顺畅问题,让网格治理更加高效。

四、经验与启示

第一,做强党建引领是网格治理的核心。确保党始终总揽全局、协调各方,是推动一切改革的关键所在。要紧紧抓住党建引领这个根本,织密扎牢群众身边的"组织网",基层治理才有"主心骨"。贵港市以"头雁抓总、层层传导、八方联动"的管理模式推动党组织向基层延伸,以"因地制宜、精准划格、规模适度"的组建模式织密基层党组织体系,以"党员表率、干部入格、争做表率"的履职模式推动基层党组织和党员充分发挥战斗堡垒和先锋模范作用,以"党建联盟、机制创新、便于管理"的运作模式推进党的组织体系贯通各层级、厚植各领域、覆盖各群体,将党的政治优势、组织优势、群众工作优势转化为网格治理效能,使党建"红色引领"成为网格治理的鲜明底色。

第二,做优服务管理是网格治理的根本。服务是最好的治理,让服务上去、群众满意是网格治理的应有之义。要紧紧抓住精细服务这个关键,真心真情成为群众身边"贴心人"。贵港市聚焦群众急难愁盼,创新"网格+"公共服务供给方式,通过建章立制,拓宽基层治理参与路径;通过织密基础网格,畅通社情民意汇聚渠道;通过法治治理与温情调解结合,努力做到居民有诉求、组织有回应、服务有保障、群众有感受,使群众成为网格治理的最大受益者。

第三,做实多元共治是网格治理的关键。推动全社会多元共治,是治理现代化的根本所在。要紧紧抓住多元共治这个核心,凝心画好群众身边"同心圆"。贵港市坚持"政府引导、多方参与",坚持网格治理与屯级自治协商结合,坚持"政法牵头、专群结合",坚持"机制支持、积分鼓励",充分依靠群众、发动群众,推动多元主体积极参与、各司其职、各负其责,实现基层治理共建共治共享,使多元主体参与成为网格治理的强大力量。

第四,做精数字赋能是网格治理的支撑。强化信息化支撑,是推动社会高效治理的关键。要紧紧抓住数字赋能这个途径,发动基层高效治理"强引擎"。贵港市坚持现代科技同社会治理相结合,注重推进智能化基础设施建设,打破部门信息壁垒,持续推进信息互通,达到实时反馈、实时调度、精准处置,有效打破村(社区)服务资源的区域、行业和人群壁垒,形成科学现代、精细高效的智慧治理体系,使数字信息成为网格治理的强大支撑。

(案例报送单位:中共贵港市委员会)

山东省临沂市：
选好用好"兵支书"　培育基层治理"领头雁"

📝【专家点评】

"基层是党的执政之基、力量之源"。习近平总书记强调发挥领导干部的"头雁效应"，发挥"关键少数"的头雁作用。如何选好、育好、用好"头雁"是基层治理的基础性工作，意义重大。山东省临沂市因地制宜，充分挖掘、激发、用好"兵支书"人才资源，创新培育基层治理"领头雁"，带动基层治理效能提质升级，具有独特价值。

在具体创新举措上，临沂市紧抓换届契机，优选"兵支书"队伍，通过组织定向动员、宣传引导和优化制度设计，创新了基本信息标识等制度，探索了兵支书头雁选拔机制；把培养培育作为"兵支书"队伍提质赋能的关键，通过市级层面推动、线上线下相结合，打造"沂蒙兵支书"品牌，加强严管厚爱，保障了兵支书能力与作风；搭建载体平台，通过引导创办合作社、扶持创办好项目等形式助推"兵支书"建功，以实施"双创一领"行动为抓手，引导"兵支书"团结带领村干部，以发展农业、繁荣农村、服务农民的实际成效当好乡村振兴"领头雁"，助推乡村振兴，具有示范和推广价值。

点评人：杨　旎　北京市委党校公共管理教研部副主任、教授

一、背　景

山东省临沂市是全国著名的革命老区、沂蒙精神发源地，素有拥军爱军的光荣传统，参军入伍数量一直保持在山东省1/9左右，现有退役军人32万名，其中党员17.3万名。他们历经沂蒙精神熏陶和人民军队"大熔炉"的淬炼，讲政治、有组织、守纪律、吃苦耐劳、甘于奉献，是宝贵的人力人才资源，是社会主义现代化建设不可或缺的重要力量。近年来，临沂市充分发挥退役军人身处基层、来自群众的天然优势和素质过硬、作风优良的群体特质，遴选优秀退役军人担任"兵支书"，打造乡村振兴"头雁"队伍，以

"头雁"效应激发"群雁"活力，为基层社会治理贡献退役军人力量。截至 2021 年，全市"兵支书"达到 1140 名、"兵委员"达到 6194 名，占比分别达到 27.8%、23.1%，均高于全国、全省平均水平。

二、主要做法

（一）紧抓换届契机，优选"兵支书"队伍

着眼全市农村 2021 年以后 5 年乃至更长时期发展，结合新一轮村"两委"换届时机，坚持"从好人中选能人"，注重从退役军人等群体中选拔村"两委"班子，着力建设一支扎根基层的"兵支书"队伍。

第一，组织定向动员。以县区为单位，通过发布《引导和鼓励优秀退役军人依法参选村"两委"班子的通告》、《致广大退役军人的一封信》和召开新闻发布会等方式，对辖区内退役军人进行定向动员，引导和鼓励他们主动报名参选、投身乡村一线。实施退役军人"建功乡村"活动，吸引 10319 名退役军人自荐报名参选，6194 人成功当选村"两委"成员。

第二，加强宣传引导。以优秀"兵支书"为重点，综合运用电视、报纸、"两微一端"等媒体平台，集中宣传一批在脱贫攻坚和乡村振兴一线勇挑重担、攻坚克难的先进典型事迹，以浓厚舆论氛围引导党员群众加深对退役军人群体的认识和了解，以实际行动支持优秀退役军人依法参选"两委"班子。

第三，实行专项研判。从换届初始，聚焦谁会参选、谁能当选、矛盾预判、应对措施等，县乡党委书记牵头，通过召开党委会、专题会等方式，普遍开展五轮以上集中选情研判。同时，以乡镇为单位对村"两委"成员中的退役军人进行专项研判，逐人分析现实表现、参选意向和连任概率。

第四，优化制度设计。探索实行基本信息标识制度，鼓励和支持基层在推荐票、正式选票的自荐人、候选人"姓名"栏后面增加"性别"、"年龄"、"是否为退役军人"等基本信息，引导党员群众全面了解参选人员相关情况，积极推荐优秀退役军人进入"两委"班子。2021 年，村"两委"换届，全市 4097 个村（社区）中，"兵支书"数量达 1140 名，占比 27.8%，较上届提升 18 个百分点，高于本届全省平均水平 10.7 个百分点。

（二）加强培养培育，练强"兵支书"本领

主动适应形势任务要求，坚持把培养培育作为"兵支书"队伍提质赋能的关键，加强教育培训，强化示范引领，切实增强"兵支书"整体素养能力。

一是深化教育培训。坚持"扶上马、送一程"，换届结束后，市级层面举办"兵支书"

示范培训班,通过"小班额、精准化"培训,带动县区对 1140 名"兵支书"全覆盖培训。一些县区还通过组织优秀"兵支书"赴先进村居观摩、到乡镇涉农部门挂职等方式,帮助他们开阔视野、增长才干。结合党史学习教育,开展"兵支书"再进军营活动,重温军旅生活,抓好部队优良传统与地方红色基因的传承融合,着力加强"兵支书"思想淬炼、政治历练、专业训练。

二是加强实践锻炼。坚持"线上"、"线下"相结合,"线上"与阿里巴巴集团合作,在支付宝开设"沂蒙老兵"数字化平台,研发推出"淘宝大学"公益教学程序,通过"知识赋能、重振军魂",打造线上"老兵学院"。"线下"整合退役军人就业创业促进会、临沂大学乡村振兴学院教学平台,开设乡村振兴、党组织引领创办合作社、生态建设、旅游开发、电子商务等各类专题培训班次,提高"兵支书"一线实战本领。

三是强化示范引领。实施"沂蒙兵支书"品牌塑造工程,深入挖掘"兵支书"先进典型,连续三年评选 30 名"沂蒙优秀兵支书"。在临沂电视台《沂蒙军号》栏目开设《沂蒙兵支书》专刊,在《临沂日报》主要版面开设《沂蒙"兵支书"访谈录》栏目;以"献礼建党百年华诞"为题,遴选部分优秀"沂蒙兵支书"精品微视频上传"学习强国"等平台,进行广泛深度宣传,营造浓厚舆论氛围。

(三)加强严管厚爱,激发"兵支书"活力

从 2019 年开始,临沂在全市推行村党组织书记专业化管理,重点提升工作标准、管理要求和待遇保障水平,树立了"凭实绩论英雄"的鲜明导向,进一步激发了"兵支书"队伍整体活力。

第一,严格标准促优选。围绕"政治素质好、遵纪尚德好、工作实绩好、服务作风好、群众口碑好"等要求,按照"依法按程序任职满 3 年、村庄年度考核位于乡镇前 2/3、集体收入 3 万元以上、满意率达到 80% 以上、无党纪处分"等资格条件,2022 年累计将 507 名符合条件的"兵支书"纳入专业化管理,占"兵支书"总数的 86.7%。建立动态调整机制,提高标准补充,每年新纳入人员除具备基本准入条件外,相应增加"发展党员、后备力量培养、债务化解"等指标,确保"优中选优"。畅通退出渠道,凡出现年度考核不胜任、受到党内严重警告及以上处分、任职村年度考核位于本乡镇后 1/10 位次、村党组织评定为二星级及以下等次、集体收入低于规定要求、长期不发展党员等负面情形的,一律强制退出,不搞"一纳定终身"。

第二,健全机制抓严管。出台《临沂市从严管理村干部若干规定(试行)》《关于全面推行村级小微权力清单制度的指导意见》等文件,建立健全谈心谈话、重大事项报告、"兵支书"上讲台、违纪违法典型案例通报剖析、重点案件旁听庭审等制度,强化振兴意识,筑牢用权红线。严格落实"四议两公开"、议事协商等民主决策制度,规范村级

"三务"公开内容、方式和标准，实行财务按月"接龙式"公开，探索"互联网+"公开和即时公开，推进村级事务在阳光下运行。强化履职评估考核，对专业化管理"兵支书"，每月1次实绩纪实、每半年1次履职评估、每年1次年度考核，考核结果与补贴报酬、评先树优等直接挂钩。对考核排名靠后的，及时警示谈话、督促整改。县级组织部门直管专业化管理"兵支书"人事档案，一人一档，定期更新。

第三，落实激励强厚爱。坚持经济上提待遇、政治上给荣誉、离任后有保障，专业化管理"兵支书"人均月报酬约4500元，比现行标准提高95.5%，按城乡最高标准5000元缴纳养老保险，为发展集体经济作出突出贡献的，享受集体增收奖励。专业化管理"兵支书"优先提名参选各级"两代表一委员"和优秀共产党员、劳动模范，优先推荐参加面向村党组织书记的乡镇领导班子选拔、公务员考录、事业编制人员考聘等，有效打破了事业发展"天花板"。

第四，拓宽渠道重储备。围绕乡村振兴任务要求，把选人视野延伸到部队，注重从服役士兵中物色人选，与市内外20余支部队建立军地共建信息直通机制，常态化加强对接联系，及时掌握临沂籍官兵服役表现，择优纳入后备人才，目前全市储备现役和即将退役士兵后备人才400多名。实施在外优秀人才回引行动，依托临沂驻京、驻沪、驻粤等流动党员党组织，通过召开座谈会、恳谈会等方式，摸排在外优秀人才，成功回引大量人才回村创业任职，有效壮大了农村后备干部"蓄水池"。

（四）搭建载体平台，助推"兵支书"建功

从去年开始，以实施"双创一领"行动为抓手，引导"兵支书"团结带领村干部，以发展农业、繁荣农村、服务农民的实际成效当好乡村振兴"领头雁"。

第一，引导创办合作社。立足农业大市实际，聚焦市委"实施乡村振兴三步走、全面对接长三角"决策部署，围绕高效农业、乡村旅游、特色产业等重点领域，引导"兵支书"所在村党组织创办合作社594家，占"兵支书"任职村数量的52.1%。会同农业农村、财政、人社、供销等15个部门细化政策，加强财税支持、金融扶持、人才支撑和服务保障，推动村集体收入全部超过5万元，10万元以上的超过85.5%，农民人均可支配收入达到15918元，强村富民进程明显提速。

第二，扶持创办好项目。以中央财政资金扶持项目、分布式光伏发电项目、第一书记等驻村干部帮扶项目为重点，扶持"兵支书"发展特色产业、电子商务、光伏发电等项目1864个，助力村集体和群众"双增收"。加大扶持力度，建立组织部门重点管理、涉农部门指导服务、财税金融重点支持机制，积极整合高标准农田、公共服务设施、美丽乡村建设等涉农资金和文化体育、道路绿化等建设项目，优先倾斜"兵支书"任职村。推行"乡村吹哨、部门报到"制度，选定市县直部门与"兵支书"任职村结对帮包，乡镇领导班子成员结对联系，整合各方资源，助推村庄发展。

第三，鼓励领办服务队。认真落实习近平总书记视察临沂重要指示要求，聚焦传承弘扬新时期沂蒙精神，坚持支部领办、党员带头、群众自愿、常态长效，引导"兵支书"任职村领办志愿服务队1625支，实现村庄全覆盖。"兵支书"担任服务队队长，重点为新中国成立前老党员、"三无"老人、重度残疾人等困难群体，常态化提供"扫庭院、干家务、洗衣服、搞代购、拉家常"等爱心服务5万余次，着力传递支部温暖、改进干部作风、密切干群关系、倡树向善村风，实现了"干部有口碑、群众真满意"的预期效果。同时，依托市县乡村四级退役军人服务保障体系，组建退役军人志愿服务队，积极参与疫情防控、社会治安、网格服务、矛盾调处、帮贫济困等工作，群众幸福感、满意度不断增强。

三、工作成效

（一）建功乡村基层，厚植了根基血脉

退役军人村干部从农村走出来，在军营中成长，退役后回到农村成为基层治理的带头人，他们把习近平新时代中国特色社会主义思想宣传贯彻到基层、把党中央各项决策部署落实到基层、把军队"大熔炉"淬炼的优秀品质发扬到基层，带领村民决胜全面小康、决战脱贫攻坚、推进乡村振兴、建设美丽乡村。通过推进退役军人村干部工作，推动退役军人建功基层、奉献乡村，进一步厚植了我们党和军队在农村的根脉，巩固了军民团结的优良传统，弘扬了军民水乳交融的沂蒙精神，增进了拥军爱民的政治情怀。

（二）发挥政治优势，巩固了基层组织

退役军人在部队接受了系统的政治教育和严格的作风锤炼，对党绝对忠诚、政治绝对过硬，对于整顿软弱涣散基层党组织，解决弱化、虚化、边缘化问题，有独特的政治优势。我市把退役军人村干部队伍建设作为强化基层党组织建设、加强党的全面领导、巩固党的执政基础的重要措施，不断完善以村级党组织为核心、村民自治和村务监督组织为基础、集体经济和农村合作组织为纽带、各种经济社会服务组织为补充的农村组织体系。

（三）发挥"头雁效应"，推动了脱贫致富

退役军人村干部发挥勇于担当、乐于奉献、敢打硬仗的作风，带领"两委"班子访民情、搞调研、摸情况、理思路，出实招、干实事，一块一块啃下制约发展的"硬骨头"，有序有力提升了基层治理水平。沂水县院东头镇西墙裕村90后"兵支书"王成成，带领村民建成红色文化记忆馆，修复抗战临时指挥所、藏兵洞等遗址，发展休闲民宿、农家乐，牵头成立合作社，争取上级资金，打造了两条红色研学游精品路线，把西墙裕村打造成

远近闻名的红色旅游特色村。

(四)加强基层治理,维护了和谐稳定

"兵支书"带领"两委"班子实施网格化治理,引入"枫桥经验",推进矛盾化解在基层,营造共建共治共享氛围;加强基层组织建设和基础设施建设,引导群众自觉践行社会主义核心价值观,开展新时代文明实践活动,树立文明乡风。退役军人村干部成为基层社会治理中最基本、最直接、最有效的力量。

四、经验与启示

(一)认清优势、加强储备,让退役军人闪光在基层

退役军人是党和国家的宝贵财富。打造"储备、培养、选拔、激励"全链条,改变了以往自我发展的粗放模式,让他们学有标杆、干有榜样,树立了退役也有大作为的良好导向,营造了全社会尊重退役军人的浓厚氛围。

(二)注重培养、强化帮带,让退役军人奋进在基层

根据"兵支书"年龄、知识、特点,完善多层次、多样化教育培训体系,开展结对帮扶、携手共建活动,满足了基层实际需求,有助于他们强化自身能力,胜任本职工作,带领群众闯出新天地、干出新业绩。

(三)加强关怀、典型激励,让退役军人建功在基层

坚持以保障生活基础、拓展发展空间为着力点,完善待遇、保险、扶持等有效措施,积极选树退役军人先进典型,让他们有盼头、有干劲,让基层成为拴心留人的舞台,有效激励他们在基层治理中勇当排头兵。

(案例报送单位:山东省临沂市退役军人事务局)

山东省潍坊市：
"美好社区·幸福家园"绘就党建
引领基层治理新图景

【专家点评】

党的十八大以来,社会治理重心不断下移,强调通过"加强社区治理体系建设,推动社会治理重心向基层下移,发挥社会组织作用,实现政府治理和社会调节、居民自治良性互动"①。山东省潍坊市奎文区多年来持续推进"美好社区·幸福家园"建设的案例体现了这一重要主题。奎文区将"美好社区·幸福家园"的建设作为区委书记抓基层党建突破项目,高位统筹、系统谋划、梯次推进的工作方法保障了这一工作始终聚焦人民对美好生活的向往,形成了"服务有感"、"治理有效"、"统领有力"的党建引领基层治理的良好格局,发挥了实效。

在创新示范性方面,奎文区坚持从群众需求出发和解决实际问题出发,一方面创新"一统四化八场景"理念,强化党建统领,系统搭建了润心、亲邻、服务、善治、教育、康养、宜居、微业八大场景,持续增加社区优质服务供给、增进民生福祉、提高生活品质、解决居民诉求,让群众的获得感成色更足、幸福感更可持续、安全感更有保障。同时制定《关于创新党建引领城市基层治理 建设"美好社区·幸福家园"的实施意见》及配套文件,不断从制度层面加强保障,使八大场景充分落地见效。另一方面结合城市更新的实际问题和工作需要,将全区 70 个社区划分为"新建类、旧改类、建成类",以"标配+选配"模式,因地制宜、梯次推进,新建类采用"投建管运"一体化模式,系统打造"一统四化八场景"体系,促进全区高质量发展。这一经验做法值得进一步研究和推广。

点评人:杨 旎 北京市委党校公共管理教研部副主任、教授

---

① 《习近平谈治国理政》第三卷,外文出版社 2020 年版,第 38—39 页。

一、背　景

党的二十大报告指出,我国社会主要矛盾是人民日益增长的美好生活需要和不平衡不充分的发展之间的矛盾,并紧紧围绕这个社会主要矛盾推进各项工作,不断丰富和发展人类文明新形态。近年来,中央、省、市对基层治理提出了更高、更具体的要求。2023年潍坊市委十三届四次全会,进一步明确了建设实力强品质优生活美的更好潍坊这一奋斗目标。社区作为贯彻落实党中央决策部署的"最后一公里",是联系群众、服务群众的桥头堡、连心桥,关乎国家长治久安,关乎城市未来发展,更关乎人民群众对美好生活的向往能否实现。各地探索实践证明,社区稳则城市稳,社区兴则城市兴,社区强则城市强。

奎文区社区治理工作起步早、起点高、成效实。1994年建区以来,先后历经社区服务、基础设施建设、和谐社区创建、社区体制改革等阶段,2011年在全市率先全面完成村改居,将村改社区与城市社区统一划分调整为67个社区居民委员会,实行网格化管理和服务。2012年起,推动社区管理向社区治理转变,其间,培育了一批有情怀、有本领、能干事的社区书记,形成了不少在全省乃至全国有影响力的社区治理品牌,是全市党建引领城市基层治理工作的一面旗帜。但随着经济社会的快速发展,城市人口集聚,利益主体多元,城区居民对城市治理和服务有了更多期待和更高要求。当前社区治理理念、方式更新相对滞后,在组织体系、队伍力量、硬件设施等方面存在一些短板弱项,在诉求解决、服务供给、应急处突等方面与群众需求还存在不小的差距,党建引领基层治理工作面临不少新问题、新挑战。如何把基层组织根系扎牢,让党的力量一贯到底,怎样把社区建设成为居民最放心、最安心的港湾,成为推进基层治理体系和治理能力现代化建设中亟待解决的问题。

二、主要做法

聚焦人民对美好生活的向往,创新"一统四化八场景"理念,强化党建统领,突出人本化、生态化、特色化、未来化,系统搭建润心、亲邻、服务、善治、教育、康养、宜居、微业八大场景,持续增加社区优质服务供给、增进民生福祉、提高生活品质、解决居民诉求,让群众的获得感成色更足、幸福感更可持续、安全感更有保障。

(一)聚焦"领导有方",塑造统筹联动新机制

将"美好社区·幸福家园"建设作为一项基础性、系统性、长期性工程,突出顶层设

计、全域统筹、多维发力，构建区域协同、条块联动的推进机制。一是高位推动。将"美好社区·幸福家园"建设作为区委书记抓基层党建突破项目，成立由区委、区政府主要负责同志为组长的区委党建引领基层治理工作领导小组，顶格召开现场推进会议，发挥区街两级党建引领基层治理工作联席会议作用，破解瓶颈问题。明确 31 个区直职能部门责任分工和 61 项年度重点任务事项，压实街道社区主体责任，构建"区级抓统筹、街道负主责、部门强执行、社区重协同"的一体推进模式。二是系统谋划。制定《关于创新党建引领城市基层治理 建设"美好社区·幸福家园"的实施意见》及配套文件，举办全市首个走进社区的市级专题发布会，承办全市城市基层党建引领基层治理现场推进会，深度推介"一统四化八场景"理念，全面重塑城市社区治理架构、机制和模式。完善以财政投入为主、党费补充、社会资金支持的基本保障制度，推动成立社区"微基金"，实行"星级考评"、"揭榜挂帅"，激励每个社区加速竞跑。三是梯次推进。将全区 70 个社区划分为"新建类、旧改类、建成类"，以"标配+选配"模式，因地制宜、梯次推进。新建类采用"投建管运"一体化模式，系统打造"一统四化八场景"体系；旧改类，通过改扩建等方式实现场景全覆盖；建成类，采取设施嵌入、功能置换等方式，营造契合自身需求的场景。突出"抓两头、带中间"，确定 10 个客观条件成熟的社区"先行先试"，同步抓好 10 个相对薄弱社区达标提升，"增点扩面"推动"美好社区·幸福家园"全域覆盖。

（二）聚焦"服务有感"，建设幸福美好新家园

为破解社区服务功能单一、居民异质化需求难以满足等难题，创新引入"场景"理念，突出人本化、生态化、特色化、未来化，以场景构建家园、营造生活。一是塑造生态宜居"新场景"。以城市更新为契机，实施"城市环境现代化水平升级工程"，改造提升老旧小区 111 个，新建口袋公园 8 处，配套建设学校、医院、康养中心等设施，开展城市管理"十治"专项行动，打造出门赏园的公园城区。深化物业管理改革提升，探索"国企领办·红色物业"，推进"未诉先办"改革，实施物业服务管理提升百日攻坚行动，常态化开展"党员干部进小区"、"物业经理接待日"等活动，解决群众诉求，内外兼修让"宜居"场景更有品质。二是构建便民优享"新场景"。开展党群服务阵地迭代升级行动，打造 10 处美好社区会客厅，引入社会企业、社会组织等多元化主体共同参与运营管理，开发一批居民欢迎、参与度高的优质特色项目，提高居民"人气指数"。大力推进政务服务便民提速，推进个体营业执照、食品经营许可等 50 项高频行政许可事项下沉社区，推广错时延时、帮办代办等措施，实现更多服务"就近办"。优化社区商业服务供给，灵活设置便民摊点、晨间集市、夜市等便民利民场所 300 余处，构建"10 分钟美好便民生活圈"。三是营造全龄友好"新场景"。聚焦满足老、中、青、幼不同年龄段居民需求，因

地制宜搭建"教育"、"微业"、"康养"等场景，为居民提供触手可及的友好体验。加快社区托育服务建设，实施"家门口"好学校建设行动，新增婴幼儿托位 1000 余个、中小学学位 4000 余个，打造"学在奎文"品牌。推广"社区微业"，开设能工巧匠手工坊等"微业"项目 61 个，组织"微招聘"157 次，带动 3300 余人实现"家门口"的创业就业。推进幸福颐养养老服务体系建设，加大日间照料中心、嵌入式养老机构等场所配置，建成"长者食堂"25 处、社区老年大学 12 所。

（三）聚焦"治理有效"，构建亲邻善治新格局

针对城市社区"居民原子化"的特点，打破联系壁垒、搭建交往平台、营造亲邻文化，推动人人参与、人人出力、人人共享。一是织网扎根重构组织网络。开展"支部建进小区"行动，注重推选离退休党员、退役军人等担任党支部书记，累计建成小区党支部 308 个，设置楼栋党小组 746 个，确定党员中心户 1938 名，构建"社区党委—小区党支部—楼栋党小组—党员中心户"一贯到底、上下联通的组织体系。赋予小区党支部监督权、评价权等"五项权利"，推行小区党支部、业主委员会"双向进入、交叉任职"，优选 3382 名以党员为主体的楼长、单元长队伍，织网到单元、扎根进每户，推动服务更精细、治理更精准。二是亲邻润心重塑邻里关系。积极涵养亲邻文化，建设"城市书房"、"邻里中心"等新型交往空间 180 余处，举办"幸福邻里节"等系列文艺活动，推动"文艺轻骑兵"巡演进社区、进小区，以文化重构社区链接。开展"亲邻守护·温暖你我"行动，成立亲邻志愿服务队 191 支，实施失独家庭关爱等邻里互助项目 331 个，举办社区公益市集 220 余场，定期开展"最美邻里"等系列评选活动，以"润心"、"亲邻"场景落地，让更多居民由"陌邻"变"近邻"成"亲邻"，社区更有人情味和烟火气。三是多元善治重树家园精神。创新小区党支部统领的"1+2+N"亲邻议事会机制，搭建"马扎议事"、"楼头议事"等载体，定期组织业委会、物业企业、居民骨干等主体协商议事，共同解决平安驿站建设等难题 1569 项，"邻里事、大家议、商量办"蔚然成风。组织新就业群体到社区报到，将 400 余名快递外卖小哥、网约车司机选聘为"民情联络员"、"流动网格员"，依托"新新向党"平台提报解决安全、治安等隐患线索 2760 余条，推动"新市民"成为治理"新力量"。

（四）聚焦"统领有力"，激发内外联结新动能

为破解社区资源不足、力量偏弱等问题，整合要素配置，推动重心下移、力量下沉、服务下延，变"单打独斗"为"握指成拳"。一是建立常态长效的下沉机制。实施"增容服务进社区"行动，将教体、民政、卫健等 15 个职能部门 25 项增容服务常态化下沉社区，全面推行警社联建联动模式，全覆盖建立"综合执法派驻站"，联动解决城市管理难题，有效破解乱搭乱建等治理顽疾 700 余个。深化在职党员报到制度，组织全区 2200

余名在职党员到居住地社区"找组织、亮身份、领项目"，探索推行"干部监督进社区"，党员带头为居民办实事好事 1200 余件。二是构建统筹统揽的共建体系。将物业企业党组织负责人吸纳为社区"大党委"兼职委员，推行"社区合伙人"模式，以党员为主体组建治理"能人库"，引导社会企业、个人等积极参与社区治理，组织实施爱心义剪、鲜菜直送等服务项目 818 个，物业企业主动认领民生实事 653 项，惠及居民 10.6 万人。深化"五社联动"，搭建公益创投大赛、项目路演会等平台，培育、引进军创岗、同心等社会组织 270 余家，实施"平安社区"、"一键约车"等共建项目 330 余项。三是锻造善为有为的社区队伍。健全社区工作者选任、成长和激励体系，建设城市社区治理学院，打造实训基地 8 处，举办党建引领社区治理创新项目擂台赛，竞争性选拔 35 岁以下社区正职后备人选 8 名、副职后备人选 39 名，实行优秀人才"跟班轮训"，探索推行社区书记等级制管理和跨街道交流机制，打破社区工作者晋升"天花板"，1 名优秀社区书记在全市率先提拔为街道科级干部，3 名社区书记获评全市首批"兴村治社好导师"。

三、存在问题

一是顶层设计仍需加强。统筹协调机制不够顺畅、上下衔接联动不够紧密，部分职能部门参与场景搭建不够深入；社区承担行政化事务过重，没有足够时间和精力深入群众、组织群众、服务群众；部分社区规划不够合理，规模偏大，治理精细化程度较低；社区"自我造血"机制尚未实现突破。二是队伍力量不够过硬。社区"头雁"队伍"有高山无群峰"，年轻社区工作者缺乏系统性培养，社区工作梯次队伍建设仍需加强；楼长、单元长等基层治理骨干力量培育不够充分，引导居民参与的力度不够大，有时出现力量不足问题。三是治理理念亟须更新。党群服务阵地建设重"硬件"轻"软件"，功能匹配不精准、活动设计不合理，群众不愿来、不想来；部分社区仍按照老思路旧办法开展工作，场景搭建不够精准，难以满足城区居民异质化需求；有的社区在资源链接方面思路办法不多，基层治理成了社区党组织的"独角戏"。四是工作推进不够精准。街道之间、社区之间发展不均衡的问题依然较为突出，有的街道在薄弱社区提升方面关注不够、用力不足，有的社区缺乏思路办法，工作抓不住重点，没有自己的品牌特色。

四、启示与建议

创建"美好社区·幸福家园"，是夯实基层基础、焕新社区活力、赋能未来发展的关键举措，要更加突出问题导向、目标导向、效果导向，作为一项长期性、系统性工程深入推进,打造党建引领基层治理"奎文样板"。

一要强化党建统领,让基层组织更有力度。将党的领导贯穿到"美好社区·幸福家园"建设全过程、各方面,持续推动党的组织和工作向最基层延伸,增强组织凝聚力,把美好社区打造成为坚强有力的党建统领联合体。深化"支部建在小区"行动,推深做实一贯到底的组织体系,落实小区党支部建议权、评价权等"五项权力",赋能小区党建提质增效,筑牢小区治理"主心骨"。要做精做细治理单元,开展"微网实格"行动,划设治理微网格,配强楼宇等专属网格力量,推动物业融网一体联动,构建党建引领网格化管理、精细化治理、精准化服务新路径。

二要做优场景搭建,让社区服务更有质感。紧扣群众所需所盼,"软硬一体"推动场景落地,提升社区空间品质,促进社区智慧便捷,发展社区亲邻文化,增强可感可及性,把美好社区打造成为民呼我为的集成服务综合体。做实载体支撑,抓好党群服务阵地"迭代升级",补齐基础服务设施短板,优化"一店一早"、"一菜一修"等便民生活网点布局,打造一批集党务、政务、康养、商业等于一体的融合式党群综合服务体。做优社区服务,持续扩大优质公共服务供给,再推动20项"增容服务"进社区,建立健全"一老一小一弱"等群体精准服务匹配机制,将服务内容向全龄段群体拓展,实现"家门口的幸福"。

三要坚持系统推进,让全域蝶变更有能量。进一步加强政策协同、工作协同、力量协同,压紧压实主体责任,整合资源要素,创新激励机制,把美好社区打造成为活力充盈的创新发展融合体。强化规划引领,坚持面向现代化、面向未来工作导向,结合城市更新,加强资金、项目规划统筹,科学编制社区总体规划,推动社区建设与城市更新、社区人口结构、资源禀赋等有机结合,实现与"一统四化八场景"标准的衔接配套。完善体制机制,健全区、街道、社区三级联动推进机制,探索社区领办社会企业、社区微基金等社区"自我造血"模式,制定支持社会组织高质量发展政策,充分激发社区内生动能。

（案例报送单位:山东省潍坊市奎文区委组织部、奎文区委社会工作部）

上海市松江区：
全域党建引领青年发展型街道治理

【专家点评】

　　党的二十大报告进一步强调了"坚持大抓基层的鲜明导向"。如何切实发挥党建引领的制度优势，提升基层治理效能，是我国基层治理现代化的重要课题。上海市松江区九里亭街道的"九里Ting"全域党建的案例立体而生动地呈现了在超大城市基层治理过程中如何突破区域、层级、行业、部门等界限，汇聚各层面的党员队伍、各方面的组织力量，赋予基层党组织更多资源、更大活力、更强功能，逐步构建全域统筹、多方联动、集群发力、共建共享的党建工作新格局，在激发基层社会治理"神经末梢"活力、提高居民获得感幸福感安全感、推动高质量发展等方面取得了实效。

　　更加可贵的是，九里亭街道作为上海最"年轻"的街道，"九里Ting"以全域党建的形式组织了各方力量、整合了各方资源，营造"创新、创业、创造"的良好环境，探索破解在超大城市基层治理中如何增强青年群体"黏性"的问题，发挥党建引领青年生力军作用，在新时代精细化基层治理转型的过程中走出一条新路，示范性较强，具有进一步研究价值。

　　与此同时，"九里Ting"立足辖区特点和发展规律，以"全方位、全链条、全效能"的原则，打造的"三全六治、九里同心"的青年发展型街道美好生活共同体具有顶层设计系统化、部门工作联动化、群众参与制度化、落地项目品牌化等特点，具有进一步推广价值。

点评人：杨　旎　北京市委党校公共管理教研部副主任、教授

一、背　景

党的二十大报告指出,"健全共建共治共享的社会治理制度,提升社会治理效能","加快推进市域社会治理现代化,提高市域社会治理能力"。基层社会治理是国家治理的基石。基层强则国家强,基层安则天下安。在新形势新任务下,城市基层党建工作已经成为推动多方主体协同共治,提升基层治理体系和治理能力现代化水平的重要抓手。面对超大城市党建引领基层治理现代化这一重要实践课题,必须不断严密上下贯通、执行有力的组织体系,持续推动全域党建模式创新,把党的领导传导到基层治理的"神经末梢",确保高效能治理的正确方向。

松江区九里亭街道地处松江区东北部,位于松江、闵行、青浦三区交界处,面积约6.79平方公里,于2015年析出成立。居民平均年龄36.5岁,大学本科以上学历占58.5%,被称为上海最"年轻"的街道,"创新、创业、创造"是街道闪亮的标签。如何发挥党建引领青年生力军作用,在新时代精细化基层治理转型的过程中走出一条新路,永葆活力向上的发展动力,是街道一直探索和实践的重点。近年来,九里亭街道在市委、区委相关部门的关心指导下,以上海市青年发展型街镇建设试点为契机,紧密围绕全域党建引领基层自治共治的基本方向,坚持"实"的导向,全力探索和实践从镇级管理向街道精细化治理模式的转变,努力构建符合上海特点、立足松江特色、融入九里亭特质的全域党建新机制,不断增强基层社会治理的组织力、协同力、凝聚力,打造"三全六治、九里同心"的青年发展型街道美好生活共同体。

二、主要做法

面对超大城市发展不断加快,大量流动人口导入,社会治理重心下移,新业态新就业人群不断涌现的新情况新实际,九里亭街道立足辖区特点和发展规律,以"全方位、全链条、全效能"为原则,稳步推进"九里 Ting"全域党建引领下的"网格治理、物业治理、街区治理、园区治理、楼宇治理、网络治理"六大治理行动,持续探索超大城市党建引领基层治理现代化的基层实践。

(一)全方位:三建三融,增强"九里 Ting"全域党建组织力

深化"九里 Ting"全域党建联盟建设,整合街道相关职能部门、社区、楼宇等多方主体组建"全域党建理事会",推进社区党建、"两新"党建、区域单位党建"三建融合"。

1. 织密全域党建体系，推进组织融合

针对人口集聚性、流动性和异质性都很高的城市区域，建立"街道—片区—网格—楼栋宇（微网格）—党员责任区"五级全域党建体系，消除党建工作空白点，以17个社区网格、6个商圈网格和"双网格长制"实现"一张网"管理。在居民区细化完善"居民区党总支—网格党支部—楼组党小组（党的工作小组）—党员志愿者"四级组织架构，深化落实第二书记进社区包小区、党员第二楼组长包楼栋、社区党员包邻里、各级党组织包重点攻坚任务的"四包"机制。深化"一十百"的先锋党员培育方式，即通过挖掘1名先锋党员，带动周边10余名青年骨干志愿者，影响附近100余个居民群众。深化青年志愿服务项目体系建设，持续打造"金晖行动"、"麦苗中队"等治理服务品牌。

2. 完善全域党建网格，推进阵地融合

针对繁杂的街道城市管理事项，强化资源向网格倾斜、力量向网格下沉、服务向网格延伸，做深做实"网格党建"、"楼组党建"，推动城市管理重心下移。建立社区与企业、社区与学校等区域化单位之间的"红色共享阵地"目录，共享服务清单，共用服务和议事阵地，做到合理覆盖、供需匹配、规范运行，提升九里亭全域治理效能。

3. 构建常态化联系服务群众机制，推进项目融合

针对居民群众对美好生活的新向往新期待不断提升的实际，构建"听民声、察民情、知民意、解民忧"的常态化联系服务群众机制。坚持问需于民、问计于民，制定领导班子挂钩联系居民区和联系服务企业、人才制度，结合"四百"大走访滚动更新走访清单，畅通联系渠道。拓展推广党建引领社区居民全过程参与社区治理的"奥园四制"，深化实施党建引领农民自建房治理"杜巷十法"，打造松江第一家"楼委会"——金地商务楼宇自治委员会，推动党组织引领下的自治共治全覆盖。结合街道特点，开展"共青团与人大代表、政协委员面对面"、青少年模拟提案、"人民建议征集"等活动，完善青少年参与政治生活和公共事务的机制，培育社区青年领袖。

（二）全链条：六联六治，增强"九里 Ting"全域党建协同力

创新组织联建、阵地联享、队伍联管、资源联用、项目联认、事务联商"六联"机制，探索实践"网格治理、物业治理、街区治理、园区治理、楼宇治理、网络治理"六大治理行动，推动社会治理和服务重心向基层下移，激发各类群体参与治理的动力和活力。

1. 网格治理行动

与政务服务"一网通办"、城市运行"一网统管"深度协同，推动党建、警务、综治、城运等各类网格整合。完善"双网格长制"，建立信息收集、问题发现、任务分办、协同处置、结果反馈工作机制。拓展现有"四级联网、三级管理"视联网平台，推行"一格多员"的定人、定格、定责下沉式网格管理模式，强化数据赋能提高问题发现效率，推动城市网

格治理集成化、协同化、闭环化。

2. 物业治理行动

出台居民区党组织引领"三驾马车"建设十项制度(试行),通过落实联席会议、日常监督、选聘考核等机制措施,敦促物业服务企业提升服务效能。推动红色物业创建,将建立党组织情况、选聘党员员工比例、发挥党组织作用等方面作为物业服务企业综合评价、物业项目招投标的重要参考依据,推动物业管理并网入格。

3. 街区治理行动

整合多方资源,凝聚"两新"组织党员、爱心商户、新业态人员等,在九里亭摩立盛汇、贝尚坊等商圈打造"支部与商圈共建、党员与群众共联、党建与营商共融"的党建新模式,发挥青企协、青年志愿者等多方作用,抓实街区绿色生态空间、轨交站点整治等重点项目。完善以"五星商铺"为核心的长效管理机制,构建"商管结合、商户自治"网络,创建贝尚坊等商户自治管委会,创新街区治理模式,提升商户自律自治理念。

4. 园区治理行动

将城市新兴领域和新就业群体党建工作统筹纳入"九里Ting"党建整体格局,联合九里工坊文创园区和街道工业园区党组织,建立园区企业服务"直通车",强化"店小二"式服务常态化受理企业的困难求助和问题反映。坚持党管人才,建强人才服务"一站两点",落实落细长三角G60科创走廊"1+10"人才政策和实施细则,打造荟珍屋"榫卯结构现代造"、九里工坊青年中心"草木染非遗时装秀",以及多个"创·新热土"实验室项目,挖掘培育街道青年人才成为创新创业主力军。

5. 楼宇治理行动

创新楼宇党建,成立"1+12+X"金地商务楼宇自治委员会(1名楼主,12个街道职能部门党建联络员,X名入驻企业、公寓代表等),完善金地商务楼宇自治委员会议事厅平台,推动"街与楼"、"楼与楼"、"楼与居"、"企与企"之间互通融合。成立金地楼宇青年党员志愿者服务队,组建楼宇片区联动小组,打造九里亭"红色轻骑兵"青年队伍,培育联学、联治、联发展的"新"力量。

6. 网络治理行动

建立"网上议事厅",广泛听取居民诉求和意见建议,充分发挥区域化合作在治网管网中的凝聚作用。针对不同群体的信息接收习惯,加强"i九里亭"、"九里亭发布"与"上海松江"等新媒体平台联动协同,建强"九里传声"青年讲师团、红领巾宣讲团等宣传力量,让媒体融合传播覆盖到学生、老年人、企业白领等重点群体,营造文明上网、文明发言的良好氛围。成立街道反诈中心,组织开展入户宣传、专业辅导、技能培训等,让网络安全治理从居民"被宣传"、"耳边过"到"我参与"、"心间留"。

（三）全效能：九里同心，增强"九里 Ting"全域党建凝聚力

"九里 Ting"全域党建坚持强基础、求实效、解难题、善服务，聚集组织、队伍、资源等要素，凝聚党建引领基层治理的强大合力。

1. 打造"Ting"议事平台

按照分层负责、分类实施的原则，采取多方投入、区域共享的办法，组织搭建并发动居民共建"庭"（楼组议事庭院）、"亭"（社区议事亭）、"厅"（楼宇、街区、园区议事厅）等不同形式的党群服务与议事阵地，全面构建"Ting"系列工作机制，进一步强基固本，推进需求融合。

2. 完善"Hui"协商议事机制

着力强化居民区党组织统筹能力，全面推进"楼道议事会"、"民情恳谈会"、"圆桌派"等协商议事机制，探索创新全过程人民民主参与社区公共事务治理，推进全域党建引领下的社区"三驾马车"、街区、园区、楼宇等自治委员会共商共建，着力解决群众的急难愁盼问题。

3. 构建区域治理"同心圆"

通过全域党建平台，制定不同主体的治理责任清单，充分做好社会动员，构建基层社会治理的"同心圆"。在社区、街区、园区、楼宇等区域建立"红色驿站"，征集并完成一批民生实事项目，改善社区环境和生活品质，提高居民获得感幸福感安全感，营造"三全六治、九里同心"的美好家园共同体氛围。

三、工作成效

（一）组织体系全覆盖，党建引领基层社会治理"神经末梢"更显活力

街道深化实施"九里 Ting"全域党建，实现基层组织共建、资源共享、机制衔接、功能优化，为社会治理创新和基层建设提供了有力的组织保证。全街道 107 个基层党组织探索经验做法，总结工作成效，有效破解"两新"党组织党员和流动党员管理等难题，基层党组织发挥出更加显著的坚强战斗堡垒作用。居民区和企业党组织先后获评"上海市党支部建设示范点"、"松江区党支部建设示范点"、"松江区新时代居村先锋堡垒"等荣誉。

（二）建章立制固长效，多元主体参与基层治理路径更加清晰

通过实践探索，持续完善党建引领多元主体参与基层社会治理的工作制度，形成了一批管理办法和实施方案，打造了一批在全市、全区有显示度的基层治理新样本。在奥园社区，积极破解"万人特大型社区居民全过程参与社区治理"难题，发掘出了具备规

划、绿化、建设、审计等专业知识背景的年轻能人达人,成立"社区治理居民智囊团",加强对业委会和物业公司的公开监督和赋能指导,推动"接诉即办"向"未诉先办"转变,让长期困扰的治理难题迎刃而解。打造了老中青幼"四代共治"格局,青年群体的"青鸟帮帮团"、"爸爸兵团"等品牌项目广受好评。在杜巷社区,超过八成居民是年轻的外卖骑手、快递小哥等外来租客,居民区党支部通过完善个性化服务,为快递小哥租客们安装智能换电柜、增设电瓶车维修点等,提升了他们的幸福感,也推动租客们加入志愿者的行列,积极参与社区治理,新就业群体力量在"巷里一家"党建品牌下被充分激活。在金地商务楼宇,作为九里亭街道创新创业人才最集中的区域,街道在此打造了"500米党群服务阵地群",由金地商圈"茸城e家"党群服务站、草莓公寓党群服务站、九里亭经发公司人才服务点等8个站点组成党群服务矩阵,陆续推出了"九里乐活e家后援会"、"楼宇书香"图书漂流、创业就业筑梦工程等品牌项目,不仅将税收减免、人才服务等企业白领和新就业群体最关心的政策信息送到这些年轻人身边,也为楼宇青年搭建了交流、展示、休闲娱乐的平台。

(三)民生答卷显厚度,居民获得感幸福感安全感更加充实

通过灵活设置基层党组织的方式,打破体制内外的边界壁垒,将街道各领域的党组织和党员从各自为战转为整体联动,有效解决发展难题,推动经济高质量发展,办好民生实事。2023年街道地方财政收入同比增长39.1%,经济总量较2021年同期增长近2倍,连续22个月保持正增长,营商环境持续优化。街道文化、教育、商业项目按计划有序推进、顺利对接,各类公共设施不断完善。街道九亭小学升级为九年一贯制九里亭外国语实验学校,社区卫生服务中心、综合为老服务中心分中心已投入使用,养老院、社区党群服务中心新址即将启用,九里工坊获评上海市第四批"家门口好去处"等。

四、主要经验

"九里Ting"全域党建突破区域、层级、行业、部门等界限,汇聚各层面的党员队伍、各方面的组织力量,赋予基层党组织更多资源、更大活力、更强功能,逐步构建全域统筹、多方联动、集群发力、共建共享的党建工作新格局。

(一)全域党建是把党的领导传导到基层治理"神经末梢"的关键举措

党在基层治理中的领导核心作用需要通过党的基层组织来实现。在"九里Ting"全域党建工作推进中,坚持问题导向,以提升组织力为重点,突出政治功能,把党组织建在园区、楼宇、工地、街区等,创新性地建立跨域联合党组织的沟通、协调机制,深入推进"两个覆盖",消解了城市基层组织的"合作行动困境",把分散在体制之外的党员重新组织起来发挥作用,以加强基层党的建设,将党的领导深深根植于人民群众心中。

（二）全域党建是实现党建引领超大城市基层治理现代化的有力抓手

在街道建立的扁平化基层党组织体系中,全域党建提升了基层党组织的服务功能,并通过细化资源清单、需求清单、服务清单,一定程度上解决了体制之外党建资源分散的问题,推动了分散化的党建资源与多元化的党建需求有效对接。以深化实施"网格、物业、街区、园区、楼宇、网络"六大治理行动为抓手,有计划地巩固拓展各区域化党建项目,持续提升基层治理效能。

（三）全域党建是坚持人民群众主体地位和弘扬群众首创精神的有效路径

走好新时代的群众路线,必须尊重群众实践,鼓励群众的实践创造。我们坚持问政于民、问需于民、问计于民,结合青年发展型街道特点,鼓励居民创新创造,动员青年居民积极投身社区楼道、楼宇园区、区域单位、网络空间等全方位治理。在推进各项治理行动过程中,不断拓展基层民主协商和民主决策工作平台,完善和落实民主监督各项机制,切实保障居民群众的民主权利,形成激发社会治理创新活力与凝聚基层实践奋进力量相结合的生动局面。

五、启示与建议

（一）强化组织引领,进一步织密全域党建组织网络

党建组织网络必须准确把握整体统筹、融合共建要求,积极构建适应城市发展的党的领导体制、社会运行机制、共管责任体系,推动传统领域末梢更强、行业领域质效更优、新兴领域覆盖更广。要强化全域党建引领自治共治,实现对街道社区各类政治资源、社会资源的有效聚集和集中动员,重构社区动员机制,再造社会秩序链条,建立起覆盖楼组、物业、园区、网格、楼宇、网络的全域党建覆盖体系,打通超大城市基层治理现代化的"神经末梢"。

（二）强化队伍建设,进一步加快全域党建基层赋能

基层队伍是党在基层全部工作和战斗力的基础,是街道社区各种组织和各项工作的核心。推进超大城市党建引领基层治理现代化,要把加强队伍建设与做好群众工作结合起来,让基层力量有加强、结构有优化、能力有提升、发展有空间。为此,基层干部需要在面对群众时有更强的共情能力、引领能力、专业能力、协商能力,切实提升做好新形势下群众工作的能力。

（三）强化资源整合,进一步推进全域党建引领基层治理

城市基层治理的工作内涵多维、利益诉求多样、组织形态多元。推进超大城市党建引领基层治理现代化,只有坚持以党建为"核",破除观念束缚、条块壁垒、制度障碍,才能有效统合全域资源、激活整体效应,构建纵向到底、横向到边、相互贯通、协同发力的全域党建格局,提升全域党建引领共治水平。要结合基层特点充分做好社会动员,带动各类主体联动互动,推动资源力量有效下沉网格,共同构建基层治理的平战转换机制。

习近平总书记指出:"要完善共建共治共享的社会治理制度,实现政府治理同社会调节、居民自治良性互动,建设人人有责、人人尽责、人人享有的社会治理共同体。"①我们将深入贯彻落实习近平总书记重要指示批示精神,把构建基层党建有效引领基层治理的机制和路径作为社会治理转型困局的破解之道,持续完善巩固"九里 Ting"全域党建品牌,对标高质量发展、高品质生活与高效能治理,打造超大城市党建引领基层社会治理创新的新样板。

（案例报送单位：中共上海市松江区九里亭街道工作委员会）

---

① 《习近平著作选读》第二卷,人民出版社 2023 年版,第 332 页。

四川省成都市：
与业务相融合的社会组织党建探索

【专家点评】

随着经济社会快速发展，新经济组织、新社会组织日渐壮大。加强社会组织党建，不仅是实现党的全面领导的重要环节，也是推动社会组织健康有序发展的关键途径。新社会组织党建需要根据社会组织的业务特点创新党组织设置和活动方式。成都市社会组织第四联合党总支以系统性思维统筹推进党建工作与业务工作有机融合，有三大亮点：一是完善组织架构，设置"功能性党总支"形成统合优势，采用"委员定向联络制"建立常态互动，夯实了组织制度基础；二是服务从碎片化到系统化，采用社会工作专业手法服务社会弱势群体，增强服务效能；三是科学调研、聚焦问题，围绕"党的理论知识"和"社会组织运营实务"两个议题展开学习，打好"党建+业务"组合拳。成都市社会组织第四联合党总支的案例贯彻群众路线的基层治理要求，体现了"围绕中心抓党建、抓好党建促业务"的工作思路，致力于将党组织的政治优势、组织优势转化为发展优势、服务优势。该案例挖掘了先进典型，组建"书记领航宣讲团"推广经验，搭建交流互鉴平台，产生良好的辐射效应和示范效应。

点评人：刘　冰　北京师范大学社会学院教授

一、背　景

成立"功能性党总支"是成都市社会组织第二综合党委推进社会组织党建工作的一套全面实用性创新做法。基于政策原因，功能性党总支不具备管理党员的功能，并且与所辖各支部间没有直接行政关系，所以，为了探索一条更加灵活机动，组织运行良好，全面加强服务、教育党员的有效工作道路，成都市社会组织第四联合党总支通过不断实践和探索，充分将党的组织工作手法与社会组织机构发展工作有机融合，以"组织凝聚—制度强化—集体行动"为行动路径，破解了组织工作缺抓手、社会组织党建难、党建与业务"两张皮"等现实问题，探索形成了一条具有社会组织党建工作特色的党建引领社会组织发展的创新路径。

成都市社会组织第四联合党总支（以下简称"党总支"）成立于2020年6月，是由成都市社会组织第二综合党委批准成立的功能性党总支，由市社会组织第二综合党委委员、成都市乐芙公益服务中心主任刘倩任党总支书记。到2024年4月，党总支所辖社会组织党支部18个，其中有14个单独建立的党支部，有4个联合党支部，共包含27个在成都市本级注册的社会组织。

社会组织党建工作在一定程度上还是新生事物，可供借鉴的成熟经验较少。通过2020年以来的实践探索，党总支充分发挥党组织的优良传统，结合社会组织发展的实际，积极探索创新，通过组织塑形、思想铸魂、行动聚力三大举措，将原本组织服务地域分散、服务领域多样、组织机构发展水平各异的社会组织党组织凝聚为政治过硬、思想统一、目标明确、服务有效的坚强战斗堡垒。

二、主要做法

在2020年以来的实践探索中，党总支创造性地提出了"委员定向联络制"，在组织结构上形成了稳定的组织管理架构。组织架构形成后，又将党组织建设与社会组织的业务功能进行整合，将党总支的工作重点聚焦在"党建与业务相融共生"这一具体问题上，并且采用"组织凝聚—制度强化—集体行动"的行动策略。

按照民主集中制原则，党总支充分调动所辖各党支部行动力，各党支部既是党总支的服务对象也是党总支建设的共同参与者、建设者。在上述行动策略和组织策略下，党总支所辖各党支部逐渐形成了组织力、行动力、凝聚力强大的党的基层工作队伍。

（一）组织塑形：建立委员定向联络制夯实组织制度基础

1. 委员定向联络制及做法

党总支成立之初，按照成都市社会组织第二综合党委对总支功能定位要求，创新设置委员定向联络制，健全组织体系，完善工作机制，以"行之有效、作用持久、紧密团结、聚焦核心"作为总支工作有效覆盖的任务要求。

委员定向联络制是指在总支委会的基础上，由每位委员每月定向与固定的社会组织党支部书记进行联络，了解支部工作动态并形成支部动态工作记录的制度。

2. 委员定向联络制的运行机制

通过不断的实践探索，委员定向联络制由"熟人化"向"制度化"转换。初期，党总支委员与支部书记的联络重在建立熟识关系，总支未对每位委员的具体联络工作做内容上的要求，工作重点在于经过每月固定联系，让总支与所辖支部建立固定关系。此后，委员定向联络制正式以总支文件的方式向所辖支部公布，并且明确了委员的联络事项。委员联络事项主要内容包括：了解支部组织生活情况，收集支部工作动态与简报，及时掌握支部工作的成绩与存在的问题，以及业务工作困难等。委员收集后，再通过召开党总支委员会的方式，汇总各支部的工作情况，探讨支部问题的解决办法。

3. 委员定向联络制的实施效果

经过一年实践，委员定向联络制表现出在建强总支内部管理机制、加强各支部联络、破解联合党总支缺乏有效抓手等方面的积极作用，并逐渐促使党总支内部形成了良好的组织力、凝聚力。各党支部对党总支组织的各项学习、志愿服务活动均积极参与，确因工作安排无法参加的，支部会主动请假或安排其他员工参加。

委员定向联络制以党的组织作为有机纽带，结合新形势，将原本服务地域分散、服务领域多样、组织机构发展水平各异的社会组织，凝聚为一个共生有机体，共同探索和实践社会组织党建工作的新思路、新方法、新路径。这一创新性尝试有效破解了总支没有组织抓手的问题。

(二)思想铸魂：紧扣"两个核心议题"增强推动融合发展共识

1. 武装思想，充分激发社会组织服务属性

完善的组织结构为社会组织党的建设确立了骨架，还需要通过强化思想理论武装注入灵魂。在党总支的带领下，所辖各支部积极强化党的创新理论武装，统一党员的思想意识，提高政治站位，在统一认识的基础上，把社会组织所具有服务群众的天然属性激发出来。

2. 锚定问题，助力社会组织党组织增能提质

2020年成立后，党总支对所辖的各党支部进行了深入的摸底调研，通过深度访谈、小组研讨、调研问卷等线上、线下方式对所辖党支部进行调研，发现所辖社会组织党支部党建问题较为集中。共性的表现有：社会组织对党建工作认识较为粗浅，把党务工作等同于党建工作，把党建与社会组织筹款进行捆绑等，这些思想认识使得支部工作存在"两张皮"、形式主义等问题。另外，一些支部在党建方面已有一些积极探索，具有一定借鉴意义。经过总支委员会的集体研判，认为社会组织党建急需破解党建与业务话语无法有效对接的问题，让社会组织真正了解党建是什么、为什么、怎么做，另外也要助力社会组织党组织讲好自己的党建工作，积极向社会传递社会组织党建成效和经验。

3. 聚焦核心，力促党建与业务相融共生

党总支以落实组织生活制度为抓手，以"党的理论知识"和"社会组织运营实务"两

个议题为线索，统筹安排党课学习，邀请党建专家讲理论，邀请社会组织书记讲案例。通过系列党课学习，各党支部充分认识到社会组织服务群众的业务工作与党的群众工作路线天然契合的属性，破除了党务工作上的形式主义和"两张皮"问题，在党务和业务工作中逐渐做到融会贯通，将党建工作与业务工作有机结合起来。

（三）行动聚力：推进"三大集体行动"探索党建与业务相融共生路径

在社会组织服务群众的属性下，如何让党总支充分发挥服务群众的功能，成为总支组织完善后的首要问题。经过总支委员会以及所辖支部书记大会的讨论，认为党总支在塑形和铸魂后，关键是要把党建工作落实到行动上。具体表现在三个方面：成立书记领航志愿服务队、组织编写社会组织党建案例、组建书记领航宣讲团介绍社会组织党建做法。

1. 成立书记领航志愿服务队，增强带动力

2022年6月，党总支书记领航志愿服务队正式成立。该志愿队以弘扬伟大建党精神，彰显公益价值，凝聚精英力量，精准服务群众为志愿服务宗旨。志愿服务着眼于系统性和长效机制，每次志愿服务与各支部的业务工作相结合，先后进行了心智障碍人士融合服务、关爱事实无人抚养儿童、慰问高龄老年人等活动。

经过半年的实践，到2023年初，党总支所辖各支部认为已有的书记领航志愿服务效率较低、参与感较弱，从专业社会工作角度出发提出建议，志愿队的服务应当聚焦于某项具体工作，固定服务方式，并可长期跟进服务对象变化等。经过一系列的调研和研讨后，总支委员会讨论决定自2023年4月起开展"书记领航艺伙伴计划"（以下简称艺伙伴），该项志愿服务旨在将专业工作方法纳入残障服务，借助各党支部服务的社区平台，向社区导入关爱残障人士理念，引起公众关注日常生活中"被隐身"的残障人士，提升公众对残障人士的关爱意识及自觉行动力。

艺伙伴作为书记领航志愿服务队的常态化服务工作，由成都市社会组织第四联合党总支与成都理工大学传播科学与艺术学院表演播音系教工党支部、表演播音系学生第一党支部联合发起，通过"高校+社会组织+社区"党组织的联动，在党建引领下，以社会融合的方式，让视障者走上社区舞台，开展诵经典、送温暖、传党恩活动，同时辅以多样的传播手段，实现残障人士社会融合预期目标。自2023年6月到2024年4月，共进行艺伙伴服务38次，有27名播音、表演专业在校学生作为志愿者对视障人士进行朗诵培训，10余位书记领航志愿服务队成员对该服务进行了督导。先后有60余名视障人士，累计500余人次接受了朗诵培训。2023年9月开始，通过总支所辖支部的导入，视障者朗诵团队陆续开始将朗诵作品带入社区舞台，先后在高新区、金牛区和郫都区等地参与社区活动，进行朗诵作品表演，传达社区融合理念。

随着艺伙伴的持续赋能,带着"让能量流动"的理念,书记领航艺伙伴计划取得了新的发展。接受朗诵培训的视障人士成为服务心智障碍人士的志愿者,艺伙伴衍生出"你是我的眼我是你的心·艺伙伴互助共融计划"。从 2023 年 10 月起,在所辖支部的导入下,接受艺伙伴服务的视障人士定期与心智障碍人员进行联欢,丰富心智障碍人员的日常活动,提供关爱和慰问,促进不同群体的融合交流,曾经的被服务对象成为服务其他残障群体的服务者,残障群体突破自我圈子,积极地为社会发展贡献自身力量。

2. 组织编写社会组织党建案例,增强影响力

2022 年,党总支开展社会组织党建问题梳理和优秀做法发掘,旨在形成让广大社会组织"看得懂、照着做"的党建案例,到 2023 年 11 月,形成 7 个社会组织党建案例。

2022 年 3 月,党总支以"把问题找出来、把亮点挖出来、把质量提上去"为工作目标,围绕市社会组织第四联合党总支所辖各党支部,对所辖党支部进行依次调研。2022 年 4—5 月,开展 4 期面向所辖支部的"书记领航工作坊",筛选社会组织党建优秀做法。其后,以"支部自写+专班提炼"的写作流程,分别从党建与业务融合、党建引领社会组织开展群众工作、党务工作与机构管理双向并轨等方向,梳理完成 5 个社会组织党建案例。2023 年,新增 2 个案例,并在社会组织党建案例编写基础上,引入多个党建专家,深度指导党建案例的编写,以通俗易懂的内容,形成可供其他社会组织参考的党建工作案例。

7 个案例聚焦社会组织党建工作在精准服务群众、密切联系群众方面的党组织优势,体现出了社会组织党组织在"服务群众"和"引领事业发展"上的职能属性。案例分别是成都蜀光社区发展能力建设中心(成都公联二党支部联建机构之一)将社区发展参与式工作手法与党的群众工作有机结合的具体做法;成都市社会组织联合会党支部参与开展小区协商民主工作的做法;成都市爱有戏社区发展中心党支部以党建带群建,将党的组织工作与机构管理工作有机融合的做法;成都市关爱家社区营造促进中心党支部以培育和支持院委会为切入点参与基层治理工作的做法;成都吾乐公益服务中心党支部将党建工作规范化整体植入机构管理与项目工作的做法;成都融智助残公益服务中心党支部党建工作促进机构内部治理结构创新优化工作做法;市社会组织第四联合党总支探索党建与社会组织业务相融共生的实践做法。

3. 组建书记领航宣讲团介绍社会组织党建做法,增强辐射力

依托社会组织党建案例梳理,为了积极向外宣传社会组织党建的经验做法,2023 年 5 月,第四联合党总支内部组建书记领航宣讲团。

在成团会议上,各支部书记表示在第二综合党委和第四联合党总支的有效组织和带领下,作为支部书记对党建引领组织发展深有体会、颇有受益。宣讲团的成立是对社

会组织党建工作的有益总结和积极推广，是向外展示成都社会组织风采的窗口和平台，是推动社会组织高质量发展、拓展业务领域和机会的有效举措。

同月，宣讲团"首秀"走出成都，走进重庆，宣传成都社会组织党建典型案例，通过成渝双城社会组织交流，展现新时代成都社会组织发展风貌，呈现党建引领下社会组织发展路径，促进社会组织高质量发展。

11月，宣讲团联合青羊区残联，面向助残社会组织进行专门的社会组织党建培训。通过训后反馈，参训人员满意度达到100%（包含对培训的总体评价、培训内容设计、时间安排）。全体参训人员认为通过本次培训增加了党务知识，也可将学到的知识和经验应用到个人所在机构，大部分参训人员建议持续开展此类培训。一份评估表上的评价为"拓宽了思路，有理论、有案例，受益良多，可不定期开展这种培训活动"。这些反馈内容显示出向社会组织进行党建工作普及的重要性和迫切性，展示了书记宣讲团课程设计和宣传内容的实用性和有效性。

三、经验与启示

党总支采用"组织建设—思想武装—集体行动"的行动策略，依托社会组织服务群众的行业属性和社会服务的专业手法，在党建引领下，以有效服务群众为连接点，形成了独有的组织内驱动力，做到党建与业务有机融合。

第一，强化组织建设是基础。结合社会组织的实际，不断扩大党的组织和党的工作全覆盖，是加强社会组织党建工作的前提。只有不断完善领导机制、协同机制和联系机制，才能为社会组织党建与业务融合奠定基础。

第二，强化思想武装是关键。思想是行动的先导。推动社会组织党建与业务高质量发展，要着力提高社会组织党员的思想认识，引导他们牢固树立党建与业务融合发展的理念。

第三，强化集体行动是根本。探索社会组织党建与业务相融共生，最终需要落实到具体的行动上，在实践中探索、在实践中创新，才能把党的要求和群众的呼声落到实处。

（案例报送单位：成都市社会组织第四联合党总支、成都市乐芙公益服务中心）

天津市北辰区：
以"一核多圈、多委合一"创新党建引领新路径

✍【专家点评】

　　基层治理是国家治理的基石。天津市北辰区针对区域特点和治理难题，以"一核多圈、多委合一"的思路创新了党建引领基层治理的新路径。其中，组织建设和政治引领强化了社会治理的"主心骨"，资源整合和行动网络形成了社会治理的"朋友圈"，精准服务和多元共治成为社会治理的"金钥匙"，从结构、过程和行动三个方面推动了党建引领从"有形"到"有效"的转变，将制度优势切实转化为治理效能，提升了老百姓的获得感、幸福感和安全感。天津市北辰区系统谋划，在全域范围内创新党建引领基层治理的新路径具有广阔的覆盖面和较强的示范性，推动区域内基层社会治理发生系统性变革，同时也有助于激发基层社区的创新潜力，整合碎片化的治理资源，吸纳富有活力的多元治理主体，构建共建共治共享的社会治理共同体。

点评人：刘　冰　北京师范大学社会学院教授

一、背　景

　　党的十八大以来，习近平总书记和党中央站在全局和战略的高度，对社会工作提出一系列新思想新观点新论断，明确一系列新要求新任务新部署，为推进国家治理体系和治理能力现代化提供了根本遵循和科学指南。天津市北辰区认真贯彻落实中央部署和市委要求，大力弘扬改革创新精神，聚焦社会治理重点难点问题，积极构建以社区（村）党组织为核心、多元主体共建共治、各类组织一体联动的"一核多圈、多委合一"工作体系，通过建强"主心骨"、扩大"朋友圈"、用好"金钥匙"，推动社会治理从"有心无力"到"一呼百应"转变，从"单打独斗"到"众人划桨"转变，从"有形有态"到"有效有感"转变，创新探索了一条新的党建引领社会治理路径。当前，世界百年未有之大变局加速演

进,外部尤其是西方敌对势力打压遏制渗透不断升级。社会利益关系日益复杂,新业态新就业群体大量涌现,社会矛盾问题交织叠加,人民群众对社会事务参与意愿更加强烈,统筹兼顾各方利益更加困难,社会治理环境更加复杂,创新探索党建引领社会治理新路径,成为完善社会治理体系、提升社会治理能力的必然选择。

（一）推进党建引领社会治理,是巩固党在基层执政根基的政治要求

中国共产党的领导,是中国特色社会主义最本质的特征,也是社会治理沿着正确方向前进的根本政治保障。坚持党对一切工作的领导,就要把党的领导落实到社会治理全过程各方面,使党组织始终处于领导核心地位,始终发挥总揽全局、协调各方作用。从基层实践看,有的党组织政治属性不突出,将自身等同于一般社会组织,不敢旗帜鲜明、理直气壮地领导社会工作。有的缺乏威信,对物业企业、业主委员会等缺乏领导力,在议事决策、资源分配上掌握不了"话语权"。有的存在党建、业务"两张皮"现象,不善于将党的主张融入社会工作,不善于将党的政治优势、组织优势、群众优势转化为治理优势。这些问题导致党的领导弱化、虚化、边缘化,削弱了党在基层的执政基础,动摇了党在基层的执政地位。如何通过强化基层党建提升社会治理水平和效能,成为新时代社会治理面临的"必答题"和"必修课"。北辰区积极构建"一核多圈、多委合一"工作体系,就是把加强基层党的建设、巩固党的执政基础作为贯穿社会治理一条红线,突出党在基层社会治理中的领导核心作用,不断增强政治功能和组织功能,确保党的领导"一根钢钎插到底"。

（二）推进党建引领社会治理,是打造共建共治共享治理格局的必然选择

随着经济社会快速发展,社会结构、社会观念、社会心理、社会行为、社会预期发生深刻变化,原有的基于计划经济体制的社会规范和管理手段逐渐弱化,社会治理手段亟须从传统管理向现代治理转变,应该更加突出群众主体地位,强调政府与社会的双向互动,做到治理为了群众、治理依靠群众、治理成果由群众共享。从基层实践看,社会治理仍存在政府包揽过多、社会动员能力不强、各方力量缺乏协同、群众参与度不高等问题,导致社会治理往往成了政府的"独角戏"。北辰区积极构建"一核多圈、多委合一"工作体系,就是鼓励和吸纳社会各方力量,动员驻区单位、群团组织、社会组织、党员群众等有序参与社会治理,努力形成党委领导、政府负责、社会协同、公众参与、法治保障的社会治理生动格局。

（三）推进党建引领社会治理,是破解城乡接合地区治理难题的现实需要

城乡接合部是城市带动乡村发展的最前沿,面临着社会重构、利益调整、文化融合等诸多难题,是我国社会转型时期各种矛盾冲突的交汇地。在这一区域,以乡村熟人社会为基础的传统管理体系渐渐失效,以城市社区市民社会为基础的新型治理模式尚未形成,存在治理主体模糊、权责边界不清、治理效能较低等诸多治理困境,成为社会治理的重点难点地区。北辰区是天津市环城四区之一,是典型的城乡接合地区,随着经济结构的深刻调整、城市化建设的加速推进、流动人口的大量涌入,因拆迁还迁、楼房烂尾、农民工欠薪等引发的社会治理问题频发多发,社会治理难度极大。从基层实践看,主要是在城市转型发展过程中,社会治理体系和治理能力相对滞后,部门属地条块分割、配合乏力,镇街权责不匹配,存在"看得见的管不了,管得了的看不见"等突出问题。北辰区积极构建"一核多圈、多委合一"工作体系,就是推动权责、资源、力量向基层一线倾斜下沉,进一步理顺条块关系,构建简约、扁平、高效指挥体制和工作机制,不断提升社会治理系统化、科学化、智能化、法治化水平。

二、主要做法

(一)加强社会治理"主心骨",变"有心无力"为"一呼百应"

1. 以增强政治功能和组织功能为目标,建强战斗堡垒

坚持把选优配强村居领导班子作为重中之重,在 2021 年村和社区组织换届选举中,高标准推行村居党组织书记通过法定程序兼任村(居)委会主任,全区 121 个村和 160 个社区全部实现"一肩挑",一大批政治过硬、年富力强、群众拥护的能人好人进入村居领导班子。天穆村是华北地区最大的回族聚集区,人员构成复杂,各种矛盾交织。换届启动后,镇村干部针对村民身份难界定问题,与户籍民警逐一入户核对、确定选民,为顺利换届赢得民心。为表达喜悦之情,村民把选举日定在伊斯兰"主麻日"当天,选举日成为穆斯林群众欢乐的节日。建立"逐镇街把脉、逐村居过筛"党建工作机制,举办镇街、村居"贯彻二十大·晒出新思路"党建擂台赛,开展"实干比拼、月月提升"活动,切实把镇街、村居党组织打造成钢铁战斗堡垒。全面排查整顿软弱涣散党组织,"一支一策"找病因、挖病灶、开药方,推动基层党组织全面过硬。持续加强制度建设,制定基层党组织履行主体责任、党组织书记联系服务群众等十项制度,确保基层党组织建设有章可循、有制可依。

2. 以严肃党内政治生活为抓手,加强队伍建设

坚持把学习贯彻习近平新时代中国特色社会主义思想作为重大政治任务,通过镇街党校集中培训、红色基地"沉浸式"教学、农村"大喇叭"广播等方式,让广大基层党员学在经常、入脑入心。将每月 10 日固化为主题党日,以丰富多样、生动活泼的方式,抓实政治学习、体验式教育、交流研讨、观展观影、承诺践诺、志愿服务等活动,努力让"党味"更"浓"、内容更"香"、形式更"活"。认真落实"三会一课"、组织生活会、谈心谈话、

党性分析等制度,唤醒和强化党员意识、党性观念,坚定拥护"两个确立",坚决做到"两个维护"。前堡村曾经是有名的上访村,12 名党员分为两派,政治生活形同虚设,镇村党组织着眼化解矛盾、增强凝聚力,利用固化主题党日,组织党员开展谈心谈话,最终解开了思想疙瘩、取得相互谅解,全体党员心往一处想、劲往一处使,不仅实现了全村零上访,还带动群众发展民宿旅游,促进了集体增收、村民致富。

3. 以推动赋能减负为重点,强化工作保障

实施放权赋能 10 项重点项目,为基层送政策、送人才、送资源、送保障。严格落实镇街对区属职能部门的吹哨调度权、考核评价权、人事建议权、重大事项建议权和自主灵活用人权,增强镇街党(工)委统筹协调各方、领导社会治理的能力。建立社区(村)和网格"吹哨",区街职能部门"报到"机制,推动管理重心下移、执法力量下沉。开展基层减负 10 项专项整治,为基层减文、减会、减表、减报、减痕。严格实行涉基层事务准入制度,厘清基层组织工作事务 18 项,清理挂牌 579 块。克服指尖上、键盘上的形式主义,取消各类党政群机构要求社区(村)填报的表格 25 项、降低填报频率 11 项。严格按照"4+N"结构配足配强社工力量,累计定向招录公务员 16 名、选聘事业编人员 25 名。在每年为每个村拨付 20 万元转移经费、每个社区拨付 10 万元服务群众专项经费基础上,及时拨付党建工作经费、党组织工作和活动经费,努力让基层有人干事、有钱办事。

(二)扩大社会治理"朋友圈",变"单打独斗"为"众人划桨"

1. 坚持共建聚力

持续深化街道"大工委"、社区"大党委"机制,推动街道领导班子成员担任社区"大党委"第一书记,建立社区与机关事业单位"1+N"结对模式,打造区级职能部门"帮帮团",梳理形成政策、资金、项目等"资源清单"58 项,让基层遇到问题能找得到人、办得成事。探索打造"振兴链组",成立由村党组织、机关单位、农业企业等组成的党建联盟,持续抓好产业发展、农民增收、乡村治理等工作,涌现出韩家墅等一批亿元村和刘快庄等基层社会治理"明星村"。根据社区评星定级结果,组织 32 个街道排名靠前社区与镇辖相对后进社区之间结对子,通过阵地联建、班子联促、队伍联抓等措施,促进城乡社区同频共振、共同发展、全面提升。

2. 坚持共享增能

在全市率先建成 16 个镇街党校和 18 个社区楼门"微党校",开设党的创新理论系列课程,区委主要领导带头讲,党校教师、先进典型、共建单位领导跟进讲,通过"用历史讲精神"、"用学术讲政治"、"用故事讲道理"、"用变化讲发展",满足党员多样化学习需求。在全市率先举办首届社工节、邻居节,组织 200 多名社区工作者分享 46 个社

会治理经典案例,引导 30 多万名居民群众走出家门互动互帮互助。建立社区(村)党组织书记工作室 18 个,举办书记论坛 41 次,围绕健全网格机制、提高群众参与度、组建业委会等内容,邀请职能委局面对面答疑解惑。瑞景街道宝翠花都社区党委书记林则银作为 15 名全国优秀社区党组织书记之一,在中央党校围绕抓实"五常五送"工作法,面向全国社区书记进行案例交流。

3. 坚持共治提效

健全"五社联动"治理机制,推动群众组织、社会组织等各方力量参与协同共治,16 个镇街全部建成社工站,累计孵化培育社会组织 100 余个,开展公益活动 130 余次,服务群体 5000 余人次。深化"双报到"活动,185 个党组织和 4500 余名在职党员到社区报到,主动认领政策宣传、困难救助、志愿服务等 10 类岗位,参与村居联合党日、文明创建、志愿服务等活动,2024 年以来就帮助解决各类民生问题 2600 余件。第四十七中学连续 5 年开展家长课堂和高考状元面对面"传经送宝"等活动,选派优秀教师担任社区教育辅导员,大力营造良好教育环境、家庭环境和社会环境。建立社区基金,通过链接企业资助、社会捐助等形式筹集资金,动员广大居民奉献社会爱心、践行社会责任,有效破解社区治理和服务中资源短缺问题。

（三）用好社会治理"金钥匙",变"有形有态"为"有效有感"

1. 在征集社情民意上用心用力

依托全区 281 个村居党群服务中心,配备人民建议"直通车"和征集箱,让群众有建议随时可提。依托 12345、12371、12380 等专线,用好民情座谈会、"我为北辰发展献良策"等载体,最大限度征集"金点子"。严格落实社区"五议两公开"、村级事务"六步决策法",推进科学决策、民主决策、依法决策。搭建小院议事厅、居民小"两会"、逢十说事等"家门口协商"议事平台,按照民事民提、民事民议、民事民决、民事民办、民事民评"五民"工作法,激发群众自治活力、共商大事小情、共解千难万绪。

2. 在源头化解矛盾上用心用力

发扬新时代"枫桥经验",统筹用好司法、群团、"五老"、新乡贤等调解力量,建强两级"一站式"矛调中心,在全市率先推行公共法律服务"周六不打烊",打造"枫桥式公安派出所"、"枫桥式人民法庭"、"丽芳工作室",80% 以上社区(村)实现全年"无诉"、"无访",青光镇"流动法庭"工作法在全国"枫桥经验"会上作经验介绍,并入选最高法院发布的第五批新时代人民法庭建设案例。

3. 在提升物业服务质量上用心用力

建立红色物业"365"工作机制,"3"是建立社区、物业企业、业委会三方联动机制;"6"是搭建红色堡垒、党员先锋、培训宣传、志愿服务、信息互通、公益慈善六大平台;

"5"是提供红色管家、红色文化、红色宣讲、红色网格、红色守护"五红服务"，让服务24小时365天不断线。建立物业企业服务"红黑榜"，组建"多委"联合办公室，居委会、业委会、物业服务企业人员联合坐班、接待群众、解决问题。小淀镇荣辰花园社区指导星河国际物业成立党支部，推动红色物业创建，每月召开"多委"联合办公会，有效解决安装充电桩、房屋漏水等问题，定期为居民提供理发义诊、水电缴费、磨刀修鞋等服务，让居民享受到家门口服务。

4. 在发挥新就业群体作用上用心用力

打造"先锋骑手"党建品牌，把全区4200多名新就业群体紧紧凝聚在党组织周围，发挥"走街串巷、熟门熟路"优势，2024年初至4月，就上报安全隐患、路面坑洼、交通事故等4600余个问题，并全部得到跟进解决。深化"五常五送"工作法，推动新就业群体"沉网入格"，通过结对子、一帮一，了解群众困难诉求560余个，办实事2800余件。目前已有102名新就业群体人员递交入党申请书，2人光荣加入党组织。《人民日报》、新华社等中央媒体5次进行专题报道。

5. 在推进志愿服务上用心用力

探索打造"运河桨声"五心志愿服务品牌，通过"辰宣·明心"、"辰帮·暖心"、"辰文·润心"、"辰贤·励心"、"辰法·安心"，在全区汇聚起"运河两岸无看客、我们都是划桨人"志愿服务合力。深入开展"百姓志愿、百姓实践、百姓美好生活"志愿服务主题活动，建成"雷锋公园"和雷锋长廊，定期寻找"身边雷锋"，制定星级志愿者认定办法和志愿者礼遇10条，推动服务无处不在、无时不在。区税务局格桑花志愿服务队15年来为西部地区孩子捐赠折合40余万元，各类衣物用品16300余件，帮助36名困难学生完成学业，被评为第九批全国学雷锋活动示范点。

三、经验与启示

（一）必须强化党的领导

社会治理是一项系统工程，牵扯方方面面利益，涉及多个部门职责，只有发挥党总揽全局、协调各方的作用，才能有效统筹各项资源形成治理合力。在实践中，区委主要领导亲力亲为、亲自谋划、躬身推动，80多次赴基层调研，现场办公、解决问题。分管区领导每月一调度、每季一小结、每年一部署，自上而下强力推动、有效落实。建立区、镇街、村居三级联席会议制度，全面统筹协调推动资源力量下沉，有效破解社会治理难点堵点问题。实践证明，只有始终坚持党的领导，才能把各方力量组织起来、动员起来、凝聚起来，推进基层党组织领导体系和治理体系向居民家门口延伸，推动社会治理各项要求和工作任务落地落实。

（二）必须强化精准服务

服务是社会治理的永恒主题。在实践中，北辰区紧紧抓住群众反映强烈、亟待解决的治理难题，从环境建设、安全隐患等问题入手，大力开展楼道革命、燃气排查等活动，让居民群众感受到直观变化，既避免"老虎吃天无从下口"，又防止"眉毛胡子一把抓"。实践证明，抓好社会治理，要时刻把群众利益放在首位，把"大事业"落在"小事情"上，群众的事再小也要全力去办，再难也要尽力办好。

（三）必须强化参与机制

基层之治，机杼万端。社会治理离不开各方力量的广泛参与。在实践中，北辰区各社区（村）结合自身实际，每周至少召开一次由居（村）委会、居（村）务监督委员会、业委会、物业服务企业等组成的"多委"联合办公会，实现遇事共商、责任共担、问题共解，把问题矛盾化解在最基层。实践证明，只有打破条块分割的僵局、各自为战的困局，凝聚各类组织力量，才能构建人人有责、人人尽责、人人享有的社会共同体，激发社会治理活力。

（四）必须强化实干担当

观大势、立大局、成大事，关键在人、关键在干。2023 年以来，北辰区创新开展"无奋斗不北辰·辰兴十干"实践活动，以"想干、能干、会干、真干、敢干、巧干、认干、苦干、快干、齐干"为路径，推动全区上下用"干"破解发展难题、靠"干"实现奋斗目标。在社会治理中，广大党员干部弘扬"干"的精神、鼓足"干"的劲头，碰到困难就上前、遇到难题就冲锋，努力把短板变样板、把难点变亮点、把"不可能"变"可能"。实践证明，论事易、做事难，做事易、成事难，只有最大限度调动党员干部的主观能动性，变"要我干"为"我要干"、"催着干"为"争着干"、"各自干"为"齐心干"，再大的困难也能克服，再难的任务也能完成。

（案例报送单位：天津市北辰区委组织部、天津市北辰区委社会工作部）

浙江省杭州市:党建引领园区社区化治理新模式

【专家点评】

杭州市余杭区五常街道的党建引领园区社区化治理新模式,是在新时代背景下对基层社会治理的创新实践。该模式以党建为引领,通过构建科创共同体,强化了党组织在园区治理中的核心作用,实现了政府、企业、社区等多方参与的园区治理新格局。这一模式体现了党建引领基层治理的现代理念,通过党组织的政治功能和组织功能,将网格治理职责与科创共同体管理职责相结合,提升了社区资源整合力,广泛凝聚了园区治理合力。这一案例有以下几大亮点:一是强化了党的领导,把党的政治优势、组织优势、密切联系群众优势转化为基层治理效能;二是通过"一轴四带"工作机制,深化了组织建设,形成了贯穿有力的组织架构,有利于提升治理的系统性和整体性;三是数字赋能和智慧治理的引入,如"一企一码"生产共同体,提高了服务的精准度和响应速度,体现了科技支撑在基层治理中的重要作用;四是打造"共建共享"的生活共同体,"家庭式"托育服务、"共享式"健康服务以及"开放式"暖心服务的开展提供了全方位精细化服务,增强了园区的凝聚力和向心力。可见,党建引领基层治理需要不断创新和适应社会发展的新要求,强化党建引领、提升服务质效、优化运作机制、促进多元协同、建立评估机制是实现园区社区化治理的关键,同时也需要解决资源配置、服务精准化等共性问题。

点评人:刘　冰　北京师范大学社会学院教授

一、背　景

杭州市余杭区五常街道辖区面积 24.88 平方公里,地处城西科创大走廊腹地,共有产业园区 64 个,企业 18000 余家。作为阿里巴巴集团总部属地街道,辖区内高新技术企业、互联网企业集聚。数量众多、类型各异、需求多元的企业发展现状,带来了以下三方面问题：一是党建不强，有效覆盖低。两新企业中党组织的覆盖率低，成立科创共同体前仅有两新党组织74家，且党建工作的规范化水平低，党组织的凝聚力、党员的主体意识不强，园区企业青年职工的认同感不高。二是情况不明，治理难度大。辖区服务人口近25万，除6万左右户籍人口，近20万均为流动和通勤人口，受产业性质影响，人员流动性大、园区内职住混杂以及企业变动、欠薪等问题频发，但街道、社区受人员及职责所限，掌握、应对情况的及时性、全面性、实效性有限。三是抓手不够，服务质量低。传统意义上的社区职责未涵盖园区管理与服务，街社在响应企业需求、解决企业问题上缺乏精准、及时的支持。服务模式的局限导致政府对企业的服务质量偏低，影响园区的营商环境和企业发展动力。

面对长期以来辖区内存在的园区侧的服务治理空白的现状，五常街道积极探索园区社区化治理模式，通过科创共同体建设，聚力解决如何全面服务企业、如何深入治理园区两大难题，密切政府与企业、企业与企业间的联系。

二、主要做法

（一）工作体系布局

1. 制定《五常街道科创共同体试点方案》

以园区为基本单位建立科创共同体，负责园区内的党建、企业、人才、治理等服务管理职责。科创共同体行政隶属属地社区，专职人员由属地社区派出，兼职人员由街道职能机构抽调及园区单位选任。构建"1+N"科创共同体服务阵地，即每个社区在一个重点园区打造科创共同体服务阵地辐射社区内园区服务，其他园区通过空间共享形式打造服务驿站。推动"条统块抓、上下一体"工作机制，形成街道、社区、企业、运营商多方参与的园区治理新格局。

2. 发挥街道党工委总揽全局、统筹协调的作用

成立街道科创共同体领导小组，由街道党工委书记任组长，相关班子成员为组员，强化对科创共同体工作的组织领导，建立例会机制，定期听取情况、研究问题、落实政策。充分发挥组团联社机制，由组团团长担任所在社区的科创共同体第一书记；强化职能科室与下沉站所的统筹力度，将楼宇工作站、大综合一体化等职能机制与科创共同体工作相结合，切实提升综合联动能力。

3. 发挥社区党组织的政治功能和组织功能

将科创共同体党委隶属于社区党组织领导管理，将网格治理职责与科创共同体管理职责相结合，通过社区两委班子成员兼任科创共同体书记、选派社区工作人员担任园

区自治平台联系员等形式，赋予社区对科创共同体的属地管理职责，用好党建联建和"大党委"机制，提升社区资源整合力，广泛凝聚园区治理合力。

4. 做实科创共同体运行主体

通过搭建科创共同体党委、科创共同体服务中心、科创共同体群团等形式，做实科创共同体运行主体。成立实体型科创共同体党委。将辖区内的园区党支部、两新企业党支部以及街道党群服务中心名下的零散党员党支部划归科创共同体党委统一管理（总支及党委建制的园区和两新企业党组织仍隶属于街道），由科创共同体党委负责做好党建指导、零散党员管理以及党组织组建等工作。科创共同体党委书记由社区两委班子成员担任，副书记和委员从园区党组织书记、企业党组织书记、社区工作者中选任。成立科创共同体服务中心。将党建、群团、企业服务、人才服务等服务职能下沉园区，同步兼容纠纷调解、安全管理等社区网格职责，设立综合服务前台，实行实体化办公。科创共同体党委书记担任中心主任，专职网格员、科创共同体专员及党建办、区域发展办等街道相关职能科办工作人员担任中心副主任或委员，从物业、运营单位、热心业主或租客中选配力量担任中心兼职副主任或委员。成立科创共同体群团组织和"两代表一委员"直通车。组建科创共同体工、青、妇、商会等群团组织，由科创共同体党委、服务中心工作人员或园区相关单位人员担任。建立科创共同体"两代表一委员"直通车，建立定点联系机制，定期专人驻点，收集民情民意。成立园治会自治平台。以园区为单位，成立自治平台，由企业党组织书记、园区运营商代表、群团组织代表、党员代表和企业代表组成，街道下派党建指导员，社区下派联系员，共同制定科创共同体公约，推动园区、楼宇事务共商共治，形成社区、园区运营商、园治会"新三方"协作格局。

（二）主要做法

1. 织密网格，构建"一轴四带"红色共同体

以党建引领为贯穿始终的红线，深化组织建设和群团建设，探索以党建为轴心、工青妇和社团同频共振的"一轴四带"工作机制。"一条链"贯穿，深化组织建设。成立科创共同体党委，加深党组织在园区的触角，深化企业党支部建设，形成"街道党工委—科创共同体党委—企业支部"这一贯穿有力的组织架构。通过党建联建扩大党建朋友圈，把科创共同体党建工作建设成为企业创新驱动的"红引擎"。"一张网"覆盖，形成同频共振。以党建为轴心，建立科创共同体联合工会、团委、妇联、商会等群团组织，并围绕"趣缘"成立各类兴趣社团，带动群团组织同频共振。"一面旗"引领，加强资源整合。推行党建活动轮值机制，科创共同体内各企业党支部和联建单位以轮值方式参与科创共同体党建活动开展，盘活各企业党建资源，通过开设党员公益集市、设立"党员能人库"，推进资源整合、力量凝聚。

2. 智慧赋能,打造"一企一码"生产共同体

围绕科创共同体产业定位,利用数字化手段,聚焦中小微企业成长需求,打造企业码五常专区和科创共同体版"小邻通"在线服务系统,数字赋能为企服务。全周期跟踪成长。开展常态化扫楼活动,建立"一企一档",实时维护企业画像,设立一站式助企服务前台,为企业初创期、加速期、成熟期提供一站式全周期服务。全时段响应需求。开发 AI 赋能成长动能,将企业标签与政策标签进行 AI 碰撞,实现主动精准匹配推送各类政策补贴;集成 AI 多维度数据分析,自动预警提示企业异常风险。以企业线上线下需求提交为依据,建立需求响应服务解决闭环机制。全链条保障服务。依托云上社区"小邻通"居民在线服务平台,打造科创共同体版"小邻通",通过建立科创共同体群、支部群等群聊矩阵,开发线上协商等服务场景,实现企业员工之间的信息互联互通,确保多维度服务保障。

3. 做实服务,打造"共建共享"生活共同体

围绕科创共同体需求,统筹资源提供全方位精细化服务,构建科创共同体邻里文化。"家庭式"托育服务。针对双职工家庭多样化托育服务需求,引入优质托育机构,创新探索家庭式共享托管模式,提供托育服务,试点落实"幼有所育"。"共享式"健康服务。针对企业员工健康需求,发挥党建联建资源优势,通过开展健康义诊、心理医生驻点服务、养生沙龙等形式,帮助科创共同体内企业员工实现身心健康同步成长。"开放式"暖心服务。针对科创共同体内新就业群体需求,聚焦"小哥"们"吃饭难、喝水难、休息难"等现实问题,推出"常安驿"幸福驿站,提供饮用水、充电设备、雨具口罩等日用物品和技能培训、公益维修等专项服务。

4. 深化协商,打造"多元共融"治理共同体

坚持"服务+自治"管理体系,注重引入多元协商机制,助力基层治理向园区延伸。建立园区自治平台。建立"园治会"园区自治平台,由企业党组织书记、运营商代表、群团组织代表、党员代表和企业代表组成,街道下派党建指导员,社区下派联系员,共同商议园区环境提升、矛盾调处等公共事宜。建立多元协商手段。坚持问题导向,引入多元化、灵活化协商手段,积极引入"两代表一委员"、老党员、老法官、律师顾问等力量,重点推进楼宇协商、企业间协商,积极运用线上协商,探索留言板协商,在企业、人才、员工中开展协商议事,将矛盾沟通在一线、化解在萌芽。建立问题协办机制。对于科创共同体需上级协同的问题事项,街道党建办负责统一牵头、收集交办。其中,属于网格治理事项的,走网格事件解决流程,由街道综合信息指挥室流转,需要商议的提交信访联席会等专题会议;不属于网格治理事项的,由党建办进行流转,需要商议的提交科创共同体联席会讨论。

总之，自 2022 年开展科创共同体建设以来，截至 2024 年 4 月，已完成 5 个科创共同体试点的打造，共开展活动 210 余场，通过议事协商、多元共治解决园区企业问题 180 余件，开展便民休闲、交友娱乐、运动会等园区活动 200 余次，开展助企服务、人才服务、入企走访等服务 600 余次，为营造园区氛围、激发经济活力提供强劲动力。相关经验做法获《浙江日报》《共产党员杂志》等新闻媒体报道。

三、存在的问题

（一）科创共同体党组织的领导力有限

虽然科创共同体党组织通过开展形式各样的活动提供力所能及的服务，但由于两新党组织隶属于街道党工委，两新党建工作的责任和职责不在社区，社区对两新党组织的组建热情不高、意愿不强。虽然街道有 300 余名零散党员，但两新党组织的组建率不高，截至 2024 年 4 月仅成立近 20 家，且社区对已成立党组织的两新企业党建工作指导以及两新党组织科创共同体的支持、配合力度有限。

（二）科创共同体的服务不够精细和有效

顶层设计不足，仅以组织线一己之力推动科创共同体工作，部分科办、社区的重视程度不平衡，导致科创共同体的人员力量难以保证，对企业的服务停留在浅层次，难以形成协同作战和快速有效解决问题，服务缺乏精准性和及时性。在数字赋能方面，现有的数字化平台在政策兑现等为企服务方面的场景搭建多，线上组织体系建立和员工服务的场景少，在园区凝聚力、向心力建设方面缺乏数字化手段。在人才服务方面，面对数量众多的中小微企业，人才服务未完成精准覆盖，政策送达的及时性有待提高；面对量大层次多元的人才队伍，以才引才的力度不够，一定程度存在重活动、轻招引的现象。

（三）科创共同体运作缺乏机制保障

因科创共同体属功能性组织，在人员力量上，没有专职人员，街道仅能保证定期驻点服务；社区虽然明确了一名班子成员和一名社工的配置，但仍要承担大量的社区日常事务。在资金保障上，由于是非实体化社区，财政难以保障，虽然街道明确了 3 万元/社区的追加经费，但根本无法满足，经常要挤占社区办公经费。在阵地保障上，园区党建阵地无政策支撑，且五常辖区的产业园区普遍规模较小、闲置空间少、使用成本高，较为成熟的园区对空间布局、风格打造有统一要求，新建党建阵地在上墙内容、空间大小等方面很难满足示范点打造的要求。

四、经验与启示

（一）强化党建引领，增强组织凝聚

进一步加强两新党组织的建设，提高园区企业党组织的覆盖率和活跃度，增强党组织的吸引力和凝聚力。加强对两新党员主体意识的培养，提升两新党员的凝聚力和对科创共同体党委的归属感，使党建工作更加贴近企业发展和员工需求，增强科创共同体建设的组织基础。

（二）提升服务质效，数智赋能服务

针对服务不够精细和有效的问题，进一步细化服务内容，针对不同类型的企业和员工需求，提供个性化、定制化的服务方案。同时，加大数字化建设力度，利用大数据、云计算等现代信息技术，提高服务的精准度和响应速度，构建线上线下相结合的服务体系。

（三）优化运作机制，保障资源供给

建立更加科学合理的运作机制和资源保障体系。完善人员配置，引入更多专业化人才参与园区治理和企业服务工作，需要加大财政投入，设立专项资金支持科创共同体的建设和运营，确保有足够的资源支持科创共同体的可持续发展。

（四）促进多元协同，深化合作机制

在园区社区化治理过程中，更加注重政府、企业、社区以及社会各界的多元协同，探索建立更加开放、灵活的合作机制，鼓励和引入更多社会力量参与园区治理和服务创新，通过形成合力，共同推动园区的经济社会发展。

（五）建立评估机制，常态长效运行

持续优化和完善科创共同体模式，建立长效的评估和反馈机制。通过定期收集企业、员工和社区居民的反馈，及时了解各方的需求和建议，对科创共同体的工作进行评估和调整，确保科创共同体模式能够更加贴合实际需求，持续提升治理和服务效能。

（案例报送单位：浙江省杭州市余杭区五常街道办事处）

基层治理创新发展篇

　　基层强则国家强,基层安则天下安。基层治理是国家治理的"神经末梢",是推进国家治理体系和治理能力现代化的基础工程。随着资源下沉、权力下移,工作重心不断落到城乡社区,各地以问题为导向整合资源创新体制机制,城市物业管理、老旧小区环境治理、社区慈善资源运营、社会心理服务等问题被逐一破解,基层呈现出秩序与活力有机统一的崭新面貌。

湖南省长沙市：
破解商品房小区物业纠纷的实践经验

📝【专家点评】

物业问题是当前公众关心的热点议题。物业公司不按照合同提供服务，业委会不能正常履职，业主不愿参与和不能按照正常合法途径参与物业治理等问题亟待解决。物业服务带有准公共物品的属性，物业问题的解决需要在基层汇聚国家、市场和社会多方主体力量的共同努力，涉及范围已经超越了单纯的物业企业管理，呈现出多元共治的趋势。

本案例中的湖南湘江新区开发建设局（交通运输局）和湖南省长沙市岳麓区人民法院从群众诉求和物业纠纷民事诉讼案件的分析着手，准确发现商品房小区物业纠纷的问题和原因，从源头治理、完善制度、"府院协同"，调动群众参与积极性，形成了"党建引领、政府主导、司法推动、社会参与、多元并举、法治保障"的格局，较为有效地解决了商品房小区长期存在的物业纠纷。

这一案例中的物业纠纷问题带有一定的普遍性，由政府部门和法院牵头来治理的案例并不多见，这一方面是"诉源治理"在物业治理中的一个成功实践，作为新时代"枫桥经验"的有效延伸和生动实践，体现了法院参与构建基层社会治理新格局、防范化解矛盾纠纷的重要作用。另一方面在党建引领下，府院协同，激励和引导多元主体有序参与物业治理，激发市场活力，探索恰当工作方法，这些工作经验对于其他类似的小区物业治理都是有益的，具有一定的示范性和推广性。

点评人：皇　娟　中国社会科学院大学政府管理学院副院长、副教授

一、背 景

"民为邦本,本固邦宁"。小区是居民生活的主要空间,是基层社会治理的重要内容。物业管理尤其是住宅小区的物业管理,关系着千家万户,是重要的"稳增长、稳民心、稳社会"行业,小区物业的问题解决好了,城市基层社会治理问题就解决了一多半。

湖南湘江新区作为 2015 年国务院批复设立的中部地区首个国家级新区,是全省经济建设的主战场、主阵地,经济持续高速增长吸纳了大量人口投资兴业、买房置业。全区物业管理工作涉及 20 个街道、155 个社区共 569 个物业小区, 52.05 万户。随着住宅小区数量迅速增长,城区常住人口突破 252 万,新楼盘交付品质不高、物业服务质量不到位、公共部分被侵占营利、公共收益支出不透明、环境品质患上"早衰病"等问题日渐凸显。加之近年来恒大集团等大小房企纷纷"爆雷",作为其子公司或关联公司的物业服务企业因资金被抽逃挪用、股市估值暴跌等因素,资金安全和服务质量更是难以保障。据统计,近年来,湘江新区 12345 市民热线、各类信访渠道受理物业投诉、信访问题年均 4.1 万件余件;岳麓区法院受理物业纠纷诉讼年均 2500—3000 件,占到民事案件的 10%—15%。相关问题主要表现在:

一是交房前期监管体制机制不健全。相关核准审批环节管理粗放,新建商品房楼盘遗留问题多、物业承接查验程序不规范、房屋及公共设施设备问题质保不及时、相关信息不对称,广大购房者无法形成有效监督。

二是业主(买方)自治意识不强,未形成有效自治管理体系,致使业主大会及其执行机构业委会难以成立或未有效运转。传统一人一票模式存在议事投票难、议事成本高、决议执行难等问题,特别是大型、超大型小区召开业主大会需耗费巨大的人力、财力和精力成本;交付时间长的小区房屋出租"人户分离"现象比较突出,业主难以联系,加剧了业主自治组织的畏难心理、躺平心态,严重阻碍了小区公共事务有效运转。

三是物业公司(卖方)市场化不彻底,仍处在事实上的自然垄断地位。开发商完成楼盘开发后,把前期物业管理交由其子公司或关联公司管理,且业主签订购房合同时必须被动签订由前期物业公司单方拟定的物管合同,其中出现不少霸王条款。部分不良物业公司前期利用其强势地位千方百计阻止业主委员会成立,达到其长期垄断管理目的。

四是现行主流物业管理模式与小区治理现实状况不匹配。普遍使用的包干制物管模式,早已背离了物业费作为全体业主集资维持小区基本公共管理服务的本质,全部沦为物业公司的营业收入,更有甚者部分上市物业公司为了业绩考核指标,提取高额利润上缴总公司，大幅压缩了用于小区的成本开支。而业主自治组织却没有有效管理抓手，只能用欠缴物业费对抗，最终两败俱伤，形成恶性循环。

五是政府与法院之间，政府各职能部门之间未形成良性互动。侵害小区公共利益的行为未得到有效遏制，行政和司法救济通道不畅，导致小区自身"造血"功能严重不足，且物业费无法随着物价水平不断增长，经年累月后正常小区运转难以为继，小区品质加速衰败。

二、主要做法

在湖南湘江新区、长沙高新区和岳麓区"三区合并"、"二次创业"的大背景下，湘江新区开发建设局以全面改革创新为契机，会同岳麓区人民法院和相关职能部门，坚持"摸着石头过河"和加强顶层设计相结合，立足"小切口"，做足"小快灵"，不断深化物业行业管理制度建设，着力破除阻碍物业小区基层治理良性发展的体制机制难题，加快提升基层治理体系和治理能力现代化水平，打造了一批自治能力强、服务质量高、发展后劲足、环境品质优的示范小区，将湘江新区打造成为全省乃至全国社会基层治理的引领者和探路者。

（一）坚持源头治理，以关口前移控前端，注重在强化制度上出实招，让纠纷投诉少起来

一是完善绿化工程监管体系。园林绿化工程作为小区的"面子"工程，一直以来备受群众关注。由于施工时序已到项目建设尾声，相关建设、监理和施工单位现场管理人员大部分已撤场，成为质量监管的短板弱项，品质降标、质量低劣引发的纠纷投诉时有发生。湘江新区积极回应群众关切，由开发建设局牵头组织印发了《关于加强新建商品房小区园林绿化工程监管的通知》，从规划指标、设计审核、施工质量到竣工移交，形成一套完整监管闭环。二是严把前期物业入口关。印发《湖南湘江新区前期物业管理招标投标管理暂行办法》，实现前期物业公开招投标管理。要求总建筑面积在5万平方米以上的住宅物业与2万平方米以上的非住宅物业，应采用公开招标方式选聘前期物业服务企业。被列入"黑名单"的企业在一定时间内禁入湘江新区物业市场。2024年，湘江新区前期物业管理招投标已实现全流程电子化，已有12个新建楼盘开展前期物业管理招标投标。同时将经审核后的服务范围、服务内容、服务等级标准、价格构成等投标材料作为附件加入前期物业合同，接受业主监督。三是创新承接查验制度。通过印发加强物业承接查验工作制度，进一步细化工作流程，压实开发商和前期物业公司的主体责任。在承接查验人员的选择上，除政府工作人员外，通过党建引领把本辖区业主（常住居民）中热心公益的工程技术人员充分调动组织起来，搭建居民参与小区治理的平台，保证承接查验效果和社会公信力。

（二）坚持精准施策，以改革创新破难题，注重在转化模式上想办法，让业主自治实起来

在业主自治方面，试点推行业主代表制和"直代同投、直投优先"表决制度。一是在业主委员会与普通业主之间，增设业主代表层级，业主代表由所在单元业主书面授权，形成业主代表会议制度，写入小区《议事规则》。该项机制创新让民主决策质量更高，执行力更强，监督更有力。业主委员会选举时间由法定 3 个月内甚至更长时间，缩短到 50 天左右，成功率也大幅提升。二是在召开业主大会议事时采用"直代同投、直投优先"表决法。"直代同投"即业主代表和业主可以同时投票，其中认可业主代表会议决议的小区业主不需投票，视为其投票结果与业主代表会议决议一致；"直投优先"即业主直投意见与业主代表会议结论不一致时，以业主直投优先有效。此制度设计在充分保障业主知情权、参与权、议事权、监督权等民事权利的前提下，大幅降低业主大会表决的难度和表决成本，兼顾公平与效率。

在物业管理方面，试点推行酬金制物管模式。一是优化物业公司招标机制。将投标物业公司编制日常运维方案的预见性与计划性、财务收支模型的专业性与科学性、解决物业管理服务各类疑难杂症方法的可操作性作为评标的重要标准，为后期对中标物业进行监督提供具象化的依据。二是全面实行预算制财务管理。为业主自治组织对物业公司的财务支出管理提供了有力抓手，保护了业主和物业公司双方的利益。三是物业费双方共管。物业费存入业主大会对公账户实行双控管理，有效避免物业公司总部挪用项目资金，退场时"携款跑路"的风险。四是财务收支阳光透明。定期公示物业费、代收水电费和公共收益等小区一切公共资金收支情况，有效提升物业服务企业财务管理水平，增加物业服务企业与业主间互信。

（三）坚持多元共治，以"府院协同"强支撑，注重在深化联动上做文章，让经济基础稳起来

一是"以案说法"明权责。物业费是维持小区正常运转的基本保障。岳麓区人民法院与湘江新区开发建设局密切配合，以试点酬金制物管模式小区为切入口，对物业费属性正本清源，以判例为指引明确每个业主的依合同缴费义务，对确属物业公司的服务质量问题依合同承担赔偿责任，实现责权明晰，各安其位，为维持小区正常运转保驾护航。二是"以案确权"护民利。在物业费长期低水平运行的情况下，公共收益是保障小区发展后劲最重要资金来源，但部分小区公共区域和公共设施长期被不良开发商等利益团体侵占营利，造成小区维修提质后继乏力，只能依靠政府投入大量资金进行提质改造，形成抱着"金饭碗"讨饭吃的局面。岳麓区人民法院与湘江新区城建监察大队"行法联动"，以审判明确公共区域和公共设施权属，住建执法部门依据国务院《物业管理条例》《湖南省住房和城乡建设厅行政处罚裁量权基准》对违法侵权行为进行处罚，实现"打击一个、震慑一批、教育一片"的样本效应，为小区培育自身"造血功能"蓄势赋能。三是"以税为引"提效能。基于酬金制物管小区物业费属小区业主自收自用非营利性质，湘江新区开发建设局与税务部门协同联动，由税务部门针对酬金制小区发布税收指引，对物业费实行免缴增值税政策，进一步提升小区公共资金使用效率。

（四）坚持软硬结合，以提质改造打基础，注重在细化需求上下功夫，让物业管理顺起来

一是高起点，严要求。老旧（既有）物业小区破旧的人居环境，无法正常运转的设施设备已成为保证物业服务质量的重大挑战，而整修改造耗资巨大，小区自有公共资金无法承受，提升物管水平缺乏必要硬件条件。湘江新区党工委管委会坚持高标准定位、高起点谋划、高质量推进，党工委、管委会主要领导同志多次深入小区现场调研，开发建设局牵头组织召开各部门、街道社区联席会专题会讨论研究项目推进过程中的各类问题，出台了提质改造三年行动方案和配套实施细则等指导性文件，建立了"政府主导、街道主责、社区主体、居民主人和代建主办"五级责任体系，突出小区提质与基层民主治理相结合、与物管水平提升相结合等"五个结合"工作思路，部门分工进一步明确，报建流程进一步优化，资金监管进一步规范，工作流程进一步理顺。

二是强统筹，全覆盖。品质提升既是民生工程，又是发展工程。在工作定位上，从宏观、微观两个维度出发，在片区打造方面，将"绿色完整社区"建设和小区提质改造相结合，合理拓展改造实施单元，注重完善片区公共服务功能，打造公共休闲空间；在小区提质方面，不局限于简单的刷漆、堵漏等碎片化的小修小补，而是在政府聘请第三方专业检测机构对小区进行"全身扫描"的基础上，对外墙空鼓、屋面漏水、路面破损、消防系统、水电管网和电动汽车充电基础设施等安全隐患、生活配套和便民设施项目进行系统谋划，全面提质，为后续物业常态化管理打下坚实基础。

三是同参与，共谋划。湘江新区党工委（岳麓区委）主动沟通对接，辖区高校、检测机构、设计院所和施工企业积极参与，搭建起区域化党建联席会议制度，推动检测师、设计师、工程师等优质资源下沉社区，打造"设计师进小区"工作升级版，设计方案按"三上三下"原则到基层一线听民声、察民情，不断提升设计成果精准度。通过开展"红色物业"、"红色业委会"创建活动，充分发挥基层党组织和居民群众的积极性，促进提质改造方式由政府大包大揽向问需于民、问计于民、问效于民转变，采取"政府部门+水电专营部门+小区居民"共同出资的方式，用政府"掏心窝"的暖心之策换来了居民"掏腰包"的热心之举。

三、工作成效

从试点效果看，成效显著，通过一系列创新制度落地，提升了小区人居环境，培育了小区自身"造血功能"，保障了小区持续性公共收入来源，使小区步入良性可持续发展轨道。形成"党建引领显性化、人居环境优质化、小区治理法治化、业主自治高效化、物业关系和谐化、财务收支平衡化"的湘江新区物业管理"六化"品牌。

（一）小区"底盘"更稳了

通过"新房交付严监管、老房问题抓整治、小区治理增收益、府院协同强保障"一整套组合拳，小区硬件品质大幅提升，公共维护大额支出大幅降低，为后期基层治理打下坚实物质基础。同时聚焦小区物业费收缴率和自身"造血功能"培育，保障了小区持续性公共收入来源与运维支出相匹配，经济底盘更牢固。以试点麓谷明珠小区为例，物业费收缴率由最初的不足 50%，提升到 90% 以上，小区公共收益账户余额由 10 万元增加至 150 万元。小区先后动用公共收益 40 余万元完成了监控设施设备更新、水景修复、护栏更换等改造工作。

（二）群众心气更顺了

通过"业主代表制"等小区自治形式和酬金制物业管理模式创新，解决了小区民主决策、议事监督、公开透明、资金安全等一系列难题，小区业主委员会成立比例不断提升，进一步畅通了小区居民参与公共事务管理的通道。后续业主大会会议成功率大幅提升，议事协调效率更高，物业费、代收水电费等公共资金更加安全。特别是麓谷街道万户超大型小区保利麓谷林语，居民 1.3 万户（4 万多人），交房近 10 年未能成功召开业主大会，采用"业主代表制"后，2023 年第一届任期届满，第二届业主委员会顺利完成选举。其成为长沙市唯一成立业主委员会的万户小区。

（三）幸福指数更高了

改造三年行动，2022 年以来湘江新区先后投入资金 2.5 亿余元，共涉及小区 150 余个，惠及居民 5.3 万户。对外立面斑驳褪色、外墙脱落渗水、道路坑洼破损、排水管网混接、景观品质不高、休闲空间不足、充电设施不够、消防隐患突出等"陈年积弊"进行全方位改造，全面提升小区居住环境、综合功能和公共服务水平，扎扎实实把"为群众办实事"工作进行到底，真正做到让小区"面子"好看、"里子"好用。

四、经验与启示

通过实行系列改革创新举措，我们认识到在立足湘江新区实际的基础上，抓好物业服务管理水平提升，关键要实现理念、方式、主体和机制四个转变。

（一）必须坚持融入基层社会治理体系，实现治理理念由"管控"向"服务"转变

习近平总书记指出，"治理和管理一字之差，体现的是系统治理、依法治理、源头治理、综合施策。"① 传统社会管理模式的突出特点是"管控为主"，为了便于自身管理和控制，整个社会运转都由政府主导推动。创新社会治理就要贯彻民本导向与现代服务型政府理念，同时提高运用法治思维和法治方式的能力。通过各种有效的方式和手段，主动回应和满足群众最关心、最直接、最现实的利益诉求，扎扎实实做到扣民生之本、解民生之急、排民生之忧，主动服务群众。

（二）必须坚持问题导向、精准施策，实现治理方式由"粗放"向"精细"转变

当前，城镇化快速推进，新建小区规模普遍增大，随着经济社会不断发展和"社会管理"向"社会治理"逐步转型，政府工作人员的工作能力和工作方式面临更多新课题和新挑战。物业服务管理中的问题带有系统性、复杂性，想要解决小区内频发的小问题、小矛盾，往往需要跳出"头疼医头、脚疼医脚"的思路，在党的建设、群众思想工作、政府职能转变、社会力量动员机制等众多相关方面寻找原因、研究对策。只有抓住问题的关键环节，追根溯源，才能认清问题，精准施策。

（三）必须坚持各方联动，协同发力，实现治理主体由"单一"向"多元"转变

长期以来，物业行业管理的主体主要为住建部门，单一的管理主体在面对群众日益复杂多样的诉求时常常显得力不从心。而要实现从管理到治理的转变，着眼点是加强各职能部门、司法部门和基层党委政府协同配合，促进社会参与，着力点是形成部门合力、激发社会活力。只有通过整合部门条块资源、服务团队资源、社会组织资源，真正形成"党建引领、政府主导、司法推动、社会参与、多元并举、法治保障"的格局，才能实现长效常态治理。

（四）必须坚持改革创新，重点突破，实现治理机制由"阻力"向"助力"转变

小区业委会成立难、运行难，前期物业公司市场垄断、服务质量"质价不符"等问题，一直是物业管理行业矛盾纠纷多发、易发的"火药桶"。究其原因是当前小区治理的机制体制与群众自治的客观需求不适应、与市场化配置资源的经济规律不适应。湘

---

① 《习近平关于城市工作论述摘编》，中央文献出版社 2023 年版，第 5 页。

江新区以求真务实的态度和敢为人先的精神，充分尊重人民群众主体地位和首创精神，促进了政府治理与社会自我调节、居民自治的良性互动，通过规范前期物业公司招标、选树业主自治典型、试点酬金制物管模式、建立"红黑榜"制度等体制机制改革，营造了公开公平公正的物业服务市场竞争环境，业主自治效能不断提升，物业服务价格形成机制不断完善，物业行业市场化进程加速推进。

［案例报送单位：湖南湘江新区开发建设局（交通运输局）、湖南省长沙市岳麓区人民法院］

江苏省无锡市：
以"五库双循环"破解社会慈善资源运营难题

【专家点评】

为破解社会慈善资源引入难、对接难、落地难的现实问题，同时在财政有限的情况下提升基层治理水平，案例中的旺庄街道根据辖区实际情况，搭建了一套"五库双循环"慈善资源链接框架，通过建立"五库"、畅通资源参与路径、搭建资源双循环的机制，吸纳、引入并盘活辖区内慈善资源。在拓展可利用慈善资源规模的同时，通过提升服务需求与资源对接精准度提高了资源整合效能，切实解决了社区居民实际问题，增强了社区治理的活力。

案例中展现的需求为本、资源整合、多元参与等特点为其他社区提供了可借鉴的思路。在具体实践中，一方面，街道积极发挥主观能动性，主动"牵线"社会慈善资源，发挥行政优势，动员多元主体参与，形成了辖区内外部资源的整合与盘活，构建了资源"五库"，搭建了社会慈善资源链接平台。另一方面，"入牵落宣"四阶段和"内外双循环"机制体现了以社区需求为导向的多元主体合作共治。街道发挥信息优势，引入捐赠方且牵线，精准对接捐赠方、社区、社会组织等。资源引入后，企、居、社等多方力量共同根据实际需求制定应用方案。社会组织发挥专业优势，助推资源落地切实服务居民。多方共同参与宣传，吸引更多的潜在捐赠方进入，以利于提升社区治理水平。

点评人：谢　琼　北京师范大学社会学院教授

高　睿　北京师范大学博士研究生

一、背　景

党的二十大报告中指出要"引导、支持有意愿有能力的企业、社会组织和个人积极参与公益慈善事业"。社会慈善资源也是"五社联动"中的重要一环。如何完善社会资源引入机制，精准对接服务需求并回应基层治理现代化的需要，也成为当下基层治理中亟须讨论的议题。

旺庄街道地处新吴区中心常住人口约 20 万人，下辖 20 个社区，无锡国家高新技术产业开发区和新加坡工业园均坐落其中。近年来，旺庄街道在基层治理过程中关注到辖区内企业、商户等主体承担社会责任、服务辖区居民、参与社会治理的意向。为破解社会慈善资源引入难、对接难、落地难的问题，同时回应近年财政有限但基层治理要求提升的问题，与新吴区社会工作协会联动以"企社对接，联动旺庄"为主题，总结企业资源参与基层治理的链接流程，多方吸纳、引入并盘活辖区内社会慈善资源，搭建起旺庄街道"五库双循环"的慈善资源链接框架。

（一）实施基础

制度基础：2022 年 6 月，无锡市出台《关于实施"五大行动"深化"五社联动"推进社区治理现代化的工作方案》，其中重点鼓励推动社区发展基金（会）建设，培育"种子基金"。2021 年与 2022 年旺庄街道陆续发文《关于全面开展社区"微自治"工程的实施意见》《"微爱旺庄"社区微治理创新项目的实施意见》，为社会资源引入与参与提供了良好的制度基础。

专业基础：旺庄街道近年来着力提升专业服务能力，通过"微爱旺庄"微项目大赛、"益创空间"组织孵化等方式提升专业社会工作能力，挖掘了一大批优秀社区治理项目。

实践基础：旺庄街道开展"三层级六能力"社区工作者分层培训与"燃跑社工"跟岗训练营，以理论结合实践，不断提升社区工作者工作实践能力，解决了社区一系列基层治理实际问题。

（二）资源基础

企业资源：旺庄街道地处新吴区中心，辖区内有新加坡科创城、"国家级科技企业孵化器"旺庄科创中心等大中型企业 300 余家，企业社会责任感较强且参与基层治理意愿较高，逐步形成"企业愿意给，社区有得用"的持续向好格局。

组织平台：2016 年以来，街道创建"益创空间"社会组织孵化基地，陆续培育孵化专业社工机构 34 家，社区社会组织和团队 200 余支，为旺庄街道打造社会慈善资源链接框架提供了坚实的服务资源基础。

资金平台：街道成立"微爱旺庄发展基金"、"戎耀公益基金"，社区层面成立"新光融享"基金，畅通社会慈善资源进入渠道。

（三）拟解决问题

"五社联动"中的社会慈善资源，往往是实现"真正联动"的最大难点。本案例旨在解决如下问题。一是资源"单一性"，传统资源更多来自于政府自上而下的资金拨付，如何挖掘和调动企业、商户、社区、社会组织从单一到多元的社会资源是打通源头的第一步。二是资源"畅通性"，原有的资源更多局限在一定的内部范畴，由于缺乏综合平台很难打通内部关节，出现运行不畅的问题。三是资源"循环性"，资源就像一个"蓄水池"，只有保持新资源引入，才能确保资源"活"起来，实现资源可持续性循环畅通。

二、主要做法

（一）项目目标

本项目以梳理旺庄街道内外部资源，打造旺庄街道慈善资源畅通循环机制，高效精准对接企业、商户等社会慈善资源与社区、社会组织对接为总目标，搭建"五库双循环"框架，吸引更多社会慈善资源参与旺庄街道的基层治理。

（二）介入策略

第一，整合内部资源，打通内部关节。厘清旺庄街道内各条线功能与服务方向，整合下辖社区资源情况，为社会慈善资源对接与落地提供支持。

第二，链接外部主体，吸引慈善资源。以街道、社区基层治理项目为基础开展与宣传，链接并拓展企业、商铺、村集体等外部慈善资源来源。

第三，贯通对接渠道，提升落地效果。精准对接企业捐赠、购买需求与社区需要，匹配链接高水平、专业化的社会组织承接服务与项目，确保慈善资源运用效果最大化。

（三）运行机制

旺庄街道在结合自身街道情况与资源进行分析后，结合系统论与资源整合理论（RIBV），再针对内部进行整合分析。系统论着重强调了整体与局部、局部之间、系统与外部环境之间的相互影响和相互制约关系的同时完善社会慈善资源的捐献与应用流程，从而提升内外部资源的整合、流动与再创造。资源整合理论强调系统的整体观念，一个系统由各个部分有机组合而成，并不是各个部分简单机械地相加而成，且系统的整体功能大于部分功能之和。资源整合理论的核心是优化资源配置，寻求配置与需求的精准对接。旺庄街道以此为理论基础分阶段开展工作，梳理内部"五库"资源，并分为"引入—对接—实践"三个阶段，探索、搭建并逐步完善旺庄"双循环"社会慈善资源链接框架，精准配置辖区内社区、社会组织与社会慈善资源的精准结合，实现企业捐助"有路进、有人接、有处落"的良好社企互动局面，实现共赢。

（四）主要做法

1. 盘活内部资源，形成资源"五库"

为回应"五社联动"中引入社会慈善资源参与社会治理的要求，旺庄街道首先整合自身街道内资源并进行盘点，加以总结梳理，体现旺庄优势。这一阶段旺庄街道总结提炼形成了五个资源库，为后续的企社对接提供了支持。

一是建立"慈善需求库"。旺庄街道关注社区、居民实际需求，对实际问题进行整理，建立慈善需求库。需求库的建立使得社会慈善捐献有了目标，切实切入基层实际问题，有助于捐献精准化。以村田企业捐助实施的"村田人在春二"项目为例，社工以村田员工主要居住的楼道为核心开展社企融合项目，通过邀请居民和企业员工共同参与"社区议事、楼道治理"，使得慈善捐助落到实处的同时也提高了居民参与度、社企融合度。

二是建立"项目引导库"。项目引导库的建立结合了街道发展需求与弱势群体需要，为引导和启发意向捐赠企业的捐赠方向所制定，同时整合了街道各条线、社区对于项目的购买需求，包含"扶贫救困、助老助残、妇女儿童、外来群体融入、社企融合、社区治理、楼道自治、社区创新"等多种类别，旨在对接不同需求。引导库的建立使捐赠不再盲目，令慈善资源的基层治理参与更精准、更高效、更具方向感。

三是建立"社会组织库"。除捐钱捐物之外，也有诸多企业通过项目定向购买服务的方式参与基层治理，因此对社会组织的专业性也产生了较高的要求。旺庄街道建立社会组织库，将下辖社区内专业社会组织与社区社会组织予以整合，对社会组织的规模、服务领域和过往项目进行整合分类，以专业服务水准吸引社会慈善资源。

四是建立"企业意向库"。企业意向库建立的目的是整合已捐款企业、商铺或有捐献意向的社会主体，便于街道、社区开展相关项目时进行资源链接。意向库中除整理过往对街道有捐献、社会服务项目购买记录的企业与个人主体，同时也着力整合对社区层面的企业与商铺进行总结。企业意向库的建立使得街道的社会治理不再只能"等资源上门"，而可以"请资源上门"。

五是建立"专家智库"。街道链接高校、行业专家、社工督导形成"专家智库"，形成"政—校—社"联动机制，为社会慈善资源的引入与应用出谋划策。在过往实践中，旺庄街道链接华东理工大学、江南大学、华东政法大学等高校开展治理品牌研究与推广，并于2022年形成《旺庄街道社区治理与服务创新案例集》；同时邀请行业内社工领军人才、高级社工师等，开展督导交流工作，运用专业资源提升服务专业性。

2. 优化实践路径，促进资源"落地"

社会慈善资源在基层治理中发挥作用，不仅需要"引入"与"落地"，对接路径同样重要。旺庄街道在梳理"五库"资源的基础上，发挥平台枢纽作用，精准对接需求，优化慈善资源的进入路径，关注资金应用，令社会慈善资源参与基层治理的路径更加顺畅。

一是多元资源"对接"。旺庄街道发挥枢纽作用，通过宣讲会、对接会等方式引导捐赠方与社区、社会组织等进行对接，商讨捐赠方式、捐赠内容以及服务落地等细节，完善慈善资源进入路径。捐赠方会就自身条件、项目实践方式与目的等提出需求，而街道平台则预先筛选出有意愿、有能力、有条件承接捐赠的社区、社会组织进行对接，提升效率。

二是畅通资源"渠道"。旺庄街道成立了"微爱旺庄发展基金"、"戎耀公益基金"、"新光融享基金"，提供了新的捐献渠道，同时也为慈善资源的应用与落地开辟了新路径。街道基金由灵山基金会进行专业管理，街道引导捐赠方将捐赠注入基金会账户中，可由受赠社区通过项目申请方式，结合社区情况达到慈善资源的精准运用。

三是分类资源"落地"。为精准对接捐赠方需求，旺庄街道将近年来参与社会慈善捐赠的企业进行画像，划分资源类型，并有针对性地关注类型需求，对接相关层次并进行落地。将社会慈善资源分为大型捐助、小型捐助和村集体捐助，并从主要捐赠目标、资源特征、对接层次、捐赠规模等方面进行总结，开展精准对接（见表1）。

表1　旺庄街道社会慈善资源分类

慈善资源类型	大型捐助	小型捐助	村集体捐助
主要捐赠目标	企业文化宣传、社会责任承担	在地宣传、便民服务	村民福利、大病救助
资源特征	多项目购买	单一项目购买、直接捐助	扶贫救困
对接层次	街道层级	社区层级	个体救助
捐赠规模	较大	单一社区	个体

3. 搭建机制框架，实现资源"双循环"

旺庄街道在进行内部资源梳理与捐赠进入路径的优化后，社会慈善资源引入框架逐步成型。为进一步完善街道社会慈善资源应用方式，同时吸引其他捐赠者参与旺庄街道的基层治理，街道通过"入牵落宣"四阶段，打造内外双循环体系，外层通过完善平台的搭建引入资源，而内部则通过慈善资源进入后的应用过程使得资源落地，搭建起社会慈善资源的双循环框架（见图1）。

在"入牵落宣"四阶段中，"入"指资源引入阶段，这一阶段由街道对接捐赠方，将其引入循环；"牵"指街道牵线，为捐赠方、社区、社会组织等牵线搭桥，精准对接；"落"指项目落地，社区作为场域，专业社会组织助推资源落地切实服务居民；"宣"指成果宣传，指捐赠项目的成果展现与宣传。良好的宣传也会吸引更多的潜在捐助方进入，拓展循环规模，形成循环闭环。

在"内外双循环"机制中，"外循环"主要关注资源的引入，以资源链接平台的完善

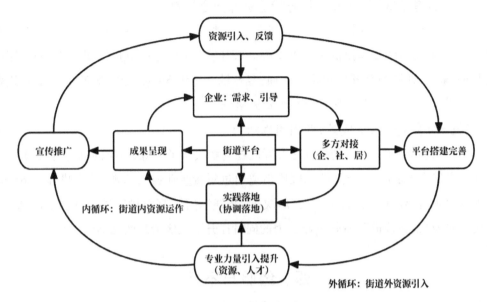

图1 资源内外双循环框架

和搭建为基础，引入专业社会组织、人才提升项目和捐赠使用的专业性，并以宣传方式提升街道的社会治理知名度，最终吸引捐赠方将慈善资金、资源投入旺庄街道。而"内循环"则重点关注资源引入后的使用过程，首先由街道平台对接、引导企业需求，此后多方对接，企、社、居等多方力量共同制定应用方案，后续通过项目、活动、基建等方式在社区落地，最终呈现出良好的成果，推动捐赠方与街道的进一步合作。"内外双循环"机制体现出街道通过贯通外部平台与内部运营双线，提升社会慈善资源的应用过程。

三、工作成效

旺庄街道立足于近年的基层治理实践，关注"五社联动"中社会慈善资源的作用，着力实现企业捐赠"引入—牵线—落地"的全方位对接，进一步打通社会慈善资源参与社会治理的路径，达到企业捐赠、慈善项目对接的精准化、高效化、常态化，推进基层治理现代化高质量发展。

（一）拓展慈善资源规模，搭建"双循环"机制

2022—2023年，旺庄街道通过资源平台对接了50余家企业，共链接慈善资金100余万元与实物捐赠。同时为畅通资源，通过街道基金平台，推动内外"双循环"机制打通了关键环节，链接社会慈善资源进入社区，开展精准、高效的社会治理实践，推动基层治理迈出了关键一步。

(二)打造了资源"五库",提升街道资源整合成效

旺庄街道对内部条线和社区资源进行梳理,整合街道内资源与社区需求,并将专业服务相对接,为后续工作提供了数据支撑。旺庄街道的资源"五库",共包含意向捐赠企业48家,已开展与待开展项目105项,专业社会组织39家,专家学者42人,切实关注各社区实际需求,以此链接社会慈善资源落到实处。

(三)切实提升治理成效,增强治理活力

社会慈善资源的引入,使得社区实际问题的解决有了资源,基层问题的解决与基层治理的实践也更加顺畅。近年来,旺庄街道通过对接企业链接资源,培育搭建了66支居民自治队伍、57个居民自治平台,解决了"飞线"整治、高空抛物等200多个议题,62个楼道成为"最美楼道",减轻财政压力的同时提升了社区治理的活力。

四、经验与不足

旺庄街道在链接社会慈善资源参与基层治理的实践中,积累了宝贵的经验。首先,街道转变了传统的"坐等"理念,主动"牵线"社会慈善资源,形成了内外部资源的整合与盘点,构建了资源"五库",并搭建了社会慈善资源链接平台。这一做法不仅提升了对捐献者的吸引力,而且通过精准化对接和专业化服务,提高了资源利用的效率和效果。其次,旺庄街道通过"引入—对接—实践"的全过程介入,不仅内部整合分析资源,还提升了外部架构搭建,从而增强了对社会慈善资源的引力。此外,街道还营造了内外双循环体系,通过"入牵落宣"四个阶段,相辅相成推动社会慈善资源引入体系的可持续发展。

实践过程同样也面临一些问题和挑战。首先,虽然通过"五库双循环"框架成功整合了社会慈善资源,但在实际操作过程中,如何确保资源的持续性和稳定性仍是一个需要关注的问题。资源的引入和对接需要持续的管理和创新,以避免资源的枯竭和对接的脱节。其次,在资源对接和利用过程中,需要进一步提升专业服务能力,确保慈善资源能够精准对接需求并发挥最大效用。虽然街道已经通过专业培训和实践提升了社工的专业服务能力,但面对不断变化的基层治理需求,仍需不断更新知识和技能,以适应新的挑战。最后,在推动社会慈善资源引入体系的可持续发展方面,如何将这些经验转化为长效机制,需要进一步完善内部整合分析和外部架构搭建。

综上所述,旺庄街道在链接社会慈善资源参与基层治理的过程中,需要持续关注资源的持续性和稳定性,提升专业服务能力,并完善内部整合分析和外部架构搭建,以确保慈善资源引入体系的可持续发展。

五、启示与建议

从本项目的实践案例中，我们可以得到以下启示和建议：

（一）资源整合与平台建设

街道通过建立"五库双循环"框架，有效地整合了社会慈善资源，提升了资源的利用效率。这表明，基层治理中应重视资源整合和平台建设，通过建立资源库和链接平台，可以更好地对接和利用社会慈善资源，促进资源的精准对接和高效运用。

（二）全过程介入与精准对接

旺庄街道在社会慈善资源引入过程中，采取了全过程介入的策略，包括整合内部资源、链接外部主体、贯通对接渠道等，确保了慈善资源的精准对接和高效运用。这提示我们，在基层治理中，应注重全过程介入，从资源的引入、对接到实践，每一个环节都需要精心设计和管理，以确保资源能够精准对接需求并发挥最大效用。

（三）内外双循环体系的建立

旺庄街道通过"入牵落宣"四个阶段，构建了内外双循环体系，不仅引入了慈善资源，还确保了资源在基层治理中的有效利用和循环。这说明，基层治理应注重建立内外双循环体系，通过引入和实践的良性循环，推动基层治理现代化的高质量发展。

（四）专业服务能力的提升

旺庄街道通过专业培训和实践，提升了社区工作者的专业服务能力，解决了社区一系列基层治理实际问题。这表明，提升专业服务能力是基层治理现代化的重要支撑，应通过专业培训和实践，不断提升社区工作者的工作实践能力。

（五）制度与政策支持

旺庄街道的实践得到了无锡市相关工作方案和政策的支持，这为社会资源引入与参与提供了良好的制度基础。基层治理的推进需要制度与政策的支持，通过制定相关工作方案和政策，为社会资源的引入和参与提供指导和保障。

综上所述，基层治理现代化需要创新思维和主动作为，通过资源整合、平台建设、全过程介入、内外双循环体系的建立以及专业服务能力的提升，可以更好地吸引和利用社会慈善资源，推动基层治理现代化的高质量发展。同时，制度与政策的支持也是基层治理现代化不可或缺的保障。

（案例报送单位：江苏省无锡市新吴区旺庄街道、无锡市新吴区社会工作协会）

广东省广州市：
以全域服务治理大力提升老旧社区品质

📝【专家点评】

该案例紧紧围绕党的二十大报告提出的"要实现好、维护好、发展好最广大人民根本利益，紧紧抓住人民最关心最直接最现实的利益问题"，"着力解决好人民群众急难愁盼问题，健全基本公共服务体系，提高公共服务水平"来推进老旧社区治理，坚持从实际出发，坚持尽力而为、量力而行，深入群众、深入基层，开放、创新社区治理模式。据统计，2019 年至 2023 年，全国新开工改造城镇老旧小区 22 万个。广州市黄埔区鱼珠街道结合城镇老旧小区改造，整合用好基层治理项目资金、盘活闲置公共资源，通过硬件改造、服务迭代、留住记忆等方式，系统探索社区服务新模式，推进全域服务治理初步实现系统化、全区域化，并取得积极成效，有较好的借鉴意义。结合当前的老旧社区改造，通过连片更新、全域植入和完善基本公共服务，解决居民急难愁盼问题，可加快推广，为全国各地老旧社区改造提供参考。

点评人：李　娣　中国国际经济交流中心研究员

一、背　景

全域服务治理是指全区域、全周期、全要素的服务治理，变"以物为中心"的传统城市管理为"以人为中心"的新型城市服务治理。即将部分政府行政管理和行政执法以外的服务性、事务性工作委托给第三方服务企业实施，让企业承担城市管理"大管家"的角色，通过盘活闲置公共资源和导入产业等方式，在政府不增加财政负担的前提下，让企业自我"造血"提高营收，向市民提供高质量公共服务的同时也为基层政府减负，实现降本增效的目的。

广州市黄埔区鱼珠街道是全域服务治理试点的首批试点街镇。辖内现有居民小区

40 余个，超半数为老旧无物业失管小区，大多是由于国企改制、城市发展变迁等历史原因，遗留的 20 世纪老旧国企职工宿舍，以老年居民为主，建筑外立面破损，排水、照明等公共基础设施陈旧且长期缺乏有效管养，公共服务场所不足，已无法满足居民的现代生活需求。瓦壶岗社区群众通过"人大代表进社区"等途径多次表达希望政府纳管老旧小区，解决民生问题，推动老旧社区治理的现代化。2022 年，鱼珠街道办事处与愿景集团全资子公司和家生活服务(广州)有限公司签订了《全域服务治理战略合作协议》，发挥企业在城市更新运营方面的技术与资源优势，开始探索老旧社区治理提升。

二、主要做法

基层党建引领是鱼珠街道推进政企民共建共治共享的核心举措。鱼珠街道将全域服务治理这个城市治理的全新课题作为老旧社区治理提升的突破口，成立了全域服务治理试点工作领导小组，党工委书记任组长，以瓦壶岗和蟹山社区居委会与全域服务治理试点企业成立联合党支部，形成政企合力。

(一)夯实民意:广泛问计问需于民

2022 年 7 月以来，鱼珠街道老旧社区治理提升工作始终坚持问需、问计于民，政企工作人员在试点社区充分依托邻里中心、"榕树下的议事角"等场景，先后召开议事会 13 次，入户走访 160 余次，收集调查问卷 1200 多份，对涉及微改造的 4 个老旧小区开展全覆盖居民书面意见征询，收集并采纳有效意见 50 余条。活用"见面访"、"入户问"、"定点收"等新形式，广泛链接群众意见，实现党群服务"零距离"，根据居民意愿量身定制"需求清单"，将工作要求与群众需求有机结合，发动居民全程参与试点项目的决策、建设和管理，与居民共商共议举办了社区乒乓球赛、文艺汇演等公益活动，让群众服务群众、让群众帮助群众，实现了群众从"站着看"到"跟着干"的转变。社区居民拿过工人的工具参与打造"最美阳台"，集资出力建设"最美楼栋"、"共享花园"，一幕幕温情而暖心的场景在社区不断出现。

(二)搭建平台:孵化培育居民自治队伍

试点社区依托全域服务治理与社区容貌品质全域提升打下的良好群众基础，搭建社区党建联盟，遴选了 50 名热心城市治理的党员群众与企事业单位、群团组织代表，成立"城市治理大使"社区公益队伍，在辖内 2 所中学组织 100 余名学生成立"阳光志愿服务队"。发挥志愿者在社区一线生活、工作的优势，针对环境保护、基础设施、园林绿化等问题，开展常态化的系统巡查与前置处置，建立"小事群众化解—大事社区协调—难事街道处置"的闭环流程，整治秩序问题 100 余件。

（三）拓宽途径：发动多元力量参与社区治理

试点社区居民委员会常态化开展群众发动活动，一方面通过居民群众喜闻乐见的文艺团体会演、公益宣传摊位等形式，加深群众对社区提升工作的了解；另一方面社区党委上门入户，累计发放《致社区居民朋友的一封信》2000 余份，向辖区内居民发出了"公共秩序、共同守护"的有力号召。同时在线上通过"羊城先锋"、"i 志愿"等平台发布全域服务治理及容貌品质社区培育志愿服务 13 场，发动党员、热心群众志愿者集中整治乱张贴、乱堆放等社区管理顽疾，吸引群众超过 2000 人次参与。湖南大学、广州大学、广东财经大学等高校专家学者，也多次深入社区一线"面对面"开展群众调研，就社区治理提升提出专业意见，形成全民参与、齐抓共建的强大社会合力。

三、工作成效

（一）硬件升级：用好"绣花"功夫，老旧小区容貌品质显著提升

用好微改造"绣花"功夫是让品质提升与基层治理提质增效相辅相成的重要方式。鱼珠街道充分用好老旧小区微改造政策，统筹资金约 4300 万元，在试点社区内选取 4 个符合改造提升条件的老旧小区实施微改造，惠及群众超 2000 户。按照民意需求，完成社区口袋公园升级、充电桩安装、凉亭游憩设施建设等 30 余项改造，解决天台补漏、道路平整等民生实事 20 余项，获群众认可赠送"为民排忧解难，做群众贴心人"锦旗。通过实施微改造，长期以来历史遗留的硬件设施问题都被一并解决，老旧小区外立面焕然一新，完成楼梯内部翻新及"适老化"改造，同时增设平台防护栏杆，整体风貌简约大气；道路铺上整洁舒适的沥青并实现人车分流；破损的小区广场铺上了充满活力的彩色沥青，提升后的小区口袋公园成为老人小孩最常去的安全活动空间。一缕阳光，一个笑容，悠然而居的生活环境，是如今几个小区最真实的写照，实现了地面干净、立面整洁、秩序井然、环境优美、群众满意的工作目标。

（二）服务迭代：补齐社区短板，公共服务显著优化

试点企业与居民群众共建社区邻里中心和"红旗愿景书吧"等公共服务场景，将"一老一小"服务设施嵌入社区，补齐了片区公共活动空间不足的短板。结合元宵、中秋等重点传统节日，社区居委会与试点企业一同依托公共空间开展社区公益文化活动40 余场；每周二、周五居家养老服务单位定点邻里中心开展免费健康监测；每周五晚社区微笑图书馆在书吧营造亲子阅读时光；通过新增"云门禁"设施实现老旧小区从"开放式"到"围院式"管理；居民生活的水、电、路、灯问题都在第一时间得到响应。一系列变化让社区居民感受到社区在变好、环境在改善、幸福感在增强，大大提升了群众满

意度。

（三）留住记忆：发掘社区历史文化，唤醒居民群众乡愁

老居民对于居住的小区都有着深厚的情感记忆，因此老旧社区治理提升不只是微改造、精提升，更要追根溯源，彰显文化底蕴，做到文化培育有立意，活化利用有新意。鱼珠街道和试点社区在居民的协助下，一同查阅地方志、走访老职工、调研文化载体，捡拾居民记忆碎片，梳理社区发展脉络，打造了阀门厂"工业底蕴"、广州市第 86 中学"教育风采"、港前路 11 号大院"珠江航运记忆"三处特色街区，将展示窗口放置于居民生活区内，见证居住在社区的两代居民职工对社会主义建设与改革开放作出的巨大贡献，时时唤起新老居民的自豪感与社区归属感，将社区的过去、现在和未来有机串联在一起，真正将群众记忆留住，把社区故事讲活。

四、经验与启示

"紧贴实际搭框架、小处入手求突破、循序渐进促深化、强化特色出成果"是鱼珠街道实施社区培育提升的主要工作思路，将老旧无物业小区的整体纳管提升，作为试点工作的主要切入口。一方面把成片连片的老旧小区整体纳管，降低物业服务成本；另一方面采用政府补贴逐年递减的方式，为试点企业前期入驻提供支撑，同时积极研究盘活利用闲置公共资源，帮助企业扎根社区实现"造血"。

（一）贯彻全周期理念，容貌品质显著提升

2022—2023 年，鱼珠街道共有 7 个无物业老旧小区作为先行区域纳入试点，不断增强"以人为本"的全周期意识，委托试点企业派驻专业团队承担无物业小区的日常运营管理，进行整体规划设计，实现"建—管—养"无缝衔接，开展群众工作，切实解决急难愁盼。实施三线下地、路面翻新、井盖改造等社区环境整治工程后，试点企业组织居民群众每周开展常态化环境综合整治，硬件软件两手抓，累计整治容貌秩序问题 500 余件，社区容貌景观和管理秩序都得到有效提升。改造健身路径，搭建社区文化廊，提升全龄运动广场，社区自然景观与人文景观相得益彰。瓦壶岗社区、蟹山社区分别获评 2022 年度和 2023 年度广州市人民政府颁发的"容貌品质社区"称号。

（二）树立城市运营理念，盘活利用闲置公共空间

鱼珠街道将老旧社区治理提升工作与"绿美广东生态建设"、"全域公园城市建设"等重点业务工作相结合，积极探索闲置资源开发利用最大化。2023 年会同黄埔区园林部门盘活超 1 万平方米的社区闲置用地建成体育主题口袋公园，公园涵盖篮球场、足球场、羽毛球场、乒乓球场、全龄健身路径等多元化运动空间，面向群众免费开放，成为周

边老旧社区群众休闲运动的好去处，同时依托运动空间社区得以策划社区篮球、乒乓球联赛等更丰富的群众文化体育活动，进一步增强社区居民的黏合度与向心力，提升社区活力。

总之，全域服务治理有效激发了改革、开放、创新三大动力，为高质量发展注入新动能。面对城市治理标准高而财政投入吃紧的新形势，全域服务治理深化"放管服"改革，积极优化基层治理要素配置和投入模式，坚持集约发展，通过整合基层治理项目资金、盘活闲置公共资源、引入企业优质服务，以效率变革、动力变革促进质量变革。

近两年的试点探索，鱼珠街道已初步梳理出一条以"优化公共服务、传承历史文化、全面动员参与"为主线的老旧社区治理提升路径。在高质量发展的征途上，鱼珠街道将全面深入贯彻落实党的二十大精神，学深悟透总书记关于城市治理用好"绣花"功夫和"全周期管理"的重要指示精神，全力以赴，集智攻关，大力增进民生福祉，以解决居民急难愁盼问题为出发点和落脚点，做好全域服务治理试点工作的拓展深化，打造和完善治理亮点和精品，真正实现全域服务治理有序推进与可持续发展，朝着实现"老城市新活力"的目标不断前进，用崭新成绩为高质量发展助力。

（案例报送单位：广州市黄埔区人民政府鱼珠街道办事处）

广东省深圳市：
"334"工作法助力城市老旧小区环境治理

📝【专家点评】

老旧小区由于建成年代久远、基础设施老化破旧、人员流动性高、居民环保意识低、物业管理薄弱等原因，环境卫生差成为突出问题。社会工作力量工作方法专业，擅长促发多方联动，能有力地促进老旧小区的环境治理。

深圳市松岗街道松涛社区的社工运用地区发展模式，通过对老旧社区环境问题的调研，从问题出发，以党建为核心，以需求为导向，实现"三个全覆盖"，建立"三个共平台"，推动"四个常开展"，鼓励社区居民广泛参与社区事务，解决社区问题，推动社区发展。

松涛社区所面临的问题是很多老旧小区共同面临的问题，其"334"工作法的亮点在于：第一，通过专业的社会工作发动居民参与社区治理，把有经验、意愿和能力的居民变成社区居民自我管理、自我服务的力量，这是解决社区治理痛点、难点的有效思路。就社区治理而言，这体现出社会工作就是党的新时代发动群众参与社区治理的有效路径。第二，社区治理，尤其是针对难以解决问题的治理，社区两委牵头，搭建社区共商共参平台，推动多元主体参与，社会工作力量采取项目化的协商共治在实践中能取得很好的效果。

近年来，我国不断推动"五社联动"，发挥社工在社区治理中的独特专业作用。这一案例是社会工作在"五社联动"行动框架内，运用地区发展模式指导的成功案例。对于老旧小区的环境治理，以及其他社区问题的治理，这一方法都具有一定的示范性和推广性。当然，社会工作要在社区治理中发挥更大的作用，需要从既有的实践经验总结中寻找启发，因地制宜，有效利用"五社"的联动机制，围绕社区治理难题，更为有效地组织资源，解决问题，提升治理效能。

点评人：皇 娟 中国社会科学院大学政府管理学院副院长、副教授

一、背　景

(一)政策背景

2021年,《国家发展改革委　住房城乡建设部关于加强城镇老旧小区改造配套设施建设的通知》指出:"加强城镇老旧小区改造配套设施建设,关乎人民群众生命财产安全,关乎满足人民群众美好生活需要。"

党的二十大报告指出:"积极发展基层民主。""完善基层直接民主制度体系和工作体系,增强城乡社区群众自我管理、自我服务、自我教育、自我监督的实效"。社区居民自治是社区建设的重要途径,居民自治的发展建设在一定程度上也影响着社区发展的进程。

(二)社区情况

松涛社区位于松岗街道中心区,辖区面积约0.7平方公里,现有户籍人口1417户3341人,外来人口约22550人。辖区有出租屋340幢5282套,生产经营单位、场所1160间,其中人员密集场所32家。2000年2月经宝安区民政局批准成立社区居委会;2002年6月挂牌成立党支部;2006年2月挂牌成立社区工作站;2009年12月挂牌成立社区党代表工作室;2010年12月挂牌成立驻社区党委。

社区内有4个老旧小区,居乐苑就是其中典型的老旧小区。居乐苑小区位于宝安区松岗街道,北临松岗车站二路,东至立业路,西至平安路。1999年建成,住房老化陈旧,占地面积4.18万平方米,建筑面积约8.10万平方米。小区共计824户居民,小区内共有20栋建筑楼。居民混杂,很多年轻的业主已经外迁,人口以老年群体和租客群体为主。

(三)问题分析

小区环境问题分析:小区整体环境存在脏乱差现象,首先,小区纸屑、落叶满天飞,垃圾乱丢现象时常发生。虽然社区、物业在小区里按地点增设垃圾桶和清洁工人打扫,但由于居民环保意识低,垃圾乱丢现象还是随处可见,效果甚微。其次,轿车、电动车在小区公共区域和过道乱停乱放,占用安全通道,存在安全隐患。小区里也曾规划过停车区域,但没人监督,一段时间后小车又乱停放。再次,小区楼顶和楼道纸皮和垃圾堆放成堆。有些老人在空余时间捡纸皮和易拉罐等废品,并堆放在小区楼顶和过道,远远望去废品堆积成山,导致小区环境脏乱差。

居民自治困境分析:在个人层面上,居民归属感低且缺少参与意识,小区居民混杂,外来租户多,很多外来租户觉得在小区也不会住很久,小区的事务和自己无关,且自己也没有能力参与社区治理,这些都是社区和物业的事。在小区层面上,缺乏管理经验并且依赖性强,小区物业在治理管理方面没有系统的规章制度、协商和监督机制,一直都是以口头或微信形式和居民进行沟通和协调,对社区依赖性大,出现问题,习惯性地求助社区协助解决。在社区层面上,治理机制不健全且服务形式单一,社区基层治理体系落后,职责不清晰。开展的活动以派发宣传单形式居多,居民觉得没有吸引力。

(四)理论依据

地区发展模式作为社区社会工作的三大方法之一,是有关社区建设和发展的一种社会工作实务模式。其理论假设涉及社区构成、社区人群关系、个人及个体行为动机;实施策略则包括促进居民之间的交流、团结邻里、社区教育、提供服务和发展资源等。

项目以地区发展模式为指导,强调居民的参与、合作,集体组织起来控制、利用社区资源、解决社区问题、满足社区福利需求,增强社区凝聚力。项目的具体行动步骤包括:第一步是探索阶段:"三个全覆盖",建立关系,寻求支持。第二步是动员阶段:"三个共平台",激发动力,凝聚共识。第三步是营造阶段:"四个常开展",多维服务,文明社区。项目积极促使居民当小区的"当家人",激发其参与小区自治积极性,以此激活基层治理"一盘棋",推动实现居民从"站着看"到"跟着干"再到"自己管"。

二、主要做法

(一)服务策略

第一,资源支持。充分整合多元资源注入环境治理。在社区党委的带领下,社工结合地区发展模式,以社区环境治理问题为切入点,在居乐苑小区探索社区治理机制。通过"三个全覆盖"走访、联动多方参与并整合和链接社区资源,以时间存折模式,联合"爱心商家联盟"以积分兑换形式激励多方主体不断地参与到社区治理中来,使社区治理可持续发展。

第二,社区自治。深度提升居民的参与意识与能力。社区居民是社区治理和社区建设的首要主体,充分动员社区居民参与是实现社区自治的重要路径。社工通过环保氛围营造、社区教育活动提高居民环保知识,转变居民环保理念。结合老旧小区改造问题与发展现状,提升居民参与积极性。通过垃圾分类学习、家庭线上打卡积分兑换、变废为宝等活动提高居民参与能力。挖掘志愿骨干,培育小区志愿组织,激发居民参与社区治理的内生力量,打造共建共治共享的社区治理格局。

(二)介入过程

1. 探索阶段:"三个全覆盖",建立关系,寻求支持

(1)开展多方座谈

以楼栋为单位,促进居民交流,进行社情民意收集的全覆盖。在社区党委的指导

下,社工通过"线上动员+入户走访+电话邀约+熟人带动"等形式,以楼栋为单位组织开展社情民意座谈会,并辅以为期两个月的常态化社区民意收集箱,邀请多方主体反映各自的意见和建议。在社区党委书记的主持下,楼栋座谈会历经三个月,共开展了20场。业主反馈最多的就是:"小区脏乱,垃圾乱堆放、落叶随处可见","很少见到小区消杀,蟑螂老鼠满地跑,下去散步准能收到蚊子送的'包包'"等。在社情民意收集过程中,一方面业主觉得物业不作为,另一方面物业也觉得在职业范围之内一直在尽力工作,如"业主投诉的垃圾乱丢乱放问题,物业一直都有在清理,可清洁阿姨前脚刚清理完,没一会儿又有人乱丢,楼道垃圾也是个别业主自己堆放的,物业只能和乱放垃圾的业主沟通改善,业主不听物业也没办法,只能慢慢沟通解决,物业不可能把这户业主信息公布出来激化矛盾"。

(2)进行电话排查

以小区为单位,筛选志愿名单,进行人员信息排查的全覆盖。社工根据疫情期间各小区组建的志愿服务队名册台账,培训了17名社区志愿骨干,通过电话访谈的形式了解志愿者的服务情况、服务意愿等情况。通过此次针对性的小区志愿者人员信息排查的全覆盖,最终从36人的名单里面确定了15人愿意成为参与小区环境治理的志愿者。

(3)走访商圈资源

借鉴银行存折模式,争取资源支持,进行商圈资源走访的全覆盖。借鉴银行存折模式,为社区志愿服务群体发放志愿服务积分卡,社区志愿群体通过参与社区环境治理等活动获得相应积分,并依托"爱心商家联盟",在"爱心商家联盟"处用积分兑换实物、优惠折扣等福利,有效破解志愿服务"作用难发挥、表现难评价、效果难长效"问题。通过积分兑换的模式,一方面激励志愿者持续参与动力,另一方面也提高爱心商家的受众知晓率,激发爱心商家与志愿群体参与社区志愿服务的热情,实现社区治理"资源共享、服务双向"的良性循环。在社区党委的领导下,社工设计并制作了加入社区"爱心商家联盟"的邀约函,并对辖区1160家生产经营场所进行了全面走访,并向其说明参与社区环境治理志愿服务的理念、制度、规划,及加入爱心助力志愿服务的组织和爱心企事业能获得的礼遇。经过一个多月的集中走访,共有31户已签约加入,43户表示还需考虑。

2. 动员阶段:"三个共平台",激发动力,凝聚共识

(1)建立共商平台

收集议题,分级管理,搭建平台,建立机制,促使居民参加社区共商。遵循"大事大议、小事小议、急事快议、难事众议、一事一议"的原则,在"提、议、决、行"的四大步骤基础上,具体按照收集议题、确定议题、议前调研、召开会议、公开公示、研究落实的"六步

议事程序"实施,促使协商过程既规范有序、科学有效,又灵活多样,简便易行。利用"互联网+共建共治共享"等线上、线下手段,开展小区党组织引领的多种形式基层协商,主动了解居民诉求,促进居民形成共识,发动居民积极参与。其间,收集了居民意见127条,社工将收集的居民意见进行整理,并按"即时解决、三天回复;多方联动、协调解决;移交他处,跟进处理;工程项目,暂无法处理"四大类,规划好处理的时间,及时将处理结果告知反映人。在这个过程中,积极把居民的问题需求落实到位,让其看到社区处理事情的态度,吸引居民和物业能主动参与到社区事务中去。

（2）建立共参平台

选举骨干,组建团队,时间管理,增能赋权,拓展骨干参与治理深度。小区楼栋是居民服务的最前沿,承担着社情民意信息收集员、矛盾纠纷调解员、社区治理监督员等多项职责。社工通过多方走访调研,以"居民推荐+党员自荐"形式,召开"楼栋长"选拔议事会,发挥党员先锋模范作用,从37人中选拔出20人作为楼栋长,确保每栋都有专属的楼栋长负责,打造"红色楼栋长"队伍的常态化机制,推动社区治理重心向小区楼栋延伸,探索共建共治共享的"楼栋:服务+治理"新路径。队伍组建之后,社区整合爱心商圈的公益资源,利用"时间管理"的模式,为骨干成员提供服务积分兑换,以此激励骨干成员的参与热情与动力,并开展骨干成员的成长提升小组、社区资源发掘讲座等相关增能服务,拓展骨干参与治理深度,通过小区构建闭环治理体系、闭环处理流程、闭环管理机制,逐步实现由"有事找社区"到"有事找楼栋长"的转变。

（3）建立共治平台

制定公约,培育力量,宣传引导,激活动力,促进多方主体共同参与。社工重视志愿者的发展,以小区"支部+物业+楼栋长+居民"组建小区环境自治志愿者队伍,并制定小区公约、议事会章程等多项制度规定,引导小区党支部、管理处和小区居民共同商议小区里的"小急难事"问题,让居民当小区的"当家人",激发其参与小区自治积极性,以此激活基层治理"一盘棋",推动实现居民从"站着看"到"跟着干"再到"自己管",真正打通基层治理的"最后一公里"。利用小区自治志愿队的带头作用在居民中形成有效的环保宣传引导渠道。通过环保理念宣传,让居民真正从内心发生改变,认识到社区环保的重要性和必要性,作为小区的一员更应践行环境保护、维护公共环境和权益的责任。

3. 营造阶段:"四个常开展",多维服务,文明社区

（1）常开展社区环保宣传,提升居民环保意识

社工以小区草坪乱踩踏、乱丢垃圾等共性问题为切入点,召开居民座谈会,发挥居民主人翁意识,共同探讨如何更好地保护小区草坪。通过群策群力,最终商讨在小区内开展环保宣传活动,普及并提高居民的环保知识。组织居民在裸土上种植小草,进行小

草复绿活动。按区域和楼栋划分,每个区域由相应的楼栋居民负责监督和管理,激发居民的责任意识,共同维护小区草坪。与此同时,由负责的楼栋居民骨干一起为每块区域的草坪构思保护标识语,并插上爱护花草标识牌,营造爱护环境的良好氛围,促进居民参与。

（2）常开展保护环境教育,提升居民环保能力

为小区居民开展垃圾分类活动,向居民们普及垃圾分类知识。为了加强居民对垃圾分类知识的应用,开展为期20天的"大手拉小手,分类齐动手"家庭线上打卡积分兑换活动,家庭每天将生活垃圾分类照片上传、挑战垃圾分类知识竞答、领取积分兑换相应激励品,让家庭成员掌握垃圾分类知识并养成垃圾分类良好习惯。社工还开展变废为宝DIY系列活动,通过将废弃矿泉水瓶变成玩具飞机、垃圾袋变成工艺品等活动,转变居民环保理念,增强居民绿色环保意识,倡导可持续生活的健康环保理念。

（3）常开展卫生清理行动,组建环境治理队伍

在社区党委的领导下,社工协助小区建立"大手拉小手"亲子治理专项志愿队伍,以大带小带动和促进居民参与,发挥小区居民的"主人翁"作用。通过培训志愿骨干,提升骨干参与及统筹能力,每周组织和策划"大手拉小手"亲子志愿队伍参与卫生清理活动,清理小区的落叶、垃圾、河道等,在清理小区的过程中,随手记录并反馈发现的环境问题,再由社工积极反馈给各方相关主体,相关主体接到反馈之后需及时采取行动并反馈,常态化做好小区的卫生清理行动,并通过小区行走宣传、环境整治行动等示范行动,激活居民参与意识和动力,不断扩大志愿队伍。

（4）常开展联动参与行动,突破环境治理难题

社工又以小区停车难、乱停车为切入点,结合小区旧改项目契机,联动街道办旧改负责人、社区领导、小区党支部、物业管理、工程部、志愿骨干代表等,召开小区旧改工程推进会议,共同讨论了小区停车位规划问题。志愿者陈姨发表意见说:"小区停车位急缺,导致车位紧张业主乱停现象屡见不鲜,堵住消防通道,真的非常危险,我觉得可以把篮球场重新规划增加成停车位,能把空地进行最大的利用。"王叔也进行了发言,"我赞同陈姨的想法,我觉得重新规划和增设停车位外,还应做好管理,这样才能一直保持车位最大利用率。"通过推进会议,找到居民需求和基层治理的平衡点,并由社区党委牵头,各部门配合落实,历时3个月最终缓解了小区的停车难题。

三、工作成效

（一）居民层面:提升居民参与,改善邻里关系

从服务开展以来,居民积极参与小区的治理,从最开始的抱怨、投诉到发现问题、建

立居民骨干群、收集问题、反馈问题、共同商讨问题、解决问题，一步一步地从观望到积极参与到治理中来。由原来的乱丢垃圾，到带动家人积极参与社区治理志愿服务。其间，召开15场居民议事会，共同商讨解决了小区楼道垃圾堆放、楼顶纸皮堆放、停车位重新规划、协助调解黄土披绿事件、小区旧改项目推进等事项35项，常规志愿服务活动426场，服务时长1625小时，通过环境保护、政策宣传活动、垃圾分类学习、志愿服务行动等系列活动提升居民的环保意识、参与意识和参与能力。

（二）小区层面：优化居住环境，规范小区管理

旧改项目的开展，改善居民楼顶漏水问题，使居民雨天再也不用担心房屋漏水。修复楼栋墙面开裂，外墙保持统一风格，美化小区整体建筑，对老化消防设备进行更换。重新规划人行道和停车位，解决小区路面混乱和停车位紧缺问题。重新规划小区绿化地带，改善居民整体生活居住环境。

为了提高居民协商自治能力，规范小区物业管理和反馈服务机制，社区党委指导培养了5名居民骨干，选出了20名楼栋长。

（三）社区层面：动员社区力量，探索参与机制

在探索社区治理服务中，坚持党建引领，不断优化完善片区管理机制、议事协商机制，提升居民自治能力。社工凝聚"五社联动"力量，以社工—社区联合社区社会组织为启动要素，挖掘和链接社区资源，在项目服务期间培育6名志愿者骨干，建立了一支50人以上的志愿者队伍。链接了爱心企事业和社会组织31家，公益讲师5名，为时间存折兑换扩充了物资储备，激活社区联结，助力社区治理。

四、经验与启示

社工以地区发展模式介入社区治理，以小区共性环境问题作为切入点，整合社区资源，进行多方联动，搭建沟通交流平台，探索社区治理服务体系，具有以下经验和启示：

（一）以党建为核心，将党建引领贯穿于社区治理全过程

充分发挥党建引领先锋模范带头作用，联动小区党支部、居民骨干、小区物业、社会组织等，通过议事协商，建立社区治理服务机制，凝聚多方力量，共同参与到社区治理中。

（二）以需求为导向，着力解决社区居民关心的急难问题

在社区创新治理中，要以居民需求为导向，解决居民共同期盼的环境卫生、小区管理问题。提高居民参与意识和能力，激发居民自主参与老旧小区改造的主动性和积极性，协助成立自治组织，推动小区自治，真正做到"决策共谋、发展共建、成果共享"的良

好社区治理格局。

（三）挖掘资源，回应居民需求促进参与

社工在服务过程中注重挖掘并整合社区各类资源，以需求为导向，回应居民需求促进参与，增强居民对社区的归属感。

（四）多方联动，建立社区治理服务机制

坚持党建引领，联动社区组织、小区物业、党支部、志愿者等多元主体共同参与社区治理，通过协商议事，建立一套符合自己社区治理的服务机制，打造社区治理共同体。

（五）组织培育，提升社区居民自治能力

居民是社区治理的主体，因此要重视社区居民参与意识和参与能力的提升，培育社会组织，为其赋能，协助自组织调动自身资源参与到社区治理中，形成可持续的治理机制。

（案例报送单位：深圳市东西方社工服务社）

广东省深圳市：
社会心理服务体系建设的"福城模式"

【专家点评】

心理健康问题不仅关乎个人和家庭的生活质量，也影响社区环境友好性以及社会的和谐稳定。党和国家高度重视人民的心理健康，将建设社会心理服务体系作为国家的发展战略。广东省深圳市福城街道积极响应国家的政策，从 2018 年开始部署，经过 5 年不断升级完善，到 2023 年打造出"1+10+N 福城模式"。该模式针对福城社区人口构成的复杂性，提出了"1"（在一个街道整合资源）+"10"（在十个社区落地服务）+"N"（面向 N 类人群提供服务）的独特服务模式。该模式构建的立体心理防护体系以聚焦社会心态为突破口，紧扣社会主要矛盾变化，极大地加强和创新了社会基层治理能力。

5 年的实际成效证明该模式显著改善了社区居民的幸福感和获得感，增强了社区和谐氛围，降低了社会治理成本，逐渐走出了具有本土特色的"福城之路"。鉴于福城模式的积极成效，其工作经验已经被国家心理健康与精神卫生防治中心列为典型案例，在全国起到很好的示范作用。"福城模式"不仅是社会心理服务本土化的典型案例，也是社会心理服务标准化的代表。该模式在硬件标准化、服务标准化、培训标准化和宣传服务标准化几个方面表现出专业性，使得该模式具有很好的推广性。

点评人：王大华　北京师范大学心理学部教授

一、背　景

党的二十大报告提出："重视心理健康和精神卫生。"这对新时代做好心理健康和基层工作提出了明确要求。为深入贯彻落实党的二十大关于加强社会心理服务体系建设的战略部署，深圳市龙华区福城街道高度重视社会心理服务体系建设，将其纳入奋斗福城、平安福城建设的重要内容，2018 年部署建设龙华区福城街道心理服务中心——

心访之家，2023年升级打造的"1+10+N"社会心理服务体系纳入为推进基层治理现代化建设的创新重点项目，聚力打造"用心聆听、用爱交流"——心访之家心理服务品牌，群众的幸福感、获得感不断提升。2023年10月，深圳市福城街道"1+10+N"社会心理服务体系工作经验被国家心理健康与精神卫生防治中心列为典型案例，向全国推广。

二、主要做法

（一）基本情况

龙华区福城街道位于深圳市龙华区西北部，地处深莞交界，周边有"一市、一区、四街道"，即北临东莞市，西接光明区，东邻观澜、观湖街道，南连龙华、大浪街道。成立于2015年4月，辖区版图总面积29.91平方公里，总人口约36.9万人，其中户籍人口约6.3万人，富士康员工约9万人。下辖有10个社区工作站，13个社区居委会，设有股份合作公司26家。福城街道制造业基础雄厚，是深圳市唯一汇聚华为、富士康两家世界五百强制造业巨头的街道，还拥有以"非洲手机之王"传音控股旗下的泰衡诺、埃富拓为代表的一批优质制造业企业，形成了"双头部+多支撑"的制造业企业梯队。但福城街道的城中村与出租屋多、外来人口流动性大、社会融合度不高、人员整体心理素质较低，加之福城街道青工群体众多，青工群体因心理、情绪问题得不到有效疏解，导致极端事件发生，引发不良影响，造成巨大损失的现象屡见不鲜，有着深刻教训。积极推进城市治理改革创新，努力走出一条符合福城"本土"的治理新路子迫在眉睫。

（二）福城模式建设内容

福城街道深化基层社会治理，为构建文明、安全、幸福、和谐的环境，"量身定制"了外来人口社会融合的"1个街道+10个社区+N类人群"的"1+10+N福城模式"立体心理防护体系。"1+10+N福城模式"（简称福城模式）立体心理防护体系是通过聚焦社会心态为突破口，紧扣社会主要矛盾变化，加强和创新社会基层治理。福城模式社会心理服务体系，通过加强"关爱青工"，构建"和谐万家"，帮扶"弱势群体"，助力信访"多元解纷"，缓解社会矛盾，以创建和谐、良好的社会秩序，为福城跨越发展美丽蝶变营造良好的社会环境，创新走出福城之路。

"1"街道级社会心理服务建设指在街道层面整合社会心理服务资源，将心理服务从硬件、服务、培训、队伍、督导以及宣传服务等方面做到标准化管理，全方位提升"立体"社会心理服务防护水平，实现对辖区共建共治共享心理服务标准化，建立健全街道社会心理服务体系，落实具有福城特色的"立体"心理防护体系。

"10"社区级社会心理服务建设指结合街道实际情况，引进专业心理咨询师队伍，牵头相关部门协同开展的街道级社会心理服务工作联席会议制度,将街道级与 10 个社区构建"线上+线下"心理服务网,提供"5+2"全年无休的面谈服务和 24 小时心理热线的咨询服务,有效突破时间空间限制,第一时间干预居民心理危机,缓和社会矛盾。

"N"类人群社会心理服务建设中的"N"即若干个分布于不同行业、不同辖区的 N 类服务人群。发起"守护心灵"行动,开通"400"心理服务热线,线上免费提供居民 24 小时公益援助服务,成立一支近 200 人的心理志愿服务队伍,依托网格各类塔式服务群,实施精准心理防护服务,让居民足不出户就能享受到专业、科学的心理援助服务。截至 2024 年 3 月,福城街道已进驻 3000 余个微信群提供心理服务,线上+线下为各类人群累计服务近 20 万人次。

(三)福城模式建设情况

1. 延伸"街道+社区"线下服务阵地,满足群众心理服务需求

结合辖区实际,2018 年 10 月至 2021 年 9 月,福城街道党工委、办事处响应国家全面开展社会心理服务建设的号召,积极构建"1+N"立体心理防护体系,打造"街道+社区"两级心理服务阵地。

2023 年以来,福城街道深化打造福城模式立体心理防护体系。依托已有的"街道+社区"两级心理服务阵地,积极推动街道、社区、小区(园区)三级心理服务阵地的升级建设。一是福城"心访之家"心理服务中心将原有的"1 街道+7 个社区"升级打造为"1 街道+10 个社区+小区(园区)"网络服务阵地的新体系。二是福城街道充分利用现有的辖区党建、平安等服务阵地资源,延伸服务触角,在党群服务 V 站、平安驿站、小区(园区)平安工作室、小区协同共治之家进驻心理服务,多平台做好辖区居民线下"面对面"心理咨询、心理治疗、危机干预、心理健康辅导等工作,满足群众心理服务需求。致力实现社区全覆盖,让辖区居民尤其是外来青工不出社区即可就近享受心理服务,切实打通基层心理服务"最后一公里"。

2. 深耕 24 小时线上心理服务网,筑牢居民心理健康安全屏障

福城街道于 2019 年开通线上 24 小时"400"心理服务热线,建立各社区塔式心理服务群,由心理咨询师 24 小时在线值班,通过"福城心访之家"公众号、QQ 群、小鹅通线上微课堂等"背靠背"方便快捷的服务方式,提供居民、青工线上咨询、面谈预约、心理疏导等服务,突破时间空间限制,及时干预青工、居民的心理危机,缓和社会矛盾。

福城街道线上"背对背"的咨询方式不仅私密性强,还便于心理咨询师在早期发挥自身心理专业优势,对心理服务对象进行早期了解、初步评估,及早介入实施有效干预,积极为居民群众尤其是外来青工群体普及心理健康知识,疏解居民不稳定情绪,减轻居民生活压力,提升居民安全感、幸福感。有效地进行心理疏导和简单的危机干预,增强他们抵御心理危机能力，从源头上预防社会矛盾激化，减少个人极端事件发生，对社会的和谐稳定起到一定的积极作用。

3. 提升社会心理服务专业队伍质量，打造"人人都是心理服务者"友爱环境

2019 年福城街道调剂专项经费购买了"立体心理防护体系"专业服务，服务机构为街道派驻专业心理咨询师常态化驻点街道心访之家，并轮值到各社区、小区（园区）开展服务。心访之家心理服务团队中有 4 人为中共党员，2 人为心理学研究生，1 人为心理治疗师，其余为国家级心理咨询师，实现 100%持专业证书上岗服务。

福城街道为了解决服务力量不足问题，积极培养、鼓励积极阳光、热心公益或具有一定影响力的人士成为心理服务志愿者，通过专业心理服务培训，使其具备一定的心理知识及基本的心理检测、疏导和干预的能力，提高专业团队服务效率，打造福城"人人都是心理服务者"的社会心理服务氛围。组建了由"福城心访之家心理咨询师+社工+义工+网格员+志愿者"组成的心理志愿服务队伍，依托各类塔式群，聚焦重点对象，为辖区居民、青工精准开展热线咨询、心理疏导、危机干预等心理服务，极力将心理服务做细做实，大大降低因心理问题未得到良好疏导而引发的不稳定因素的发生率。同时，定期邀请心理专家到辖区"把脉问诊"，为高危个案提供及时、权威、专业指导，并开展心理服务讲座，普及心理健康知识。

（四）福城模式标准化建设——以章阁社区为例

1. 硬件标准化

福城街道章阁社区党群服务中心升级改造后，成为青工主动走进来、留下来并自发宣传的地方，被深圳市委组织部评为"党群共建人文社区示范点"。

福城街道章阁社区加强与各部门联动结合，集"心理咨询室、轻松阁（康复室）、党员活动室、社会组织互动办公室、安心驿站、安心书屋、安心讲堂"于一体，打造大党群服务中心，把阵地和关爱覆盖各基层单位。章阁社区安心驿站在心理服务团队简介、心理咨询师工作守则、心理服务转接流程、心理咨询接待流程规范、来访者须知、心理咨询室管理制度等方面，建立较为完善的心理服务工作规范和流程，具有创新性、可复制性和可持续性。章阁安心驿站引入具有层次化、全员化特点的心理健康工作队伍，推动心理辅导基地标准化、心理健康教育全覆盖化、心理知识普及常规化、心理危机干预实时化、辅助治疗多样化，从人文关怀、心理疏导、辅助治疗、技能培训四个层面创新性地开展心理健康服务。依托安心驿站的硬件设施，全面开展线上线下心理关爱服务，线上24 小时全天候专业心理服务热线和创建小区、企业微信服务群，印制"心访之家"宣传卡片放置在小区党群服务 V 站、小区综治服务站，便于小区居民、企业青工获取服务信息，第一时间干预居民心理危机，有效缓和社会矛盾。

2. 服务标准化

福城街道级服务阵地整合社会心理服务资源，将心理服务从硬件、服务、培训、队伍、督导以及宣传服务等方面做到标准化管理，将硬件设施、人员配备、心理活动计划、心理咨询、各类心理教育普及活动、工作人员心理技能提升等内容形成报告手册。将心理健康知识、心理咨询、人文关爱等整合成科学的系列工作，贯穿整个心理服务项目，联合街道办事处、企业、辖区等协调开展工作，在心理服务、人员入职晋升、绩效考核等方面进行标准化建设，形成福城街道心理服务工作标准化管理制度。

3. 培训标准化

福城街道定期开展心理成长"协同成长"系列心理培训，保障心理工作人员专业知识能力持续提升。定期对街道内心理服务团队进行诊断评估、走访，在社区循环式开展常态化心理健康教育、科普和宣传工作，积极联动街道心访之家心理咨询师的专业力量，邀请机构资深心理专家在龙华区"协同共治之家"建立心理培训成长中心。面向技术基础薄弱的强大志愿者队伍，围绕心理健康、咨访关系、心灵成长等主题，开展"协同成长"技能提升培训，帮助其增强心理韧性和心理健康意识，学会识别心理异常情况和心理危机情况，赋能社区心理志愿者，使其具备心理服务的技能和能力。

每季度以网格员、信访维稳工作者、社区工作者、心理志愿者等与群众密切联系的一线工作人员为重点，组织社会心理服务能力培训督导，提高一线工作人员沟通教育与心理疏导水平，减少服务过程中的摩擦，并对企业 HR 开展专业的心理专业培训，引导企业管理者、HR 有效识别心理危机，及时将危机人群转介至街道专业心理服务部门，实现联防联控。

4. 宣传服务标准化

在一般人群科普宣传上，结合"福城第一课"开展心理宣传教育活动。线下开展户外心理服务宣传活动 876 场，开展"青春婚恋系列课堂"、"与压力共舞"、"亲子关系"等主题的心理沙龙讲座 625 场，累计受益人群近 20 万人次，积极为居民群众普及心理健康知识，增强抵御心理危机能力。

为重点人群提供心理服务。一是防控轻生人员。针对发生心理危机、涉轻生行为人员，建立多部门联动的 24 小时响应应急处置机制。二是情感家事纠纷人员。发动网格员、社区妇联专干、派出所民警等力量，开展"家暴 0 容忍"巡查，对当事人提供专业心理疏导，对实施家暴的人员进行心理评估，建立科学民主的婚恋观念和理智沟通行为模式。三是辖区青工、来深建设者。为网格员开展体验式系列团辅，如探索自我、有效沟通、画出我心等心理健康减压沙龙。针对辖区企业开展自我认知、论谈话的艺术、趣味心理等心理体验式活动，将心理健康服务及宣传送进小区、企业。

三、工作成效

深圳市龙华区"福城模式"社会心理服务体系建立以来，自源头上预防各类极端事件发生，为破解外来创业者社会融入难题提供了有效助力。心理服务"软工实干"的方式，把危机化解在源头，致力让基层治理现代化工作有爱有温度。

（一）"福城模式"成效

第一，辖区警情持续下降。通过心理服务"软工实干"的服务方式，营造了安心安身安业的辖区氛围，街道总警情自 2019 年以来实现警情"五连降"。在深圳市公安局发布的深圳市治安安全指数中连续多期排名位于全市第一，该指数连续三年超过半数排名位于全市第一。

第二，社会大局和谐稳定。福城街道"心访之家"心理咨询师及时介入矛盾纠纷和突发案事件的协调处置，缓和当事人抵触情绪，引导当事人回归理性，以解决问题、化解纠纷为目的，有效提升辖区矛盾纠纷处理量、调处率。

福城"心访之家"联合茜坑社区在招商锦绣观园开展 OH 卡亲子关系探索工作坊第五节课《打开"心"世界》，进行心理沙龙服务等心理减压释压活动，向居民普及心理健康知识，增强抵御心理危机能力。活动中，在心理老师的引导下，妈妈与孩子之间相互倾吐真心、流露真情，在场不少人感动落泪。

福城街道充分发挥心理服务缓和矛盾、平和心态等作用，将心理服务融入纠纷处置，避免心理危机诱发不良案事件，筑牢心理"防护墙"。社会心理服务体系项目启动以来，处理轻生行为心理危机干预、突发事件受害者及家属等敏感事件过百宗，服务 3.3 万余人次，协助化解多宗疑难尖锐矛盾纠纷和信访案件。

第三，社会治理提质增效。福城街道"心访之家"多次作为迎检点接受中央、省、区、市各级督导组、考察团的检查督导。2020 年 11 月 16 日，市社会心理服务体系建设领导小组办公室印发《深圳市社会心理服务体系建设领导小组办公室关于 2020 年社会心理服务体系建设试点联合调研情况的通报》，将福城街道社会心理服务相关工作作为典型进行通报。2021 年 9 月 17 日下午，中央政法委委员、秘书长，跨军地改革工作小组组长，中央全面依法治国委员会办公室副主任（现国家安全部部长）陈一新同志率队前往龙华区福城街道章阁社区党群服务中心，实地调研外来人员融合共治情况。2021 年 10 月 22 日，省卫生健康委等 9 部门进行现场调研。武汉市委政法委、佛山市委政法委等多部门到现场进行实地考察并予以肯定评价。

福城街道创新"街道+心访之家+法院"多元联动治理模式，探索形成自治、法治、德治、智治融合的社会治理新路径。该工作于 2022 年被评为深圳市龙华区"十大平安建设事件"。福城模式心理服务体系入选 2023 年国家心理健康和精神防治典型案例。

（二）"福城模式"反响

第一，夯实基层治理"最后一公里"。成立了街道+社区心理服务阵地，明确了心理服务网络和心理服务工作职责，健全了危机干预机制。将社会心理服务、健康知识、心理咨询整合成科学的系列服务，贯穿整个项目，联合政府、企业、社区等协调开展工作，做到有深度、有宽度、有高度、有温度、有力度，夯实基层治理"最后一公里"。

第二，体系建设更加完善。建立多部门联动的 24 小时响应应急处置机制，构建了符合"福城本土"服务体系，切实做到街道与社区、部门与部门互相联动的方式，工作机制健全，形成了有效的危机处置、纠纷防范、突发事件干预形成闭环的工作模式。

第三，服务渠道更加多样。切实打造街道—社区分级服务阵地，实现了资源全覆盖，服务全周期。一是线下"面对面"咨询服务+线上"背靠背"心理疏导，突破时间空间限制，及时干预群众的心理危机，缓和社会矛盾，增强抵御危机能力。二是打造"互联网+心理服务"模式。结合福城实际，建成心理综合服务一体化信息平台，整合社会心理服务资源，实现与卫健、公安、政法、综治等部门数据共享，可通过电脑、手机终端为群众提供心理科普、心理评估、问题筛查等服务，让心理健康"触手可及"。

第四，社会力量更加聚合。设立稳定专项工作经费，打造专业立体心理服务，聚焦重点服务对象，切实为辖区群众精准开展热线咨询、心理疏导、危机干预等心理服务，及时缓解居民因工作、生活、家庭以及突发事件带来的负面情绪。

第五，危机干预更加高效。"关爱生命"是社会心理服务体系建设中的一项重要工作，由政法委牵头，福城街道党工委负责，街道总值班室调动各部门力量，积极联动各有关部门共同干预，做到及时分拨、快速处理、高效干预，降低了社会稳定风险。

四、经验与不足

随着生活水平的提高和社会压力的增加，人们对心理健康的关注度不断提升，心理健康服务的需求也日益增加。从个体层面来看，心理问题如焦虑、抑郁、人际问题等普遍存在，需要专业人士进行干预和治疗。从社会层面来看，心理健康问题的爆发会给社会稳定和经济发展带来不利影响，因此社会心理服务的需求也日益凸显。

当前，国家对心理健康服务的重视程度逐渐加深，各级政府都先后出台了相关政策文件，提出了加强心理健康服务的目标和举措，并纷纷推出试点经验，推动社会心理服务体系建设工作提质扩面。但各地政府对社会心理服务建设工作经费和人才支持力度、为社会心理服务人才队伍建设提供的政策保障和扶持却远不如一线民政社工。

国家人力资源和社会保障部的相关资格认证考试取消后，商业心理服务机构增多，而社会面部分心理服务人才的专业素质和服务能力参差不齐。普通社会工作者开展心理服务建设工作，存在理论基础薄弱和实践经验缺乏的情况，社工类的咨询师可能对心理咨询的理论体系缺乏深入的理解和掌握，导致在咨询或危机干预过程中难以应对复杂情况。同时，由于实践经验不足，他们往往难以获得足够的实践机会，无法将理论知识有效地应用于实际咨询中，从而影响咨询服务质量。

五、启示与建议

此案例有以下启示和建议：

第一，提高专业素质要求。当前，部分心理服务人才的专业素质和服务能力还需提高。随着心理健康服务的普及和专业化要求的提高，心理服务人员需要具备更高的专业知识和技能，才能更好地满足服务对象的需求。

第二，优化资源配置。虽然社会对心理健康服务的重视程度提高，但在实际执行中，资源分配不均的问题依然存在。一些地区和群体由于各种原因，难以获得及时的心理健康服务，这需要进一步优化资源配置，确保服务的普及和平等。

第三，加强公众教育。尽管心理健康问题日益受到关注，但公众对心理健康服务的认知和接受程度仍需提高。许多人在面对心理问题时，仍然存在偏见和误解，不愿意寻求专业帮助。这需要加强公众教育，提高对心理健康服务的认识和接受度。

与此同时，当前社会的发展对心理服务人才队伍提出了更加多样化的服务需求，建议重新规范社会面心理咨询师的认证考试。除了传统的心理咨询和心理治疗，企业心理服务、学校心理健康教育、军（警）队伍心理调适等新领域的出现，为心理服务人才队伍提供了更为丰富的就业和服务空间。这也使得心理服务人才需要更加全面和专业化的培训和教育，以适应多种服务需求。

（案例报送单位：深圳市龙华区福城街道办事处）

重庆市大渡口区：
以新"三治"解决破产企业职工社区治理难题

📝【专家点评】

党的二十届三中全会审议通过的《中共中央关于进一步全面深化改革、推进中国式现代化的决定》提出进一步"坚持和发展新时代'枫桥经验',健全党组织领导的自治、法治、德治相结合的城乡基层治理体系,完善共建共治共享的社会治理制度"。本案例反映的是破产企业居民相对集中的社区治理问题,有其特殊性,也有其治理的难度。其创新点是着力解决社区治理的切入点,或者说是找到撬动基层自治力量的抓手。该社区主要居住群体为破产企业职工,这个群体对居住社区有共同情感、记忆,也面临很多共性问题,本案例以党建为统领,组织社工开展"唱响茄街"、"溪街艺术文化节"各类文艺小组或者社区主题活动,采取"艺术+小组"的方式创新开展社区艺治活动,引导退休党员、流动党员加入文艺队伍、融入志愿服务活动中,激发社区治理参与者贡献智慧与力量。坚持党建统领,以民主协商议事为抓手,通过"三事分流"、"协商议事"等工作法推广,明确"大事"、"小事"、"私事"的界限,通过职权问题划分,社区根据居民反馈及时联动相关单位分职分责处理,并明确议事规则,运用实践工作法处理社区问题。本案例因地制宜探索推进党组织领导的自治、法治、德治相结合的基层治理模式创新,提升了特殊社区治理能效,增强居民参与社区治理积极性,对推进同类型社区治理能力和水平提升有较好的参考意义和推广价值。

点评人：李　娣　中国国际经济交流中心研究员

一、背　景

在破产企业居民相对集中的社区中,社区建设过程中的治理和服务创新难度高,社区服务需求复杂多样,矛盾相对突出,居民缺少参与感和获得感,很难有效地参与到社区治理中来。

茄子溪街道位于大渡口区东南部，下辖6个社区，曾是大渡口工厂云集的地方，木材厂、石棉厂、肉联厂、冰箱厂等都在此。曾经，位于茄子溪的各个工厂都热火朝天，如今大多已经变了模样。现在，茄子溪街道已由原工厂工人居住的厂区家属楼逐渐升级为还建住房小区、商品房小区，居民类型也多样起来，其中最典型的就属新港社区。

新港社区成立于2003年2月，面积约2平方公里，实有住户5357户、11472人，23个居民小组，社区居民大多是木综厂退休职工或职工后代。2001年，因为环境保护、原料供应链被切断和国有企业改革，盛极一时的木材综合厂宣布破产，"社会心态整体性失落、社会矛盾井喷式爆发、社会事务断崖式移交"现象冲击着传统社区治理模式。"房屋破、环境脏、秩序乱、问题多、人心散"是居民对企业破产后的生活现状的贴切总结，同时带来基层社区治理的四大困局：一是人心涣散，缺乏社区建设向心力；二是集体意识缺乏，公共空间维护意识不强；三是机制不健全，社区问题化解不充分；四是公共空间缺少，邻里互动缺乏平台。

在大渡口区民政局的支持下，茄子溪街道引入重庆市民悦社会工作服务中心，发挥五社联动机制优势，在新港社区推动实施新"三治"（艺治、德治和共治）治理模式，运用新"三治"工作方法解决以破产企业职工为主的社区基层治理难题，解决茄子溪街道新港社区"四大困局"，显著提升了茄子溪街道基层治理水平。

二、主要做法

新"三治"以新港社区为示范点，结合新港社区文艺爱好者众多、社区文艺骨干参与性高特点，开展艺治、德治和共治的新"三治"治理模式。一是发挥艺治的传导作用，以文艺活动、文艺组织链接居民；二是发挥德治教化功能，通过德治活动和志愿服务影响居民；三是发挥共治协商作用，以方法推广和居民自治培育居民。以艺治为载体，将德治与共治寓于其中，实现新"三治"交互作用，激发各责任主体的治理效能（见图1）。

（一）艺治：艺术联结

一是凝聚文艺爱好者。社工开展"唱响茄街"、"溪街艺术文化节"各类文艺小组或者社区主题活动，用艺术将有共同爱好的居民凝聚在一起，从陌生走向熟悉，从疏离走向亲近。项目实施仅半年时间，就有不少于100名喜欢文艺的居民新参与社区活动，40多名新参与者成为文艺活动中的成员。与此同时，新港社区还在2022年打造了"子溪时光1953"陈列馆，并开办了"情系这片热土"——缅怀建厂七十周年文艺联谊活动，留

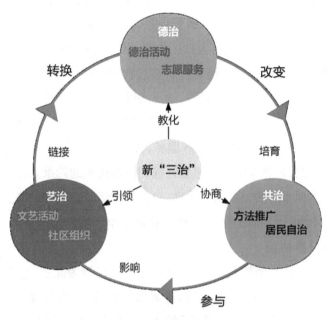

图1 新"三治"治理模式

住茄子溪木材综合厂记忆,凝聚原厂职工,增强原厂职工及其家属对社区的归属感。

二是培养文艺骨干。采取"艺术+小组"的方式创新开展社区艺治活动,社工在新港社区成立社区社会组织5支,骨干成员25名,其他成员超过100名。为了提高艺术类社区社会组织的规范性和自我造血能力,茄子溪街道通过多种渠道搭建展示平台,积极推介收费演出机会,以"偿"代"培"不断培养团队的综合能力。如在新港社区大力推行的垃圾分类工作中,文艺队伍特地编创一支快板,为垃圾分类宣传注入新源泉。截至2024年4月,新港社区文化队伍百花齐放,合唱团近100人,舞蹈队近50人,瑜伽队近30人。

(二)德治:道德教化

一是重塑思想价值。紧紧围绕德治这条线,为居民持续提供精神食粮,充分发挥道德浸润人心、淳化民风、教化引导作用,在社区发挥党组织对社区社会组织建设的组织领导和政治引领作用,引导退休党员、流动党员加入文艺队伍、融入志愿服务活动中,让道德的种子扎根,结出邻里和谐、互帮互助的果实。针对性开展提高辖区居民素质、改善行为习惯等活动,如社工积极引导文艺爱好者结合社会主义核心价值观编写三句半《文明养犬记心间》、小品《"三事分流"引新风》、朗诵《守望茄街·乐治汇》、旗袍秀《社区治理展新篇》等作品。作为固定节目,在茄子溪街道常态演出,用居民喜闻乐见的艺术形式引导居民价值观重塑。

二是组建志愿队伍。引导文艺爱好者参加社区公益服务，加入社区建设中来，承担便民服务、社区秩序、小区整治等公益服务内容，如社区瑜伽队、舞蹈队、合唱队等成员经过社工"培育、引导、激励"转化成为社区志愿队伍或公益服务组织，在辖区开展志愿服务和便民行动。一方面，艺术志愿者开展文艺教学活动，发挥文艺特长，组织文艺爱好者参加，让居民动起来，带活社区氛围，激发居民参与社区治理的潜能。另一方面，开展社区事务性志愿服务，例如环境卫生整治，文明养犬宣传等，通过环保入社区、走访重点家庭、发放狗绳、安装"宠物便便屋"等服务，提高辖区居民保护环境意识，维护辖区公共秩序和环境卫生，无私奉献的志愿精神起到以德化人的效果。如今，居民闲暇之余都愿意到社工站参加相关的公益服务活动，更关心社区治理当中的痛点难点，有效实现了道德"软实力"转化为社区治理"硬支撑"，推动了小区治理走深走实。

（三）共治：议事协商

一是推广工作方法。坚持党建统领，以民主协商议事为抓手，整合各方力量，参与议事协商，确保议事协商定方向、有方法、显成效。通过"三事分流"、"协商议事"等工作法推广，明确"大事"、"小事"、"私事"的界限，通过职权问题划分，让"小事协商解决、私事自己解决"的理念深入人心，并实践运用工作法处理社区问题，社区根据居民反馈及时联动相关单位分职分责处理，如明确议事规则，根据议题相关性确定参与协商人员，积极培育居民议事协商骨干成员，鼓励社区内有专业技能、影响力强、热心公益的居民参与议事协商等，有效提高社区工作效率。

二是推动居民自治。通过组织协商议事，解决居民诉求。社工根据辖区居民提出的共性问题进行协商解决，争取让协商议事成为解决社区"小事"的主要工作方法。坚持共建共治共享理念，社区每季度组织辖区单位、社工、居民代表、志愿者等开展民生恳谈会，收集居民反映较多的问题。在社区建立联席会议制度，建立社区、小区党组织、业委会、物业、居民骨干、网格长等多方联席会议制度，定期召开小区多方联席会，梳理并依托协商议事阵地，成功解决外墙脱落、安全检测、路灯增添等问题，做到将矛盾化解在基层。同时，以节庆、便民等公益服务，激发物业、社区社会组织、居民等多元主体主观能动性，满足以居民需求为导向的社区服务，带动了更多居民参与小区问题协商解决。

三、工作成效

新"三治"模式是基层社区治理创新的有益探索，以党建为统领，发动治理主体共同参与，探索以破产企业为主的老旧社区治理模式，从"艺术"优势出发，挖掘新"三治"的内涵和联系，增强居民参与社区治理积极性，推动全街治理水平提升，取得了良好的效果。

（一）新"三治"凝聚居民向心力

发挥艺术凝聚作用，越来越多社区居民因为新"三治"实施，走出家门，参与社区服务。在推行新"三治"的新港社区，有超过 100 名居民第一次参与社区文艺活动，其中大部分"新人"成为社区文艺组织中的一员，与其他爱好文艺的居民相聚在一起。网格长、楼栋长之外，越来越多的普通居民参与社区志愿服务，为社区发展尽一份力。这些新参与者有干劲、思维活、接地气，他们的参与一改之前志愿服务死气沉沉的状态，志愿服务面貌焕然一新，截至 2024 年，新招募志愿者超过 200 名，服务人数超过 5000 人，越来越多居民凝聚成一股向心力，齐心协力为社区建设贡献力量，协同社区两委打造共建共治共享社区治理新格局。

（二）新"三治"高效解决社区共性问题

新"三治"重新定义居民需求，做到"相似需求统一反馈，共性需求一致协商，个别需求逐一解决"，避免需求反馈多次重复、小点遗漏，有效解决了疫情防控安全监测、文明养宠便便箱安置、垃圾分类定点投放、小区楼栋外墙脱落、路灯增添、便道修建等社区存在的问题。发挥艺术联结作用，增加了居民对社区的认同感和参与感，消除了居民之间产生的小矛盾；通过"德治"倡导关爱"一老一小"、遛狗牵绳、垃圾定时定点投放以及诚信经营等，加强了对社区的基础管理；运用"三事分流"工作法、协商议事，解决了社区存在的共性问题，促进了居民参与社区治理的热情。

（三）新"三治"推动居民参与社区治理"零距离"

围绕"谁来商"、"商什么"、"怎么商"，茄子溪街道与社工机构一同优化协商流程、规范协商过程、落实协商结果，实现居民参与社区治理"零距离"。一是学习方法，在辖区内积极宣传"五社联动"、"三事分流"、"社区协商"、"三治结合"等工作方法，以培训、宣讲、沙龙等形式让社区、小区、楼栋志愿者和居民学习社区治理的工作方法和实践流程。二是收集需求，每季度民生恳谈会、每月需求收集会、心愿征集活动，做好居民的知心人，更好地了解居民和社区发展需要。三是规范协商过程，活用罗伯特议事规则，发挥社工或志愿者在协商僵局中的"润滑剂"作用，引导各方合理、理性表达意见，实现各方利益最优化。例如，新港社区乒乓球团体因器材不足、场地使用、声音扰民等问题与社区居民多次发生冲突，存在较大矛盾隐患，社区召集涉及的责任主体共同协商，达成器材安置、活动时间、居民监督等共识，实现参与主体利益最大化。

四、经验与启示

一是注重社区归属感的培养。社区治理强调群体参与，但现如今的小区房的"陌生人社会"属性无疑为达成群体参与的目标增加难度，但个人以自身利益为基础，居民通常不吝于让自己的生活变得更好。因此，社区治理服务首先要让服务对象感受到自己属于集体，居民对生活的社区有归属感才会有参与社区治理的意识，需要社区扎实做好各个年龄段居民的基础服务，吸纳多样化的居民群体参与社区治理。

二是植入优势视角看待社区治理。以破产企业职工为主的社区治理工作是非常困难的，人群素质各异，但往往更需要从优势视角看待社区问题和居民需求，问题视角往往会加重对居民、问题本身的情绪，导致社区和居民相互之间的偏见更深。遇到问题先从社区、居民的特质、资源、优势出发，不断发掘、培育和使用好优势，并渐进式地培育社区公共精神，一定会在社区治理过程中释放强大的内生力量。

（案例报送单位：重庆市大渡口区茄子溪街道办事处）

四川省成都市：多措并举全面整治老旧院落

📝【专家点评】

本案例展现了四川省成都市锦江区在老旧院落改造中的全面实践与显著成效，对提升城市居住环境、增强居民幸福感具有重要意义。通过改造，不仅消除了危房隐患，还改善了公共空间，提升了物业管理水平，为超大城市中心城区的老旧小区改造提供了可借鉴的范例。

案例的独特之处在于其党建引领的改造模式。四川省成都市锦江区坚持党建引领，创新构建院落党组织体系，将党建工作延伸至老旧院落改造的堵点难点，形成了"微网实格+四讲四重"的改造路径。这种以党建为引领，先自治再整治的方式，确保了改造方案贴近居民需求，增强了改造的针对性和实效性。

通过实施一系列改造措施，四川省成都市锦江老旧院落的环境得到了显著改善，居民生活质量大幅提升。改造后的院落不仅消除了安全隐患，还增加了公共设施，丰富了居民的文体活动。同时，通过引入社区合伙人，实现了公共空间和物业管理的长效运营，确保了改造成果的持续巩固。

本案例在老旧院落改造过程中注重创新，如成立福管家理事会、创立福顺里党建品牌、组建望福商学院等，这些创新举措不仅推动了改造工作的顺利进行，还为社区治理注入了新的活力。

本案例的成功实践为其他地区的老旧小区改造提供了有益借鉴。其党建引领、居民自治、多方参与的改造模式，以及注重公共空间打造、物业管理长效运营的做法，具有较高的示范价值。

本案例的成功经验具有较高的推广性。其党建引领的改造模式、创新的工作机制以及注重实效的改造举措，均可在其他地区进行复制和推广，为城市更新和老旧小区改造提供新的思路和路径。

点评人：章文光 北京师范大学政府管理学院教授、博士生导师、院长

一、背　景

老旧院落改造作为"城市更新"的基础建设项目,是党建引领社区发展治理的有效抓手,通过把党的全面领导贯穿老旧院落改造全过程,把党的工作做到群众身边去,可以更好地让群众感受到党组织的作用,自觉向党组织靠拢,形成共建共治共享的社会治理格局,实现"阶段性的改造工程"向"助推基层治理水平提升的社会工程"的转变。

锦江区作为四川省成都市中心城区之一,辖 76 个社区、1189 个小区(院落),其中老旧小区(院落)751 个。近年来,面对中心城区居住型老旧院落普遍存在的小区安全风险高、居住环境差、公共空间少、管理服务弱等突出问题,锦江区大力推进城市更新和老旧小区改造提升工程,共改造老旧小区 568 个,占全区老旧小区总数的近 76%,惠及居民 8 万余户,切实为超大城市中心城区实施老旧小区改造和推动党建引领基层善治提供了可复制可推广的"锦江经验"。锦江区书院街街道福顺里片区是中心城区老旧院落的典型代表,片区共涵盖 4 个院子、363 户居民。项目整改前,4 个院子具有共同的问题:一是居住环境差、安全风险高,有 25 处危房,8 处自建房,特别是北顺城街 57—83号,全部都是 D 级危房。二是公共空间少,居民没有文体娱乐活动场所,北顺城街 53号问题尤为突出,机动车不能进入,无法加装电梯,极大影响居民生活便利。三是院落管理弱,4 个院子都没有专业化物管,日常管理全靠院内少量停车费和物业费聘请的门卫,平均年龄 60 岁,院落安全和秩序维护都存在很大漏洞,无法满足居民需求和政府的管理需求。

二、主要做法

自 2022 年启动老旧院落改造以来,锦江区坚持党建引领,指导书院街街道福字街社区党委创新片区化老旧院落改造方式,探索"微网实格+四讲四重"老旧院落更新改造路径,以"先自治再整治,同步治理促发展"理念,将党建工作延伸至老旧院落改造中的堵点难点,使改造方案更加贴近老百姓需求,引导党员主动领岗位、办实事,把改造工作做到老百姓的心坎里,于 2023 年完成了"福顺里"三个院落"拆墙并院"提升居住品质和一个 D 级危房回租改造,切实消除危房隐患,提高居民幸福感。引入社区合伙人,激活社区自我"造血功能",实现公共空间和物业管理长效运营。

(一)突出红色引领,重构改造院落组织体系

一是创新构建院落党组织体系。坚持先自治后整治,指导福字街社区党委牵头,在不改变原有组织隶属关系和党员组织关系的基础上，积极发动 4 个院子的在册党员和"双报到"党员，成立福顺里院落改造临时党支部（以下简称院改支部），由社区书记兼任书记，家委会党员负责人任副书记，通过党员大会、入户走访充分发挥党员模范带头作用，全面引领推进院改工作。改造工作结束后，调整为福字街社区第九网格党支部，下设 6 个微网格党小组，党员 48 名。

二是党建联建凝聚多方力量。院改支部始终立足改造需要，不断汇聚院改工作主管部门、相关职能科室等党建力量，推动政策、资源、力量精准下沉。根据项目进展，适时纳入设计、施工、监理、商业运营等企业党员骨干，在党组织的领导下开展工作，有力推动意见征求、项目推进、管理和运营各个阶段的工作。将街道机关干部编入一般网格担任第一责任人，统筹协调包含社区两委、网格员、社区民警、城管队员的"五包一"的网格力量，引导家委会主任、小组长等居民骨干进网入格，不断建强工作队伍。

三是开展"三问"聚共识出良策。"街道问症"找准共性化问题：通过分析近 3 年的热线投诉件，明晰首先要解决的痛点难点问题，编制改造清单征求意见稿。"居民问需"找准个性化问题：通过定点宣传、入户征询等多种形式开展 3 轮改造意见征询，锁定整改项目。"企业问计"找准专业化问题：选取 1 个运营合伙人和 4 个战略合伙人，推动合伙人利用专业能力有针对性提出解决方案。

（二）落实"三联"举措，推动民生工程落地见效

一是阵地联建。拆除福字街 18 号和北顺城街 39 号的围墙、自建房，整合院落门卫用房，形成网格党建活动阵地暨居民公共活动空间——同心福，表达党建引领改造、党群同心的理念，也契合同心福作为党群服务站的功能定位和福顺里"福至"寓意。同心福使用权属于全体院落居民，具有问询、议事、活动三大功能：问询功能，针对很多居民对院内新布设施设备各有想法的现状，设点对居民想法、诉求包括工程质量反馈进行收集汇总；议事功能，每月召开 1 次"福管家"理事会，网格党支部书记主持会议，家委会党员群众代表参会，商讨院落发展治理共同问题，按照院落自我解决—社区—街道逐级解决上报；活动功能，组建筑福小导游、"常春藤"志愿者队、有话好好说群众调解团等开展多项志愿服务、调解矛盾，在同心福 2 楼整合微党校功能，定期召开"三会一课"和主题党日活动，同时面向辖区涉改院落开展党建引领院落改造主题党日研学活动。

二是难题联解。院落支部积极探索有利于推进改造工作和长效管理的工作机制——福管家理事会，改造期间每月召开 1 次会议、设立意见收集箱、组织参建单位现场联合办公，及时收集并化解各类矛盾。督促建设、设计、施工、监理等参与单位切实增强专业机构的项目责任感，严格按照相关法律法规和规范标准，尤其是对院落原有问题的整改落实，针对地下管网、电力设施设备等隐蔽工程，采用符合规范的材质重新进行铺设下地,解决雨天返水、线缆乱拉问题;增设 339 个燃气报警器、57 台摄像头、26 个智慧门禁,实现院内智能监控和燃气警报全覆盖;还在院内 10 户独居老人家中加装了智能报警系统,实现一键呼叫报警。

三是品牌联塑。针对福顺里入驻商家多为创业青年,营商经验不足的问题,街道和社区专门创立福顺里党建品牌,组建包括"社区党委+职能科室+运营辅导员+在地导师+专业导师"的"望福商学院",为青年创业保驾护航,同步实现党组织工作覆盖,引导青年创业者积极向党组织靠拢。商学院内部设置商事服务柜台,由街道职能科室工作人员定期驻守,提供营业执照、食品流通许可证、健康证等证照和税务办理代收件及店铺装修等相关业务咨询服务。街道主动协调辖区人大代表、政协委员和在地商家组建在地导师和专业导师团队,向街区创业青年传授创业经验和讲授注意事项。

(三)突出建管并重,助力基层治理赋能增效

一是创新管理服务运营机制。通过竞争性磋商方式,引入北京均豪不动产管理集团,与福字街社区成立合资社会企业福创社区服务公司。在福创公司中,社区占比51%,均豪占比 49%,确保合资企业按照党建引领、社区主导的模式运作。同时,福创公司为福顺里提供物业和商业运营服务,通过"一厅"平房区域商业运营收益反哺"三室"拆墙并院项目物业成本,将经营利益的 30% 直接注入社区基金,剩余70%由社区和均豪集团按占比比例进行分成,实现福顺里管理运营自平衡,同时反哺社区公共服务水平。

二是构建商居融合共治机制。以网格党支部为主导,以"福管家"理事会自治组织为平台,发动网格长(员)、院落党员、楼栋长、志愿者、院落能人等骨干力量常态化带头参与院落治理,组建党员志愿队等自组织,挖掘院改故事形成特色微党课,开展老党员故事会、垃圾分类宣传志愿服务等党群活动,以党群融合推动邻里文化传承,以文化聚人推进社区治理。以"望福商学院"为平台,常态化开展青年创业课程活动,激发年轻群众融入社区发展治理的内生动力,提升社区治理活力。

三是固化区域化党建联建聚服务机制。社区党委以党建联建为纽带,引入司法、人社、行政审批前置服务窗口,常态化下沉政策服务,打造创业服务"快闪点"望福驿站。通过项目申报等方式争取区级部门资金资源支持。与学校、银行、医院等驻区单位加强党建联建,以签订共建协议书等方式引进医疗问诊、文体活动等多类资源,缓解居民养老、托幼、康养等硬件不足问题,不断提升社区服务品质。

三、工作成效

从老破小到新小区,从活动凑人数到我家的故事我来讲,从商居矛盾不断到新旧结合相得益彰。书院街街道福字街社区靠服务以心换心让片区改造实现从形态到心态焕新，居民商家中隐藏的规划师、建筑设计师、插画师、平面设计师主动参与片区规划，每一位参与者都津津乐道地讲述着街区历史与更新故事。福顺里项目获评成都市 2022 年老旧院落改造市级示范项目，相关经验做法受到省市主要领导肯定，接受住建部、国家发改委等各级部门调研。获评"成都市十大市民点赞项目"、"中国城市治理创新优秀案例"等，被《人民日报》、新华社等主流媒体多次报道。

一是呈现"推门就是幸福美好生活"场景。从问题和需求导向出发，完成 25 处 676 平方米的 D 级危房整治，拆除 8 处 411 平方米的自建房，23 个单元全部预留电梯井，现已加装 6 台电梯。增加 24 个停车位，增设 3 个电动车智能充电停车点、4 个电动汽车充电桩。针对改造梳理增加的 532 平方米公共空间，街道设置了 1 处公共服务点位和 2 处便民商业服务点位，补充修伞、修鞋、磨刀、剪发等租金承受能力差但与居民生活息息相关的低偿服务型业态。建设同心福、公服驿站、望福商学院等党群服务阵地，让居民商家在家门口就能直接享受改造"红利"。

二是形成党引领共治共享格局。成立"清风翠影"党员工作队、"常春藤"志愿服务队、有话好好说老党员调解队、筑福少年红色小导游、青藤聚星小记者等多支群众自治队伍，搭建街道、社区、商家、院落、驻区单位、顾问团六方共同参与的"望福好邻居"街区议事平台，共制《望福好邻居公约》，实现商居诉求直达、活动联办、资源共享、守望相助。

三是推动老旧片区重焕生机活力。推动院落改造与街区升级整合呈现，一改"老房老院子，小街小巷子，沿街一溜儿小铺子"旧时风貌。积极进行业态引导，吸引了众多特色小店聚集，带动物业价值大幅提升，商家营收提升 30% 以上，成为小红书、大众点评等平台推荐的"网红"打卡地标，自媒体链接分享过万，呈现出"吃着肺片喝咖啡"烟火气十足的特色消费场景，实现"福"文化在社区的时尚化表达。

四、经验与启示

一是基层党组织的领导是深化基层治理的重要保证。面对基层治理的新形势、新问题，必须通过改进基层党组织的领导方式、管理方式、服务方式，不断增强基层党组织的政治功能和组织功能，不断完善党组织引领基层各类力量的工作体系，推动党建引领基层治理效能有效提升。

二是以民为本是基层治理的价值落点。面对人民日益增长的美好生活需要，必须落实好人民至上的价值取向，急民之所急、想民之所想，以科学有效的方式将居民需求转化为可操作、可实现的工作举措,不断汇聚服务资源,满足人民群众多元化、多层次需要,推动精准解决居民家门口的事,以暖心服务拉近党心民心。

三是共治共享是基层治理的有效路径。面对基层治理主体多元化、诉求多元化的新趋势,必须发挥党组织的统筹协调和桥梁纽带作用,搭建议事协商的平台,引导群众形成共商共议机制。以党建联建机制为抓手,整合政府部门、企业单位、社会组织、居民自治组织等各类治理主体的力量,不断激发共治共享活力。

(案例报送单位:成都市锦江区委组织部、锦江区委社区发展治理委员会、成都市锦江区书院街街道、成都市锦江区民政局)

社会工作体制机制建设篇

　　健全社会工作体制机制，推进新时代社会工作高质量发展，是进一步全面深化社会工作领域改革的主要内容。近年来，社会工作在扩大社会参与、协调社会利益、防范社会风险、化解社会矛盾、维护社会稳定中发挥了重要作用。各地积极探索，创新实践，在社会工作站建设、信访法治化推进、社工人才队伍建设、社工帮扶和关爱弱势群体等方面取得了显著成效，形成了宝贵经验。

江苏省苏州市：
街道级社会工作站助推社区治理创新探索

【专家点评】

社会工作是党的工作的重要组成部分,与社会治理创新高度契合,对助力基层治理体系和治理能力现代化具有重要意义。街道社工站建设是推动民政社会事业高质量发展的重要举措。社工站的广泛建立意味着其在创新基层社会治理方面发挥重要作用。在此背景下,江苏省苏州市斜塘街道社工站以其独特的基层探索,成为社会治理创新领域的典型案例。基于社区合并和疫情延宕的双重影响,斜塘街道社工站通过制度设计和多方联动,不仅回应了民众的多样性需求,还展示了如何通过创新的策略和方法,将党建引领社会工作的制度优势转换为社会治理创新效能。

斜塘街道社工站的"和融"社区治理品牌架构规划,特别是"问题发掘评估—具体对策研究—建议措施传递"的工作模式,展现了其整体治理和闭环治理的理念。这种工作模式强调问题导向和数据支撑,使得建议措施更加精准和有效。案例中提到的具体做法,如社会组织的内外联动、社会工作站室的推动、人才储备和载体建设等,都取得了明显成效。这些成效不仅体现在制度和组织的优化上,也体现在社区服务的质量和居民的满意度上。

斜塘街道社工站在社区治理中的创新体现在多个方面,尤其是在组织联动和人才储备上。比如,通过"1v2"的陪伴督导模式和"微心愿"、"和融小站"等项目,创新了社区服务的提供方式,增强了社区凝聚力和居民参与度。该案例在社区治理创新方面提供了示范性框架,即"制度设计、组织联动、人才储备、载体建设和示范引领"。这个框架不仅适用于斜塘街道,也可以为同类社区(多社区合并和多元化需求)社工站推进社区治理创新提供借鉴,具有良好的推广性。

点评人:周群英　北京师范大学社会学院副教授

一、背　景

斜塘街道于2021年12月10日由原斜塘街道与月亮湾社工委合并组建成立，下辖35个社区，73个小区（含14个集宿区），其中包括20个动迁社区、9个商品房社区、6个人才房社区。动迁社区以本地拆迁安置居民及来苏务工就业人员为主，人员结构呈现出年龄偏大、流动性强等特点。商品房社区以本地年轻居民及外来购房者为主，人员结构呈现出收入高、文化层次高等特点。人才房社区以斜塘街道辖区高层次人才租住为主，人员结构呈现出年纪轻、学历高等特点。整体而言，街道辖区社区业态丰富、类型复杂、人群多样，社区建设基础不一、社区治理成效有别。

近年来，斜塘街道社区治理与民生服务上的需求越来越多元化，期盼值也越来越高，但街道合并，加之三年疫情的延宕影响，政府、群众、社会多面向关系还处在磨合过程，导致社区治理层面产生理念融合有壁垒、组织融合缺纽带、服务融合欠精细、载体融合少支撑、资源融合欠开放等问题。

二、主要做法

（一）制度设计，助推"和融"整体规划

为构建管理有序、服务完善、文明祥和的社区治理体系，为在地社区治理主体提供制度支撑，使其服务方向有据可依，斜塘街道社会工作站发挥政策倡导服务职能，通过"问题发掘评估—具体对策研究—建议措施传递"三个步骤，共同推进"和融"社区治理品牌架构规划。

在问题发掘评估阶段，社会工作站联动社会工作室，覆盖全街道社区，调研社区治理现状，发掘各社区已有治理工作重点，为对策制定提供数据及事实支撑；在具体对策研究阶段，社会工作站积极发挥五社效能，邀请领域专家、高校老师共同研判对策文件以及可行性评估，制定《斜塘街道"和融"生活共同体示范社区评选工作实施办法》以及《斜塘街道"和·融"街区策划方案（初版）》，推进示范社区评选以及和融街区样板街区打造工作；在建议措施传递方面，充分利用多种形式、多种媒介对"和融"社区建设进行广泛传播和氛围营造，重点利用互联网、微信公众号、广播电视等渠道，大力宣传"和融"社区优秀案例，推广先进经验。

（二）组织联动，构建在地治理生态

社会组织作为五社联动的重要载体，街道社会工作站作为街道级社会组织枢纽平

台,联动在地社会组织联合会,积极引入"政、社、企、校、民"五方资源,助推内培式社会组织与外引式社会组织协同合作,构建在地"和融"治理生态。

1. 内外组织联动

一方面以社区社会组织规范化运行需求为抓手,融汇辖区在地组织动能,提升组织服务质量。面向辖区内 32 家社会组织进行调研,了解社会组织实际困难和需求,为内培式社会组织提供咨询及发展规划服务,制定《斜塘街道社会组织年检指引》。另一方面以"和·融"社区治理大赛为抓手,融合在地社区治理主体效能,提供善治动力。通过大赛支撑,社会工作站与社会组织联合会共同支持 8 家本土社会组织的 10 个社区治理项目成果。项目执行期间,社会工作站针对项目服务问题开展专题培训,以"1v2"的陪伴督导模式链接专业化督导支持社会组织项目运作,线上线下提供督导咨询服务,推动社区治理工作和社区民生服务更进一步。

2. 推动社会工作站室

基于"1+1+3"的站室分离的运作现状,以"站室联动和作互融"为主要目标,一方面通过每月 1 次的站室联席会议,建立"街道—社会工作站—社会工作室"重要事项沟通渠道、宣传渠道,推进站室不同责任主体之间的融动融通。另一方面通过"微心愿"、"和融小站"等重点工作推进建设,借助社会工作室在社区服务的服务优势、群众优势,协助挖掘"微心愿"辐射对象、发放"心愿"实现物资、开展"心愿"特色活动、排摸"和融小站"站点、对接"和融小站"相关方等,让社会工作室成为社会工作站的服务触角,融聚更多的慈善爱心。

(三)人才储备,赋能社区治理人才

人才作为社区治理的核心组成,斜塘街道社会工作站面向街道社区治理人才体系,精选部分人才作为赋能对象,包括社区社会组织负责人、社会工作室社工以及社区相关工作人员等,为社区治理精细化服务做好人才储备工作。

1. 社区社会组织人才储备

社会工作站围绕规范、发展两个层级。在规范化层面,围绕组织规范化运营提供各类咨询服务,手把手提升社区社会组织负责人机构运营能力。在发展性方面,以项目化运作模式,一方面在辖区内开展"和融"社区治理大赛,将各类"民主协商"、"社区治理"相关主题培训嵌入大赛执行,边赛边练;另一方面对接各类公益项目,拓宽负责人服务视野,提升负责人承压能力。

2. 社会工作室社工人才储备

面向社会工作室社工,社会工作站建设社会工作室社工培育体系,提供细致化提升路径辅导,促进在地社工服务高质量发展,通过引入实践丰富的高校学者和实务专家,

开展"诊断式"督导、"专项式"培训以及"沉浸式"参访。内容以社工实务视角为主要方向,涵盖个案服务、社区治理、品牌建设、案例撰写等内容。截至 2024 年 3 月末,社会工作室开展个案服务 446 次、小组服务 61 次、社区活动 936 场。

3. 社区人才储备

面向社区人才,尤其是社区社工,协助街道实现整体社工人才队伍的"强头雁+聚群雁+育雏雁"目标。一方面面向 27 个社区的 43 名新入职社工,开展"善治斜塘　一直在路上"斜塘街道新入职社工培训班,通过邀请专家授课、互动交流等形式,紧紧围绕基层社区治理方向、基层社区治理方法案例、基层社区治理利器三个维度展开培训,让新社工尽快完成角色转变并熟练掌握专业知识技能,提升基层工作能力;另一方面协助开展技能大赛,参与技能大赛结构化面试环节,让社工直面薄弱环节和学习盲点,以赛促练,以赛促践,全面增强社工队伍凝聚力,储备人才后备力量,打造一支凝聚力强、业务能力硬的社工队伍。

(四)载体建设,嵌入社区服务载体

社会工作站贴合国家发展改革委《城市社区嵌入式服务设施建设工程实施方案》的建设方向,设定"标准设定—在地挖掘—点位确定—氛围营造—激励回访"五个环节,在党建引领下,建设"和融小站"党建服务阵地。目前落地实操前三个环节。

1. 标准设定

"和融小站"是在斜塘街道辖区内向社区居民提供小微服务的公益场所,按照"街道主导、社会参与、共建共享"的思路,围绕群众需求,借助斜塘街道辖区内现有的公共空间,如社会工作站、辖区商圈、楼宇、新业态阵地、民众联络所、人才公寓等,以有服务标识、有服务阵地、有服务项目、有志愿者团队的"四有+"为标准,整合各类资源,提供形式多样的服务,凝聚点点薪火,传递"城市温度"。

2. 在地挖掘

社会工作站通过可视化"和融小站"场所要求,如"瞄准社区外的公共场所,如辖区商圈商铺、楼宇公共空间、新业态阵地、民众联络所、人才公寓公共空间等"、"确保服务设施和服务基础,能承载小站的基础配备、能承接相应的公益服务"以及"确保使用的安全性、无偿性、便捷性",将"和融小站"的基础要求与社会工作室达成一致目标,通过延伸社会工作室服务触角,挖掘 20 家"和融小站"备选点位。

3. 点位确定

社会工作站以"和融小站"备选点位清单为基础,逐一走访站点情况,去除不符合建设要求的小站站点,最终选择包含吴门中医馆、爱玛电动车、链家门店、社区超市等在内的 9 个服务站点,将在下一步持续推进,形成挖掘闭环。

(五)示范引领,挖掘社区特色典型

社区是社会治理的基本单元,社区治理是国家治理的关键环节,通过对特色典型、品牌特色、工作法等的深入研究以及发掘,萃取斜塘街道治理经验,是推进经验开放的有效举措。社会工作站与社会工作室共同行动,从试点操作与经验萃取两个方面推进斜塘社区治理成果产出。

在试点操作方面,依托社区社会工作室,助力基层社会治理重点领域,聚焦社区焦点难点问题,增强社区关系网络建设,协助社区完善基层民生协商机制,引导社区居民自治,提升社区治理能力,以民主协商形式推进的 27 个社区微更新、楼道治理、共享花圃等方面的社区焦点治理专业社工服务项目落地实施。

在经验萃取方面,协助街道开展社区治理案例评选活动,面向参加评选的 27 个治理案例,从案例提炼、优化等,提供全流程的指导和支持。案例以居民需求为出发点和着力点,以楼道微自治、红色物业、人才蓄力、协商议事、社区阅读氛围营造等工作为着墨点,案例各有所重、各有所特、各有所长,全方位、深层次展示了自身治理方法与优势,营造了比学赶超的良好氛围。

三、工作成效

斜塘街道社会工作站在助推街道社区治理创新的过程中,以"政治资产、组织资产、人力资产、社会资产"四项资产为推进重点,从"制度设计—人才储备—示范引领—生态优化—载体建设"五个层面,协助推进和融街区整体规划、赋能社区治理人才、挖掘社区特色典型、优化在地治理生态以及嵌入社区服务载体,建设斜塘"和融"社区治理品牌样板。

(一)制度引领,阵地服务双推动

社会工作站着重发挥社工政策倡导的职能,作为制度制定"顾问"角色,协助街道落地《斜塘街道"和融"生活共同体示范社区评选工作实施办法》,为五社主体推进社区治理服务提供"九大共同体"的服务方向指引。同时社会工作站及时贴合发改委文件,推进社区"小微零散"阵地,建设嵌入式社区阵地,在党建引领下,通过标准化设计、制度完善、组织挖掘等方式,建设"1+N"社会工作站党建阵地矩阵,即 1 个红色社会工作站,N 个和融小站,进一步铺开和融先锋服务覆盖面,同步嵌入社工、志愿服务,探索可持续的运营模式。

(二)合作互融,社社联建有成效

社会工作站从"项目、组织、人才、平台"多个层面与斜塘街道社会组织联合会深度

合作,即共同推进一个"和融治理大赛"项目、共同支持一批内培式社会组织、共同培养一批社区社会组织负责人人才、共同搭建一个"融爱微心愿"精准帮扶平台以及一个社社联动平台,助推在地社会组织参与社区治理创新成效体现。

(三)经验萃取,治理生态共营造

社会工作站协同社会工作室,基于社区自有生态,挖掘社区治理优秀经验,以经验萃取、案例评选、案例展示等方式,输出锦塘幸福惠民"文化湾"、金星苑儿童友好"童心湾"、文荟苑社区自治"公益湾"、车坊便捷服务"智慧湾"、海德多元融合"国际湾"、美颂为侨服务"人才湾"等示范社区及示范治理视角,打破在地社区的社区治理服务交流壁垒,在面对同质性问题上,社区拥有合理的解决之法、创新之点,探索"未来社区"新型社会治理体系。

四、经验与启示

(一)重视样板基础框架设定,塑造斜塘本土的治理品牌

在建设"和融"社区治理样板初期,斜塘街道社会工作站围绕"街道、社区"两方"善治斜塘"的服务框架,基于在地"理念、组织、服务、载体、资源"五项融合需求,基于社会工作站"五社五化"的运作模式核心和资产为本的模式本土探索,制定"和融"社区治理样板建设框架,即"制度设计、组织联动、人才储备、载体建设和示范引领",将顶层设计做在前边,使问题对应解决方案,让后续服务有据可依。

(二)发挥社会工作站枢纽效能,发展社区治理的资产核心

本案例通过强化基层治理中的政治资产、组织资产、人力资产和社会资产四个方面的资产效能,推动在地资产生态建设,投入社区治理,推进地区发展。在政治资产层面,发挥社会工作站政策倡导服务职能,联动街道、高校、社会组织等社区治理多元主体,共同推进"和融"社区治理品牌架构规划;在组织资产层面,发挥社会工作站平台建设功能,建设各项联动机制,引入治理研究基地,搭建融合主体平台,推动民意纽带融会融通;在人力资源层面,面向社区工作者、社会工作者以及在社区的工作人员,发挥社会工作站平台赋能功能,围绕"理论+实务"两个方向,链接"高校老师+行业专家"等行业教育资源,精准丰富人才储备;在社会资产层面,在线下结合当下热点,以社会工作站载体为核心,嵌入式建设社会工作站服务载体,同时在线上贯通社会对社区治理的理念,使得成果得以推广。

(三)打造"和融"社区治理样板,注重品牌示范的长尾效应

在"和融"社区治理品牌框架下,现已有"未来社区2.0"、"和融生活共同体"等模

式模块，基于已有品牌样板内容，搭建"经验萃取+以评促优+线上推广"的示范传播路径，以社区为单位，提炼优秀做法，评价成果产出，形成案例推广，挖掘如彩莲社区"'兑'症下'药'"、淞潭社区"加减乘除工作法"、金星苑社区"五线谱工作法"等各类工作法与优秀案例，解决品牌传播分散化、碎片化的问题，提升治理样板传播的有效性。

（案例报送单位：苏州市姑苏区乐助社工事务所）

北京市：红枫失独家庭心理关爱计划在行动

✐【专家点评】

《中国老龄事业发展报告（2013）》显示，我国失独群体人口已经超过百万，且每年以 7.6 万的数字在递增。失去独生子女对家庭带来的精神情感上的创伤和痛苦是常人难以想象的，这种创伤也是持久的、难以愈合的。因此，该特殊群体的心理健康问题尤其需要特别地关注和关爱。红枫中心作为中国第一家民间妇女社会组织，早在 2012 年就开始关爱这一特殊群体。经过 10 多年的实践、研究和探索，逐渐形成了一系列规范化的实操技术：2015 年发布《红枫失独家庭心理康复实操手册》，2023 年发布《失独项目管理手册》，2024 年末发布《红枫失独母亲自助手册》。这些实用有效的技术指南对同类关爱项目起到良好的示范和标准作用，具有很好的推广性。

红枫的失独关爱工作以哀伤疗愈为核心，针对该群体典型心理健康症状和需求，设计专业化的团体活动，进行封闭式的干预，效果显著。这种模式的创新性在于打破一般心理干预的原则——不求不助，主动伸出援手帮助有需要的且愿意接受帮助的人，另一个创新性在于打破社区工作的常规保守做法——志愿者陪同失独者参与活动，让专业的疗愈活动更好地落实和实施。红枫的关爱模式不仅使失独父母的心理健康得到改善，生活质量得到提升，也更新了社区工作者的关爱理念，为失独家庭构建了更为友好的社区环境。

点评人：王大华 北京师范大学心理学部教授

一、背 景

红枫中心于 1988 年成立，工商注册非营利企业，是中国第一家民间妇女社会组织；枫彩中心 2016 年于北京市民政局注册，4A 级社会组织。两者是姐妹机构，有共同的使命——以专业化心理社会服务，维护妇女儿童合法权益。36 年来，中心以红枫妇女热线(1992 年创办)为窗口,率先将心理咨询与社会工作相结合,形成了流动家庭"每日家教三个十分钟"、受暴妇女综合服务、失独家庭心理关爱、抗疫情暖心专线等多个品牌项目。

2012 年中心从红枫妇女热线不断出现的失独者及其亲友的来电中,开始关注到"失独老人"这个群体。在进一步的社区调研与个案访谈中,发现失独老人所经历的痛苦和悲伤是深重的——由于失去了唯一的子女,他们普遍感到老无所依所养,生活失去了意义,而"不孝有三,无后为大"、"前世造孽"、"不祥之物"等说法,更使他们自责自怨,离群索居。而这一失独群体根据全国老龄办发布的《中国老龄事业发展报告(2013)》在我国已经超过百万,且每年以 7.6 万的数字在递增①。

2013 年,红枫争取到北京市社会建设专项资金和中国妇女发展基金会资助,先后在北京和地震灾区四川雅安开展了"欣巢失独家庭心理关爱计划"、"新欣巢失独家庭心理关爱计划"和"雅安失独母亲心理关爱计划"。三个项目的陆续开展,我们欣喜地看到一些失独老人在精神状态与生活上的巨大变化,与此同时,也积累了较为丰富的实战经验,初步形成了以"失独不孤独,失独不失志;心有所依,与爱同行"为宗旨,以每期 3 天哀伤疗愈工作坊为核心,形成了开展入户访谈、微信群陪伴、春节聚会、公益活动、社区干部培训等一系列活动的失独老人心理康复工作模型,并编印《红枫失独家庭心理康复实操手册》,发放给 800 余个机构与个人。

历经 10 年,我们不断总结创新,项目管理更加规范化,失独工作模型无论内容还是形式,针对处于失独不同时期老人的心理特点与需求更加多元化、专业化。在 2015 年《红枫失独家庭心理康复实操手册》的基础上,2023 年又编印了《失独项目管理手册》,目前正在编写《红枫失独母亲自助手册》。

二、主要做法

失独工作模型以哀伤疗愈工作坊为重头戏,包括先后进行的入户访谈、个案辅导、春节等节假日联欢聚会、公益活动、失独志愿者培训、微信群陪伴等一系列活动,同时鼓励并助力失独老人之间建立广泛联结,如组织晨练、爬山、摄影等兴趣小组,创建了"一条龙"的长效机制。

工作坊每期 3 天,将心理疗愈和音乐舞动治疗糅合在一起,采用心理游戏、体验活动、观看视频、冥想、绘画剪贴、分享互动等方式,鼓励失独老人"坦诚开放,全情投入";

---

① 方曙光:《社会支持理论视域下失独老人的社会生活重建》,《国家行政学院学报》2013 年第 4 期。

引导失独老人重新审视面对困境,在自我觉察和体验中建立新的价值理念;借助团体动力,激发失独老人内心的巨大能量。每期工作坊都会根据参加人员的具体组成情况对触及深度和活动方案进行调整。

下面以 2018 年夏季红枫在北京房山区天毓山庄连续举办的 3 期工作坊为例进行介绍。这次工作坊除少数失独老人志愿者外,都是初次走出家门参加社会活动的失独老人。每期 40 人,同吃同住,封闭式 3 天。

(一)参加工作坊失独老人基本情况

红枫先去拜访了两区县的卫计委,请他们帮忙联系失独老人。但有关部门表示,要派工作人员陪同参加。这显然有违初衷,也不好安排。后来我们还是老办法,由以往参加过红枫活动的失独志愿者骨干出面,逐个私下去做动员。当事人有基本意愿之后,我们再专门拜访,请他们填写登记表,做 SCL-90 症状清单心理测评,进行必要的筛查。3期原定 120 人,因临时身体状况不佳和出发当日房山预告大雨有 8 人未能参加,最终有112 位失独者参加了工作坊。

112 位失独者来自北京东城、西城、石景山、丰台、朝阳等,最大年龄 73 岁,最小 51岁,平均 63.05 岁;其中在婚者为 79%,离异为 12%,丧偶为 9%。经 SCL-90 症状清单测评,他们中 72%有睡眠障碍,70%情绪处于抑郁状态,而偏执、敌对等指标均超过正常值的为 40%。在访谈中,他们最期待的是"能平和心态,少想伤心事","走出阴霾,与同命人抱团取暖"。

(二)工作坊流程与内容

以"失独老人"为服务对象的工作坊确定为"走出来,认识更多的朋友",由"建立关系"、"自我赋能"、"开启新征程"3 个模块、20 多个环环相扣的体验活动与游戏组成,3天活动的压轴大戏是自导自演的联欢会,将整个工作坊带向高潮。

1. 建立关系

首先通过"生日排序"、"古老传说"让参与者相互认识,营造温暖、轻松的氛围;接着,以小组为单位"共建我们的家",大家围坐在一起,由助教带领,自我介绍,填写联系卡,选组长;然后,由失独父母担任的"家长"带领大家讨论,确定组名、组歌、画小组海报、排练造型等。一系列活动下来,小组成员各显其能,齐心协力,很快形成家的归属感和氛围。

"开心对对碰"时,大家围成大圈两两成对,随着导师的指令,一会儿脚碰脚,一会儿头顶头。开心大笑中,平均年龄 63 岁的老人们仿佛一下回到了孩提时代。

"奇怪的画像"更好玩。这是为了大家相互了解和认识体貌特征的一个游戏。大家先在一张纸上写下自己的名字,然后顺时针传给左边的人,导师分别给予画脸、眼睛、鼻子、嘴、头发等指令,画一项往下传一次,当这张纸回到自己手中时,就是小组每人一笔画出来的自己的一张画像。"哈哈,嘴画得最像!""我喜欢这张画,总体上像我!"

2. 自我赋能

在热身游戏之后,以短片《鹰的重生》拉开帷幕。短片描绘的是寿命可达70岁的老鹰,在40岁时,用喙击打岩石,直至完全脱落,再静静地等待新的喙长出来,然后用新喙把老化的趾甲一根根拔掉,最后是用新长出的趾甲再拔掉身上的羽毛……5个月后,鹰获得重生,展翅飞向蓝天,开始其30年的新征程。观看之后,人们被深深地触动了:"生命中,有时真的需要我们咬咬牙,狠狠心,为自己做出一个新的选择!""学会断舍离,过去的已经过去,放下过去,开启新的人生!"

"我的静心法宝"是每期失独父母都非常喜欢的活动。当感觉沮丧悲伤时,每人都有自己的制胜法宝:"我参加了合唱团,学会了识谱","我参加了老年大学学摄影,修片子,做配乐影集"。72岁的王大姐学习书法、摄影、英语,电脑也特别熟练,她十分感慨地说"学习真是一件十分快乐的事"。通过小组交流,每个人各有所长,就成为大家共同的财富与生活指南。

"爱生命爱自己"旨在引导失独父母把生命的能量转向关爱自己,重新设计未来的生活。人们在纸上分别写下:我过去的状态……我现在的状态……我下一步想要的状态……为了达到这样的状态,我会努力做到的三件事是……最后,每个人都郑重地在这张纸上签上自己的名字。

针对失独父母中有72%的人睡眠质量欠佳,导师带领大家在一段悠扬舒缓的乐曲声中学习"正念呼吸法"和健脑操,人们饶有兴趣,一招一式练得特别认真。第二天,就有多位失独父母说,多年来第一次睡了一个好觉。

3. 开启新征程

"梦想拼贴"是每期大家都非常感兴趣的活动。大家以小组为单位,围坐在桌前,根据自己对未来生活的梦想,争先恐后地在时尚杂志上寻找自己喜欢、向往的画面,用剪刀剪下绿草蓝天、汽车游轮、服装饰品、美味佳肴……然后在大白纸上拼贴成一幅未来美好生活的图画。

每期工作坊的第二天晚餐安排的是包饺子比赛,每次都会让大家兴趣盎然,欢声笑语声不断。工作坊最后一个活动是载歌载舞的大联欢。每个小组都准备了节目,男女声合唱、舞蹈、三句半,大家各显其能,将整个活动推向高潮。

三、工作成效

3天的工作坊让失独父母长期压抑的负面情绪得到宣泄,心情普遍得到改善,自尊自信普遍提升。评估问卷结果为:99%失独父母认为"这个工作坊改善了我的心情";92%认为"把日子过得更好是孩子的愿望";82%认为"对未来生活我有了新的打算";97%认为"今后我将以更积极的心态面对生活"。

入户访谈与个案咨询让参与者负性情绪普遍得到宣泄,心情改善;发现并强化了社会支持系统。

突破失独父母"受益人"角色,带领失独父母参加公益活动,在助人过程中提升了自我效能感和社会价值感。

在失独父母中培训志愿者学习哀伤知识,帮助别人,同时也进一步实现了自我疗愈。

已建立500人的失独父母微信群,由有威望的失独老人管理,红枫志愿者轮流入群,每月一个主题,带领失独老人开展有益又有趣的活动。

社区干部培训评估发现,100%对失独群体的心理创伤增进了解,对与失独群体有效沟通有了新的理念和方法,对做好服务失独群体的工作增强了信心。

四、经验与建议

红枫突破心理咨询"不求不助"的局限,走到社区进入失独父母家中,实现了心理社会服务的创新。经过10年探索与提炼,红枫已经形成较成熟的失独工作模型。编写《红枫失独家庭心理康复实操手册》并发放给800多个机构与社会组织的相关负责人,让项目的成功经验得以复制推广。通过与养老机构合作,失独父母自己承担娱乐交通食宿费等,逐步实现可持续发展。红枫志愿者团队"用生命影响生命"的理念与能力进一步提升。红枫在机构治理、团队效能、创新拓展等方面能力有效提升。社会组织在推动社会和谐发展中的价值得以呈现。中央电视台新闻中心、心理与健康杂志社、《中国妇女报》、《中国青年报》、《科技日报》、《中国人口报》、《人文月坛》以及新华网、人民网、共产党员网、中国网、中国政协新闻网、中国发展简报、NGO资讯网、中国女性等进行报道,增加了社会对失独群体的关注。

失独父母以每年7.6%在增加,政府职能部门应鼓励社会各方特别是社会组织,不断创新提升失独工作的专业水平,并进行传播与交流。作为一个家庭重大危机创伤事件,社区应该善于利用专业社会组织的资源,开展多机构合作。政府采购项目应该在失独工作上分配适当的份额。人到中年的独生子女,因事业发展、子女教育、父母年迈等多重压力引起的身心健康问题,需引起全社会和每一个家庭的高度重视。

(案例报送单位:北京红枫妇女心理咨询服务中心、北京枫彩心理咨询服务中心)

广东省中山市：
运用社会生态系统理念推进残疾人辅助性就业

📝【专家点评】

　　该案例基于社会生态系统理论，创新发展了辅助残疾人劳动就业的工作路径，为解决残疾人就业问题提供了系统的可行方案。在发展中保障和改善民生是中国式现代化的重大任务，中山市汇能社会工作服务中心长期关注残疾人就业问题，深切知晓该工作痛点难点，在不断探索"破圈"实践的基础上，引入社会生态系统理论，从微观、中观、外围和宏观四个层面，重新归置并审视残疾人就业的阻碍和困境。该中心以"小能菜摊"项目为依托，探索了残疾人就业工作的新模式，将残疾人就业问题置于社会生态系统当中，既关注残疾人自身的身体和心理问题，也关注到社会多元主体或环境与其的交互作用，以更具关怀的方式增进了残疾人的就业意愿和能力，并营造了良好的社会帮扶氛围，重塑了残疾人的社会形象，产生了积极的协同效应，为探索残疾人的社会参与提供了参考路径。其以社会工作者为牵引，改变了以往政策导向式的残疾人工作模式，主动统合挖掘各类社会资源与环境，拓宽残疾人就业工作的总体维度。工作坚持以人为本，在面对弱势群体时更多关心到该群体与社会系统的双向互动，从多元角度为残疾人提供坚实帮扶，辅助弱势群体努力发挥社会价值，积极融入社会环境，实现残疾人就业从"破圈"到"入圈"的跨越。未来可以进一步关注社会生态系统理论中的时间维度，在时间线上持续检视残疾人就业帮扶的落地效果，特别是在资源平台互动过程中，关注康园学员与社工的双向沟通，进一步回应社会对学员、学员对社工及家属的反馈与评价。

　　　　　　　　　　点评人：杨华锋　国际关系学院公共管理系教授、博士生导师

一、背 景

残疾人就业问题一直是政府和残疾人自身及家庭十分重视的问题。为贯彻落实习近平总书记关于残疾人事业的重要指示批示精神和党中央、国务院的决策部署，《促进残疾人就业三年行动方案（2022—2024 年）》明确提出"就业是最大的民生。""以有就业需求和就业条件的城乡未就业残疾人为主要对象，更好发挥政府促进就业的作用。"号召各级党政机关、事业单位、国有企业、民营企业实施安排残疾人就业行动。另外，还重点要求残疾人职业康复机构等开展残疾人辅助性就业。

广东省中山市南朗街道社区康园中心作为社区开展残疾人职业康复的重要场所，自 2016 年以来一直在探索辅助残疾人就业的路径。在八年来的实践中，社会工作者意识到，开展残疾人辅助性就业服务，政府助残就业政策固然重要，但是需要残疾人冲破就业路上的层层圈障，更需要整个就业生态系统的协作，尤其是挖掘和激活当地正式与非正式资源对残疾人辅助性就业提供多方帮助，才能帮助残疾人告别走不出来就业的痛，实现就业的"破圈"之举。

二、理论依据

（一）辅助性就业

2015 年 6 月，中国残疾人联合会等八部门联合发布《关于发展残疾人辅助性就业的意见》指出："辅助性就业是指组织就业年龄段内有就业意愿但难以进入竞争性劳动力市场的智力、精神和重度肢体残疾人从事生产劳动的一种集中就业形式，在劳动时间和强度、劳动报酬及劳动协议签订方面相对普通劳动者较为灵活。"可见辅助性就业面对的是就业困难群体，且并不严格要求实现传统的全职固定就业契约。

（二）生态系统理论

生态系统理论是由布朗芬布伦纳提出的个体发展模型，强调发展个体嵌套于相互影响的一系列环境系统之中，在微观系统、中观系统、外围系统、宏观系统中，系统与个体相互作用并影响着个体发展[1]。对于残疾人而言，就业和社会功能康复可能会受到这些不同系统的挑战和障碍的影响。也就是说，要促进残疾人辅助性就业，并不能单一

---

[1] 刘杰、孟会敏：《关于布郎芬布伦纳发展心理学生态系统理论》，《中国健康心理学杂志》2009 年第 2 期。

依靠来自政府的政策和资源,残疾人自身、家庭、社区或在地的非正式资源的动员和协作十分必要。

(三)理论框架

南朗街道社区康园中心以提升学员(康园内的残疾人被称为"学员")的职业能力、增加学员劳动收入和促进学员融入社会为目标,开创"小能菜摊"项目。"小能菜摊"项目基于生态系统视角下,分析学员的就业需求和影响就业因素。其中,微观系统是指残疾人/康园学员的就业意识和职业技能;中观系统为家庭、朋辈、康园中心;外围系统为影响中观系统的持份者,包括小贝壳农场(及其相熟的农户、餐厅)、南朗市场、助残志愿者、街道残联及残疾人就业支持政策、中山市第三人民医院等;宏观系统包含:政府和社会公众,主要是指国家针对残疾人就业的宣传倡导、公众对残疾人就业的认知与态度。"小能菜摊"项目的生态系统图如图1所示。

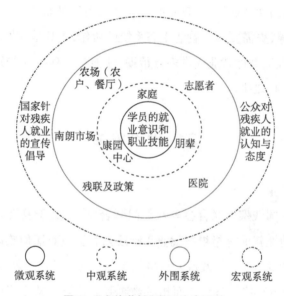

图1 "小能菜摊"项目生态系统

(四)案例需求分析

根据生态系统理论的视角分析,学员要从身心残障的状态转变为具有一定社会适应能力的辅助性就业状态,需要突破四个系统的障碍。分别是:微观个人系统、中观支持系统、外围社区系统以及宏观社会系统。

1. 个人意识和能力的挑战"艰巨":学员职业康复的内生障碍

由于学员的身体、情绪、智力、行为等方面存在不同程度的障碍,且多数学员受教育水平相对较低,加之社会对学员就业持消极态度,部分学员面临就业形势和社会的排斥,难以走出困境。此外,学员与外界社会交往活动较少,获取就业信息途径有限,导致个人就业需求与地方招聘需求之间信息不对称等。

2. 家庭及朋辈支持"薄弱"：影响学员就业的关键因素

大多数学员家属在长期面临社区歧视和排斥的情况下，在学员的职业康复过程中仍普遍处于被动配合状态，较少会主动积极地寻找培训或岗位实践的机会。部分家属甚至对于学员就业持抵触情绪，认为满足供养条件下能生存，学员就业是非必要或者节外生枝的，忽视学员实现自我价值的需求，间接导致学员产生消极的就业观念。其次，学员的日常社交范围和对象主要为康园中心和其他学员。康园中心在较为封闭的环境下开展服务，较难为学员提供有效的职业康复服务。

3. 社区系统的"局限"：社区康园中心的外层资源不足

过去，康园中心的职业康复模式主要是通过社会工作者在小组活动中向学员传授职业康复技能，但这些活动受到社会工作者自身专业以及有限资源的限制，难以满足学员多样化的需求。

4. 社会认知"偏见"：公众歧视与宏观就业市场不接纳

从社会宏观大环境来看，公众对残疾群体认识不足。日常生活中，人们往往过度关注残疾人的身心发展缺陷，尚未树立合理的残障观念，而且未能以优势视角看待残疾群体。既有残疾刻板印象以及无意识的歧视性语言都会加剧残疾人就业的难度。在残疾人就业的过程中，政策明确提出，任何单位不得歧视残疾人，不得拒绝接收残疾人，但实际上在求职的过程中，残疾人遭遇歧视的现象仍时有发生。

三、主要做法

（一）赋能残疾人自主就业意识和能力

为提升残疾人的职业技能与自信，社会工作者先后组织开展 2 个技能培训小组，具体包括摊位售卖技能小组和春节创意农产品销售小组；结合节日主题开展售卖活动 7 场，定期组织恒常摊位运营实践 54 次，定期召集团队成员召开反思与总结会 15 次。通过持续的培训、实践和总结，全方位提高学员的实践操作技能，提升社交技巧、人际交流和团队合作的综合能力，促进学员的自我认知与就业前的准备，为他们步入职场打下坚实的基础。

（二）构建多元支持系统——社会工作者引导、家庭支持与同伴协力

经过 15 个月的菜摊实践和培训，学员们在相互支持下整理简历，社会工作者积极引导他们探索并寻求就业机遇。与此同时，社会工作者开展 6 个个案服务为学员提供一对一的就业咨询，同时通过不定期家访向学员家属详细介绍了学员在培训期间的表

现和进步，与家属共同商讨支持学员就业的策略，进一步激发家属鼓励和支持学员就业。项目成员中的一位家属拥有自己的农场，对于促进残疾人就业表示出极大的热情和支持，愿意提供小贝壳农场里面的岗位给学员做岗位实践和进行职业康复，为学员的职业技能发展创造了更多的机会。

（三）搭建社区资源平台，突破康园单一专业和资源

在"小能菜摊"项目实施前，康园中心开展农疗康复项目，通过教授种植技巧，让学员学会种植和收获各类蔬菜。但如何让种植成果转变成学员的劳动收入，一直是社会工作者寻求突破的方向。社会工作者在开展农疗服务时，无意地向家属倾诉了苦恼，家属便向社会工作者介绍了南朗市场的公益摊位资源。

社会工作者了解了南朗市场摊位资源和摆摊的可行性后，主动与南朗街道残疾人联合会沟通，争取获得其对"小能菜摊"项目的认可和支持，积极联系狮子会香江服务队，展示项目的社会效益和可持续发展潜力，争取其对小贝壳农场的管理费用提供赞助，与南朗市场管理部门协商，阐述"小能菜摊"项目的社会价值及其对市场的积极影响，成功向市场争取到一个摊位的免费使用权，为"小能菜摊"的资源配置打下了基础。在开展恒常摆摊服务时，社会工作者善用农艺导师、摆摊户主、市场管理员、助残志愿者、家属等资源，教授学员整理蔬菜、布置摊位、销售、沟通顾客、计算等多样职业技巧，还发掘了助残志愿者的资源，为行动不便的残疾人提供了送货上门的服务，进一步扩大项目的受益人群和成效。"小能菜摊"项目社区资源平台互动过程见图2。

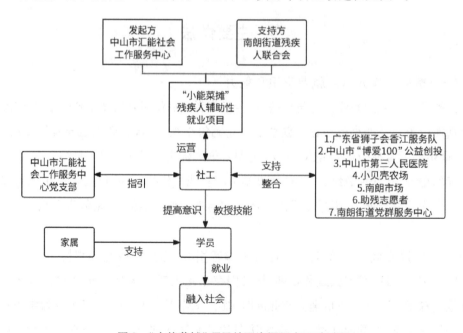

图2 "小能菜摊"项目社区资源平台互动过程

此外,项目团队积极参与广东省众创杯比赛和中山市"博爱100"公益创投大赛,获"博爱100"赞助资金,使后续的培训和恒常摆摊得到更多的资金支持。项目的资源筹集和平台搭建不仅扩大了项目的服务范围,还突破了学员在康园以农疗康复为主的内在发展,通过鼓励社会各界积极加入,增加学员参与社区活动和就业实践的机会。

四、工作成效

(一)增强了学员自主就业意识和能力

项目中的6名学员通过与顾客线上和线下的沟通交流,提高了他们的表达能力和沟通能力,从而逐渐增强自我价值感和自信心。这不仅有助于他们逐步树立正确的就业观念,也能够让他们体会到通过劳动获得成就感和满足感的重要性。其中有1位学员表现最为突出,通过"小能菜摊"辅助性就业项目,学会了撰写策划书、制作宣传海报、撰写宣传文案,同时还学会组织带领组员去出摊和总结,并作为助残志愿者和主持人,主持和带领其他活动,受到政府和公众的认可与支持。通过这些锻炼,所有参与者都增强了与社会互动的能力,提升了社交技巧,建立了更多的人际关系,从而增强了他们融入社会的自信心。有3位学员已经表现出了主动寻求工作机会的意愿,并进行投递简历和外出面试。这是他们自我成长和社会融入的重要一步。

(二)家庭支持和同伴参与成功激励了学员持续成长

在"小能菜摊"项目中,学员每月平均能赚取54.17元的营业收入。学员在摆摊售卖过程中相互学习和支持,获得宝贵的工作经验和生活技能,这无疑增加了家属对他们就业的希望。家属从学员的成长与变化中感受到残疾人参与社会就业的可能。这不仅为家庭带来了正面的情感支持,还有助于提高学员在家庭中的地位和改善家庭经济状况。此外,家人从他们的变化和努力中受到激励,进一步支持"小能菜摊"项目。例如有一些家属主动为菜摊提供蔬菜货源,主动帮忙转发宣传单、购买蔬菜等,并鼓励学员参与职业技能提升和社区活动。家庭的支持和重视,进一步激励学员持续参与和成长。

(三)有效动员了各类社区正式和非正式资源

"小能菜摊"项目在残联的支持下,成功链接到广东狮子会香江服务队、南朗市场、小贝壳农场、助残志愿者等资源,累计带动15000元的资金,通过链接筹集资金、申请农疗场地和售卖摊位、导师指导、志愿者协助的方式,提升职业技能培训的质量,增加实训的次数和种类,使残疾人能够学到更实用的技能,获得更多的职业康复实践机会,为重返社会打下了坚实的基础。此外,"小能菜摊"项目通过申请社会公益组织创投项目,得到3万元的培训和活动经费,为后续的技能培训和售卖实训提供持续性的资金保障。

（四）重塑了残疾人的形象、改变了公众认知

在开展"小能菜摊"项目前,学员更多是以服务接受者身份参与职业康复和社区活动。"小能菜摊"项目以优势视角培育学员的职业能力,让他们以劳动者的形象面向公众,以更加积极向上的形象获取劳动报酬,改变了以往公众对残疾人"无用"、"需要救助"的刻板印象。"小能菜摊"的成功运营展示了残疾人在适当的支持和培训下,通过个人努力和劳动,能获取经济报酬,改善个人和家庭的生活状况,成为社会的有益成员,在社会互动中以平等积极的姿态参与社会事务,找到自尊、自信,实现自我价值和融入社会。这不仅改变了公众对残疾人的看法,促进社会对残疾人的包容与尊重,也为残疾人就业提供了新的可能性和形式。公众和企业见证了残疾人的积极变化,有助于打破他们的偏见,促进平等就业机会的创建。同时,"小能菜摊"的故事还能激发更多社会组织和企业参与到助残就业的活动中来,共同构建一个更加和谐与包容的社会环境。

五、启示与建议

（一）生态系统视角对案例的评估和实施指导意义重大

残疾人面临的就业困境是生理功能受损、缺乏职业技能、社区支持不足、社会歧视氛围等多方面相互影响造成的。生态系统视角以微观系统、中观系统、外围系统、宏观系统为社会工作者提供影响残疾人就业的分析视角,通过开展残疾人就业需求和职业能力成长评估、设计就业项目中能力提升和实训项目、动员家属和同伴支持与参与、链接社会资源和政策资源、加强媒体宣传和社会倡导等全方面、系统的服务内容,破解残疾人自卑、能力不足、就业难、社会排斥之恶性循环圈,从而达到残疾人提升能力、促进劳动增收、提升自信和改变公众认知的目标。

（二）社工主动挖掘和维持资源

社会工作者应成为残疾人就业服务的资源整合者、权益倡导者、权利维护者。残疾人的辅助性就业项目的发起、实施、运营和壮大离不开政府、企业、家属、志愿者、残疾人的多方努力。随着社会公众包容程度的提升,越来越多的人关注和支持公益事业的发展,希望能通过一己之力改善社会弱势群体的困境和需求。这个时候就需要社会工作者整合社区资源,发起残疾人辅助性就业项目,为残疾人的就业需求发声,让更多残疾人、家属、志愿者、企业和公众了解残疾人的处境和可以伸出援手之处,过程中更需要做到残疾人就业的社区支持网络及关系维护、创造性地利用不同资源(例如主动向不同社会组织宣传项目理念和效应、善用义工导师资源教授残疾人专业技能、利用家属及政府扩大宣传效益等)、培育残疾人职业能力和自主发展能力,从而扩大生态系统中不同

层面的力量和引入更多资源。

（三）在行动中吸取更多的资源

项目的发展和扩大需要明确项目的目标，而资源合作离不开明确相互认同的价值理念和目标。"小能菜摊"项目的运营始终是围绕着提升残疾人的职业能力、促进劳动增收和融入社会的目标。社会工作者在打通和扩大"小能菜摊"项目的各个生态系统层面时，以优势视角和社会支持的理念，鼓励残疾人勇于跳出"舒适圈"，鼓励家属、义工导师、志愿者、企业和社会公众加入到"小能菜摊"的行动队伍当中，过程中对不同层面资源进行评估、识别缺口、建立网络、沟通协调、成效反馈、表彰等工作，使项目的各个环节紧密互动、相互促进。

（案例报送单位：广东省中山市汇能社会工作服务中心）

湖北省监利市：
多部门联动有效化解婚姻家庭矛盾

✍【专家点评】

　　家庭暴力是社会之殇、文明之痛,反家暴不仅关乎家庭的和睦与成长,还关乎整个社会的和谐有序发展。湖北省监利市蓝天下妇女儿童维权协会以"蓝天下"为名,积极探索防治家暴的善治良方,憧憬所有家庭都能够摆脱家暴的阴影。现实中,被家暴的当事人往往不敢向外界寻求帮助,即使展开求助,由于相关部门缺乏协同联动也很难为其提供现实有效的解决机制。该案例在深入剖析反家暴工作中痛点难点的基础上,打破了部门、信息和流程壁垒,完善和提升了家暴治理体系和能力,推动家暴问题被社会各界广泛关注,从根本上扭转了反家暴的治理路径,对和谐社会的构建具有重要意义。在具体的成效和经验上,蓝天下妇女儿童维权协会做到了在理念和路径上的更新与协同。用整体性的思维统合家暴治理工作,用联动机制将碎片化的政府资源整合到一起,并吸纳社会力量参与矛盾化解。蓝天下的协同治理机制不仅关注主体间的协同,更关注统筹主体、机制、信息、科技和媒体等多元治理要素,为反家暴工作提供了一份综合性的治理"礼包"。反家暴工作并非朝夕之功,该案例实时监控家暴问题的复发率,不断推动联动机制的长效发展,积极总结推广,坚持将"家务事"不断破圈,争取社会各界对工作的关注与支持,产生了较好示范效应,为各地反家暴工作提供了工作参考和治理借鉴。

点评人:杨华锋　国际关系学院公共管理系教授、博士生导师

一、背　景

　　2015年8月,监利市妇联孵化的社会组织监利市蓝天下妇女儿童维权协会登记,蓝天下的愿景是让家暴成为历史,使命是探索防治家暴良方以最大限度地减少家暴的发生。

蓝天下调研发现，家暴危害极大，它能引发女性心源性疾病和大量命案。2010 年至 2019 年，监利市因家暴引发的命案占全部命案的 27%，另有多人因此自杀，此类事由的信访不断。

遭受家暴后，受害人出现强烈负面情绪，会产生心理疏导、咨询指导、惩治施暴者、离婚、安全等多种需求，任何机构都无法独立满足。此时，《中华人民共和国反家庭暴力法》尚未颁布，在很多人的观念中，家暴还是家务事，职能部门对家暴问题缺乏了解。受暴妇女找娘家求助，娘家人会劝她们忍一忍。找妇联，会被问报警了吗？报警后，通常被当成家务事。起诉离婚，又被问有证据吗？这容易让受害人产生误解，以为各部门都在推诿，一圈求助下来，她们感觉到无助、无力。

2016 年 3 月，《中华人民共和国反家庭暴力法》实施，蓝天下启动万家无暴项目，在市委政法委、市妇联支持下，运用整体性治理理论、变革理论，整合职能部门职责，建立了多部门联动机制。

二、主要做法

（一）引入社会力量，增强服务能力

为解决家暴受害人求助难问题，蓝天下建议建立反家暴联动机制，将分散的职能部门予以整合。考虑到联动工作易受政府部门人事变动影响、政府部门缺乏心理服务人才等问题，建议将蓝天下纳入反家暴联席会，负责个案综合服务、信息收集与分析和联动维护。

以上建议被监利市委政法委、市妇女儿童工作委员会采纳，蓝天下 52 名心理、社工、法律专业志愿者因此融入治理体系。

在联动机制下，妇联、公安局、法院、民政等部门的反家暴职责明确。蓝天下社工和专业志愿者根据警情信息，不分节假日，主动给受害人打电话，进行心理、需求和安全评估，按需提供咨询指导、心理疏导、法律援助、资助和成长陪伴服务。联动以蓝天下为纽带，所有案例的干预均不需要开会，提高了效率。项目靠社会捐赠维持运营，节省了财政资金。

（二）首创预警系统，打破信息壁垒

此前，各部门对彼此间的信息互不知情。项目通过微信群，实现了妇联、公安和蓝天下家暴信息共享。110 接警台及时分享家暴警情，实现了国内首次家暴警情信息共享。

信息共享后，各机构间有了工作协同性。接警后，派出所民警立即出警，依法收集

证据,发现有家暴事实的,及时依法处置施暴者。社工接到警情信息后,逐一电话回访报警人,了解事情经过,倾听中与受害人共情,疏导其愤怒、委屈、恐惧等负面情绪。当受害人迷茫时,帮助整理思路,给出应对建议。发现受害人强烈恐惧或存在再次受暴现实危险的,帮其写申请书、收集证据材料,陪伴到法院申请人身安全保护令。

社工在服务中如发现职能部门存在不作为、不规范作为和受害人想自杀或报复等新发高危情形时,及时向相关部门通报,促进职能部门工作规范,排除事件升级风险。

信息共享后,受害人只需向其中一家求助,就可通过联动获得所需的综合服务。

(三)规范处置流程,提升了服务效率

2016年3月,《中华人民共和国反家庭暴力法》实施。6月,蓝天下警察志愿者为监利市公安局起草的《关于办理家暴案件工作规范》印发,明确处置流程,将处置方式从口头转变为书面。在项目推动下,监利市公安局实现了反家暴执法的警务改革,处置家暴警情的方式由原来的口头变成了书面。

在《行政处罚决定书》、《家庭暴力告诫书》大量应用后,对施暴者增强了法律威慑作用,起到了更好的预防效果。受害人只要报警,就能拿到法律文书,事后也能直接证明其曾被家暴的事实,受害人对公安机关的执法满意度明显提升。

2023年5月,国务院妇女儿童工作委员会组织全国妇联、公安部、民政部专程到监利调研反家暴工作,发现监利家暴警情已实现了全书面处置,家暴警情自2021年起逐年下降。

三、工作成效

(一)治理体系更加完善

市委政法委在市综治中心增设家调委窗口,万家无暴项目社工值班接待,将反家暴联动机制接入全市市级、乡镇综治网络。在联动中,妇联负责协调各职能部门,公安机关负责出警、调查取证、依法处置(告诫或处罚),法院按申请核发人身安全保护令,民政按申请提供庇护。蓝天下社工负责对所有求助人进行心理、需求和安全评估,按需匹配心理疏导、咨询指导、法律援助、资助和陪伴成长服务。

家暴受害人可灵活选择不同方式求助,可以在乡镇、市综治中心或蓝天下申请调解,也可打110报警。在婚姻家庭矛盾化解工作中,相关机构责任清晰、相互配合、不留死角,保障了所有个案处理的及时、依法、规范、专业和跟踪回访。社会专业力量的介入,补齐了职能部门的短板。

（二）治理能力全面提升

监利妇联用每年3万元资助带来了近400万元的社会资金投入社会治理。联合国妇女署中国办事处向湖北省妇联发函，建议推广万家无暴联动模式，2017年起，湖北省妇联在省内推广。项目负责人应邀到15省授课、分享170场，6次应邀在国际反性别暴力会议上讲述中国治理故事，11次在国内会议作分享。

监利市公安局在湖北率先规范反家暴执法流程，设计的《家庭暴力告诫书》模板被省公安厅借鉴，对家暴警情的书面化处置比例居全国领先位置。受监利培训效果影响，湖北省公安厅在国内率先将反家暴课程纳入新警必修课。2019年办理的赵某某虐待案成为中国裁判文书网上唯一一起"丈夫殴打妻子，妻子自杀后，丈夫被以虐待罪判刑"案例。

监利法院对家暴受害人申请的保护令核准率达100%。监利市民政局于2016年建立反家暴庇护所，在全省率先提供反家暴庇护。

（三）治理效果逐步显现

项目实施前，妇联年接访量超过100起。2010年发生的彭某某被家暴案因处置不规范，导致她连续多年进京上访，维稳费用超过50余万元。2016年，监利学习"枫桥经验"，引入社会力量，运用社会工作方法组织多部门专业治理家暴问题后，市妇联的年接访量降到个位数，未发生1起出监利上访案，完全实现了"矛盾不上交、平安不出事、服务不缺位"。

2010年至2019年，家暴引发的命案占全部命案的27%，经多年治理后，2020年仅发1起，2021年至2024年4月再未发生此类命案。

在项目倡导下，监利家暴受害人求助意识增强，家暴警情从2016年到2020年持续增长。在项目持续倡导和谐家庭建设、民警坚持规范处置和社工专业陪伴下，2021年起，家暴警情开始连续下降。

（四）破界出圈让项目早早被看见

反家暴是一项系统性工程，要根治家暴问题必须与国家发展情势同步，社会组织必须与党委、政府、学界、媒体等界别密切合作。在此观念下，项目组运用多项策略，与各界别建立链接，赢得了诸多支持。

项目实施第一年即获得了湖北省妇联资助。市、省妇联和全国妇联高度关注万家无暴项目，各级妇联领导都来调研过。项目负责人参与了县、市、省、部反家暴制度的起草工作，15省的妇联、社会组织邀请他前去授课、分享。

北京大学、北京师范大学、浙江师范大学、中华女子学院等多所大学的学者与蓝天下合作研究，10多个学术性会议邀请万家无暴项目负责人作分享。

项目组及时总结领域新发现和服务成果，为媒体提供新颖观点和素材，获得了各大央媒和全国性媒体的持续报道。除传播外，媒体还给了项目和志愿者较多肯定。万家无暴项目被凤凰网行动者联盟评为2018年度十大公益项目，项目负责人被新华社评为"中国网事·感动2019"季度人物、被凤凰网行动者联盟评为2023年度十大公益人物、被《公益时报》评为2020年度百名社工人物和2023年度中国公益人物。

（五）社会评价面广质高

受益于万家无暴项目的社会影响，蓝天下及万家无暴项目获得了中宣部、全国妇联、新华社、团中央和社会媒体授予的全国最美志愿者、全国三八红旗集体、全国最佳志愿服务项目等15个"国字号"荣誉。

四、经验与不足

（一）经验

回顾过去，在项目设计、组织建设、品牌打造方面，有以下经验。

1. 理论指导，从局部运作转向系统改变

以前对婚姻家庭矛盾的处理方式是当事人找哪里，由哪里办理，其他部门不参与。在整体性治理理论指导下，项目用联动机制将碎片化的政府资源整合到一起，并吸纳社会力量参与矛盾化解。市政法委牵头，妇联、公安、法院、民政、社会组织积极响应，依法履职，将各方优势聚合，让工作更具活力、更专业、更有效。

在变革理论指导下，项目注重区域内的系统改变。通过传播引导公众观念从"家暴是家务事"到"家暴是法律事务"的转变，鼓励受害人求助，避免矛盾积小成大，最终民转刑。培训一线民警、妇联干部，规范处置流程，提升工作水平。监测各种处置方式的效果，研究成果被《法治参考》、《公安内参》刊发。项目负责人参与湖北、河北省反家暴地方性法规制定，协助法律政策的完善，应邀参加公安部告诫制度研讨会，促成将"以书面告诫为原则"写入了制度草案。项目推动了从监利到荆州再到湖北的反家暴生态的改善。

2. 技术助力，从习惯治标到标本兼治

项目运用心理、法律、社工、发展等多学科知识，设计干预方案，对受害人、加害人进行针对性干预。应用世卫组织问题管理家（PM+）技术、家庭咨询和NLP技术，促进当事人自我觉察，学习非暴力沟通和情绪管理技巧，从源头上减少负面情绪的滋生，消除矛盾诱发的根源。对违法犯罪行为依法惩处，监利市公安局大量使用行政拘留，对施暴者去权，逼迫施暴者改变行为模式。

项目服务的 4500 多起婚姻家庭纠纷，无 1 起升级，无 1 起涉访涉诉，绝大多数受损关系得到修复。

3. 传播壮势，从本地覆盖到服务多省

项目借助新媒体传播技术做公众倡导，在新华网开公益小课堂，在央视新闻、百度、搜狐演播厅直播，在 CC 讲坛、中国慈善展览会等平台演讲，接受央视、新华网、《中国妇女报》《南方周末》《新京报》、凤凰网等 15 家全国性媒体采访，着力营造反家暴氛围，引导人们有效求助。项目负责人在百家号、腾讯新闻账号写倡导文章，阅读量超过了 7 亿。

大流量传播让公众的求助意识明显增强，公众对家暴议题的关注度显著提升。2016—2018 年，监利的家暴求助量增加了 3 倍。几年来，各大网络平台的家暴报道从少见到每周多起。

传播也让万家无暴项目被看见。2020 年起，项目接受外地受害人求助，截至 2024年 3 月，项目已直接服务 28 省受害人。湖北省、内蒙古自治区、江苏省等 20 多地复制了万家无暴项目。

4. 立足本地，从草台班子到专业团队

蓝天下最初的会员全是公益"小白"，不懂有效服务和项目管理，更不懂传播与品牌建设，也没钱雇请外地专业人才。协会定下在地培养的方针，把持续学习作为机构文化的最前端要素，每年列入学习预算，支持会员外出受训。8 年来，21 人通过了心理咨询师职业资格考试，7 人通过社会工作师职业资格考试，2 人通过了法律职业资格考试，1 人获得 4 项奖学金，到深圳国际公益学院、广州公益慈善书院接受了公益慈善的系统教育。

通过学习，志愿者兼具了服务、筹款、传播、关系维护技能。团队具备了技术输出能力，应邀到 15 省授课、分享。所有全职和专业志愿者都在县城生活，保障了团队和服务的稳定。

（二）问题

综合监利市的联动实践和外地复制情况看，多部门联动还存在以下问题。

1. 联动机制易受冲击

联动的主体主要是政府职能部门，部门主要领导和分管机构负责人变动后，工作易受冲击。这需要机制中起枢纽作用的机构随时了解相关动态并及时跟进维护。

2. 社会组织面临较大挑战

社会组织想要在治理体系中发挥枢纽作用，其负责人要懂体制内思维和语言、懂法律政策。联动出了问题，要能快速找到症结所在，用沟通策略而不是"权力"来快速处理。没有政府购买时,还要为机构筹到必要的款项。这对社会组织提出了较大挑战。

五、主要启示

(一)"小项目"能促成大改变

万家无暴只是小机构实施的小项目,但靶标是推动系统改变。本项目从县到省推动了反家暴制度的完善、一线工作者的能力提升,靠专业陪伴助当事人成长,借媒体传播促进了公众观念转变,产生了治理上的蝴蝶效应。

(二)"多技能"可释放强效能

社工如果在掌握社会工作方法基础上还具备较高水平的传播、沟通、写作、筹款、品牌建设等综合技能,那可能会为机构连接到必要的各类资源,赢得党委政府的更大信任,为社会治理发挥更深层的作用。

(案例报送单位:监利市蓝天下妇女儿童维权协会)

广东省佛山市：
社区精神康复服务模式下的
残疾人社会工作行动研究

📝【专家点评】

精神障碍在当前压力较大的现代生活中频发，可能与每个人都有关。本项目关注精神障碍群体，围绕该问题展开社工服务和救治工作，对保障精神障碍患者的生活权益、提升其生活质量具有重要性。

本案例的独特性在于对精神障碍患者的关心不停留在患者本身，而是秉持"患方"的大概念，关注到患者家属的照顾压力和情感需要，追求患方全面性的正常化。

本案例注重实效性，充分发掘不同主体的行动潜力和优势，一方面建立"社工+精防医生+社区干部+监护人"的四位一体管理服务团队，另一方面建立"街道—卫生站—社区—家庭"的多层级监管体系，为精神障碍患者打造全方位、立体式的监管、照护与保障环境，有助于调动多方面的资源和力量，形成更强的合作网络，避免该设想流于形式而缺少现实行动力。

本案例的创新性就在于其以系统为本的操作流程，形成了一个为精神障碍患者打造的支持平台，其中有多方行动者共同参与。

该案例一定程度上与日本等国际先进的社工理念相一致，即拆解工作、注重细节、多方参与、身心共治等，同时选择的对象是一个大量存在但并不受关注、缺少话语权和社会显示度的群体，因而是一个兼具理论性、实践性和现实性的案例，具有较高的示范价值。

社区是我国基层治理的主要组织形式，本案例大量依托社区的力量，整合多元主体的资源和优势，在我国具有大量可供实践的现实土壤，是具有本土特色的一次尝试，因而具有较强的推广性。

点评人：王天夫　清华大学社会科学学院教授、院长

一、背　景

广东省佛山市通过政府采购服务的方式,委托第三方专业机构承接运营,围绕精神障碍患者的服务主题,成立社区精神康复社工项目。项目建立"社工+精防医生+社区干部+监护人"四位一体的精神障碍患者网格化管理服务团队,构建"街道—卫生站—社区—家庭"多层级的精神障碍患者监督管理体系,从而降低患者的肇事肇祸率,落实对严重精神障碍患者救治救助的相关工作。佛山市南海区安和社会工作服务中心(下称安和社工)自 2015 年起,先后承接社区精神康复项目 5 个:南海区桂城街道、大沥镇、狮山镇官窑片区和罗村片区社区、禅城区社区精神康复项目。至2024 年已有 10 年服务经验,并一直总结探索社区精神康复服务模式。

二、主要做法

(一)残疾人服务需求评估与行动规划

1. 需求分析

项目每年初都会通过问卷调查、服务对象访谈、家访进行家属访谈、购买方访谈等需求调研方式,收集服务意向,并总结上一年的服务情况,综合性、阶段性进行需求分析,评估精神服务对象及家属的需求,以需求为导向,制定当年的项目服务方案。根据需求调研,评估 5 个地区的社区精神服务对象及家属的基本需求。

(1)服药指导和监督的需求

按时按量服药对于精神服务对象病情稳定具有积极且重要的作用,每年需求调研分析,约有三分之一的服务对象间断服药或自行停药,需要提高服药依从性,须有他人提醒或监督服药,改变其自行停药的情况。

(2)提升精神康复认知的需求

在随访中了解到很多服务对象或家属不按医嘱用药,对服药的作用存疑,或认为药物没用,或认为自己已经康复了,不需要服药,或认为只需要服药 3 年等,病识感普遍较低。

(3)降低服务对象家庭照顾压力的需求

家属照顾服务对象 6—10 年的家庭约有 10%,10 年以上的家庭超过 50%。照顾者长期照顾服务对象,在经济、身体、精神等方面压力较大,且在照顾服务对象的过程中,往往变成是某一个家属的责任,或不被他人理解,这更让该家属的压力倍增。

（4）提升社会功能的需求

服务对象病情非常不稳定,所以很难就业,在找工作过程中也会遇到各种歧视。而且因为药物副作用变得懒散,自理能力退化,加上没有工作能力或者没有工作机会而长期待在家中,逐渐变得不愿意出门、不愿与外界接触。

2. 行动规划

（1）行动目标

建立和完善"社工+精防医生+社区干部+监护人"四位一体的精神服务对象管理跟踪服务体系,提高精神障碍患者网格化管理服务运作机制;通过优势个案管理,提升个人融合与人际融合。构建服务对象的家庭支持网络与社区支持网络,增强社会功能;增加社区互助,推动社区共融,促进服务对象的社区化、正常化与社会融合。

（2）行动策略

一是以"正常化+社区化"的社会融合为成效导向进行康复。

二是以优势个案管理发展生态系统,协调社会融合。

三是构建"开心大本营"社会支持平台,促进社会交往与社会融合。

（二）服务内容

1. 网格化管理跟踪服务体系建设

完善"社工+精防医生+社区+监护人"四位一体的精神障碍患者网格化管理服务运作机制,以每月精防日为介入点,有效确保精神服务对象按时按量服药,促进其稳定康复。具体内容为:制度建设;社区联动;精防日服务;协助精防中心评估;监护补贴跟进服务。

2. 个案管理

通过全面入户探访服务,对服务对象现状进行评估及跟进,发掘有需要的服务对象及家属并提供辅导服务,提高服务对象在社区康复的质量,使服务对象过上有意义的康复生活。具体内容为:随访跟踪;重点个案管理;高风险患者跟进;就业帮扶。

3. 家庭支持

建立家属支持小组、互助小组,扩大服务对象及其家属的社交圈子,提高社会支持度;家属照护技能提升服务:为服务对象家属提供精神疾病知识分享、照护技巧培训等技能提升培训,提升家属的照护能力。具体内容为:家属支援;建立家属互助体系。

4. 政策宣传社区公众教育

开展政策宣讲工作,如办理残疾证、重度残疾护理补贴申请、监护人补贴申请、药费减免、住院减免等优惠政策的知识普及、办理程序的宣传等。透过多元化的社区公众教育活动,倡导社区正确认识精神障碍服务对象群体,提高社会大众对精神疾病的认识,减少对服务对象的歧视，营造良好的社区精神康复氛围。具体内容为政策宣传与公众教育。

5. 建立社会支持

建立"开心大本营"社交平台，开展文娱康乐活动，享用社区资源，提升对社区的熟知度。建立"心晴"资源库，链接企业商家、社会热心人士的资源，搭建精神康复服务资源网络。具体内容为：社会参与及社区活动；整合资源，搭建社区支持网络。

（三）行动实施过程

1. 以"正常化+社区化"的社会融合（见图1）为成效导向进行康复

（1）个人融合

通过心理咨询、情绪疏导、压力调适等，促进服务对象的身心健康。引导服务对象学习沟通表达技巧、生活技能、社交技能等，促进其自信心与自尊心的提升，自理能力与社会适应能力的提升。

（2）人际融合

引导服务对象开展社交技能训练、家庭康复训练，提供家庭关系调适支持与家属照顾技巧指导，在社区开展心理健康知识普及公众教育与倡导，促进服务对象的社交，被家庭、工作单位、社区接纳与支持，有正常的社区互动。

（3）社会融合

开展社会实践活动，引导服务对象的社区参与，形成正常的社会生活。通过政策宣传，让服务对象行使自己的合法权益。引导服务对象参与就业实践，扮演社会角色，承担社会责任；参与志愿服务，实现个人价值与社会价值。

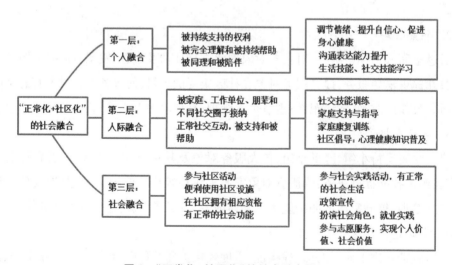

图1 "正常化+社区化"的社会融合图示

2. 以优势个案管理(见图2)发展生态系统,协调社会融合

(1)四位一体的康复管理团队

建立"社工+精防医生+社区干部+监护人"四位一体的社区精神康复管理服务团队,构建"街道—卫生站—社区—家庭"多层级的监督管理体系,对服务对象进行康复跟踪管理、定期问诊咨询与诊治指导、社区生活帮助与支持、服药监管的系统康复救助。管理团队加强信息互通和数据共享,为服务对象创造良好的社区康复环境,使服务对象得到有效的帮扶。

(2)发展服务对象的资源网络

发掘服务对象的自身内在资源,如知识、能力、特长、兴趣爱好等。帮助其整合及运用身边的正式资源与非正式资源,发展自身能力,提升自信心与效能感,促进与生活环境的融合,改善生活质量。

(3)资源联动构建社会支持

街道残联通过购买社工服务、提供政策与经费支持对服务对象实施救助。社工作为服务提供者与优势个案管理的资源中介管理者,整合服务对象的资源网络协助其改善生活质量。社工引导精防医生提供病情防控管理、心理健康教育与知识普及支持;社区干部提供社区支持、资源协调、联络沟通支持;家庭提供家庭支持、日常监督、协助家庭训练;朋辈群体提供互助支持、协同康复;志愿者提供人际互动、社会支持、爱心帮助。

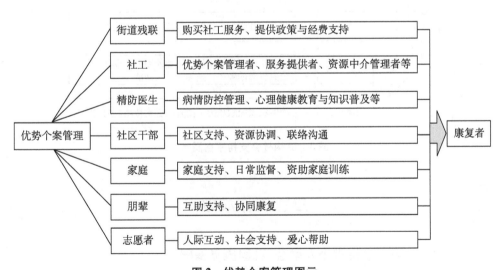

图2　优势个案管理图示

3. 建构"开心大本营"社会支持平台(见图3),促进社会融合

(1)引导朋辈互动

建立线上、线下的沟通互动交流平台,促进服务对象朋辈间的相互认识,拓展交友

群、认识新朋友,形成人际交往,增强社会功能。

(2)开展文娱康乐

开展社交活动、节日活动、家庭互动活动等多元化文娱康乐活动,引导服务对象走出家门、走向社会,丰富其精神生活,改善生活质量。

(3)做好能力建设

引导服务对象培养兴趣爱好,发展自身特长,学习生活技能、社会生产技能,提升自理能力与活动能力,增强自信心与自信心。

(4)组织社会实践

组织社会实践活动,引导服务对象参与正常的社会生活,增加使用公共设施、公共资源的频率,发挥其社会功能。

(5)家属喘息支持

为家属提供喘息支持服务,组织家属座谈分享会,学习服务对象照顾技巧与家庭康复训练技巧,缓解照顾压力,提升家庭支持功能。

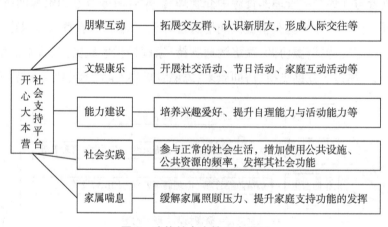

图3　建构社会支持平台图示

三、工作成效

(一)发展生态系统促进个人融合,巩固康复基础

通过整合运用服务对象的内部资源与外部资源,联动精防医生、家庭、社区、朋辈群体、志愿者等支持,引导服务对象通过学习掌握沟通表达技巧、生活技能、社交技能等,提升自信心与自尊心,提升自理能力与社会适应能力,形成和巩固康复的基础。

（二）建构社会支持平台促进人际融合，提升康复支持

通过"开心大本营"开展系列活动，为服务对象建构社会支持的平台。服务对象能够被家庭、工作单位、社区接纳与支持，提升社交能力，有了良好的社会互动。服务对象能够增加出现社区的频率，增加社交活动，参与正常的社区活动，逐渐提升康复的社会支持。

（三）多元社会实践促进社会融合，增强康复的社会友好度

通过组织服务对象参与多元化的社会实践，引导服务对象走出家门、走向社会，丰富其精神生活，改善生活质量。引导服务对象的社区参与，形成正常的社会生活。服务对象能够逐渐正常地融入社会，社会逐渐增加对服务对象的接纳，增强其康复的社会友好度。

（四）社会影响力逐渐提高：社区逐渐营造残疾人精神康复环境

在四位一体的康复管理团队及"街道—卫生站—社区—家庭"多层级的监督管理体系基础上，优势个案管理模式发挥社工资源整合的优势，为服务对象发展生态系统融入生活环境、改善生活质量。在优势个案管理模式发展的影响下，越来越多的社会志愿者加入社区精神康复救助的行列，并成立精康志愿服务队。志愿服务队也在逐渐影响爱心企业、事业单位、社会组织的参与，为服务对象提供社会实践、就业实践的支持，为残疾人营造社区精神康复的环境。

（五）服务模式可持续发展："正常化+社区化"是康复根本

服务对象通过促进个人融合、人际融合、社会融合，能够"正常化"地生活。他们能够和正常人一样，正常使用社会设施与社会资源，正常行使自己的合法权益，正常参与社会生活。服务对象能够与社区产生交集，能够走出家门，增加出现在社区的频率，与他人进行互动，形成社交关系。他们不是隔离在社区之外，而是生活在社区之中，能够实现"社区化"。

四、工作经验

（一）"支持系统为本·优势个案管理"社区精神康复模式的探索

整合生态系统资源促进个人权利层面的融合，个人融合的能力提升促进社区康复。社交平台形成社会支持网络促进人际层面的融合，人际融合的社会关系形成社区康复的重要社会支持。社会参与促进社会层面的融合，融入社会，营造社会友好氛围，促进社会化。社区资源的联动运用为社区康复建立基础，社区支持网络的搭建促进社区康复。

（二）职业化专业化实践：建立行动研究团队

一线社工与专业督导一起组成协同行动研究团队，一起参与服务的设计，形成行动计划、执行服务，经历行动过程。以社区精神康复日运营管理经验，总结、探索服务模式，以及发现问题、改善服务规划、提升服务质量与服务成效，在项目总结中推进社会工作研究。

五、几点启示

（一）回归社会、融入社会是康复根本

服务对象通过促进个人融合、人际融合、社会融合，能够"正常化"地生活。他们能够和正常人一样，享有与正常人一样的权利、机会及发展空间。不应该和普通社区隔离，只有能够正常使用社会设施与社会资源，正常行使自己的合法权益，正常参与社会生活，才能够回归和融入社会。

服务对象能够与社区产生交集，能够走出家门，增加出现在社区的频率，与社区他人进行互动，形成社交关系。加强服务对象对生活环境的了解和体验，运用社区本身具有的资源，让服务对象与普通居民一起生活。服务对象不能隔离在社区之外，而是生活在社区之中，实现"社区化"，才能更好地实现社会融合。

（二）社会支持与社会化是社区精神康复的基础

社会融合是服务对象在社区的统合与参与，在社区扮演的角色，以及所得到的社会支持。参与社区活动、与身边他人有互动、从所居住的社区人士得到的支持；在社区扮演一个角色并承担责任。在开展社区精神康复介入时，尽量在社会环境中进行，加强服务对象对生活环境的了解和体验；尽量地运用社区本身具有的资源，让精神康复服务对象与普通居民一起生活。通过引导社区参与、社会体验、资源链接等，增加服务对象的正常化和社区化体验，促进服务对象的社会融合。

（案例报送单位：佛山市南海区安和社会工作服务中心）

河北省肃宁县：
以"5341"工作法推进信访工作法治化

【专家点评】

信访工作是党和政府的一项重要工作，是构建社会主义和谐社会的基础性工作。中国特色的信访制度具有畅通民众权益表达、化解社会纠纷、监督权力滥用、推进国家治理体系和治理能力现代化的重要功能。2023 年 3 月，新组建的中央社会工作部负责统筹指导人民信访工作，这是新形势下进一步加强党中央对社会工作和信访工作的集中统一领导，更好地把党的领导政治优势和社会主义制度优势转化为社会治理效能的战略举措。

深入推进信访工作法治化，是党中央对加强和改进人民信访工作作出的重要决策部署。在此背景下，河北肃宁县报送的案例不仅贯彻落实了党中央对信访工作重要指示和决策部署，而且有效预防和化解了社会矛盾、提升了政府公信力和人民的满意度。

肃宁县创新构建"5341"工作法推进信访工作法治化发展。工作法以"五个法治化"为引领，搭建"三级诊疗"载体，结合"四个革命"的保障措施，全面优化信访生态，取得显著的实效。全县信访形势保持了稳中求进的良好态势，进京访批次人次大幅下降。这表明，该工作法在解决实际问题、提高信访工作效率方面具有实效性。肃宁县的信访工作法治化模式具有很好的示范效应，尤其是在整合资源、优化流程、提高效能方面的成功实践，具有较好的推广价值。对于推动信访工作法治化和社会治理现代化具有借鉴价值。

点评人：周群英　北京师范大学社会学院副教授

一、背　景

党的十八大以来，习近平总书记时刻把人民群众的安危冷暖放在心上，对信访工作作出一系列重要指示，作出顶层设计。

肃宁县位于河北省中部，隶属于沧州市，地处京、津、石大三角和沧、保、衡小三角中心位置，面积516平方公里，常住人口35万，辖9个乡镇，11个社区，254个行政村，耕地面积56.2万亩，是华北地区重要的粮食、蔬菜、果品生产区，属于传统农业大县。近年来，随着肃宁当地人民生活水平提高以及社会各领域的快速进步，矛盾纠纷呈现出多样性、复杂性，邻里纠纷、土地矛盾、劳务纠纷问题不断显现，涉法涉诉案件也持续增加，信访事件逐渐频繁。面对群众"信上不信下"、"信访不信法"的越级上访，依赖本级劝阻和打击处理，治标不治本，维稳成本较高，且难以从根本上解决问题；面对需要多部门协调配合的信访问题时，推诿扯皮、敷衍了事时有发生，群众"信访有门、解决无路"；面对历史遗留的"钉子案"、"骨头案"等"疑难杂症"，处理起来堵点、难点较多，且信访终结程序不健全，导致案件长时间未得到有效化解。加之肃宁地理位置北接京畿，比之全国其他地区，进京上访形势更加严峻。针对这些情况，肃宁不断探索，形成了切实可行的社会治理新路径。

2010年5月肃宁县在全国率先探索推行"四个覆盖"农村社会管理模式，夯实了社会治理体系的农村基础。2017年肃宁县在乡镇一级推行"一乡一庭"，创建了乡镇诉前调解的工作模式。2020年7月在全省率先建成正科级事业单位社会治理综合服务中心，在此基础之上，2021年整合县社会治理综合服务中心、乡镇诉调对接中心、村级诉前调解室，建立信访矛盾逐级排查过滤、同向发力、分层化解、贯通联动的"三级诊疗"社会治理体系。为了从根源上规范信访问题，自2021年开始，肃宁县在解决具体信访问题的过程中总结经验、创新做法，提出了以县乡村"三级诊疗"社会治理体系为载体，推进信访工作法治化的"5341"新思路，肃宁县的信访工作法治化思路和做法得到社会各界高度肯定，2023年被国家信访局确定为14个全国深入推进信访工作法治化试点县之一。

二、工作做法

肃宁县经过探索确定了"5341"工作思路，即以"五个法治化"为引领，"三级诊疗"为载体，"四个革命"为保障，全面优化"信访生态"为目标，推动信访工作法治化走深走实，打造新时代社会治理法治篇章。

（一）坚持以"五个法治化"为引领，打造信访工作新格局

1. 推进预防法治化

严格落实"惠民生、控风险、早化解、固基础"的工作要求，从根本上预防和减少信访问题。在惠民生方面，全面落实落细各项民生政策，统筹用好预算资金、政府债券资金等各方资金，实施24项民生实事，民生支出占到全部财政支出的80%以上，全力保障和改善民生。在控风险方面，做决策、上项目前充分进行社会稳定风险评估，严格落实"三重一大"决策制度，以县委常委会、县政府常务会、经济发展集中办公会等重要会议为载体，做到科学决策、民主决策、依法决策，防止在决策、审批等前端环节因工作不当产生社会矛盾。在早化解方面，房地产、拖欠工资等重点领域问题的办理过程中，主动让群众参与进来，及时了解办理情况，努力把问题解决在初始阶段、把矛盾化解在当地。在固基础方面，推动各类资源和力量下沉到基层一线，县信访工作"五人小组"领导下乡会诊12次，推动解决矛盾纠纷280余件。

2. 推进受理法治化

研发"指尖上的幸福"App，开通"8937201"服务热线，并全部整合至万事通办"网上枫桥"平台，将社会治理"大事小情"全部纳入，全面畅通群众诉求表达、利益协调、权益保障通道，万事通办平台自运行以来，受理群众诉求3081件，办结2855件，群众满意率长期保持在98%以上。建立首接负责制，确保每件信访事项有人管、及时办，有效解决部门之间"踢皮球"问题。严格落实"三个不予受理"工作要求，同时做好诉访分办、访纪分办、依法分流，不断提高群众诉求案件受理的及时性和转派交办的精准性。

3. 推进办理法治化

严格落实《信访工作条例》要求，结合实际制定《肃宁县信访事项工作规范》、《肃宁县矛盾纠纷化解手册》、《"三级诊疗"矛盾纠纷化解体系工作流程图》等制度机制，对人员、职责、流程、时限和要求进行详细明确，确保各类信访案件及时有效办理。建立吹哨报到机制，有效破除部门间壁垒，推动乡镇部门之间协调配合更加顺畅，该项措施自实行以来牵头单位吹哨104次，推动化解信访案件61件；在县群众工作中心建立公共法律服务区，整合公检法司力量并创新引入第三方律师团队，实现诉访事项的"无缝式"衔接，2021年实行以来，成功导入诉讼案件60件。

4. 推进监督追责法治化

坚持把明责、尽责、追责贯穿信访工作各环节全过程。依托"指尖上的幸福"App，将查询、跟踪、评价等功能进行整合，信访人随时可查，做到案件进展情况公开透明，同时建立质询机制，让信访人在案件办理过程中有话能说、有疑能解、有事能办，截至目前

已开展质询23次，解信访人质疑31个；建立评查机制，实行"微创疗法"，全面查找信访事项发生、受理、办理各环节存在的问题，通过处理一个事解决一类问题，用"小切口"做好"大文章"，2023年9月至2024年4月，已评查13次，整改干部问题29项，优化行业规定1项、部门机制3项。

5. 推进维护秩序法治化

针对"事结案不了"问题，强化听证制度，建立"特别终结制"，确保办成"铁案"，遏制"以访施压"，减轻基层负担，2021年至2024年4月已开展听证4次，终结10年以上积案2件、3年以上积案1件；建立服务保障制度，对办结案件继续做好职能、责任、情感"三个延伸"，让信访人"事心双解"，2023年至2024年4月累计信访救助9人、司法救助13件，资金合计42万元。有效做到保护合法、杜绝非法。制定《关于处置信访活动中违法犯罪行为实施办法》，严格依法处置非访行为，2023年以来行政处罚22人，刑事处罚4人。

（二）坚持以"三级诊疗"为载体，构建社会治理新体系

通过村级巡诊、乡级接诊、县级会诊，将"三级诊疗"融入信访工作法治化轨道，实现"县、乡、村"联动，推进"情、理、法"融合，为群众"疗伤"，为干部"治病"，积极探索信访工作法治化新模式。

1. 村级"上门"巡诊，用好"土方药"

坚持主动发现，突出"法"与"情"的融合，打造排查化解矛盾纠纷的"村卫生室"。肃宁县以红白理事会成员、农村致富能手等"农村乡贤"为基础组建村网格员队伍，同步建立网格党组织体系，通过拉家常、唠闲嗑等方式，及时广泛捕捉各种矛盾纠纷信息，利用乡亲乡情、人熟地熟的优势，及时有效化解各类纠纷。进一步修订完善《村级网格员和微网格员管理考核办法》和村规民约，充分运用"三会一课"、"四议两公开"等务实管用的规章制度，约束党员干部履职尽责、群众遵法守法，自2023年以来村级"巡诊"发现矛盾纠纷案件1557件，调解成功1525件，调解成功率98%。

2. 乡级"开门"接诊，备好"处方药"

坚持来者不拒，突出"法"与"理"的融合，打造化解矛盾纠纷的"乡镇卫生院"。对于较复杂案件，由村级向上转交，乡镇负责进行更为精准的研判，协调各方资源，对信访问题开具更有针对性的"处方药"，为信访人提供更加专业的释法明理，让信访人充分预判不同处理方式的成本后果，主动息诉罢访。建立"一轴八员"、"一镇三官一律"、"吹哨报到"等工作机制，乡镇可有效协调司法、律师等各方力量参与化解工作，对于无法化解矛盾纠纷，由乡镇上报县社会治理综合服务中心，并携带案卷陪同调解，2023年以来乡镇部门"接诊"矛盾纠纷1272件，引导诉讼406件，调解成功699件，结案率 87%。

3. 县级"专门"会诊,开好"复方药"

坚持高效统筹,突出"法"与"法"的统一,打造化解"疑难杂症"的"三甲医院"。肃宁县成立由县委副书记、政法委书记、常委办公室主任、统战部部长和公安局局长组成的信访工作"五人小组",对全县信访案件处置负总责,每周召开信访稳定集中办公会议研究解决"疑难杂症",并坚持下沉乡镇,开展"带案会诊",为基层"把脉支招",截至2024 年 4 月,累计召开信访稳定集中办公会 53 次,推动化解信访积案 46 个;注重发挥退休老法官、老公安、老业务骨干和第三方律师团队的优势,及时为群众调解矛盾纠纷,调解不成功的,引导当事人到法院诉讼,2023 年至 2024 年 4 月县级"会诊"矛盾纠纷案件 508 件,调解成功 400 件,引导诉讼 75 件,结案率 93%。

(三)坚持以"四个革命"为保障,提升法治建设新风貌

2023 年 8 月,肃宁县坚持实事求是原则,突出问题导向,对 2019 年以来的 926 件信访案件进行了全面梳理分析,揭开表象探寻深层次问题,发现导致信访问题未及时有效化解的原因呈现"721"的结构,即约 70% 是干部队伍自身问题,其中 10% 是组织体系问题,25% 是工作作风问题,25% 是干部能力问题,10% 是体制机制问题;约 20% 是信访案件较复杂彻底解决需要时间;约 10% 是信访当事人诉求不合理。基于此肃宁县在实践中深入开展了四项"自我革命",着力推动解决信访工作中存在的根源问题。

1. 深入开展组织革命

村级整合精简"网格员"队伍,规范工作职责,建立健全网格党组织体系,把党的政治优势、组织优势、密切联系群众优势转化为基层治理效能。乡级整合分管信访、调解、政法工作领导,实现"一肩挑"。推动乡镇综治中心、诉前调解中心、群众工作站等基层治理力量集中办公,最大程度凝聚工作合力。县级依托县社会治理综合服务中心打造"一中心五平台",将信访局与社会治理综合服务中心、司法局集中办公,信访案件较多的县直部门业务科室全员入驻,乡镇和公检法等派员入驻,推动信访问题实现"一站式解决"。

2. 深入开展作风革命

进一步完善细化县乡村三级信访工作流程、考核方案,切实压实各级干部责任。将信访工作纳入对乡镇党委书记、部门一把手和村支部书记考核的重要内容,充分发挥考核"指挥棒"作用。以评查、监督、质询等各项监督机制为抓手,发现问题坚决查处整改到位,全力纠治各类不正之风。将信访工作法治化纳入县委专项巡察,用巡察利剑斩断顽瘴痼疾。实行优秀年轻干部挂职锻炼制度,90 后新提拔年轻干部轮流到信访局挂职锻炼 3 个月,为信访队伍增添新活力。

3. 深入开展能力革命

将信访工作法治化建设作为"时代动车"培训工程的重要内容,把信访案件办理、矛盾纠纷调解等各项工作纳入教育培训计划。组织开展乡镇综合执法队伍专项赋能培训班,各乡镇长、分管副职、执法队队员以及自规局分管执法工作的副职和业务骨干共100余人参加培训,采用"互动体验+骨干授课+目标亮剑"等形式,推动各乡镇执法队伍转作风、提能力、勇担当、善作为。

4. 深入开展制度革命

系统梳理现行信访法治化相关规章制度,共梳理汇总制度82项,完善制度32项,形成了一套对干部群众"双向规范"的完善制度体系,通过信息化、智慧化管理,实现全县范围内共享共用。由纪委、司法局、检察院、法院等部门深度参与,成立监督、质询、评查、听证、复查复核、终结"六个委员会",创建评查、质询、监督、听证、特别终结、吹哨报到、首接负责等10项机制,全面保障各项规章制度落地落实。

(四)坚持以群众满意为目标,优化信访工作新生态

肃宁县始终把构建让群众满意的信访生态作为信访工作追求的目标,把发展好、实现好、维护好人民群众的根本利益放在首位。构建系统协调、互相促进、共同发展的良好信访生态,需要群众法治意识、文明程度、社会环境的全方位提升,这项工作旨在固本培元、强筋壮骨。在有效发挥"三级诊疗"社会治理体系中西医结合、标本兼治作用的同时,肃宁县积极做好普法宣传,并深入开展"举手之劳 善行肃宁"、"肃宁好人"等丰富多彩的主题文明实践活动,在全社会营造办事依法、遇事找法、解决问题用法、化解矛盾靠法的良好氛围,全面提升社会文明程度,全面优化信访生态。

三、工作成效

"信访是送上门来的群众工作"。推进信访工作法治化,是经习近平总书记批准、2023年中央依法治国委确定的年度5项重点工作之一,是信访工作的一场深刻革命。肃宁县持续深化思想认识,系统构建"5341"工作路径,社会治理体系和治理能力现代化水平显著提升,为加快实现高质量发展打下坚实基础。

第一,优化组织架构,提升了社会治理整体效能。进一步优化整合县、乡、村人员、职责、岗位。村级整合精简"网格员"队伍,提高工作积极性,截至2024年4月村级网格员由3414人大幅缩减至1658人,每月补贴提高900余元。乡级推进乡镇政法委员专职化、专业化;9个乡镇综治中心全部实现"一站式"服务,最大程度凝聚工作合力。县级规范"一中心五平台"运行机制,完善服务流程,横向穿透部门梗阻,纵向贯通县乡

村直至治理末梢,"小事格内解决、大事全网联动"。

第二,强化信息支撑,促进了以智辅治。创新建立万事通办平台,将"指尖上的幸福"App、"8937201"服务热线以及"12345"政务服务热线整合,积极拓展信息化技术与化解矛盾纠纷的深度融合,一个平台通办,做到第一时间接待,第一时间解决,预防一般矛盾纠纷演变成信访问题。

第三,坚持法治护航,实现了信访化解抓源治本。规范高效的法治化工作方式,推动全县信访形势保持了稳中求进的良好态势,促进了基层社会的长治久安。2023年,全县进京访批次人次与2019年同期数据相比,分别下降了50%和56.4%,2023年9—12月底连续4个月保持"零"进京访态势。截至2024年4月底,全县进京访批次人次较去年同期下降了80%和87.1%,全市排名长期保持前三名。2023年以来,县乡村三级化解矛盾纠纷累计2624件,基层社会治理成效愈发明显。

第四,健全制度机制,保障了工作常态长效。建立质询制度,群众可随时对信访全过程提出质询申请,及时回复群众关心的问题,倒逼责任落实;建立评查制度,深入查找信访案件处置全过程存在的问题,形成评查建议和问题清单,进行问题整改、责任追究,充分运用好三项建议权;建立服务保障制度,对已结案问题继续做好职能、责任、情感"三个延伸",让信访人"事结心了";制定了维护信访秩序的"两清单一公告",对于案件终结后,信访人仍缠访、闹访的,依法进行处置。

四、经验与启示

肃宁县通过县委统一领导、政府组织落实、信访工作联席会议协调、信访部门推动、各方齐抓共管,推动"三级诊疗"社会治理模式在信访工作法治化过程中取得了显著成效,其中有几点经验启示值得总结借鉴。

第一,坚持源头治理、系统治理。加强社会治理创新,就要遵循社会发展规律,注重抓早抓小,将治理向前端发力,将力量向一线下沉,综合运用党建引领优势、法治保障优势、科技支撑优势,实现"见之于未萌,识之于未发,治之于未乱"。从基层实际出发,从本地实情通盘考虑,本着"务实、管用、固本、强基"的原则,对人员、部门、机构等多方力量进行全面整合,发挥社会治理整体效能,才能从源头上加以管控,在集成上求得突破。

第二,坚持改革创新、与时俱进。创新是社会发展的不竭动力,是推进改革的力量源泉。任何工作要想取得优异成绩,就要想方设法创新不同以往、异于他域的工作模式,作为社会治理工作,同样也不例外。在信访工作法治化的探索中,要坚持守正创新,敢于摸着石头过河,不断创新制度机制、优化工作流程、完善方式手段,才能为高质量开展各项工作提供不竭动力。

第三，坚持由内而外、标本兼治。造成信访工作被动的原因是没有找准发力点，在外因上费精力多，在内因上下功夫少，切入点就是深入开展自我革命，全面优化干部作风、提升工作能力，推动干部做到履职尽责，才能推动社会治理工作干出新特色，抓出新成效。

第四，坚持严格司法、公正为民。公平正义是法治的生命线，更是人民群众心中的期盼，在推进社会治理的工作中，必须强化"以人民为中心"的发展思想，采取一切措施，听民声、解民忧、纾民困，切实解决群众的操心事、揪心事、烦心事，要严格执法，公正司法，不断提升人民群众的存在感、幸福感和安全感。

第五，坚持先疏后堵、疏堵结合。群众选择信访途径解决问题，就像在公园绿地上踩踏出抄近的小路。信访工作中应当充分尊重和保护人民群众的信访权利，让群众充分反映意愿和诉求，只要不违规违法，什么路径方便就走什么路径，让群众方便痛快，需要做的就是通过法治化，将信访这条路修好。

（案例报送单位：中共肃宁县委）

山东省济南市：
新旧动能转换起步区社工人才队伍建设

【专家点评】

习近平总书记强调，"基层社会治理成效如何，基层干部是决定性因素。要统筹考虑基层干部队伍建设，逐步建立一支素质优良的专业化社区工作者队伍。"[①]2024年中办、国办印发《关于加强社区工作者队伍建设的意见》强调用5年时间实现"社区工作者职业体系基本建立，能力建设不断强化，管理制度更加科学，激励保障机制愈加健全"的战略目标；明确指出"加强社区工作者队伍建设，事关保障人民安居乐业，事关维护社会安定有序，事关巩固党的长期执政根基"。

社区工作者是社会政策的直接执行者，是基层治理服务的专业提供者，是畅通党和政府联系、服务居民群众"最后一米"的关注主体。在此背景下，山东济南市报送的案例不仅贯彻落实了中办国办对社工人才队伍建设的决策部署，而且探索"政社校"产教研融合模式，推动起步区社工服务质量高质量发展。

山东省济南市起步区整合政府、高校和社会组织资源，打造社会工作实务实训平台，形成理论研究与实践应用相结合的人才培养体系。案例中提到的"1+2+N"的训练基地共同体、特色鲜明的课程体系以及提高社工专业化水平的措施，都体现了该模式的实效性。该案例的创新性体现在建立专家智库、创新教育培训模式、构建"三位一体"的实习实践模式等。这些创新做法不仅提升了教育质量和培训成效，还为社会工作人才的培养提供了新的思路和方法。济南市的社会工作人才队伍建设模式具有很好的示范效应，其"政校社"合作、"产教研"融合模式具有良好的推广性。

点评人：周群英　北京师范大学社会学院副教授

---

① 《习近平关于社会主义社会建设论述摘编》，中央文献出版社2017年版，第129页。

一、背　景

国家发展改革委印发《"十四五"新型城镇化实施方案》，明确"十四五"时期深入推进以人为核心的新型城镇化战略的目标任务和政策举措。在第六部分提升城市治理水平要点中，明确提到健全党组织领导、社区居委会主导、人民群众为主体，各类组织积极参与，自治、法治、德治相结合的城市基层社会治理体系。加强社会工作专业人才队伍建设。健全社会心理服务体系和危机干预机制，针对重点人群加强帮扶救助、法律援助、心理疏导、社会融入、社区康复等服务。

2021年4月25日，国务院批复《济南新旧动能转换起步区建设实施方案》，正式开启了济南新旧动能转换起步区建设发展的宏伟篇章。在国家以及政府进行倡导下，起步区民政办公室开始对社工站的建设进行探索，在此过程中，探索社会工作人才的发展，主要思路是以搭建社会工作实务实训平台为基础，为志愿者、街道社工站以及社会组织赋能。

二、主要做法

（一）平台依托单位基本情况

1. 济南市建达社会工作服务中心

本单位由山东建筑大学社会工作专业教师于2012年4月9日在济南市民政局注册成立，是以"校社合作"为基础、以创新社会工作服务路径为核心的，包含研、产、学三位一体的综合性专业服务机构。机构为全国智慧社会工作行业产教融合共同体成员单位、省级社会工作服务站示范点、济南市5A级社会组织、济南优秀社会工作服务机构、济南文明单位、济南社会工作信息宣传先进团队、济南康养榜样，多次获得济南市优秀社工项目。

机构迄今先后申请民政部李嘉诚基金会大爱之行、民政部组织牵手计划等各级主体购买的近40项社会服务项目；2020年建成山东省首家街道级社会工作服务站。在《中国社会工作》等国家媒体报道10次，《山东商报》等省级新闻报道30余次。《靶向服务，构建民政微服务平台》入选中国社会工作联合会《2022全国百佳社会工作专业服务案例》；《构建"多中心"格局与枢纽型微服务平台》入选《全国社工站建设优秀案例集》，为全省唯一。另有其他专业省级获奖案例13个，社区治理品牌14个，纵深推进社会工作助力基层社会治理创新。

2. 济南新旧动能转换起步区管理委员会（以下简称"起步区"）

起步区是济南市贯彻落实新旧动能转换国家战略的重要平台。起步区社会事业部是负责起步区教育、民政、社会保障等民生保障和公共服务工作的部门，近年来，大力推进起步区社工站建设，实施多项改善民生的社会服务项目。

该单位为平台提供资金、场地和政策支持。

3. 山东建筑大学法学院

坚持新文科建设理念，以"入主流、倡交叉、重应用、创特色"为学科建设指导思想，以培养"基础实、适应快、能力强、素质高"的法律和社会工作高水平应用型人才为目标，已初步形成具有文理融合的错位发展优势、在省内具有较高知名度和特色的应用研究型法学院。社会工作专业形成"社会建设与城乡社区治理"学科特色，在城乡融合与社区发展、社会组织管理、老年友好型社区构建等领域具有优势。

该单位为平台提供师资队伍、实习资源。

（二）平台建设规划

立足新文科建设，秉承"入主流、倡交叉、重应用、创特色"的学科发展理念，坚持"优势互补、资源共享、多维参与、共同发展"的建设原则，打造"政校社"人才培育平台，组建专家智库，共同参与到起步区基层社会治理工作中。

一是建立与济南新旧动能转换起步区社会发展相适应的社会工作专业教育、社工人员继续教育、社工业务普及培训的社会工作人才教育培训机制，创新教育培训模式，充实教育培训内容，优化教育培训资源，完善教育培训激励机制，不断提高我区社会工作人才的专业素质及能力，为我区居民提供更加优质的服务。校地双方形成优势互补、互惠互赢、共同发展的局面，最终达到实现培养高素质的应用型、复合型、技能型社工人才的目的。

二是强化校地联合培养社会工作专业人才的模式，培养专业化的社会工作专门人才。山东建筑大学法学院从事社会工作的专家和老师，在服务机构内进行系统性的课程输出，利用双方的资源优势，共同培养社会工作专业人才的模式。整合校内、校外资源，完善专业设置，建成涵盖社会工作各个方面、特色鲜明的课程体系，满足社会工作人才培训的迫切需要。

三是校地联合培养社会工作专业人才是以社工服务机构、社会工作专业实验室为依托，打造地方和学校两大实习实训平台，尝试构建课程实务、实验教学、专业实习"三位一体"的实习实践模式。

（三）平台建设的阶段性目标和重点任务

为进一步完善社会工作实务实训平台，起步区设立长期阶段性目标，并部署各阶段重点任务。具体内容见表1：

表1 社会工作实务平台阶段性目标及重点任务

时间	阶段性目标	重点任务
2021 年	能够接纳部分学生开展认知实习和岗位实习	1. 场地建设和设施布置 2. 建成起步区社工总站和 4 个街道级社工站
2022—2023 年	能够接纳各年级 1/3 的本科学生参加实习实训，为本科教学提供支持	1. 建立和完善规则制度 2. 探索符合平台特点的课程设计 3. 起步区社工站社工全员持证上岗
2024—2028 年	能够接纳各年级一半以上的本科生和全部研究生参加各类实习实训，为山东省一流本科专业建设提供有力支持	1. 探索产教研相融合的社会工作实践人才培养模式 2. 共育起步区基层社会治理创新型人才 3. 形成可复制推广的文科人才训练基地建设经验

（四）近三年建设措施

第一，建立和完善规章制度。建立基地运行、实习过程、课程开发、实务督导、效果评估等各项制度，以制度促规范，靠制度管长远，不断提高人才培养效率和水平。

第二，形成"1+2+N"的训练基地共同体。完善资源联动机制，立足起步区本土特点，联合管委会、各类社会组织、校友企业等，建立有效的培训交流合作机制，加强培训资源的建设和整合，构建社会工作教育体系，打造协同育人工作平台。

第三，强化师资队伍建设。由高级职称和博士学位骨干教师担任基地专兼职师资，聘请具有较高知名度和丰富实践经验者担任兼职督导，以"一月一督导"的工作模式，实时监测社工站项目运营情况，关注项目目标、规范、成效、产出四个要点，不断提高起步区社会工作人才的专业素质。

第四，推进品牌化建设。建设社会治理领域工作人员继续教育及社会工作、社区工作者等专业人才的精品训练项目，以专题培训积极推动起步区社工机构孵化和社工站专业化、规范化发展。

第五，深耕理论研究与行动研究。聚焦智慧社区、智慧养老、心智障碍服务等领域开展信息与智能化技术创新，重视理论与实践的结合与统一，促进教研科研与起步区治理实务优势互补，使两者形成互为促进的良性发展趋势。

三、工作成效

（一）立足建设需求，打造"1+2+N"的训练基地共同体

依据济南市社工站站点建设相关要求，起步区社工总站和四个街道社工站于 2021

年11月全部建成运营,已实现辖区街道社工站建设全覆盖。以社会工作实务人才训练基地为阵地,依托济南市建达社会工作服务中心和山东建筑大学法学院两个核心单位,中国智力残疾人及亲友协会、上海倍乐企业发展有限公司等 N 个开放式支持单位,构建形成了"1+2+N"的训练基地共同体,所有社工站社工在基地参与培训,邀请实务专家,对街道社工开展"点对点"的督导支持,提升社工的实务能力。基地建设反哺教师成长,多位实习基地教师获得齐鲁和谐使者荣誉称号、省市社会工作督导人才库成员,或获评高级社会工作师。

起步区以"强机制、树品牌、育人才、优服务、谋发展"为要求,培育一批群众认可、特色鲜明、具有示范带动作用的社会工作服务品牌和项目,打造群众满意的社工站。助力推动基层治理提质增效,推动社工站建设工作进一步发展。2023 年,大桥街道社会工作服务站获评山东省乡镇(街道)社会工作站示范点,崔寨街道社会工作服务站获评济南市街道(镇)社会工作服务示范点。

(二)立足培训需求,形成特色鲜明的课程体系

随着社会工作从民政工作领域逐步向社会治理和民生保障领域的拓展,精准培训的要求也不断提高。通过调研走访、课程论证设计了包含扬帆起航平台(专业学习)、踏浪前行平台(能力提升)、积水成渊平台(志愿者培训)三大平台的特色课程,培养形式上也包含课程教学、参访游学、实地督导经验交流等形式。培训老师以山东建筑大学法学院的专家和老师为主,在服务机构内进行系统性的课程输出,利用双方资源优势,共同培养社会工作专业人才。

(三)立足服务需求,提高社工专业化水平

将山东建筑大学师资优势与起步区社工站实践优势相结合,以培育高素质社工队伍为目标,精准聚焦一线社工服务过程中的弱势短板,旨在为困境人群带来专业化高质量服务。在开展培训过程中,巧用动态工作法、问题树、目标树等工具进行实操演练,采取场景模拟、现场教学、项目实践等互动式、案例式、实践式教学方式,促进理论知识有效转化为一线服务实践,为社会工作者提供了真实有效的锻炼场,推动起步区社工服务质量的不断提升。

四、经验与不足

基层社会治理与人才队伍建设的开展归根到底还是人的问题,驻站社工作为服务的主体和服务的提供方,处于核心位置。起步区位于山东省济南市黄河以北,位置偏远,远离市区。因地理位置以及交通住宿等外部环境因素的制约,除本土人才外,引进专业的社工人才是亟须破解的难题。"招人难、招专业社工更难;留人难,留社工人才

最难"，因此如何"留得住人、培养好人、用得好人"是打造人才蓄水池的根本性问题，驻站社工的流动成为影响社工站发展的主要因素。

五、启示与建议

（一）价值赋能，增强社工自我效能感

社工站是以驻站社工为服务主体的服务平台，要以发掘社工自身效能为抓手，注重社工的成长与发展，提升社工的职业自豪感。督导方面，结合常态化项目督导和站点督导给予社工陪伴式成长。项目督导可每月开展站点团督，保证社工站项目的专业化开展，站点督导则负责社工日常文书督导、实务督导和提供情感支持，多维度为社工提供赋能陪伴。培训方面，对驻站社工的培训要形成体系，让社工可以充分接受到学习和成长的机会，从而加深对行业的理解。通过能力和价值赋能，不断认同社工的身份和价值，不断提升社工的获得感和归属感。

（二）多措并举，改进社工培训机制

在培训主体上，培训对象要汇聚多方，而不是针对一类群体。可通过构建线上学习社群共同体，针对实践问题，一起实践并在实践中切磋，比、学、赶、帮、超，针对性地提高培训效能，在实践中相互启发，提升能力。加之专家老师的引导培训、案例库等平台的后台支持，真正做到实践与理论的结合，培训规划上，培训要有整体规划，通过整合资源将培训从单一项目转化成一个中长期项目甚至培训平台。将培训当成治理问题，提升培训现代化水平，跳出从资源碎片化单一化的培训，从需求调研、项目设计、项目设施、项目评估、项目产出、项目总结、经验应用等方面给予培训主体一套系统完备的培训课程。

在培训内容上，内容要整合，充分发挥理论知识和实务实践两方面相结合的优势，同时立足本土环境，用本土理论指导本土的实务，使培训内容有特色、有层级、有累进、有迭代，形成社会工作人才队伍和基层社会治理互为促进的良性发展趋势。

在培训资源上，培训课程完成后要形成相应的案例库、专家库、工具包等后台支持资源，既能检验社工培训成效，也为社工接下来的工作奠定坚实基础。

在培训方式上，注重创新，让有意义的东西有意思。线上可采取线上直播、远程互动教学、学员在线讨论与评论等形式，线下可组织专业学习打卡、小组辅导、"老带新"、"传帮带"等形式，不断更新培训方式，探索人才培养模式，助推社会工作人才培养。

（案例报送单位：济南市建达社会工作服务中心）

山东省日照市：
加强队伍建设布局社会工作"人才雁阵"

【专家点评】

社会工作人才队伍建设是实现国家治理体系和治理能力现代化的关键要素。党的二十届三中全会通过的《中共中央关于进一步全面深化改革、推进中国式现代化的决定》强调："加强社会工作者队伍建设，推动志愿服务体系建设。"在此背景下，山东省日照市报送的案例不仅贯彻落实了党关于社会工作人才队伍建设的精神，还推动了社会工作专业化、职业化发展，这对于推动社会工作人才队伍建设高质量发展，改善民生和提升社会治理效能具有重要意义。日照市的"人才雁阵"模式展现了其在社会工作人才队伍建设上的独特性。该模式通过"头雁领航、群雁培优、雏雁成长"三大做法，构建多层次、全方位的人才培养体系，不仅培育现有人才，也注重储备后备人才。

日照市的社会工作人才队伍建设取得显著实效。通过实施考前辅导、领域拓展、融合发展等措施，全市持证社工人数显著增长，服务领域得到拓展，服务质量得到提升。日照市在社会工作人才队伍建设中的创新做法，如"社会工作+志愿服务+融媒传播"的深度融合发展模式，以及与高校合作建立实践教学基地和培训基地，都是对传统社会工作模式的创新。这些创新做法提升了社会工作的专业性和影响力。

日照市的社会工作人才队伍建设是可复制、可推广的模式。通过具体的政策支持、人才培养、激励机制等，为其他城市或地区提供了如何通过政策引导和资源整合提升人才队伍建设的示范案例。该模式的成功实践已经得到了社会的认可，并且被多个媒体报道，这表明其理念和做法值得推广。

点评人：周群英　北京师范大学社会学院副教授

一、背 景

党的二十大报告强调"高质量发展是全面建设社会主义现代化国家的首要任务",提出要"强化现代化建设人才支撑",提出深入实施人才强国战略,加快建设世界重要人才中心和创新高地,着力形成人才国际竞争的比较优势。要全面提高人才自主培养质量,着力造就拔尖创新人才。近年来,党中央对社会工作人才队伍建设进行了战略部署,陆续把社会工作及其人才队伍建设纳入人才强国、乡村振兴等国家发展战略,纳入重要法律法规,同时对社会工作者在抗击新冠疫情和基层社会治理服务中发挥的作用给予了充分肯定。社会工作专业人才队伍作为党管的六支主体人才队伍之一,建设一支政治素质高、专业能力强、服务水平优的社会工作人才队伍,对于进一步巩固党的执政基础、夯实社会治理基础,保障改善民生、推动基层社会治理现代化等方面具有不可替代的专业优势和人才作用。

日照市是山东省辖地级市,位于山东省东南部黄海之滨,因"日出初光先照"而得名,截至 2022 年末,常住人口 296.83 万人。自 2015 年以来,日照市加快推进社会工作人才队伍建设,2016 年,市委市政府出台《关于加强社会工作专业人才队伍建设的实施意见》,要求社会工作专业人才队伍建设要坚持面向群众,党政主导,以人才评价激励为重点,以政策制度建设为保障,以重点工程实施为载体,培养和建设一支结构合理、素质优良的社会工作专业人才队伍。经过近年来的发展,日照市社会工作专业人才队伍实现了量的跨越和质的提升,但也面临一些实践困境和现实挑战:

第一,社会工作人才数量缺口大。主要表现在持证人员数量少、人才流失率高。截至 2023 年底,日照市持证社会工作者 2752 人,占常住人口比例为 0.927‰,每万人口中配备社会工作者不到 10 人,远远不能满足高质量服务需求。每年社会工作者职业水平考试通过率不足 30%,一定程度上影响了社会工作人才职业化的进程;调查显示,有近78%的调查对象月平均薪酬(税后)在 3000 元以下,薪酬待遇不高、发展空间有限,留住人才难、队伍发展难。

第二,人才结构不合理。主要表现在分布不均、高层次人才短缺、专业督导人才匮乏。据调查,全市持证社工有 68.7%集中在城市区域,农村区域社工仅占 31.3%,同时区县间的持证数量分布差距较大;按服务领域分,72%的持证者主要从事社会福利、社会救助、老年人服务、社区治理等领域,医疗、司法、教育、应急、企业等领域的较少。75.7%为助理社会工作师,因缺乏驻地高校专业社会工作教师的力量支持,在本土专业督导人才培育上进展缓慢。

第三,专业能力素质不高。主要表现在专业人才占比不高、教育培训的频次不能满足需求。调查显示,最高学历为本科及以上的仅占 28.21%,有 46.89% 为非社会工作及相关专业;有 19.83% 的调查者只参加过社工职业水平考前培训或从未参加过培训,对于专业知识、实务技巧的培训需求较强,对社会工作实用法律法规、岗位能力提升的知识需求较高。

第四,细分度与活跃度不高。主要表现在服务领域细分不足、服务机构活力不高。多数社会工作者并不是根据自身的服务优势、专业所长选择服务领域,或是深耕某一领域,而是选择开展"全能"服务,社会有什么需求就去开展什么服务。社会工作服务机构数量少,运营主要依靠政府购买服务,普遍存在对政府依赖性强、链接社会资源资金能力弱、造血能力不足、发展后劲乏力的问题。

二、主要做法

习近平总书记强调"人才是第一资源"。社会工作人才是推进社会工作高质量的"第一资源"。日照市以党建引领社会工作人才队伍建设为主线,坚持"党管人才"原则,以高质量人才培养支撑社会工作高质量发展,把社会工作人才队伍培养成为宣传党的主张、贯彻党的路线方针、密切联系服务群众的新生力量,为社会建设和社会治理领域培养和提供人才支持,助力人才强国建设。制定社会工作专业人才雁阵增能扩容工作方案,以增能扩容为目标,开展头雁领航、群雁培优、雏雁成长三大行动。

(一)开展头雁领航,发挥示范引领作用

1. 办好"一个课堂"

发挥 62 名日照和谐使者、20 名齐鲁和谐使者及优秀社区工作者等各级领军人才的示范引领作用,着力造就拔尖人才,鼓励担当作为,主动融入"五社联动"机制,举办日照"和谐使者"公益大讲堂 9 期,搭建社会工作专业交流和经验分享的平台,受训人数达 5000 余人次。

2. 打造"三个工作室"

鼓励有条件的社会组织、社工机构、城乡社区、社工站(室、点)开设"和谐使者工作室"、"社区名书记工作室",引导和谐使者进社区、社工站开展服务,协助督导专业项目。深化与济南大学、青岛大学"实践教学基地"、"社会工作专业人才培训基地"的校地合作,链接引进"博士工作室"1 处,在乡镇(街道)社工站建设、专业项目运作、人员能力提升等方面给予专业智力支持。

3. 建立"两项机制"

建立社工人才"传帮带"机制,通过结对带徒,建立资深社工与新进社工、领军人才与初级人才互帮互助机制,及时地传授经验、分享知识以及共同开展项目、案例服务,实现陪伴式成长。开展乡镇(街道)社工站星级评估,60%达标三星级以上,建立"联强扶弱"机制,排名前十的社工站与排名末十的社工站开展对口帮扶,主动发挥作用带动后位奋进争先,引领全市社工站高质量发展,在2023年山东省乡镇(街道)社会工作服务示范点创建活动中,日照市申报的5个社工站全部入选,占比居全省前列。

(二)开展群雁培优,加快专业能力提升

1. 专题培训增能

坚持"走出去"学和"请进来"教相结合,加强能力提升教育培训,开展社会工作服务宣传、社区慈善基金、社区社会组织培育等专题培训,举办全市社工站提质增效暨"社会工作+志愿服务+融媒传播"深度融合培训班,开展"社工赋能小组",提高从业人员政策理论和实务水平。

2. 项目引领赋能

自2015年以来,日照市采取公益创投、项目扶持、评选奖励等方式,鼓励开展社会工作专业实践,培育了一批专业社会工作机构和实务人才。2023年,启动首届社会工作案例大赛,评选优秀案例30个,扶持社会工作领域公益创投项目16个,以服务项目为载体,赋能专业成长。

3. 队伍建设蓄能

组建日照市社会工作人才工作站暨日照市社会工作协会人才专委会,建立本土人才培养的"蓄水池"。在社区、社工站招聘中优先录用社会工作人才,夯实基本服务力量。指导区县建立"社工加油站",为一线社会工作者减压、赋能;开展乡镇街道社工站成果展示、驻站社工擂台比武活动,召开人才会客厅、青年社会工作人才沙龙,激发社会工作人才创新活力。

(三)开展雏雁成长,扩大人才队伍规模

1. 考前辅导增量

推动社会工作者持证上岗,出台激励措施鼓励社会各界人员积极报考。连续9年开展为期2个月的"线上+线下"考前免费辅导,探索实行陪伴式督学提高通过率,全市持证社工人数达2752人,实现十年间增长超36倍。

2. 领域拓展扩面

支持引导司法、妇联、共青团等多个系统领域广泛开发社会工作人才岗位,推动检察院、共青团等部门开展购买社会工作专业服务,拓宽社会工作专业人才服务领域,促

进高校毕业生就业。连续两年与检察系统探索开展青少年司法社会工作公益创投活动，为附条件不起诉的未成年人提供社会支持，开辟了社会工作服务司法领域的新路径。

3. 融合发展提质

创新"社会工作+志愿服务+融媒传播"深度融合发展模式，以乡镇（街道）社工站、社工服务机构为融合阵地，以志愿服务与融媒体传播为两翼，建立相互配合、协同服务的工作机制，以专业社会工作引领志愿服务发展，全市实名认证志愿者占常住人口比例为17.2%，进一步丰富社会工作服务体系、壮大社会工作服务力量。2023年度开展的全市社会工作、志愿服务、融媒传播融合发展情况调研被列入市政府重点调研课题，并顺利结项。

三、工作成效

（一）取得成效

自"三雁行动"实施以来，日照市社会工作人才队伍实现量的跨越和质的提升，人才培育体系进一步完善，人才发展环境进一步优化。实现社会工作人才储量和质量双升，社会工作人才培育体系进一步完善，人才发展环境进一步优化。这一做法作为"一单位一品牌"列入党组书记人才工作项目，获得时任市委常委、组织部部长批示肯定，并在全市人才工作领导小组成员单位中予以推广。《社会工作专业人才队伍建设存在的问题及解决路径分析——以日照市为例》一文，获得2023年度全省民政政策研究成果二等奖，社会工作专业人才队伍建设调研报告获日照市政府系统优秀调研成果。

（二）社会反响

2023年8月9—15日开展的《日照市社会工作专业人才队伍情况调查问卷》显示，参与调查的1800余名社会工作专业人才对日照市社会工作人才政策的满意度达到90.81%。"日照市实施社会工作专业人才队伍雁阵增能扩容计划"入选2024年山东省十大"社会工作影响力事件"。相关做法被《社区》《中国社会工作》、社工中国网等多家媒体报道。

四、启示与建议

2023年3月，中共中央、国务院印发《党和国家机构改革方案》，将指导社会工作人才队伍建设作为一项重要工作。社会工作，本质上是做"与人相关"的工作，最重要的队伍就是人才队伍①。坚持和加强党对社会工作全面领导,就要把好人才队伍的建设方向,在完善制度、加大扶持、健全保障、赋能激励、宣传引导上重点发力。

第一,加强党管人才,强化政治引领。发挥党的社会工作部门作用,加快政策制定,为推进社会工作人才队伍建设提供政策规划。加强校地交流,拓宽社会工作人才培养教育资源和高校智力资源,加大驻地高校开设社会工作及相关专业力度。搭建社会工作人才队伍建设制度框架,建立多部门联动机制,明确部门人才建设目标,加强本系统、本领域社会工作专业人才队伍建设。

第二,拓宽资金渠道,加大扶持力度。稳定的经费投入是社会工作人才发展的关键条件。要积极争取将社会工作专业人才队伍建设经费纳入财政预算,统筹用好一般公共预算资金、福利彩票公益金支持开展社会工作服务。加大政府购买社会工作服务力度,将社会工作服务纳入政府购买服务指导性目录,建立党政机关、群团组织、乡镇(街道)分层次分领域按需购买社会工作服务的供给机制。大力拓宽社会融资渠道,鼓励、支持、引导社会资金投入,形成财政资金、社会资金等共同参与的多元化投入机制,为社会工作人才队伍建设提供强有力的经费保障。

第三,健全激励保障,增强行业引力。进一步加强岗位设置、选拔晋升、激励保障等工作,根据社会工作专业人才从业领域、工作岗位和职业水平等级,综合学历、资历、业绩、岗位等因素,建立薪酬保障体系,确保不低于当地同等条件专业技术人员平均薪酬水平。加强人才的褒扬激励,大力培树推广典型经验和成功做法,加强社会工作专业理论和实务研究,积极促进成果转化,扩大社会工作行业影响。

第四,强化人才赋能,锻造过硬队伍。加快建立以创新价值、能力、贡献为导向的人才评价机制。注重把政治素质好、业务水平高的社会工作专业人才吸纳进党员干部队伍,选拔进基层领导班子,支持有突出贡献的社会工作专业人才进入人大、政协参政议政;鼓励符合条件的社会工作专业人才通过选举进入社区(村)党组织、居(村)民自治组织;等等。广泛动员、鼓励符合条件的人才参加全国社会工作职业水平考试,探索将高层次社会工作专业人才纳入当地急需紧缺和重点人才引进范围,按照规定享受户籍落地、保障房申请等相关优惠政策。深入推进专业岗位开发,稳步扩大社会工作岗位规模,拓宽社会工作者就业平台,完善社会工作服务机构培育扶持政策,增强社会工作人才发展后劲。

第五,加强宣传引导,营造发展氛围。广泛利用好国际社工日等宣传契机,特别是宣传活动,大力宣扬社会工作的职责定位、价值意义和取得成效,引导大众尊重理解社

---

① 杨宇:《党的社会工作人才队伍建设任务、要求与路径探析》,《中国社会工作》2023年第34期。

会工作者、参与支持社会工作活动,不断提高社会工作和社会工作人才的知晓度和认可度,扩大社会工作的影响力、号召力。充分利用宣传媒介,广泛宣传和推广社会工作在参与社会建设和治理中的积极作用和先进典型,提高公众对社会工作的认可,营造重视社会工作发展、尊重社会工作人才的良好氛围,广泛凝聚起鼓励、支持、倡导社会工作发展的工作合力,增强社会工作者的职业归属感、认同感和价值感。

(案例报送单位:中共日照市委社会工作部)

陕西省宝鸡市：
社工介入儿童青少年心理健康服务实践

【专家点评】

党的二十大明确提出推进健康中国建设,把保障人民健康放在优先发展的战略位置,其中专门提到"重视心理健康和精神卫生"。教育部等十七部门印发《全面加强和改进新时代学生心理健康工作专项行动计划(2023—2025年)》提出,健全健康教育、监测预警、咨询服务、干预处置"四位一体"的学生心理健康工作体系,健全多部门联动和学校、家庭、社会协同育人机制,补短板、强弱项,系统强化学生心理健康工作。陕西宝鸡三联社会工作服务中心针对儿童青少年创新社工服务模式,是对党和国家重大发展战略的积极回应与落实。

宝鸡三联的心理健康服务工作有几大特色:第一,全年龄段纳入且分段设计服务。将0—18岁纳入服务的年龄范围,同时根据不同年龄段发展需求设计心理活动或健康教育。比如针对0—3岁幼儿,提供早期教育辅导;针对青少年,开展反校园霸凌活动等。第二,主动联合多组织多学科协同工作。宝鸡三联积极联络幼儿园、中小学、福利院、医院等机构,并组织社工、教育、心理、医学等多学科专业人员提供切实可行的工作方案。第三,对孤弃儿童提供特别关爱,建立并完善规范化的儿童青少年心理健康服务流程。宝鸡三联的工作已经取得良好成效,其经验值得推广。

点评人:王大华 北京师范大学心理学部教授

一、背 景

随着经济社会快速发展,学生成长环境不断变化,叠加新冠疫情影响,学生心理健康问题更加凸显。心理健康成为儿童青少年健康的重要组成部分,也是党中央和人民群众关注的重大课题。党的二十大明确提出推进健康中国建设,把保障人民健康放在优先发展的战略位置,其中专门提到"重视心理健康和精神卫生"。教育部等十七部门印发《全面加强和改进新时代学生心理健康工作专项行动计划(2023—2025 年)》提出,健全健康教育、监测预警、咨询服务、干预处置"四位一体"的学生心理健康工作体系,健全多部门联动和学校、家庭、社会协同育人机制,补短板、强弱项,系统强化学生心理健康工作。

中国社会工作联合会会长陈村根表示,"社会工作者是社会心理服务体系建设中的中坚力量","要推动建设一站式基层社会心理服务平台"。党和国家的政策鼓励社会组织参与社会心理服务体系建设,相应地也对专业性服务机构提出了更高标准的诉求,这些诉求也是基于儿童、青少年成长发展的根本需求和新时代社会治理的需求,以及社会服务从业者的生存需求。

宝鸡三联社会工作服务中心自创立以来,坚持"善行惠爱·助人自助"的服务宗旨,在宝鸡市四区八县开展广泛而深入的社会工作实践,在创新社会治理、服务脱贫攻坚、帮扶困难群体、推动儿童社会工作等方面取得显著成绩。团队包含 4 名持证社工、1 名心理咨询师以及 1 名医务社工,外聘陕西省内高级社会工作师 2 名及省内高校社会工作专业、心理学、教育学教授人才,打造一支有温度、有情怀、有技术的"硬核"社工人才队伍,投身儿童、青少年心理健康服务工作。

二、主要做法

(一)积极参与社区儿童、青少年心理健康服务

当前,"社工+实务"探索模式已较为成熟,党和国家政策提出加强社区治理体系建设,将社会组织纳入基层治理的范畴内,充分发挥社会工作的功能与价值,创新社会治理模式。而在基层治理中,社区儿童、青少年服务,尤其是心理健康服务亟须重点关注。宝鸡三联积极响应国家政策,参与社区儿童、青少年服务,做出以下探索:

第一,主动寻找合作对象,在金台区、渭滨区开展儿童、青少年心理健康服务项目。2019—2020 年在金台区金陵东路社区开展"你来·我行"——青少年社会工作综合服务项目,深入社区针对青少年群体需求进行调研,以"携手成长·梦想启航"为愿景,为社区内 6—18 周岁青少年提供个案咨询、团体辅导、社会融入等专业化社会工作服务。其中针对辖区内 30 名适龄儿童开展"健康陪伴"青少年心理、行为评估心理测评活动,"敞开心扉,温暖你我"团体活动,受益群体覆盖率达 90%,调节情绪,建立同辈群体支持网络。

第二,深入社区幼儿园、学校开展儿童、青少年心理健康服务工作。宝鸡三联通过

前期开展阶段性青少年社会工作项目，服务效果良好，帮助社区青少年构建同辈支持网络，积极开展人际交往活动，得到青少年及其家庭以及社区的充分认可。机构在此基础上主动联系社区，积极在辖区内幼儿园、中小学开展性教育公益课程。机构携手"你我伙伴"帮助幼儿认识自己的身体，在渭滨区新民路小学开展青春期性教育，带领学生了解青春期发育相关的身心变化，建立性别差异观念，提升安全意识和防护意识。

（二）完善心理课程体系，设立专项活动小组

针对儿童、青少年心理健康需求评估，我们设计了一系列教育活动，维护儿童心理健康，提高心理素质，优化心理品质，促进其身心和谐发展。整体设计包括发展性教育和补救性教育两部分，在实施过程中以发展性教育为主、补救性教育为辅，贯彻"全员参与，全面渗透"理念，完善心理课程体系，设立专项活动小组，使心理健康教育落到实处。

1. 建立全龄段课程体系

发展性教育是"防护网"，心理健康教育课程是心理健康服务提供的重要载体。我们在深入社区开展青少年项目后，服务对象群体涵盖全龄段儿童青少年：针对0—3岁幼儿进行早期教育辅导——"星心愿——激脑悦动"项目、爱萌芽项目，对儿童进行科学合理的早期教育，充分发掘其潜能，促进孩子提升情绪控制能力、语言能力、认知能力和个性发展。面向3—18岁儿童、青少年启动"月心愿"——孤弃儿童睡前疗愈心理健康干预、"助翼计划——学子币"社会工作介入孤弃儿童不良行为矫正，通过"故事疗愈"的方式调整心理状况，以代币法强化服务对象正向行为模式，关注儿童、青少年心理状况，以社会工作专业方法介入由心理问题引起的不良行为纠正。

2. 开设功能性小组活动

基于发展性目标，我们有目的、有计划地开展心理健康教育，设计了自我意识察觉、情绪情感调适、人际交往模拟、青春期健康教育、反校园霸凌五部分课程内容，在社工的引导下使儿童自发开展对心理健康问题的体验、讨论、感受、交流、实践与学习。

（三）建立清单及心理健康服务响应制度

宝鸡三联以专项行动计划和《关于加强困境儿童心理健康关爱服务工作的指导意见》为蓝本，切实将儿童心理健康工作摆在更加突出的位置，统筹制度与政策，评估儿童心理健康服务需求，健全心理健康服务工作体系，建立青少年心理健康服务三级响应制度，完善心理健康工作格局，将青少年心理健康服务融入孤弃儿童社会工作介入全过程。

青少年心理健康服务响应制度包含"预防"、"识别"、"干预"三级网络。其中"预防"以加强心理健康教育为主，"识别"包括规范心理健康监测与测评，"干预"重点关注预警体系建设以及健全协同机制。

自 2019 年起,宝鸡三联入驻宝鸡市儿童福利院,并展开孤弃儿童社会工作服务。其中,孤弃儿童的心理疏导和不良行为干预是我们在服务提供过程中重点关注的。经过长期的青少年心理健康服务实践探索,我们形成了与实际相匹配的应对机制。

1. 预防为主

社会工作介入青少年心理健康服务的过程中,预防是第一道防护线,它所起到的作用远大于治疗。自 2019 年起,宝鸡三联针对市儿童福利院青少年心理健康服务,每年开展主题活动不少于 5 个,开展团体辅导不少于 8 次,其中重点包括孤弃儿童情绪识别、情绪管理干预、儿童自信心建立等。我们秉持"预防为主、早期发现、早期干预",在宝鸡市儿童福利院开展一系列青春期健康教育知识讲座、情绪疏导系列主题活动、防校园欺凌小组等,全方位开展心理健康教育,做好孤弃儿童心理健康预防工作。

2. 动态识别

依托现有资源,我们建设了青少年心理健康状况数据采集平台,在孤弃儿童关爱服务中加入心理健康监测环节,主要以 90 项症状清单(SCL-90)和房树人心理测验为主,定期开展心理健康测评,建立个人心理健康档案。2020 年后,宝鸡市儿童福利院县区代养困境儿童人数大幅度增多,识别、帮助、养育具有隐性遗传精神疾病的儿童个案成为突出的问题。对此,我们第一时间进行 90 项自评量表测评,把握儿童心理健康基本状况,成功实施个案 4 例,帮助他们保持心理状况稳定。

3. 常态干预

社会工作强调"人在情境中",个体的发展受到生理、心理和社会的影响。我们在介入孤弃儿童心理健康过程中,基于此理论,要将儿童的问题放到情境中去判别,尤其是儿童早年未被满足的欲望或者是未被解决的情绪冲突。精准识别儿童需求,在介入过程中综合运用心理社会模式、理性情绪治疗、叙事疗法等,对孤弃儿童开展个案辅导或者组建成长小组,达到支持网络构建、专业服务提供、协助适应生活的目标,并形成常态化干预机制—突发事件处理模式。

市儿童福利院孤弃儿童多数早年生活情况复杂,尤其是事实无人抚养儿童,脱离原生环境进入集体养育模式,在适应过程中容易产生情绪问题,如不及时疏导则有可能造成心理问题。

在儿童心理问题解决阶段,我们并不是单打独斗的,在长期的实务工作中,我们探索出了一套适应福利机构儿童心理健康服务的协同机制。通过多年的实务工作开展,以宝鸡市儿童福利院学子之家 20 名孤弃儿童为中心点,向四周辐射,服务对象范围扩展至社区、周边县区困境儿童,统筹学校、家庭、社区、医院等各方力量,建立多方参与、部门联动的青少年心理健康服务体系,将更多的困境儿童、事实无人抚养儿童,甚至普通就学儿童纳入心理健康服务体系中。

（四）转向孤弃、困境儿童社工实务研究

机构总结社区心理健康服务实务经验，形成标准化、体系化的心理服务个案、小组工作流程，探索出一套适用于儿童、青少年心理健康的响应制度，并将这些经验与模式充分利用到孤弃、困境儿童群体的服务工作中。

宝鸡三联在市儿童福利院开展社会工作介入儿童福利服务"12396"项目，重点关注孤弃儿童心理健康服务，开展情绪识别、情绪管理、预警机制、服务干预，开设功能性小组，为孤弃儿童提供全面心理健康服务。以孤弃儿童为中心点，服务对象扩展至宝鸡市陈仓、金台及高新三区困境儿童，如宝鸡市 2023 年困境儿童关爱服务项目直接服务孤儿、事实无人抚养儿童总数超过 1100 余人次，重点关注儿童心理压力和负面情绪，在陈仓区西山区域开展小组服务工作，包括困境儿童情绪管理、社会交往能力、抗逆力提升、团体心理辅导、青春期性教育 5 个模块，同时联合医院、高校、市儿童福利院、企业等形成合力，为儿童、青少年提供体系化、专业化、标准化的心理健康服务，在实务工作中进一步完善青少年社会心理服务体系建设。

三、工作成效

多年来，宝鸡三联社会工作服务中心始终坚持"儿童权益最大化"原则，坚持社会工作伦理与操守，坚持问题导向、科学评估、精准实施，陆续开展青少年综合服务，重点关注青少年心理健康，完成市儿童福利院学子之家孤弃儿童心理服务建档 20 份，实施完整个案案例 20 余例，建立 100 余例"童福家园"家长和儿童个案档案。2020 年后，县区代养育困境儿童人数增多，识别、帮助、养育具有隐性遗传精神疾病的儿童个案也成为较为突出、棘手的问题，截至 2024 年 4 月已成功实施个案 4 例，帮助儿童控制情绪、调节自我，顺利适应机构养育生活。

社会心理服务的对象不仅包括机构内养育儿童，还有和其生活相关的照顾者。尤其是疫情期间，儿童福利机构由于其特殊性长期处于封闭状态，这导致一线的照护人员及其他职工 24 小时在班，长期处于工作状态不利于职工的身心健康。基于此，我们第一时间建立儿童福利院职工的心理压力监测和干预体系，开展两次测评，帮助职工缓解压力。疫情结束后，我们定期开展团体辅导活动，帮助职工缓解职业倦怠，提升幸福感，包括 OH 卡牌心理团队辅导、"自我关怀，从心出发"心理健康知识讲座、"助力消消乐"福利院工作人员消除职业倦怠项目等，通过基线测量评估，充分达到员工减压、职业倦怠降低 30% 的目标。

深入社区、学校开展 30 多场专题活动,包括情绪识别小组、防校园暴力小组、安全教育小组、"你我伙伴"性别教育小组等,在金台区陈仓园初级中学、渭滨区钢管厂子校、氮肥厂子校、拓石第二九年制学校、凤翔区汉封学校、长青初级中学等学校开展活动,涵盖城市低收入家庭、农村困境和留守儿童,累计评估次数过千人,直接和间接受益对象超 5 万人。

为更好地探索社会工作介入社会心理服务,我们还和陈仓区拓石第二九年制学校共同建立"益童心晴"社工校园服务站,联合宝鸡市儿童福利院志愿者开展驻校社工回访工作,通过个案会谈,辅导儿童学习如何识别和表达自己的情绪、处理和控制情绪,并为情绪障碍严重的学生链接心理服务资源。

四、经验与启示

青少年心理健康服务一直以来面临着普惠性、体系性和可及性的困局,秉持利他主义价值观的社会工作可以为破解此困局寻找一条新的道路。社会工作独有的专业价值在为青少年心理健康困局的破解上发挥了不可替代的作用,我们在长期的社会工作实务经验中总结出以下几条经验。

(一)个案流程促进体系建设

传统青少年心理健康服务重点关注心理健康知识宣讲和心理病症的治疗,在高风险人群的精准识别、打造周期性家庭评估、促进早期政策资源引导等方面有所欠缺,而社会工作的专业优势精准契合这部分的机制建立。社会工作标准化的工作流程:需求评估、目标确定、策略制定、活动设计、资源链接、过程督导以及结果评估,恰恰能够弥补传统心理健康服务的不足,准确科学地评估青少年心理需求,全过程督导心理健康服务提供,以及发挥倡导者角色作用进行政策倡导,发挥链接作用,打通顶层设计和下层服务之间的桎梏,倡导政策更好地为心理健康实务工作服务,完善心理健康服务体系建设。

(二)专业理念激发内生活力

社会工作坚持"助人自助",挖掘潜能,赋能个体,激发服务对象的内生动力。无论是对青少年个体还是群体,社会工作独特的专业理念弥补了青少年心理健康服务的普惠性缺失。机构在 2023 年开展的宝鸡市困境儿童关爱服务项目中发现,大部分困境儿童由祖辈抚养,家庭教育方式陈旧、监护缺失等状况都会引起儿童心理健康问题。为此,我们在提供服务的过程中,对儿童照顾者、儿童督导员以及儿童主任开展家庭教育指导、情景剧模拟、亲子活动等,激发照顾者和儿童所在村社的内发动力,形成家庭和村社衔接的儿童服务模式,使乡村困境儿童的照护不仅体现在生存层面,更加深入落实到心理健康服务层面。

(三)本土化实践促进多学科联合发展

心理学科重点关注个体的心理表征,通常以个体诊疗的服务模式开展,而社会工作学科的心理服务与之相反,重点关注个体与之所处的环境之间的互动,如心理社会治疗模式、认知行为疗法等,无论是"人在情境中",还是认知行为疗法强调的"错误或扭曲的认知导致精神焦虑和功能失调",都表明社会工作对个体心理健康问题的解决着手于更系统的层面,相较于心理学的个人层面,两者形成互构,为青少年心理健康问题的解决提供契合的解决模式和机制。

同时,在青少年心理健康服务工作中,机构创新性引入教育学、公共管理、社会治理及社会学等相关专业知识和理念:以社会学和社会治理理念为骨,构建顶层设计、制定社会心理服务体系框架,在心理学、社会工作、教育学等指导下开展实践探索,填补社会心理服务空缺之处,二者合力,最终形成"心理服务+社会工作+社会治理"的中国式社会心理服务体系。

五、启示与建议

当前社会的心理服务模式已脱离了传统心理咨询的范畴,要整合社会工作方法、社会治理模式等,服务对象全民化,让心理健康服务更加贴近民生需求,满足人民日益增长的美好生活需要。但是在服务落地过程中,社会工作在介入过程中逐渐边缘化,专业形象模糊,使得社会工作在心理服务体系建设过程中丧失了主动性和能动性;除此之外,探讨社会工作链接作用和心理健康服务平台建设,也需要我们进一步深耕。对此,我们分析了大量的实务工作资料,提取出以下经验,以便为我们未来开展青少年心理健康服务做出指引。

(一)保持专业自主性

包括我们在内的大多数社会工作者在心理情绪疏导服务项目中,主要开展宣传、讲座、访谈、链接资源等服务型工作,链接医务系统或者专业心理咨询师帮助服务对象解决心理问题,社会工作者往往承担辅助者的角色或者在进行个案辅导的过程中常使用心理辅导的技术,混淆、弱化了社会工作的专业自主性。社会工作应保持专业自主性,明确社会心理服务互动场域中的角色分工,将自身更多的精力投身于服务实践、专业发展,明确界定服务内容范畴。社工机构应加强自身制度建设,践行"实践—反思—再实践"的闭环,保持社会工作专业"新鲜感"。

（二）精准识别，精细服务

社会工作运用量表、访谈等形式可筛查出高风险人数，精准化识别服务对象需求与问题，为精细化专业社会工作服务指明方向。在提供精细化服务过程中，社会工作持续性动态评估服务对象需求，反过来也能促进精细化服务。

（三）串联支持系统链接资源

我们在介入儿童心理健康服务过程中发现，以往的工作只注重链接社区、医院、公益组织、心理咨询团队、志愿者等资源，以社工为中心呈放射性单向链接支持系统，不利于资源的充分利用。为精细化发挥支持系统作用，我们找到各部分资源之间的节点，将其"串联"，使得各支持系统之间双向链接，从"放射性"资源联动转变为"网络式"链接服务对象支持系统。

（案例报送单位：宝鸡三联社会工作服务中心）

社会治理基层自治互助篇

　　基层自治是基层群众通过民主协商等方式,共同解决社会公共事务问题,实现基层群众自我管理、自我服务、自我教育、自我监督。党的二十届三中全会明确要求,要健全党组织领导的自治、法治、德治相结合的城乡基层治理体系。"五和众议"、"共享奶奶"、"乡帮人"等创新经验做法,把群众力量有机聚合起来,在自治互助中改善邻里关系,营造和谐温馨的社区家园。

江苏省昆山市：
三重空间互构实现未成年人充权与家庭关系改善

【专家点评】

昆山市乐仁公益发展中心为15岁青少年家庭提供空间重构服务是一次非常成功的创新实践。该案例并非一般意义的急难高危个案，但从案主的身心发展阶段来讲，却是人生的一个关键点。儿童成长到青少年，身心变化呈现一些特殊性，这些特殊性会增加家庭关系的张力，会加剧一些心理症状。所以，该案例的意义是不言而喻的，它直指家庭个案工作中最细微又核心的家庭教养观念，面对的是万千家庭的共性问题。案例服务者提出的三重空间重构视角和内容丰富的工作方案是社会工作服务专业化的一个极好示范，充分反映了服务者的理论水平、专业高度和实践能力。

该案例的服务工作相当精微细致。经过15次家庭会议和1个独立空间打造，案主和家庭在三重空间经历了四个阶段的变化："沉默"、"争执"、"理解"、"重塑"。由此我们看到：服务者通过打造青少年的独立空间，引导案主和家人积极与良性沟通，在物理空间、心理发展空间和家庭关系空间实现三重互构共造，达到维护案主的身心健康发展权益，提升其人际沟通和问题解决能力，转化家长的教养观念，重塑家庭互动模式的目标。该案例提出的三重空间互构视角和具体工作内容富有借鉴价值，具有一定的推广性。

点评人：王大华　北京师范大学心理学部教授

一、背　景

（一）服务对象基本情况

服务对象15岁，男，9岁丧父，妹妹7岁。兄妹俩由妈妈和外婆抚养，家中经济依靠政府提供的福利补助。家中两室一厅，兄妹俩和妈妈挤在12平方米主卧，外婆住次卧,母子关系疏离。

居家环境逼仄、昏暗且杂乱,设备老旧,多处家具破损,杂物较多、随处堆叠,空间拥挤,室内采光昏暗。服务对象无独立生活空间,生活作息不同、学习与玩耍空间混乱,使家庭成员间经常产生矛盾。

本案例不同于传统空间改造项目以补充改善硬体设备为主,社会工作者以空间改造为媒介,关注服务对象"三重空间",呈现成年人与未成年人的不同视角,以家庭会议引导家长尊重子女意见,改善家庭互动关系,倡导家庭成员维护未成年人独立个体发展权益,实现服务对象物理空间、心理发展空间、家庭关系空间的重塑。

(二)服务对象分析预估

人与人的关系都存在权力互动,而空间的布局使用即是权力具象化的结果。社会工作者分析服务对象家庭物理空间的缺失、家庭关系空间的坍缩,正是家庭结构中权力分配不均的现象。此现象源于家长不够尊重子女独立生命个体,多数家长仅以自身视角与需求为未成年人做出决定,这样的作用又影响着服务对象心理发展空间扩张。在不平衡的家庭权力结构当中,物理空间、心理发展空间与家庭关系空间互相影响。

家庭生命周期理论强调家庭成员的互动交流关系及需要,会随着家庭发展在不同阶段出现不同特征,家庭成员要面对不同的挑战。服务对象家庭主要任务一是调整家庭界限满足青少年的独立要求,二是适应家庭成员对个人自主性的新要求。社会工作者以空间改造为切入口,进一步协助家庭成员调整家庭互动模式、重新定位角色,结合赋能充权理论,实现家庭关系空间重塑。

在需求评估上,未成年人健康成长需要仰赖三重空间——物理空间(物理生存与生活空间)、心理发展空间(泛指心理、人格、精神价值、认知逻辑、个人能力等)及家庭关系空间(特指家庭中的人际互动与关系模式)的良好互构。

1. 物理空间:家庭空间亟待归整改善

青春期的服务对象无独立空间,与妈妈、妹妹同住一屋存在不便,生活作息的不同常引发矛盾。同时,服务对象家中杂物堆置导致空间拥挤、采光不佳。

需求评估:服务对象有独立、安全的物理空间需求,物理空间的缺失根源是家长不够重视服务对象的发展权益。

2. 心理发展空间:服务对象独立个体发展

服务对象性格封闭、人际互动能力较差,在家中冷漠少语,亲子关系疏远。访谈后了解到服务对象9岁丧父,妈妈投入较大心力照顾妹妹,父爱与母爱均未被满足。现服务对象符合青少年阶段特质,发展自我认同,追求自我独立空间,实际情况无法满足服务对象发展诉求。

需求评估:服务对象继续与异性长辈同住一屋不利于培养自我决定与承担责任的能力,更不利于服务对象形成自我界限,进一步影响人际互动能力。服务对象心理发展空间需求受到家长的忽视。

3. 家庭关系空间:家庭互动关系缓和改善

妈妈身体不好,易忧虑焦躁,与服务对象互动少、关系疏离,亲子隔阂与日俱增。外婆协助照顾服务对象基本生存需求,但与服务对象缺乏有效沟通。事情多半由妈妈及外婆决定,服务对象缺乏参与家庭事务的机会。

需求评估:服务对象家庭成员间缺乏良性和谐、互助关爱的互动方式,家庭权力结构的不平衡,进一步导致服务对象三重空间的需求缺失,负向叠加作用。

二、主要做法

(一)目标设定

通过打造未成年人独立空间,引导服务对象身心健康发展、改善家庭亲子互动模式,实现物理空间、心理发展空间、家庭关系空间三重空间互构共造:打造未成年人独立空间,维护服务对象身心健康发展权益;提升服务对象个人沟通与问题解决能力,增加自我效能感,正向扩张心理发展空间;转化家长的亲子教养观念,落实尊重并重视服务对象发展需求;改善家庭互动模式,重新链接家庭关爱,建立新的亲子沟通模式,重塑家庭关系空间。

(二)理论指引

第一,赋能充权理论。社会工作者从个体、人际关系、社会环境和空间四个层面,为服务对象及其家庭充权。在全过程中,提升服务对象的自我表达与正向沟通能力,维护服务对象在家庭会议中的话语权,重塑与家人沟通共处的能力;赋予服务对象参与自己生活空间决策的机会,将空间使用与参与还权于服务对象,使其重获对生活空间的掌控感。在这一理论的支持下,服务对象在独立与合作的过程中提升自身生活质量。

第二,家庭系统理论。家庭成员的问题是由整个家庭的不良互动导致,社会工作者把问题放在家庭环境中,了解家庭成员之间的交流方式,理解交流方式和家庭之间的关系。社会工作者引导服务对象一家开展家庭会议,利用反映式倾听推动家庭成员真诚且有效沟通,使家庭功能失调得到解决。

第三,环境心理学。人和环境相互作用,个体改变了环境,其行为和经验也被环境改变。社会工作者将环境心理学应用到三重空间的设计与调整中,促使服务对象在空间中更好地发展自我同一性,探索自我界定、追寻自我实现,促进空间设计对人的关怀,提升家庭环境及互动品质,实现物理空间、心理发展空间、家庭关系空间的互构重塑。

(三)服务计划

第一步,走访评估,建立关系。社会工作者与服务对象家庭建立关系,了解服务对象与其家人在三重空间需求表达的异同。

第二步,家庭会议,建立新的家庭互动方法。引入家庭会议技术,以物理空间改造议题为切入点,引导家庭成员协商,鼓励服务对象表达意见、练习沟通,促使家长理解服务对象,关注服务对象心理发展空间和家庭关系空间的改善。

第三步,参与改造,空间互构。社会工作者实时跟进物理空间改造,持续关注家庭成员互动情况并开展家庭会议,实现服务对象三重空间互构共造。

第四步,陪伴赋能,跟进需求。社会工作者为服务对象提供全流程的陪伴与赋能,保持跟进,巩固服务成果。

(四)实施经过

经过15次家庭会议和1个独立空间打造,服务对象物理空间从混用和逼仄走向独立与舒适,心理发展空间从迷茫与偏狭走向坦诚与安全,家庭关系空间从封闭与争执走向理解与共识。直至服务周期结束,服务对象家庭在三重空间经历了四个阶段的变化,分别为"沉默"、"争执"、"理解"、"重塑"。

1. 沉默

家庭互动盲点初露。在前期的家庭会议中,服务对象家庭选择空间方案时产生分歧:服务对象喜欢地台方案,家长倾向简约方案,双方提出意见后便陷入沉默,家长沉默一会儿说:"我也不知道,看他(服务对象)吧",而服务对象仍然沉默不语。最后社会工作者深入了解各自意见,才了解服务对象喜欢有较多收纳空间,家长则考虑施工问题。最后综合考虑,设计方案围绕服务对象的想法,整合家长意见进行优化。

社会工作者发现,家庭成员沟通一旦分歧,容易陷入僵局,成员间较难明确表达意见,也较难主动协商。社会工作者访谈后判断,服务对象家庭过去少有亲子间协商共议机会,是家庭关系空间不足的征象,在这样的家庭关系中,服务对象的主动意识受到压制,亲子沉默形成稳态。

2. 争执

心理发展空间扩张与家庭关系空间紧缩的冲突表现为争执。社会工作者将服务对象心理发展空间作为打破稳态的发力点,在每次家庭会议中持续赋能充权,鼓励引导服务对象发表意见。随着设计方案成型,服务对象和家长产生更多分歧,直到一次收纳空间的讨论,家人间产生激烈争执。

在中期的一次家庭会议上,空间规划师提出收纳空间需要服务对象家庭自行添置。

服务对象表示认可,而妈妈与外婆坚持收纳空间应包含在改造方案内,双方为此激烈争执。直到外婆说"小孩子不懂事,不要听他的",服务对象立刻沉默,瞪向家长,面色凝重,不发一语。社会工作者即刻打断会议,进行个别沟通。

服务对象家庭从沉默转向争执,说明服务对象家庭已经实现充分参与,能够主动发表意见、坚持想法,于心理发展空间变化来说是正向的,但此时原有的家庭关系空间还未相应调整,个人心理发展空间扩张碰撞了原来紧缩的家庭关系空间,社会工作者计划在这个关键点妥善转化争执,以刺激家庭关系空间的变化。

3. 理解

铺设足够的心理发展空间,迎接碰撞。社会工作者判断服务对象较难梳理目前心理发展空间的情绪,也缺乏良性亲子沟通的经验。社会工作者将双方分开后,先接纳服务对象情绪,营造安全的心理空间,协助厘清情绪:服务对象不满妈妈与外婆打断自己,不尊重自己意见,发出无声而愤怒的抗议。服务对象平缓后,在社会工作者的引导下,能正确看待与家长的意见不同,并思考如何有条理地沟通。社会工作者鼓励服务对象继续与家长交换意见,也提醒服务对象需要了解家长的顾虑。社会工作者对服务对象的表达、思考及协商能力进行了赋能,持续扩张服务对象心理发展空间。

社会工作者向妈妈和外婆分享服务对象的青春期特质,自我意识不断增强,容易有情绪化表现,家长需要尊重孩子的成长历程,也要帮助孩子管理情绪,一句"不懂事"不仅抹去了服务对象的参与,也不利于服务对象的心理发展。配合使用焦点治疗技巧,社会工作者引导大家回顾家庭会议历程,反馈观察服务对象变化,家长重新认识到服务对象"长大",主动调整互动方式。

社会工作者先是接纳服务对象的心理反应,协助服务对象思考与解决问题,再促使家长理解服务对象,理解原来家庭互动的盲点。在这个阶段,社会工作者对服务对象及其家长的个别赋能起到正向作用,结合家庭系统理论再度调整服务对象的心理发展空间,并为扩建家庭关系空间做好准备。

4. 重塑

建构新的家庭互动沟通模式,扩建家庭关系空间。接下来的家庭会议讨论中,服务对象主动与家人沟通想法,倾听家长顾虑,空间规划师也提供二手家具购买渠道,服务对象家庭达成了共识。这段经验成为首次扩建家庭关系空间的成功经验,是家庭关系发展的重要里程碑。

此后,服务对象与家长在相关细节的沟通上更有效率,氛围更加友好,顺利完成物理空间打造,服务对象的心理发展空间和家庭关系空间随物理空间的改造而正向发展。

物理空间完工交付后,服务对象作为空间主人进行导览,以仪式感增强自我效能感。社会工作者持续跟进服务对象家庭近况，公共区域中家具摆设调整，杂物丢弃归整，视野随之开阔，家庭成员都表示家庭关系更加亲近，印证了环境心理学中人与环境交互作用，实现三重空间互构重塑。

三、工作成效

社会工作者运用观察法、访谈法及问卷法，评估服务对象及家庭成员变化，验证了三重空间的互构。

物理空间：服务对象独立空间打造。完成 9 平方米独立物理空间打造。居家环境由两室一厅改造为三室一厅，家具重新归整，物品收纳有序，服务对象的学习及生活娱乐空间获得区分。服务对象表示：入住独立空间第一晚，自己兴奋得差点睡不着觉！

心理发展空间：服务对象个体成长。服务对象全过程参与家庭事务决议，受到赋能充权，学习了多角度的思考及选择，能够勇敢表达自我，理解及尊重他人意见，有条理地与家庭成员协商，练习自我决定与负责任，与他人的互动更外向、自信、自在。关于个人能耐心倾听并尊重家庭成员意见、学会不同以往的沟通方式、情绪掌控等方面的能力表现，在测评中获得83%的提升。

家庭关系空间：家庭互动模式重塑。服务对象逐渐理解妈妈对自己的关爱，也关注到双方的变化，拉近了亲子关系，对社会工作者表示，"与妈妈变得更亲近，感觉相当好"。妈妈提到现在服务对象会主动和自己分享。外婆发现自己过去总将服务对象当小孩看待，不让服务对象参与家庭事务，理解了这不利于服务对象的成长，外婆对社会工作者说，"（服务对象）好像一下子长大了"。关于个人在家庭中能表达意见、个人与家庭成员关系紧密度、个人与家庭成员互动感受等方面，在测评中获得91%的正向变化评价。

社会工作者观察到服务对象家庭成功调整权力结构，服务对象与家长各有变化，也能感受到彼此的变化。从最初意见分歧后的沉默与争执，在家庭会议和个别沟通中逐渐理解对方、看见自己，到后期双方可以在讨论中认真倾听、站在对方立场思考不同观点背后的原因，一起面对眼前的难题、共同协商找出共识，彼此的正向变化相互叠加，产生更大的内聚力使家庭持续正向改变，印证了家庭系统理论。

四、经验与不足

第一，三重空间互构，真正持久地回应服务对象需求。局限于物理空间改造，不仅无法有效回应服务对象诉求，反而可能在服务周期结束后加剧家庭矛盾，已实现的物理空间成果也将受到侵占。本案例以物理空间改造为媒介，以家庭会议为手段逐步改善服务对象心理发展空间，培养服务对象表达和参与的意识和能力，维护未成年人独立个体发展，引导家庭成员走进服务对象的世界，扩建家庭关系空间。

第二，赋能充权实践在个人成长、家庭互动、多方联动、空间还权之中。三重空间互构，始终以服务对象发展为依归，服务对象个体能力与家长教养观念皆获得成长：服务对象在家庭会议过程中练习参与、表达、决定，提升自我表达与正向沟通能力，有正向家庭互动协商的成功经验；家长提升亲子教养观念，真正尊重和理解服务对象、习得新的亲子互动方式。依循赋能充权理论，社会工作者也需格外关注关系中的权力互动：社会工作者有着资源协调角色，在多方联动中搭起沟通桥梁，营造空间规划师和服务对象家庭间的沟通氛围，保障服务对象家庭与专业人士间的权力平衡。

独立空间完工，正式还权于服务对象，成为服务对象自我管理、自我规划、自我赋能的载体，促进未成年人更好地思考未来，使未成年人独立生命个体的成长发展更加积极与健康。

五、启示与建议

第一，社会工作者要勇于打破稳态，善于重建稳态。服务对象原有心理状态以及家庭成员原有互动模式经过长时间磨合，已经处于演化停滞的稳态，双方都处于自洽状态中。在这种情况下，社会工作者需要勇于打破稳态，制造危机，创造改变机会。在此期间，因为不同主体进程不同，在维持旧状态和拥抱新状态间的失控感，会让家庭成员间的冲突加剧，社会工作者要能够接纳此阶段的危机，并善于化危为机，构建新的稳态。社会工作者要敏锐地意识到，稳态打破后的痛苦是服务对象成长的一部分，稳态重建的过程就是服务对象脱离原来认知图式，用新的状态开始生活的机会。

第二，回应家庭共性问题，倡导尊重未成年人独立生命个体发展。本案例非急难高危个案，但直指家庭个案工作中最细微核心的家庭教养观念，面对的是万千家庭的共性问题。社会工作者以青少年独立物理空间改造为媒介，呈现成年人与未成年人的不同视角和立场，披露双方冲突成因，通过家庭会议技术引导家长关注子女表达，倾听子女心声，保障未成年人的表达权、参与权，以纪录片媒体宣传为渠道，倡导全社会尊重未成年人意见，共同维护未成年人独立个体发展的理念与宗旨。

（案例报送单位：昆山市乐仁公益发展中心）

浙江省宁波市：
"共享奶奶"打造社会互助系统新模式

【专家点评】

  案例展示了社区志愿服务的一种新形态，"共享奶奶"项目的重要性在于它精准地回应了现代社会中双职工家庭面临的实际问题——父母忙于工作而无暇照顾孩子。这一项目不仅解决了孩子们的接送和照料问题，还为社区内的老年人提供了重新发挥社会价值的机会，实现了老有所为与幼有所托的双重目标，促进了社区的和谐稳定。该项目巧妙地整合了社区内部资源，特别是充分利用了退休老人的时间和经验优势，构建了一个互助共赢的社会支持网络。通过建立"共享奶奶"志愿服务团队，既满足了年轻家庭的实际需求，又增强了老年人的社会参与感和归属感，形成了独特的"一老一幼"互助模式。但是需要注意的是奶奶们在接送孩子上下学过程中，尤其是在恶劣天气条件下，需要高度重视道路交通安全隐患。

  该项目的成功实施为其他社区提供了宝贵的借鉴经验，尤其是在如何利用社区内部资源解决居民实际问题方面。"共享奶奶"模式的成功实践证明，通过合理的组织和管理，可以有效调动社区内部的积极因素，形成互助互利的良好局面，对于推动社区治理现代化具有重要的示范意义。但是，社区"儿童之家"作为接送孩子后进行照顾、陪伴、教育的场所，场地相对狭小单一，需要进一步加强阵地的保障服务。

点评人：彭庆辉 北京大学政府管理学院助理研究员

孙 健 沈阳师范大学管理学院副教授

一、背 景

(一)项目原型

62 岁的袁佩君住在清泉山庄,是社区"共享奶奶"项目团队的发起人之一。自2019 年初以来,袁佩君一直在接送自家孩子的同时,热心地帮助其他有需要的邻居接送孩子,这一接就从幼儿园大班接到了小学三年级。还有已经 75 岁的郑友娣一直帮邻居接送、照顾孩子悦悦。而在悦悦的父亲知道郑友娣患了腰椎间盘突出,需要隔天就到医院做理疗后,总会准时开车接送郑友娣,整整坚持了半年有余,直到其痊愈。

(二)项目产生

2019 年 9 月,社区了解到袁佩君和郑友娣奶奶们的事例,并在进一步各网格走访调研后发现,社区范围内,双职工家庭达 1256 户,占社区居住总户数的 32%。其中,有低龄儿童接送需求的家庭有 383 户,占比高达 60%。"放学无人接送"、"家里无人照管"、"课后无人陪伴"是双职工家庭面临的共同难题。与此同时,社区内 55—75 周岁老年居民 1185 人,其中有时间、有文化、有意愿的奶奶 325 人。"价值无法延续"、"情感无处依托"、"时间无处度过"成为退休老年群体的共同状态。

针对上述情况,"共享奶奶"志愿互助服务项目应运而生。以老人和幼儿两大群体为切入点,致力于打造社区自主的"一老一幼"志愿互助新模式,让志愿服务成为助力社区高质量发展的新时代文明实践力量。

二、主要做法

(一)项目模式

针对社区实际情况和居民需求,"共享奶奶"志愿服务项目落实以"五心"志愿为主要内容的社区互助志愿服务新模式、新方法、新服务。

1. 安心接送,解决现实问题

"1 个社区+1 个'共享奶奶'志愿者团队+多支社会力量"的接送模式,整合"家—校—社"各方资源,打造"安全路"+"安全牌",建立家长与志愿者之间的信任机制。一方面,奶奶们通过出示安全牌给老师,才可以接到孩子们,做到有序有效地接送;另一方面,考虑到学校分批次放学,因此通过分流、分时间段的接送形式,一对一地接送孩子们,更好地保障孩子放学后的"最后一公里"。

2. 贴心照顾，满足生活需要

从"课后小饭桌"解决吃的问题到"大手牵小手"解决行的问题，从换季贴心提醒到生病陪伴就医，全方面全方位给予生活照顾。"共享奶奶"们通过社区的老年食堂阵地，为家长晚下班的孩子们做爱心晚餐，不仅健康也能更好地照顾孩子们。同时，孩子们如遇突然不适，虽不是正常的接送时间，奶奶们也会放下手中之事，把孩子接送到"儿童之家"照顾，严重情况也会先陪同孩子们去医院就医，真正实现服务一体化、全面化、共享化。

3. 暖心陪伴，聚焦情感守护

按照不同阶段的心理特征，对孩子进行情感疏导，对于幼儿园的小朋友、小学不同年级的学生，可以进行不同形式的陪伴。从初期主动消融陌生感，到中期听取孩子在生活学习中的分享和倾诉，再到后期做好分离焦虑的前置性疏导，给予孩子们满满的情绪价值。

4. 精心抚幼，精准开展教育

通过奶奶们言传身教，对孩子们精准开展助老怜爱教育、独立劳动教育、克难挫折教育等，从而更好地培养孩子们良好的品质和生活技能，为他们树立行为规范、人际关系、优良家风等方面的典型榜样。

5. 齐心共筑，共育良好环境

全力协调、运用辖区内各方资源，与辖区内的学校、幼儿园结对成为共建单位，通过社区食堂为孩子们提供放心营养食品；同时，也联同交警部门为孩子们制定安全的放学路，从而确保奶奶们和孩子们放学路上的交通安全、人身安全。

（二）项目机制

在"五心"志愿模式上，社区还建立了"三制度三机制"来为"共享奶奶"们保驾护航，更好地保障志愿者们。

1. 强化三制度

轮班制：奶奶们按照轮班表安排，每周轮流参与志愿服务，值班时，成员需严格遵守规定的时间，准时到岗，做到不迟到、不早退。特长制：让身怀才艺的奶奶们因"才"施教，助力孩子们全方位地发展。培训制：每月对奶奶们开展不同主题培训，提升服务团队的专业化。

2. 完善三机制

完善组织运行机制，建立服务对象、志愿者档案，做好基本信息的登记工作，精准掌握需求，开展"点单式"服务。志愿队伍按照志愿者的性格、特长等分为多支类型的志愿服务分队，最大程度发挥志愿者的能力与特长。每支分队设有组长，由组长统一协调安排组内工作。完善考核评优机制，通过量化评分、队长评价、志愿者互评等环节，对志愿者进行综合评价。完善安全风险机制，联动社区、学校、公安力量，保障"共享奶奶"志愿者团队和孩子安全，通过"志愿浙江"平台为志愿者提供人身意外综合保险、第三者责任险等人身安全保障。

（三）项目流程

1. "纵向深化+横向扩面"，提升志愿服务团队专业化

提升团队内部的凝聚力，吸引更多的社区老年志愿者、社会组织志愿者、校园志愿者加入志愿服务。做好原有共建单位的合作深度化，通过技术指导、能力培训、资源共享等，提升志愿服务主体的能力。在原有的机制上，继续挖掘、引入社会力量，共建范围扩大化，以提升志愿服务团队的专业性。

2. "单点突破+全面开花"，提升项目可复制性、可推广性

"共享奶奶"这一老一幼的互助志愿服务模式是建立在双职工家庭和老年群体的现实需求之上的，是新时代文明实践深入服务广大人民群众生活需要的生动示范。对于双职工家庭往往无法同时照顾孩子和工作，此时"共享奶奶"可以提供必要的帮助；对于多子女家庭往往无法同时照顾多个孩子，此时"共享奶奶"可以提供针对性的服务；对于有特殊需求的孩子，"共享奶奶"可以提供更加个性化的照顾服务。该互助志愿服务模式已经形成了一整套规范化体系化机制，突破了社区在互助服务模式上的固化，将"共享+"的老幼互助模式，辐射至更多需要的社区和乡村，具有可复制性、可推广性。

三、工作成效

（一）相关成效

1. 直接成效

自 2019 年"共享奶奶"志愿互助服务项目创立，近四年来，已发展核心成员 58 名，志愿者 269 名。每次参与活动的人数已超过 200 人次，累计服务超 25000 人次，累计时长超 22000 小时，累计接送孩子 600 余名，四年共惠及 500 余户双职工家庭，受益人群达 1200 人次，真正解决了双职工接送孩子的燃眉之急。

2. 间接成效

"共享奶奶"们表示这是发自内心想做的事情，也非常乐意陪伴孩子们，通过"共享奶奶"服务项目，让奶奶们能够感到自我价值的重现与延续；孩子们表示非常喜欢奶奶们，把"共享奶奶"的阵地称之为"奶奶的家"；而学生家长也表示非常放心把孩子交给奶奶们；社区负责人表示现在有越来越多的志愿者们想加入"共享奶奶"团队中。通过

"共享奶奶"志愿互助服务项目,让奶奶、孩子、家长、社区四方群体更加熟络,从而能够拉近社区与群众之间的距离,打造以"邻里聚、邻里助、邻里情、邻里乐"为重点的和谐社区。

(二)相关反响

1. 社会反响

"共享奶奶"志愿互助服务项目被《人民日报》、央视新闻、人民网、《人民政协报》、学习强国、全国妇联女性之声、《新华每日电讯》、《中国教育报》、央视影音、《中国社会工作》、新华社、央广网、网易、新浪、搜狐、中国蓝新闻、美丽浙江、《浙江日报》、浙江新闻、浙江之声、浙广早新闻、浙江在线、《齐鲁晚报》、NBTV-1、《宁波日报》、《宁波晚报》、甬派、《宁波通讯》、宁波女性、文明宁波、中国宁波网、宁聚、宁波发布、《鄞州日报》、鄞响、鄞州发布、文明鄞州、鄞州妇联、鄞州社工、平安鄞州等多家各级主流媒体、期刊报道推广,获得网友们的纷纷点赞,累计转发量超百万次,累计阅读量超上亿次。值得一提的是,2024 年 1 月,"共享奶奶"志愿服务团队受邀前往中央广播电视台《夕阳红》栏目进行录制拍摄。

2. 示范反响

通过持续性、高热度、亿流量的报道,将"共享+"的老幼互助模式辐射至更多需要的社区和乡村,让更多人能够看到,遍布更多区域,因地制宜助力社区和谐共建。截至2024 年 4 月,"共享奶奶"志愿服务项目已评获浙江省志愿服务项目大赛金奖、浙江省青年志愿服务项目大赛金奖、宁波市志愿服务项目大赛银奖、鄞州区新时代文明实践志愿服务项目基层组金奖、鄞州区最佳志愿服务项目等多项荣誉,"共享奶奶"袁佩君也获评 2023 年"鄞州好人"的称号。

四、经验与不足

"共享奶奶"项目开展四年多以来,累计接送了 600 多名孩子,双向受益家庭达1000 多户,积累了一定经验,取得了一定成效。但在服务开展的同时也遇到一些困难和亟须解决的问题,后续通过多方合作、多方发力,相关问题也正在逐步完善和解决中。

(一)安全问题

奶奶们在接送孩子们上下学过程中,需要高度重视道路交通安全隐患。可通过交警部门的协助,规划制定相应的安全放学路线,并维持放学的交通秩序。尤其是遇到雨雪大风等恶劣天气,老人护送小孩放学也存在安全隐患。

（二）保障问题

从阵地建设保障来看，目前社区"儿童之家"作为奶奶们接送孩子后进行照顾、陪伴、教育孩子们的场所，场地相对狭小单一，需进一步加强阵地的保障服务，为共享奶奶和孩子们构建更加优质的环境和设备。从奶奶自身保障来看，家长如需将孩子交给奶奶们接送，要全方面信任奶奶们，可提前签署"爱心公约"共享奶奶免责条款。

（三）教育问题

共享奶奶们文化水平参差不齐，还有待于进一步地加强，同时，奶奶们也缺少相关的学习平台。后续可以通过社区的力量，积极主动与社会中的艺培机构对接，通过专业培训、分类培训来提高奶奶们的综合素养，从而更好地教育孩子们。

五、启示与建议

（一）建立"志愿服务"团队，激发邻里互助新活力

老年志愿者是社会发展的宝贵资源，加强社区内部老年志愿力量的整合凝聚，充分挖掘"银发"志愿者，鼓励老年人继续发挥余热，把"老有所为"同"老有所养"结合起来。同时，以老人和幼儿两大群体为切入点，建立健全服务对象、志愿者档案，排摸了解老人与幼儿双方所需，充分发挥志愿团队凝心聚力的作用。另外，强化团队的规范性、专业性、科学性也起着至关重要的作用，通过理论提升、技术指导、能力培训、资源共享等，激发志愿服务的内生动力，也可以通过定期组织志愿服务团队交流分享会、团队拓展活动、完善激励措施、推出礼遇项目等形式来增强团队凝聚力，从而提升志愿服务的主体能力。

（二）打通"多方阵地"相融，拓展社会共建新场景

"小阵地"释放"大能量"，依托儿童之家、新时代文明实践所（站）等平台，将志愿服务项目、日常活动融入阵地中，为幼儿（儿童）学习辅导、活动开展、教育培训等提供"一站式"服务，构筑一个让家长放心、老人安心、孩子开心的新场景。同时，要持续性推进阵地管理，对于孩子们的玩具、书籍要定期维护、更新；拓宽阵地领域建设，考虑到孩子和奶奶活动需要更大的空间，可以适当拓宽相关活动领域，条件允许的情况下，也可以为部分需要写作业的孩子打造独立的空间；加强制度化建设，对于阵地的使用等，应制定有针对性的制度管理，进一步丰富活跃文化生活，实现贴心志愿服务"零距离"。

（三）构建"安全信任"机制，助力资源整合新突破

为了保障志愿者安全，建立一套健全的安全机制显得至关重要，也是志愿服务项目能够行之有效、行稳致远的关键。通过整合多方资源，建立安全保障、轮班值守、多元照

护等机制,打造创新性、可持续性、安全性的定制化接送服务,进一步建立健全完整化、规范化、体系化的"安全志愿"机制。创新"爱心公约"机制,社区通过与家长提前签订"共享奶奶"免责条款,为共享奶奶营造良好的志愿服务环境,让"共享奶奶"能够毫无后顾之忧地去接送孩子,"爱心公约"条款起到了保障作用。同时,强化"轮班运行"机制,通过每周提前发送下周的值班表,保证奶奶们每周负责1—2天,从而保障奶奶们也有自己的业余时间。社区前期通过建立健全服务对象、志愿者档案,精准掌握双职工家庭的需求,通过家长"菜单式"下单、社区"接单式"派发、共享奶奶们"接力式"保障的形式,实现精准化接送。建立多元照顾机制,在传统接送基础上,也可以充分发挥"共享奶奶"们的各自特长,提供暖心看护、作业辅导、兴趣培育、性格养成等多方面的志愿服务,让孩子们不仅仅是被接送到儿童之家,还感受到奶奶们的爱心照顾和精心抚育,也让孩子与奶奶们有亲情般的感情,真正做到共享服务共享情,共享奶奶共享爱。

(案例报送单位:中共宁波市鄞州区委社会工作部、中共宁波市鄞州区东钱湖镇委员会、宁波市鄞州区东钱湖镇清泉社区居民委员会)

山东省淄博市：
"社工+邻里互助"打造养老志愿服务新模式

📝【专家点评】

随着人口老龄化的加剧,居家养老成为主要的养老方式,如何确保老年人的生活质量和安全,成为社会关注的焦点。本案例展现了社会工作在养老服务领域的做法经验及实效。案例中,社会服务机构关注到社区困境老人的心理情感调适、居家环境改造、社会适应融入、自我价值实现等需求,通过项目设计,组建了护老员、"助急员"老年志愿服务队,并在社区内建立了志愿积分机制,为社区困境老人提供"巡访关爱+专业服务"帮扶的同时,以"社工+邻里互助"激发了社区邻里互助,满足了困境老人需求,营造了社区关爱氛围。

山东省淄博市欢乐多社会工作服务中心通过将社会工作与邻里互助相结合,有效地整合了社区资源,提高了养老服务的及时性和有效性,取得了显著的实效,展示了社会工作在社区居家养老中的重要作用。从服务内容来看,"护老员"和"助急员"机制综合考虑了居家养老中的常态服务和应急服务,为其他社区提供了借鉴。从工作方式来看,社会工作在这一过程中不仅直接提供服务,还扮演了引导和组织者的角色,从优势视角看待老年人,激发社区参与,为老年人提供了全面的生活和心理支持。这种依托社区资源和邻里互助的模式具有高适应性和灵活性,能够根据不同地区的实际情况进行调整和优化,具有一定推广价值。

点评人:谢　琼　北京师范大学教授

谷玉莹　北京师范大学博士研究生

一、背 景

居家养老是目前最主要的养老方式,完善的社区居家养老能让老年人在原有的居住环境和社会关系中安享晚年,不断完善社区居家养老服务是实现老年人原居享老愿望的有效支撑。山东省淄博市欢乐多社会工作服务中心在日常走访中发现部分困难老人在家庭照顾、居家环境、社会参与、生活质量等方面有需求。社工通过进行调查与访谈,发现这部分老人普遍存在以上问题的原因包括:

个人层面:困境老人大多已经年迈或者因身体原因,生产生活能力下降,他们容易遭遇经济困难和生活困难,易产生无力感,常常陷入自我否定,缺乏心理支持。家庭层面:他们大多是因子女不在身边或者家庭变故,基本处于独居或空巢状态,日常生活缺乏照料,居家安全难以保障。社会层面:困境老人缺乏有效的社会交往,存在明显的社会融入隔阂,精神文化生活匮乏。

从 2021 年起,淄博市欢乐多社会工作服务中心社工进行了诸多的探索,从困境老人心理情感调适、居家环境改造、社会适应融入、自我价值实现等几个方面需求入手,开展"社工+邻里互助"困境老人志愿服务项目,通过"社工+志愿者"服务体系,为开展为老志愿服务提供力量支撑,助力构筑和谐美好的社区养老环境。

二、主要做法

(一)实地走访,确定服务方案

为准确了解低保老人的服务需求,欢乐多社工联合镇社工站及村级幸福院进行入户走访,通过问卷调研、访谈、观察等方式,对可能需要社工服务的低保老人名单进行甄别与评估。社会工作者通过查阅资料、与服务对象面对面交流、邻里询问等方式,了解他们的身体状况、家庭结构、家庭成员、经济状况、心理状态等信息。在常规的需求评估基础上,社工还借助了多种测量工具,比如使用日常生活自理能力评估表对低保老人的生活能力进行评估,使用简易精神状态量表对其心理健康状况进行评估,使用老年人居家环境安全评估表对其居住环境进行评估。在掌握低保老人的需求后,社工还采取集体讨论、督导咨询等方式,制订差异化的服务方案,明确每位低保老人的服务重点。

(二)社工+邻里互助,打造养老志愿服务新模式

多元联动是整合资源、提供服务的重要保障,而志愿服务是在资源整合下社工聚焦服务对象需求、满足其多元化需要的有效措施。它可以促进社会和谐稳定,提高社会治

理效能,增强社会凝聚力和向心力。欢乐多社工依托各镇社工站和农村幸福院,积极链接资源,对接爱心组织,招募打造了以护老员、助急员为主体的"桓乐多"志愿服务队,各种角色协同作业,构成幸福养老的合力。

1. 邻居化身"护老员",筑牢安全保障屏障

在走访中,社工发现低保老人大部分为独居,且因身体或者心理等方面的原因喜欢独来独往,与外界接触较少,如在家中发生危险,很难被及时发现和救助。为保证老人的安全和打造一个互助互爱的邻里环境,社工综合分析老人身边的有利条件,比如政府已对老人家中进行了适老化和智慧化改造,社工顺势而为,打造"护老员"邻里互助模式。招募老年人的邻居成为志愿者,将邻居变成护老员,依托智慧化为老服务平台,为老人提供24小时的安全守护,当老人发生危险紧急呼救时,护老员能第一时间过去查看,并及时联系救助,确保了老人的居家安全。截至2024年4月,已为辖区内的245位低保老人结对了"护老员",在守护老人安全方面发挥了重要作用。

2022年9月,服务对象李大爷在家活动时不慎摔倒,其老伴在紧急时刻摁响了家里的紧急呼叫器。接到报警信号后,为老服务平台的工作人员第一时间联系了老人的护老员李女士上门进行查看,了解老人的情况后,李女士为老人联系救治,保证了老人能在第一时间得到治疗,减轻痛苦。

2. 开启邻里"助急员",形成结伴帮扶体系

通过调研,社工发现这部分低保老人在日常生活照料方面也存在很多困难,大到求医问药、出行购物,小到洗衣做饭、卫生清洁,有些老人甚至连三餐都无法保证。如何让老人在需要时及时得到帮助,做到有需求有回应,且能长期持续下去?社工采取"自愿结对+组织定向"模式,发动邻里"助急员"志愿者,让志愿者与受助老人结成"邻里互助"对子,以困难老年人的生活需求为重点,提供助餐、助洁、助浴、助医、助行、助急、精神慰藉等服务,将"老有所养"与"老有所为"有机结合起来,按照"需要什么帮什么、缺什么帮什么"的原则形成了"一对一、一对多、多对多"结伴帮扶互助养老体系,让志愿服务时刻发生在老人身边,触手可及。

桓台县起凤镇田大娘的家庭情况比较特殊,儿媳因患重疾去世,小儿子经常外出工作,大儿子和孙子均有智力问题,照顾家庭的重担都落在了年逾80岁的她的身上,再加上自己身体也有疾病,往往力不从心。自从结对志愿者曹大姐和王大姐以来,家里的环境有人帮忙整理了,有人陪着聊天谈心了,家里有需要买的物品也有人代为跑腿了,老人一家的生活要比以前方便很多,老人脸上的笑容也多了起来,"这俩孩子就跟我的亲闺女一样,太好了!"这已经成为老人逢人就说的一句话。

3. 巡访关爱+专业服务，改善长者情绪状态

对于独居、高龄的老人来说，陪伴和心理支持是最需要和重要的。为此，欢乐多社会工作服务中心为服务对象建立了个人档案，并经常开展线上或线下的巡访关爱活动。通过巡访，为老人带去陪伴服务，并了解服务对象的心理、身体等健康方面情况，了解服务对象是否存在衣食住行医等方面的困难，了解服务对象家庭房屋和水电气暖设施设备是否存在安全隐患等安全方面情况，了解居家养老服务情况等，为下一步社会服务的开展奠定了基础。同时在巡访过程中，能及时发现服务对象出现的紧急状况，及时处理。如：2021 年 12 月在起凤镇乌南村的巡访中，发现服务对象孙大爷出现一氧化碳中毒后及时送医，为其康复争取了宝贵的时间。2022 年 7 月 6 日，在日常巡访中发现起凤镇服务对象宋大爷出现了中暑症状，立即给予其紧急处置，使老人转危为安。

通过巡访关爱，社工及时收集汇总和分析老人的情况，调动志愿者力量提供老人日常生活照料等服务，充分展现了专业化的服务能力。社工还及时开展个案、小组活动，满足服务对象的个性化、普遍性需求。

针对个别老人存在的明显负向情绪与认知偏差等问题，社工运用心理干预的方式，采取深度访谈策略和社会工作介入模式，对其进行情绪疏导。服务对象刘大爷是一名特困老人，在巡访过程中，社工发现他对于自己的过往难以释怀，处于自我封闭状态，缺乏自我认同感，社会支持网络不健全。沟通后社会工作者根据服务对象情况制定了服务计划并展开服务。经过近两个月的服务，服务对象的状态得以改善，生活自信心增强，社会交往能力增强，生活逐步步入正轨。

针对部分老人渴望与他人分享自己的过往经历，但周围人对其缺乏关注，他们因此常常陷入自我否定，存在悲观、无用等负面心理情绪的情况，社工专门开展了"幸福晚年，绽放生命精彩"小组活动，发现老人自我改变的潜能；针对部分老人社会交往圈子较为封闭、缺少"谈得来的朋友"的现象，社工开展"友情，温暖你我他"和"守望相助，最美夕阳红"小组活动；针对部分老人安全知识淡薄的现象，社工专门开展"守护长者，安全伴夕阳"小组活动，并加强防电信诈骗知识的宣传。在这一过程中，社工积极引导低龄老人为高龄老人服务，在为他人提供帮助的同时，也提升了这部分老人的社会参与度和自身价值感，构建朋辈群体之间的支持体系。有些老人喜欢分享，社工便将其充分组织起来，组建"志愿宣传队"，开展反诈知识宣传等活动，引导他们主动参与社区治理与服务，让老人在发挥自己余热、提升身份认同感的同时丰富社会交往。

4. 探索小积分兑换，激发志愿服务"大活力"

为进一步激发志愿服务的活力，欢乐多社会工作服务中心选择用优势视角撬动杠杆资源。探索出服务积分积累和兑换机制，按照白天上门查看一次积 5 分，夜晚上门查

看一次积 10 分,其他志愿服务按时长积分的方法记录积分,并定期开展志愿者积分兑换活动,志愿者可以兑换物品,也可以兑换志愿服务。此举主要是希望他们在奉献爱心的同时,收获认可和尊重,提高志愿服务的热情,影响更多的人参与到为老志愿服务中。

三、工作成效

(一)老人的居家安全得到保障

自项目实施以来,护老员志愿者的配备使老人的居家安全得到了保障,在老人出现紧急情况时,能第一时间联系到护老员,在第一时间得到救助。实际案例显示,护老员队伍在老人的居家安全方面发挥了很大的作用,护老员也成了老人的贴心人和守护者。

(二)生活照顾需求得到回应

项目实施期间,依靠"邻里互助"模式,社工和志愿者对生活困难和缺乏保障的低保老人的需求进行了精准回应,将暖心服务送到老人身边,大到陪同就医,小到家中电器等的修理、做饭、洗衣、理发等,从细微处着眼、从微小事入手,把对低保老人的关爱转化为实实在在的生活帮助。

(三)心理和情绪状态有所改善

项目满意度调查显示,社工开展的精准化、多元化服务得到了服务对象的充分肯定,满意度接近100%。老人因缺乏陪伴和关注引起的心理和精神问题明显改善,无力感有了显著缓解,情绪状态得到了很大的提升,幸福感增强。自己能正确地进行自我肯定,尤其是老年志愿活动的参与,帮助他们提升了自我效能感。

(四)朋辈关系增强,社会交往有所扩展

社工介入前,这些低保老人的生活或是继续从事力所能及的劳动,或是晒着太阳过日子,无暇无力参与社会交往,心理归属需求难以得到有效满足。社工通过定期邀请老人参加小组活动,与同龄人之间的交流沟通明显增多,使其在心理上找到了同伴和队伍,增进了朋辈关系。

四、经验与不足

在此项目中,除了提供的专业服务外,社工还创新了"邻里互助"养老志愿服务模式。尤其是将好邻居变身"护老员",为低保老人的居家安全构筑了一道防线,能为老人提供 24 小时的安全守护,让老人安心,提升了老人的安全感。

针对老人的居家照顾问题,社工通过大量的探讨,引导志愿团队骨干主动寻找解决

办法,充分调动了社区志愿者服务力量,通过邻里结对帮扶的办法将志愿服务送到老人身边,根据老人的实际需求,为其量身定制服务内容。

在志愿队伍的培育过程中,社工积极响应国家"积极老龄化"的号召,引导低龄、活力老年人为高龄、失能老年人服务,并引导他们加入志愿者服务队伍,参与到为老志愿服务中来,极大地提高了这部分老年人的社会参与能力,提高了自我效能感。

项目资金一般较为有限,如何链接更多资源? 这是社工在项目实施过程中必须要考虑的问题。

五、启示与建议

老年社会工作是遵循独立、参与、照顾、自我实现、尊严的原则,运用社会工作的专业知识,以老年人及相关人员和系统为服务对象,帮助老年人,特别是处境困难的老年人改善社会功能,提高生活质量和生命质量,使老年人更好地适应社会。因此社工在工作过程中,在改善老人外部支持系统的同时,要关注老年人的微观环境和自我意识,做到助人自助,将增强服务对象独立解决问题的能力作为工作重心。

在协同志愿队伍开展服务过程中,社会工作者除专业指导外,也扮演了参与者的角色,随着社会服务活动的深入开展,社会工作者应逐渐从参与者转变到指引者角色。在项目中,在前期的志愿者队伍的构建和引导上,社工起到了主导作用,但是随着项目的推进,社工逐渐退出主导地位,志愿队伍会根据老人需求,主动积极开展为老志愿服务活动,并且和结对老人形成了较亲密和信任的关系,推动了整个项目的持续和良性的顺利运行。

在项目推进过程中,社工发现有些低保老人由于家庭或者自身原因以及长期的生活习惯问题,或者因为自己是低保身份,感觉被人照顾而感到难为情,在社工初期介入过程中,出现了抵触或者逃避的现象。针对这种情况,社工不要急于求成,首先坚持尊重原则,从心理疏导方面入手,相信他们有解决问题的能力,给予他们勇气、动力和陪伴,让他们自己做自己的人生规划。

为将这一项目深入推广下去,服务对象不局限于低保等困境老人,而是惠及更多的老年人,下一步社工应积极开拓渠道,盘活社会有效资源,项目深入拓展社会化助老渠道,不断壮大社工人才和志愿者队伍,进一步提升社会服务和社会救助的广度与深度。

(案例报送单位:山东省淄博市欢乐多社会工作服务中心)

浙江省海宁市：
构建"乡帮人"互助体系助力社区治理

📝【专家点评】

本案例就如何构建"乡帮人"互助体系进行了探讨,介绍了街道社工站用专业社会工作方法,将党建引领、文化宣传、平台搭建、场景营造、活动交流等多样化方式结合使用,以挖掘骨干、组建"乡帮人"志愿队伍为轴线,摸底社区居民的优点与特长,整合社区居民资源,增进居民的互助意识,引导居民参与社区治理的过程与成效。

本案例为困难家庭、困境儿童、孤寡老人等特殊人群绘制"民情地图"并进行数字化建档,对困难群众进行精细化服务的做法具有较强的创新性与可推广性。此外,对"夹心层"人群针对性地采取自治互助计划,对于其他未能关注到该群体的地区具有较强的启发意义。

点评人:谢　琼　北京师范大学教授

滕嘉暄　北京师范大学博士研究生

一、背　景

《孟子·滕文公上》中有一句这样写道:"死徙无出乡,乡田同井,出入相友,守望相助,疾病相扶持,则百姓亲睦。"其大意是埋葬老死的人或者搬迁他处,也不会离开原来的乡土;居住在同一个井田的家户,平日里出入相见,都是友爱对待,与人为善,彼此守望,互帮互助;任何人有了疾病,都会互相照顾和扶持,如此,百姓之间就更加亲爱和睦了。中国古代是熟人社会,从生到死,整个人生所面对的,都是同一个村社的人们,都是那些熟悉的面孔。因此,人们非常重视聚族而居且有血缘关系的亲人,同样也很重视居住在同一个村社的左邻右舍。然而在当今社会,钢筋混凝土浇筑的城市中,邻里关系仿佛多了一道防盗门,同处一隅的邻里却互不相识,传统美德似乎也在当代人身上难寻踪影。家庭是社区的细胞,社区是社会的基础,打破邻里隔膜屏障,构建邻里守望的融洽关系便是大治理下的小切口。

海昌街道隶属于浙江省海宁市,地处海宁市东北部,东连海盐县百步镇,南接海宁市硖石街道、海洲街道,西毗桐乡市屠甸镇,北邻秀洲区王店镇。下辖4个行政村、13个社区(其中4个城市社区),地域总面积54.2平方公里,截至2021年底,共有户籍人口41042人,在册登记新居民109845人。因为特殊的地理环境,村落散布较广,呈现多点聚集式分布。辖区的年轻人基本迁居市中心,常住居民以中老年人为主,且外来新居民较多。居民家中有事时,往往最能及时提供帮助的便是隔壁邻里。因此,构建邻里守望的"乡帮人"互助体系显得尤为重要。

近年来,海昌街道社工站运用"助人自助"的专业社会工作方法,通过党建引领、文化宣传、平台搭建、场景营造、活动交流等方式,培育居民萌发互助意识,引导新居民融入参与,挖掘骨干组建"乡帮人"志愿队伍,最终营造出与邻为友、守望相助的美好邻里关系,使邻里之间由相识到相知,从小个体到大家庭相得益彰。

二、主要做法

(一)党建引领落地生根,助推机制快速成型

党建引领就是坚持党对一切工作的领导,将党建优势转化为发展优势、党建资源转化为发展资源、党建成果转化为发展成果,带领引导推动社区基层治理模式快速成型,特色品牌作用彰显。在"乡帮人"互助体系设计伊始,海昌社工站就明确党建引领对于项目可执行、可发展、可持续的重要性。

以党建带自治,深入落实"五社共建·四季轮值"工作机制,社会组织党组织以"一组织一服务队"方式,主动编入城乡社区各"居民网格"参与结对共建村、社区治理,开展红社志愿、主题党日、党员培训教育等活动,每年开展平安建设、网格治理、志愿服务、共同富裕建设、反诈宣传等各类主题活动。

为了让红色力量扎根群众,了解、聚焦居民热点问题,通过让村社干部、辖区党员下沉网格发挥党员先锋作用,带动居民关注自治,参与自治,做好自治。建立"红邻居"、"共管筹治"模式,通过"红邻居"的带领,居民主动参与到社区治理中,也拉近了党员与群众之间的距离,收集并解决居民诉求及各类矛盾问题,增加了居民与"红邻居"的黏性,激发了居民自治的积极性,为接下来邻里守望的"乡帮人"队伍建设起到了很好的示范作用。

(二)骨干培育以一带多,引领自治扎实迈步

居民骨干在社区社会工作的开展中一直起着催化剂的作用,是居民自治最为关键的一环,是实现居民自治的首要条件。

海昌社工站社工们在前期调研走访中积极摸排已有的居民骨干能人,结合"邻里坊治——居民自治互助计划"项目、"邻里守望——'乡帮人'志愿者培育计划"等项目,针对摸排到的骨干能人进行赋能提升,以发挥骨干们的团队协作意识,增强凝聚力,提升社区归属感,同时强化优秀党员在居民骨干队伍中的领头雁作用。通过发挥居民骨干模范带头作用,在居民中形成一条有效的正面宣导渠道。

居民骨干还将他们自己平时工作中的所见、所闻、所感以及成功的经验、做法与大家一起分享,社工站在接下来开展的各类社区治理活动中,通过居民骨干带头,引导居民自主设计策划服务项目和内容,并加以实施、复盘、总结,充分调动社区居民的参与热情。通过动员邻里力量,建立"亲子坊、美食坊、园艺坊、瑜伽坊、创造坊"等邻里五坊,并组织居民开展社区微景观营造、邻里坊实践等活动,在这些骨干的带领下,"乡帮人"队伍初见雏形,同时也激发了社群活力,营造了邻里文化,推动了居民自治。

(三)民情地图精准呈现,保障群体齐头并进

辖区内的困难家庭、困境儿童、孤寡老人等特殊人群一直是社区治理和服务中的短板和重点,对于这类人群的关爱尤为重要。为了让辖区困难家庭、困境儿童、孤寡老人获得更好、更全面的支援性与兜底性服务,社工站为这些人群绘制了一张"民情地图",进行数字化建档,目前已累计建档157户。

根据"民情地图",社工站、村(社区)干部以及"乡帮人"志愿者对困难家庭、困境儿童、孤寡老人等进行上门探访及电话慰问,收集微心愿;根据服务对象特点、个别化需求提供个案服务;组织开展代际融合、亲子互动、传统节日等活动。社工站自建站以来,通过走访摸排,共收集300个微心愿。在区街党委、各社会组织、爱心企业、爱心人士等社会各界的支持下,这些微心愿已全部实现。

社工在走访中发现,不能纳入低保的"夹心层"人群存在较严重的社区融入问题。对此,社工站设计实施了自治互助计划,邀请此类人群参加各类融入性活动,丰富其精神生活、提高其社区融入度。此外,社工站积极链接外部资源,对接企业为困难群体提供公益性岗位,其中福利企业在活动现场与辖区内6名残疾人达成工作意向。

在特殊人群的帮扶中,"乡帮人"志愿者队伍发挥了重要作用。来自身边的日常关爱让守望相助照进了现实,散落在民间的自治力量充分发挥出他们的能量。

(四)电商带货一专多能,助力共富乡村振兴

为积极响应共同富裕示范区建设号召,社工站还协助农户进行农产品促销增收,优

化海昌街道城市居民生活消费。

"红小二共富菜园"是为辖区内困难人群设置的增收致富项目。该项目由辖区内企事业单位党支部认领地块，种植应季蔬菜，采取"劳动换报酬"模式，让困难家庭中有劳动能力的居民到菜园工作，以增加收入；通过设立慈善专户，将菜园的销售收入、捐款收入专门用于困难群众的扶持。

随着大家种植热情的高涨，产量激增，销路又成了问题。社工站便聚焦电商带货形式，以"小屏幕"打开"大市场"，由村支部书记直播带货。通过直播，彻底解决了农产品滞销的问题。

直播带货成效的显著吸引了其他镇、街道的关注，海昌街道社工站受邀为其他街道的农产品促销助力。借此契机，海昌街道社工站与其他街道共同探索创立"两站携手，同促共富"的联动机制，打造城乡输送专用道。

科技手段的运用，让数字化变身虚拟"乡帮人"，赋予"乡帮人"志愿者队伍新的动能，起到了更为广泛的联结作用。

（五）平台作用全面凸显，赋能治理凝心聚力

社工站将志愿者组织起来，把分散的正能量凝聚起来，对志愿者的权利和义务、志愿服务的范围和重点对象、志愿者的行为进行规范，使"乡帮人"志愿者服务工作有目标、有计划、有规模，使志愿者有凝聚力和归属感，引导他们从身边事、力所能及的事做起，形成合力。

要想建立一支稳定的"乡帮人"志愿者队伍，培训管理与回馈机制必不可少。社工站出面建立"乡帮人"微信群，充分发挥新媒体方便、快捷的优势，及时传递志愿工作的动态与信息，便于各项活动的开展以及志愿者之间的交流，同时，加强志愿者培训管理，通过"乡帮人"志愿增能小组，在服务意识、服务能力和服务水平方面全面提升志愿者能力。

社工站把建设激励机制、增强志愿者的成就感和荣誉感作为重要工作之一，以促进居民志愿者以更大的热情投身志愿活动。以慈善超市为载体，建立适度回馈机制，切实提高志愿者的服务积极性。志愿者可按照积累的不同志愿服务时长，在慈善超市兑换相应商品。同时，社工站链接社会组织、企业等优质资源，为志愿者提供关爱与保障，吸引更多社区居民、社工人才和志愿者积极参与其中。

三、工作成效

以"乡帮人"互助体系构筑社区基层治理新模式在各村社的品牌建设实践中发挥

了巨大作用。

(一)双喜村"五社联动"示范点创建显成效

海昌街道双喜村从"一分菜地"到"共富菜园",在"菜"上做足了文章。在村委会的引导下,村民成立了议事协商小组,商议解决方法并报村委会实施"一分菜地"计划,随着村民议事小组的不断成熟,建立了议事协商机制,为村民提供了一条规范的问题处理途径,提升了村民的自治能力,大幅度地减少了村民矛盾纠纷的产生。在此基础上,协商联动打造"共富菜园",链接皮意纺织、创业者联盟、水务集团等企业进行菜园认领,并定期排班、派出志愿者耕种、管理。成熟蔬菜,一部分由爱心企业食堂回购,一部分进行线上线下售卖,售得资金用于困难群众帮扶,由"乡帮人"志愿者提供上门帮扶。随着对村里困难家庭帮扶的深入,村民们又开始积极谋划壮大集体经济,大家积极商议"全域旅游"及"十万农民变股民"计划,推动村经济合作社发展。"一分菜地"也逐渐演化成了"共富菜园",并联动了多方资源推动村经济合作社的转型,开始走上了现代化农业之路,随着村集体经济收入的增加,聚焦"一老一小一残",建起村服务综合体,发挥"乡帮人"志愿者作用,针对"一老一小一残"提供更加个性化、高品质的服务。

(二)双联社区现代社区创建开新局

海昌街道双联社区坚持党建统领,紧密结合现代社区建设要求,以"联心益+"党建品牌为抓手,打造"乡帮人"志愿服务体系,通过实施初心、暖心、舒心、安心、同心的"心联新"行动,聚集社区各方力量,广泛开展议事协商,实现小区治理难题件件有着落,事事有回音。通过"联心益+"党建品牌和"心联新"志愿行动,让居民与社区之间的互动同频共振。

四、工作经验

(一)党建引领,树立航标

在社区基层治理过程中,深刻认识到党建引领在居民自治中的重大意义,不断发挥党的先锋模范作用,在引领和服务群众上干在实处、走在前面;强化实务实操,聚焦民情热点,着力破解堵点难点短板弱项问题,善于从小切口来解决大问题,构建上下贯通、执行有力的党建引领新格局。

(二)以点带面,聚沙成塔

"乡帮人"骨干队伍的培育与发展,可以很好地带动周边居民的参与,体现"聚人气、促改变、可持久"的重要作用,通过"助人自助"的形式发挥服务对象的潜能,最终充分调动居民参与社区建设的积极性,激活了社区治理的新活力。

（三）资源整合，敢于创新

善用跨界思维，大胆整合资源，运用"互联网+"带来的技术革新，发挥科技支撑作用，使得基层治理开始从传统治理模式向新型治理模式发生转变，由局域单一化向广域多元化渗透，为基层治理发展创造了一个全新的方向，很好地展现出基层治理的"共享"、"共创"、"共精彩"。

五、启示与建议

（一）发挥志愿者核心人物的关键作用

"乡帮人"志愿者队伍成立之初，核心人物在居民参与中发挥了关键性作用，核心人物既不需要选举也不需要任命，他们是在利用自己的能力和社会资本，热心为居民服务，并带动满足居民需求过程中自然形成的。核心人物是社区志愿者参与的关键点，有了他们，才能实现志愿者由点到面的突破。

（二）满足居民需求是社区志愿者组织的动力源

促使居民参与的根本在于发现需求并满足需求，志愿者组织可以从居民共同的、最迫切且在短时间内能够满足的一两个需求出发，着力加以解决，让居民尝到自治的"甜头"。随着需求的不断满足，居民的认同感、归属感、责任感和参与感才会逐渐产生。因此，只有通过满足居民需求，培育居民的社区意识，才能从根源上解决居民自治问题。

（三）参与平台建设是"乡帮人"志愿者组织壮大的基础

社区人多事杂，需求多样化，必须建构居民参与的大平台，使全体居民参与到建设中来，整合社区居民的资源，把握社区居民的优点和特长，适时地为其提供施展特长的平台。营造居民参与的良好舆论环境，经常组织老少皆宜的活动，通过活动建构邻里关系，培养邻里情感，促进共同参与。活动的举办应该建立在居民对社区有认同感的基础上。

（案例报送单位：海宁市海昌街道社会工作站）

浙江省嘉善县：
打造"五和众议" 助推村级民主协商再上新台阶

📝【专家点评】

浙江省嘉善县的"五和众议"模式在推动村级民主协商方面具有重要意义。它不仅响应了国家关于加强基层民主建设的号召，而且为其他地区提供了可借鉴的经验。通过这一模式，可以有效提升村民参与公共事务的积极性，增强基层治理的透明度和公正性，从而促进社会和谐稳定。

"五和众议"模式的独特之处在于其创新的民主协商机制。它通过"五和"的协商原则，结合中国传统文化与现代治理理念，形成了具有地方特色的民主协商路径。这种模式注重村民的广泛参与和利益平衡，使得决策过程更加民主、科学和高效。

"五和众议"模式在嘉善县的实践中取得了显著实效。通过这一模式，村民能够直接参与到村级事务的讨论和决策中，有效解决了许多实际问题，如土地征用、环境整治、基础设施建设等。这不仅提高了村民的满意度和幸福感，还增强了基层组织的凝聚力和执行力。

该案例的创新性体现在其对传统民主协商方式的改进和创新。嘉善县在村级民主协商中引入了多项创新机制，如"1+7+X"议事架构、"五步议事法"等，这些创新举措拓宽了村民参与渠道，提高了议事效率，为基层治理注入了新的活力。此外，它采用了现代信息技术手段，如网络平台和移动应用，方便村民参与和监督，这些创新举措为村级民主协商提供了新的思路和方法。

"五和众议"模式在嘉善县的成功实践具有很强的示范性。它为其他地区提供了可推广的经验，特别是在如何激发村民参与热情、提高决策质量、增强基层治理能力等方面。通过学习这一模式，其他地区可以更好地推进基层民主建设，提升治理效能。

考虑到"五和众议"模式在实际操作中的灵活性和适应性，其推广性较强。该模式可以根据不同地区的实际情况进行调整和优化，以适应不同地区的文化背景和社会需求。同时，通过政策支持和培训指导，可以进一步扩大其影响力，推动更多地区实现基层民主协商的创新和发展。

点评人:章文光　北京师范大学政府管理学院教授、博士生导师、院长

一、背　景

习近平总书记强调:"在中国社会主义制度下,有事好商量、众人的事情由众人商量,找到全社会意愿和要求的最大公约数,是人民民主的真谛。"①党的二十大报告中指出,要健全基层党组织领导的基层群众自治机制,通过加强基层组织建设和拓宽群众有序参与基层治理的渠道,保障人民依法管理基层公共事务和公益事业。《中共中央国务院关于加强基层治理体系和治理能力现代化建设的意见》指出,"在基层公共事务和公益事业中广泛实行群众自我管理、自我服务、自我教育、自我监督,拓宽群众反映意见和建议的渠道。聚焦群众关心的民生实事和重要事项,定期开展民主协商。"

在乡村振兴背景下,如何将议事协商从矛盾纠纷治理拓展到村集体经济发展、环境治理等各维度,是当前推进乡村全过程人民民主实践的重要课题。嘉善县聚焦村民当下关切和共富发展问题,打造经济和顺、环境和美、乡风和睦、治理和谐、服务和享的"五和众议"品牌,构建"五和议事会"协商新载体,探索"多元参议、需求定议、村规纳议、文化促议"四项新机制,建立"点题—审题—议题—分题—亮题"五步议事法,有效形成"五事众议、和合大同"的民主协商新场景,不断推进全过程人民民主向纵深发展,有力推进乡村共富朝普惠发展。

二、主要做法

近年来,嘉善县深入推进村级民主自治建设,大力实施"阳光村务"工程,围绕"集体经济发展和顺、环境宜居和美、乡风文明和睦、村级组织治理和谐、公共服务和享"的村民自治总目标,创新打造"五和众议"品牌,走出了一条"权力公授、村务公决、群众公信、结果公开"的村级民主自治之路,不断推进全过程人民民主在最基层的有效实践。曾先后获评全国村务公开民主管理示范县、全国村级议事协商创新实验试点单位,"重大村务公决"获得中国全面小康十大民生决策。村级议事协商改革经验获《中国社区报》、《乡镇论坛》、《竞跑者》等主流媒体刊登报道。

---

① 《习近平著作选读》第二卷,人民出版社2023年版,第268页。

(一)坚持一体化谋划,拓宽议事协商多元渠道

第一,健全"五和众议"制度体系。制定出台《关于加强和完善城乡社区治理高质量推进幸福家园建设的实施意见》、《关于加强城乡社区协商的实施意见》等政策性文件,全省率先开展村级议事协商试点,全域推行村级重大村务公决制度。不断优化议事队伍,选优培强议事人员,常态化开展业务培训,全面加强议事会成员履职服务能力。

第二,搭建"有事好商量"组织架构。全市率先创新成立村务协商议事会,建立"1+7+X"议事架构,"1"是指党组织书记(主任),"7"是指村"两委"成员、村监委代表、村民代表、各级政协或人大代表、社会组织代表、经济组织(企业代表)、乡贤等固定人员,"X"是指根据议题不同,邀请涉事的利益相关方代表、政府相关部门或农村议事协商的专家学者、基层工作人员等其他议事协商者,确保"每一位村民的议论声能被听到"。全县各村(社区)实现百姓议事会、乡贤参事会全覆盖。

第三,打造"家门口"议事平台。实施村级服务设施品质提升行动,整合党群服务中心、凉亭长廊等现有阵地资源,高标准打造"红茶坊"、"民生议事堂"等村民家门口的"五和议事"协商阵地,常态化开展板凳议事、廊下说事、民情恳谈等议事活动。同时,依托"红色 e 家园"、"微嘉园"等网上平台,及时收集和发布议事协商的信息,通过线上线下相结合的模式,实现协商面对面,议事零距离。

(二)创新"三四五"机制,健全议事协商程序规则

第一,细化"三类"议事清单。围绕村民关心关切、村级组织重点发展、上级党委政府部署落实三大类公共事项,制定出台《村级议事协商目录清单》,明确村级议事协商事项五大项 55 小项,通过目录清单,清晰界定议事会研究事项的范围和内容,提高决策效率。同时,紧扣村民需求,每月 15 日定期组织开展协商,充分征求意见、凝聚群众智慧,实现"民事民议"、"民事民决"。

第二,创新"四项"参与机制。通过构建多元参议、需求定议、村规纳议、文化促议等机制,积极吸引和带动村民参与到议事活动及公共事业中。构建多元参议机制,发动村内在册党员、企业家、乡贤等骨干,依照其特长积极参与到百姓议事会、乡贤参事会等活动中,积极引导社区社会组织参与村级治理,进而带动更多村民参与。拓展需求定议机制,广泛征求群众意见,以需求为导向,确定议题内容吸引村民参与。探索村规纳议机制,以制定完善村规民约为重点,将议事协商纳入村规民约中,使村民参与议事协商成为村民权利与村民义务。在与时俱进修订完善村规民约的基础上,采取"一事一约"的方式,创新推行村级治理专项公约,聚焦移风易俗、环境治理、纠纷处理等难点重点问题,制定符合自身实际的各类专项公约,形成"1+N"(即一个总公约 N 个专项公约)公约体系。实施文化促议机制,通过开展各类文体活动,为村级议事协商奠定良好的群众

基础。如洪溪村依托辣妈宝贝、篮球俱乐部"两张金名片",搭建为民服务的"连心"平台,从昔日的上访村蜕变成为如今的和谐村,2006年以来未发生非正常上访情况。

第三,规范"五步"议事程序。创新议事协商"五步工作法"。第一步是提题点题,由村民提出和村级组织点出要议事协商的事项。第二步是审题确题,村两委根据提题点题的事项,凝练和确定要讨论的事项,形成可供议事协商的方案。第三步是议题商题,根据议题范围、涉及面等,召集利益相关者开展议事协商。第四步是分题决题,由参会的各方对协商形成的基本共识进行表决,实行民主集中制,形成协商意见。第五步是亮题督题,对议事成果及成果实施进行公开公示,并由村务监督委员会进行全程监督,逐步形成"有事好商量,众人的事情由众人商量"的良好工作局面。

(三)聚力"全链条"运行,推动议事协商落地见效

第一,强化成果转化。及时汇总整理议事会上群众提出的意见建议,形成建议书交办村两委、相关部门或单位,保障议事成果落地实施,更好服务于村民生产生活。比如干窑镇范东村、范泾村等8个村(社区)创新建立了跨区域的联动协商机制,打造了"窑望丰赢 共富工坊",抱团发展稻米、草莓等主导产业,通过"共富"协商聚资源、聚人心、聚合力,携手走好产业协同、融合发展的共富路。

第二,强化质效评价。坚持问效于民,建立跟踪问效、回访、评价等机制,通过书记接待日、民情民意提交日等活动,聚焦"党政关心、社会关切、群众关注",进一步细化议事范围,把更多村级事项纳入议事协商清单,同时确保议题合法、合理、合情。及时走访、全面了解村民对议事结果的评价,加强对协商成果的跟踪反馈,做到事事有回音、件件有落实。

第三,强化监督管理。充分发挥村级民主听证会作用,常态化开展民主测评工作,由全体村民参与对村干部的测评,接受村民的咨询和监督,为村级议事协商奠定良好的群众基础。同时,为确保议事协商工作取得预期成效,通过建立议事协商督导机制,成立由镇联村组、村民代表等组成的议事协商督查小队,对议事协商流程规范落实情况进行全流程、全方位督查,形成议事协商的闭环,实现议事成果由"议得好"到"办得好"转变,有效保障村民权益。

三、工作成效

第一,发挥广集民智民意的平台作用。村级议事协商的主体是村民,在新农村建设的实践中,针对经济、政治、文化和社会生活中存在的各种问题,明确村级议事协商是什么、谁来议、议什么、怎么议等多个方面内容,进一步引导村民采取"民主"和"协商"方式加以解决，以民主协商的实际成效，进一步增强村民对民主协商理论的广泛认同，使民主协商的理念渗透到村民自治的各个环节之中。2023年一部以洪溪村为原型的电影《南湖女儿》，讲述村支部书记带领全体村民共同参与协商议事，最终实现乡村蝶变的真实历程，引起社会广泛反响。截至2024年4月，已收集各类意见建议2500余条，通过议事协商解决问题800余个。

第二，发挥助力基层治理的参谋作用。根据广泛、民主、高效的原则，采取多种形式协商。全局性的由全体村民参加，单一性的由相应小组参加，涉及个体利益的，邀请利益相关人参加，充分释放社区社会组织等多元主体参与村级治理的"正能量"。如大云镇缪家村积极发挥"为民协商"作用，在民主监督下把农村集体经济"蛋糕"做大、分好。得益于此，近年来，每年各类分红总计达450万元，让缪家人实实在在享受到了村级集体经济发展带来的红利。如天凝镇洪溪村在推进全国村级议事协商创新实验试点过程中，通过村民群策群力将"脏乱差"垃圾堆华丽变身为强村富民"金码头"，不仅每年带来直接收益200万元，还使村民实现了"家门口就业"，推动村集体和村民的双向共富。

第三，发挥润滑干群关系的媒介作用。将转变干部作风作为提升效能、服务群众的重要抓手，积极引导推动村干部、联村干部等下基层、下网格，创新开展夜访农户、夜讲政策、夜商发展、夜调纠纷、夜巡治安等活动，实地解决数百件重点、难点事件。如横港村新增村基础服务设施期间，镇村两级干部通过走村入户听取村民意见、集体会商、与村务监督委员会成员和工程负责人实地测绘，及时形成议事协商结果、出台布局方案，大大提升了村民的幸福感、获得感。据不完全统计，近年来，村民对干部满意度高达98.5%。

四、启示与建议

第一，坚持党建引领是村民有序参与协商议事的重要保障。党领导下的基层协商是推动社会治理重心向基层下移的有力保障，准确把握新时代党建引领基层协商治理的内在逻辑和着力点，对于提高基层治理能力、推动基层治理现代化具有重要理论和实践价值。新时代，人民群众对美好生活向往的需求呈现出多元化、多样化和个性化的特点，在议事协商过程中，村民提出的意见、建议和诉求也必定是五花八门，对此要借助党组织号召力和党员先进性，引导村民有序参与协商治理，提升村民协商议事的组织化水平，是村民在议事实践中培养主体意识和民主习惯的重要保障。

第二，发挥村委职能作用是村民有效参与协商议事的关键因素。《中共中央 国务院关于加强基层治理体系和治理能力现代化建设的意见》中强调，要依托村委会自身的规范化建设,健全村民自治机制,通过增强村动员组织能力和优化村服务格局,提升基层治理效能。村委会对议事内容的执行力是对村民话语权的实效性保证,激发了村民参与协商议事的动力,村委会在增强村干部服务水平和治理能力的同时,促进了村民与村委会的互信共治,提升了村民参与村务协商的治理效能。

第三,强化民众主体地位是村民有力参与议事协商的基础条件。协商议事平台还需要协商主体发挥协商议事能力来支撑。习近平总书记指出:"充分尊重农民意愿,切实保护农民权益,调动亿万农民积极性、主动性、创造性,推动农业全面升级、农村全面进步、农民全面发展,不断提升农民获得感、幸福感、安全感。"[1]确立村民在村庄治理中的主体地位,让其参与共谋共建共管共评共享的全过程,建立以村民为主体、以村党组织为核心的村庄治理共同体。嘉善开展村级协商议事可以有效集思广益、掌握社情民意,而这需要充分调动群众出资、出力、出点子,发挥民众主体性,汇聚最大治理合力。

第四,聚集群众关切利益是村民有效参与议事协商的动力源泉。党的二十大报告指出:"要实现好、维护好、发展好最广大人民根本利益,紧紧抓住人民最关心最直接最现实的利益问题。"有的地方探索出的协商议事形式,之所以成效不明显,很重要的原因是会议内容不贴合民众生活实际和需求。嘉善县始终坚持问题导向,做好社情民意收集和分类,找准群众真实需求的"最大公约数",因事因需常态化开展"五和议事"活动,从源头处回应民众需求,从根源上减少矛盾。实践表明,开展协商议事要直面群众关心的急难愁盼问题,把人民群众的利益放在首位,将"会"开到群众心坎里,真正做到"人民至上"。

(案例报送单位:浙江省嘉兴市嘉善县社会工作部)

---

① 中共中央党史和文献研究院编:《全面建成小康社会重要文献选编(下)》,人民出版社、新华出版社2022年版,第1115页。

社会治理数字赋能篇

　　数字赋能和转型已成为推动社会治理现代化的关键路径。数字技术与社会治理深度融合，不仅深刻改变了政府、社会与市场之间的互动模式，还极大地提升了公共服务的效率与质量，促进了社会和谐与稳定发展。全国各地区抓住机遇，在社会治理数字转型过程中形成了"立体式智治模式"、"数治网格"、"民生晴雨"、"全量信息视图"等一系列宝贵经验。

广东省佛山市：
"立体式智治模式"助推基层治理现代化

📝【专家点评】

随着我国城镇化的发展,经济多样化、成员异质化、主体利益关系复杂化等使得当前农村社区各种新老问题叠加,面临跟传统农村社区治理大不相同的情境,给基层治理带来了很大的挑战。

广东省佛山市狮山镇朗沙社区以"诚信"为核心价值,以数字化为支撑,多元联动,实现共治共建共享,探索建立一种"立体式智治模式",提升基层治理能力。这是朗沙社区建设以诚信积分体系为基础,以法治为保障、以德治为基础、以自治为目标、以智治为手段的农村"四治"融合治理格局的有益尝试。

《中国共产党第十九届中央委员会第四次全体会议公报》提出建设人人有责、人人尽责、人人享有的社会治理共同体。朗沙社区从"诚信"出发来建设社区治理共同体,不仅促进了人的全面发展,还有利于培育社会资本,夯实多元参与社区治理的基础,对于成员异质化的农村社区治理来说非常重要。朗沙社区还完善了一系列多元联动的制度,让群众从被动参与到主动参与,调动群众参与积极性,并运用现代化的数智手段提升治理现代化水平,这些措施都收到了很好的效果。

当前,各地通过信用/诚信积分体系来推动农村和城市治理的实践并不少见。朗沙社区的实践将诚信体系的应用场景进行了一定的拓展,不仅推进了文明新风尚,也成为治理的新动力,结合数智化手段的应用,较好地实现了其治理的目标。从这一点来说,朗沙社区的实践对于同类型的农村社区具有一定的示范性和借鉴意义。当然,诚信积分体系需要从激励的角度进一步完善,同时,数智化手段在乡村治理中的应用场景应该继续拓展,这样才能有效促进基层治理效能的提升。

点评人:皇　娟　中国社会科学院大学政府管理学院副院长、副教授

一、背　景

改革开放以来,广东珠三角农村发展经历过高潮、崛起和重构。随着现代化的进程,传统农业社会正在向现代工业社会转变,人员流动交织更复杂频繁,多元主体之间的社会分化、利益冲突、流动性高、不确定性大的问题在基层社会尤其突出,促使基层社会也从增长与扩张带来的振奋人心中冷静下来,寻找基层治理的新方向。《中共中央国务院关于加强基层治理体系和治理能力现代化建设的意见》强调:"基层治理是国家治理的基石,统筹推进乡镇(街道)和城乡社区治理,是实现国家治理体系和治理能力现代化的基础工程。"习近平总书记指出:"一个现代化的社会,应该既充满活力又拥有良好秩序,呈现出活力和秩序有机统一。"①秩序和活力的有机统一,便是国家治理现代化所要追求的目标,基层治理现代化则在其中发挥着基础性作用。② 朗沙社区在推动基层治理现代化实践中,以秩序和活力为目标,把基层治理整体工作转向更为内生、以人为本和高质量的可持续发展方向。朗沙社区位于广东省中东部,佛山市狮山镇的南部,邻近佛山市城区,辖区面积 2.4 平方公里,有"沙口笋乡"之称。地理位置优越,经济业态发展良好,有 4000 多本地人口,10000 多外来人口,辖区 4 个工业园,300 多家企业,90 多间商铺,社区周边楼盘小区、工业园区、农村房屋相混杂,本地人口与外来人口相混住,有非常突出的城镇化进程中农村社区的特点。为从过去单一的自上而下的治理格局中突破,从原来同质简单的社区向差异化多元化转变,走出一条符合朗沙社区基层治理现代化的路子,推动社区可持续发展,实现朗沙人的全面发展,朗沙以"诚信"为核心价值,以数字化为支撑,多元联动,实现共治共建共享,探索建立一种"立体式智治模式"。

二、主要做法

朗沙社区"立体式智治模式"的内涵如下。

"立体式"有两个含义:一是对个人立体式发展而言,关注人的内外成长与发展,内化于心,外化于行,量化行为价值,促进知行合一;二是对社区立体式发展而言,强调的是对整个社区的持份者和大小事务都能管得到,精细到对个别能应急调处,对全面又能整体掌控。

---

① 《习近平著作选读》第二卷,人民出版社 2023 年版,第 332 页。
② 徐勇:《中国式基层治理现代化的方位与路向》,《政治学研究》2023 年第 1 期。

"智"有三个含义:一是指个人的心智,培育"诚信"核心价值观,建设精神文明;二是指多元共治的智慧,撬动各社会力量和全体居民共同参与,形成社区可持续发展的动力之源;三是指智能化设备和数字化载体。

"治"是实现基层治理现代化的目标,需要社会多元参与,既保持社区活力,又稳定有序。

具体做法有以下三个方面。

(一)育心智,建立"诚信朗沙"德治体系

中国式现代化的本质是人的现代化,体现人本逻辑,也需要人的精神力量。朗沙在探索基层治理现代化的实践中,把社会主义核心价值观融入基层治理的各个方面,找准"诚信"价值核心,以实现人的价值为根本出发点,营造"笋乡朗沙,立诚致远"的社区核心竞争力。从2018年起,朗沙社区积极探索"诚信建设"治理新模式,以辖下钟村经济社为试点,对该经济社内40多栋出租屋进行诚信评级,对出租屋的6项治安类、18项消防类、5项卫生类共29项内容进行综合评分,并根据每栋出租屋当前的治安、消防、卫生情况,实行"红、黄、绿"三色图标管理。随着出租屋三色图标管理的全面铺开,建立起朗沙社区的治理评价指标体系和治理网格化机制,制订并实施《朗沙社区诚信建设工作方案》,成立朗沙社区诚信建设工作管理小组,分片区、分领域组建巡查队伍,监督诚信管理系统的日常运行,做好诚信社区建设的管理保障。到2022年,朗沙社区启动"六大推动计划",通过"党建引领、诚信为先、强基壮源、崇学向学、文体兼备、老有所依"六个计划,全方位落实乡村振兴建设,落实广东省"百县千镇万村高质量发展工程"和绿美乡村建设。其中,"诚信为先"推动计划,主要内容是"以诚为本,以诚立人,全面启动诚信社区建设。通过推动基层农村诚信治理,建立新型积分管理的村规民约,提升群众素养;同时深化部门诚信共建、企业结对、群众参与,形成共建共治新格局,创建市级诚信乡村示范点。"社区配套出台《朗沙社区诚信体系建设管理制度》和《朗沙社区诚信体系建设之诚信红黑榜实施方案》,规范引导文明行为,治理不良行为,营造人人讲文明讲诚信的社区风气。诚信建设除提升基层治理效能和居民素质外,更凝聚起朗沙这个大家庭,诚信观念在朗沙社区的各项治理工作中起到极大的推动作用。

(二)聚民智,建立"多元联动"的共治体系

党的二十大报告提出"发展壮大群防群治力量,营造见义勇为社会氛围,建设人人有责、人人尽责、人人享有的社会治理共同体。"社区不只是地域空间,更是人的聚合体,社区是否能保持秩序与活力,是否可持续发展,它的核心还是在人,它需要人人参与和共创。朗沙社区重视人的行为价值,看到人的发展需求,并以此建立起朗沙的"多元联动"共治体系。

首先,建立规则,被动参与即是联动。通过村民表决,制定《狮山镇朗沙社区居民公约》,并配套人居环境、自建房建设管理、两违查治管理、个人不良行为管理、出租屋管理等五大专项公约,群众自己制定和自己表决通过约束自己的"行为规范"。五大专项公约内容量化成 600 多个指标,每项指标对应诚信分值,以扣分的形式进行诚信积分。为体现分数价值和行为价值,每 1 分对应 1 元,满分可以拿到 600 元。根据积分排名将村民分类纳入"诚信超红榜"、"诚信红榜"、"诚信黄榜"、"诚信黑榜",在村中的各大 LED 屏张榜公告,年末进行表彰奖励。另外,诚信系统实行户籍人员"家庭户"关联,强化户内互动监督功能,即"一人违规,全户扣分"。2023 年,朗沙社区 1171 户家庭中共有 880 户家庭上了"诚信超红榜",社区发放 300 多万元的诚信奖励金。虽然是被动参与,但也激励着群众"人人共建共享"的行为和信心。

其次,议事协商,意见参与也是联动。主要体现在两个方面:一是"智慧大脑"。深化基层党建,制定《朗沙社区基层党员量化积分方案》,发挥党员的模范带头作用,聚集党员智慧,通过先知先议和建言献策等方式参与社区各项建设。在社区党委引领下,各党支部和党员带头参与和主动谋划社区建设。集体决策加速社区重要决策和推动监督事项高效实施。例如,在社区的工改工项目上,通过"智慧大脑"的发力推进,社区上下一心,坚定地推动了朗沙上朗工业区改造项目。二是"码上议事",朗沙设置"诚信共建监督码",扫码上传意见建议,广泛收集社情民意。

最后,正向引导,主动参与更是联动。在以扣分方式规范村民行为形成被动参与习惯的基础上,2024 年,朗沙社区实施正向积分奖励制度。正向积分引导,使所有在朗沙生活经商的主体都可以参与联动的设计。对居民,无论是本地居民还是外来人员都可以参与,只要参与朗沙的志愿服务活动、建言献策等都可以获得积分,积分可以在朗沙范围内兑换物品或服务,诚实守信积分高的家庭或个人,由社区授予"诚信家庭"、"诚信个人"的荣誉;对企业商铺,可以以提供资金、产品或服务的形式支持积分的兑换参与朗沙建设,优质的商家由社区授予"朗沙社区诚信联盟商家"的牌子;并建立互助平台"积分小屋"和"微心愿"线上板块,热心人可以通过点亮"心愿墙"等方式交换物品或服务,实现互助共享。

(三)用数智,建立"顺数而为"的智治体系

党的十九届四中全会强调以科技支撑社会治理。朗沙社区应用数字技术开展基层治理主要包括三个内容:一是通过建设"诚信治理系统"把整个社区的人事物联系起来,建立治理监督闭环;二是通过建设综治应急中心,应用视频监控、门禁系统、物联网等智能设备建立应急闭环;三是通过"诚信治理系统"+积分小程序把社区、企业商铺和本地居民、新朗沙人联动起来,形成社区治理共同体的资源和人力流动闭环。

2019年，朗沙社区把社区治理评价指标体系和治理网格化机制数字化为一套"诚信治理系统"，应用于辖区出租屋、房屋建设、环境卫生领域。该系统实现了"巡查员发现不文明行为——录入员录入信息——处置员限时处理不文明行为——在公开平台曝光不文明行为——不断监督整改完善"的管理闭环。经过两年的实践验证和进化，"诚信治理系统"从数字化提升为数智化。将6名社区干部、1名系统管理员、26名网格巡查处置员、125名社区党员、4000多名社区户籍居民、10000多名外来务工人员以及400多间商铺、厂企全部纳入为管理考评对象，围绕"一个核心+四大功能+五大机制"①功能，设基层党建、社会治理、企业管理、执行管理、数据库、服务中心预审6个模块，结合人居环境整治、出租屋及流动人口、两违查治、住宅建设、个人诚信5大方面设置管理细则1000多项，借助区块链技术实现违规事项处理自动流转，实现治理监督闭环。2023年起，朗沙进一步夯实现代智能设备基础，建设基层综治应急管理平台和三级安防体系。95%出租屋已使用视频门禁系统，增加视频监控和行为抓拍。在出租屋和企业特定场所安装烟感、气感等物联网设备，整个社区所有人和企业、商铺、出租屋全部实现"线上纳管"，夯实人事物的治理基础。在公共服务方面，借助物联网设备，正在规划为有需要的老人配备应急手环，应急服务联入社区综治应急中心，社区自主组建的应急小队快速响应。用现代智能化手段打造"一呼即应"的应急闭环。2024年，开发"创熟②联盟小程序"，探索"社会资源+创熟活动+线上兑换"的社区"创熟"模式。把"诚信治理系统"再升级，全体朗沙居民企业商铺都可以在这个线上空间中进行更深入的互动与交流，实现多元参与、多元联动的资源和人力流动的闭环。

三、工作成效

（一）"诚信朗沙"，促进治理理念的现代化

诚信治理是朗沙深入推进基层治理现代化的"重要法宝"，更是朗沙乡村振兴长足发展的"内驱动力"。通过塑造"诚信朗沙"核心价值，启智润心，涵养文明新风，并将其转化为人们的情感认同和行为习惯，内化于心，外化于行。这就把"诚信"作为整个社区每一个持份者连接的最大公约数，也把"诚信"作为朗沙现在与未来连接的最长破折号。当一代又一代的朗沙人，把"诚信"刻入骨子里，融进血脉里，朗沙就会开启一种新的文明风尚，这是朗沙的社区发展，也是社区的传承。把诚信内化为精神追求，促进人

---

① 一个核心：党建引领；四大功能：社区治理"全覆盖"、监督管理"一张网"、执行调度"一条龙"、数据分析"一键化"；五大机制：定格考核机制、积分奖惩机制、数据互通机制、闭环管理机制、责任传导机制。

② 创熟："创建熟人社区"，是佛山市南海区深入开展共建共治共享的基层治理工作的一个行动。

们价值观念的形成,加强乡村精神文明建设,更好发挥社会主义核心价值观在基层治理现代化建设中的价值引领作用。这是治理理念现代化呈现的成效。

(二)"多元联动",促进治理主体的现代化

2019年,朗沙"诚信治理系统"上线试验的时候,群众对被录入的整改率只有15%。在第二年,整改率上升到83%。当主体的能动性被调动起来时,被动参与也是一种很大力量的参与,被动参与也会变成自愿遵从。朗沙的多元主体,包括了人与人的多元,还有角色身份的多元。一般讲的主体是社区、居民、企业商铺、社会组织等,其实还有个人主体不同角色身份的多元参与,例如,社区书记是行政主官,他能发挥决策作用;也是一名普通党员,也要参与党员积分;同时也是一名社区居民,他和他的家人也受各项制度的制约。朗沙的多元联动,是真正的多元主体的联动,每一个主体都可以以不同的身份角色参与到社区的互动中。有优势的,可以发挥更多,作出更大贡献;优势不明显的,只要按规则规范自己的行为,也是参与和贡献。朗沙尊重每一个主体的差异化,并以最大的包容,把这种差异化转为社区发展的势能。多元共治,不只是主体多元,还要开放包容,听到不同的声音,特别是弱势群体的声音,让每个人都有机会被看见,都有机会来参与,实现自我价值。这是基层治理多元主体现代化呈现的成效。

(三)"顺数而为",促进治理工具的现代化

运用"诚信治理系统"、"创熟联盟小程序"和社区综治应急中心、物联网平台,实现基层治理技术与制度的融合统一,把制度数字化,把治理具象化,把服务信息化,实现各行政职能的紧密连接,实现人物互联,一旦出现突发事件,应急中心可以快速响应,并通过平台及时反馈,迅速启动紧急预案,形成现实的地域空间的线下互动与虚拟空间的线上互联的互构交织,拓宽了社区空间的维度与边界,让治理工作多了与人连接的纽带,改变了以往自上而下的行政命令传达的单线流动程序,通过数字化技术让每个持份者成为节点,从流动的个体成为连接的群体,纵横交错地实现情感价值与资源信息的流动互通。利用数字技术优势,解决资源整合优化问题,推进基层治理整体性的联结和智慧化提速,公开透明,政通人和,这是治理工具现代化呈现的成效。

四、经验与启示

经过几年的探索与实践,将"立体式智治"融入基层治理,使基层治理工作提质增效,不断释放出强大生命力。

(一)要坚定治理的方向

社会发展很快,不确定性因素也很多,要把准"变"与"不变"才能坚定基层治理方

向。但对于一个基层社区来讲,所有治理工作的目标都是为了在地群众居民安居乐业。基层治理现代化,在于人。朗沙社区的基层治理,也是以人为本,从社区传承与发展的角度来定位。这涉及两个方向的发展:一是社区的发展,包括产业经济、精神文化的发展;二是"朗沙人"的发展,是一代一代朗沙人的可持续发展。要有足够的信心和前瞻性,要有定力和毅力坚定这个治理方向,以"不变"应"万变",深入推动实现基层治理现代化,实现社区的传承与发展。

(二)要稳定治理的节奏

当明确了方向"高高山上立",在"深深海底行"时会遇到各种情况。在坚定目标时,还要稳定发展治理的节奏,让社区可以在刚刚好的状态自然成长。如"诚信朗沙"精神文明建设要有持久的耐性,因为启智育人是一个长期的过程,不能急于求成;如"数智化"技术与设备迭代更新很快,不能墨守成规;如"工改工"的项目要兼顾利益与生态,不能盲目开发等。把握社区可持续发展的"刚刚好"的节奏,需要基层治理的大智慧和高水平。

(三)要找到治理的动力

当社区通过规范行为,鼓励群众由被动参与到主动参与,多元主体的意见与能量被调动起来,多方智慧的聚集也为社区提供了更多资源与支持。可是,这些措施的落实中,社区党委和居委会仍起着很明显的行政领导作用,行政力量的介入比较强势。虽然行政角色也是一种主体力量,但是也要看到群众的创造性与创新性还没有被激发出来,社区活力还没有彻底焕发。找到社区治理与社区发展的内生动力,要从人出发。一个活力社区要有强大的在地包容力,充分尊重不同人文特色、不同群体的生活习惯、价值观等,实现社区的互融共进。首先是传统文化与现代化的融合,体现在新与旧之间的平衡、城市与农村之间的衔接。其次是老人与青年人的融合。再次是本地人与外来人的"创熟"。当越来越多的个体被动员起来,成为真正的利益相关方,将会产生更多促进和保护集体利益的行动,更多的本地资源将被链接,形成自主的力量,不再单一依赖外部资源,就能找到基层治理现代化的动力。

(案例报送单位:广东省佛山市南海区狮山镇朗沙社区居民委员会)

山东省济宁市：
以"数治网格"构建基层社会治理新格局

【专家点评】

汉上县中都街道打造"数治中都"综合服务管理平台，成立"1+1"专职网格员队伍，健全"嘟来办"事件处理机制，充分发挥多网联动作用，将矛盾纠纷化解在基层，消除在萌芽状态，这套做法经验对提升数字时代基层社会治理效率效果具有重要的借鉴意义。

中都街道基层治理创新了"党建引领"的做法。实施"雁阵领航"工程，充分调动在职党员的资源到社区开展共驻共建项目，把党建末梢向网格延伸，实现党组织触角全覆盖，把党的领导优势转化为基层网格治理效能。

通过一系列探索实践，中都街道能够做到及时发现问题，及时处理问题，取得了较好效果，相关做法也得到了《人民日报》《光明日报》等主流媒体的宣传推广。

利用数字技术赋能基层治理的经验值得加以推广。如搭建数据底座，通过数据的接入汇聚更好地掌握人口、房屋、市场主体等的状况；通过人工智能算法技术提升社区安全治理水平，改善生活环境；通过大数据分析优化社区公共服务，精准识别和发现老人、残疾人等服务需求，实现主动服务。

点评人：孟庆国　清华大学公共管理学院教授、清华大学国家治理研究院执行院长

一、背　景

汉上县中都街道地处汉上县主城区，下辖14个城市社区、5个行政村，常住居民16万余人，占汉上城区60%以上，面临着对辖区底数不清晰、居民诉求不掌握、矛盾调解不及时等诸多痛点，打造"数治中都"综合服务管理平台，成立"1+1"专职网格员队伍，健全"嘟来办"事件处理机制，发挥多网联动作用，将矛盾纠纷化解在基层，消除在萌芽状态，走出了一条具有时代特征、符合区域特点的基层社会治理发展之路。

二、主要做法

(一)坚持党建引领,把牢社会治理"方向盘"

2024 年 2 月,坝口家园 1 网格网格员李玉梦接到"网格便民微信群"寻求社区网格员帮助的消息,原来是 3 号楼 1 单元 4 楼的居民认为是楼上水管漏水导致房屋内墙面泡水发生翘壳脱落,双方因为赔偿金额多次发生口角,矛盾逐渐升级。网格员了解情况后进行调解,但楼上居民情绪激动,闭门不见,随即将事件上报社区杨书记,经社区研判,由网格党小组组长郑恒略牵头,会同专职网格员、物业,一块儿上门查明楼上漏水原因,随后将两户约至小区"心声"网格会客厅,分别给双方做思想工作、分析问题,并提供解决方案,历经两个多小时的调解,双方由最初的满腹怨气、互相指责,最终达成共识、握手言和,矛盾得到妥善解决。

为进一步将基层党组织的政治优势、组织优势转化为治理效能,打通基层社会治理"毛细血管",改善基层治理"微循环",中都街道始终坚持政治引领,构建纵向贯通、横向交融体系,为扁平化社会治理提供坚强组织保障。

一是织密社区组织体系,厘清治理责任。聚焦社区无力实行精细化治理监管、物业企业服务水平参差不齐、业委会不作为等问题,健全"街道党工委—社区大党委—小区党支部—网格党小组—党员中心户"五级党组织架构,坚持街道党工委指方向、社区大党委抓实施、小区党支部抓落实、网格党小组抓教育、党员中心户抓示范。将党组织设置与网格治理相融合,根据辖区小区、楼栋、街巷分布特点,划分 156 个网格,每个网格配备 1 名社工+1 名公益岗,绘制网格化服务管理示意图,明确政策宣传、社会治安、矛盾化解、安全排查、帮办代办等网格清单事项,实现"接单派单、汇总分析、督导调度、评议反馈"闭环管理,将党的组织触角延伸到基层最"末梢"。

二是筑牢坚强政治堡垒,汇聚强大合力。平时,在职党员线下常态化开展"双报到"活动,线上兑换志愿服务积分,72 个县直机关、企事业单位,1800 余名在职党员到社区开展共驻共建项目,实施"雁阵领航"工程。"战时",网格员调动下沉干部到小区履行职责,形成了网格自管、高效运转的智慧网格组织体系,把党建末梢向网格延伸,把网格服务延伸到"最后一米",实现党组织触角全覆盖,推动党建引领网格化工作上下统一、步调一致,把党的领导优势转化为基层网格治理效能。

三是探索多元治理体制,创新治理模式。聚焦"谁来治理、治理什么、怎样治理、水平如何"四类问题,通过激发基层党组织、社区居民和社会组织的活力,创新探索社区治理模式,健全社区党委民主决策、小区党支部协商议事、网格党小组干事评事机制,形成"党建引领、一网统筹、全域覆盖"格局，着力做优社区、做实系统、做活治理，在打造红色物业、智慧社区、发挥基层自治组织作用方面闯新路、创特色。同时利用网格居民群、随手拍等方式与居民互动，交流意见与建议，让辖区居民参与到社区治理中，打造党建联合、服务聚合、文化融合新模式，构建共建共治共享的基层治理新格局。

（二）建强网格队伍，引领社会治理"新蝶变"

为了不断激发基层社会治理的内生动力，中都街道从网格员队伍建设、培养、管理、使用全过程发力，以抓网格员队伍建设提升网格治理效能，最终有效激发社区内部活力。

一是创新设立网格学院，探索打造全科网格。通过每周一例会坚持开展网格员常态化培训，线上开发"向阳学院"，线下成立"青青葵园"网格学院，交流工作经验、学习先进做法、提升个人能力，切实发挥网格化工作实效。截至 2024 年 4 月，街道成功开展 62 期网格员作风建设、业务能力和日常工作培训会，6 次网格员大会，并成功开展首届网格技能比武大赛，全面提升网格员素质能力，打造一支数据化、专业化的网格铁军，推动社区服务触角延伸到居民家门口。

二是组建数治网格队伍，构建"1+1+N"网格格局。围绕建强队伍，街道创设大数据中心，1 名班子成员兼任中心主任，整合城市党建办、网格办、热线办，配备 15 名专职人员，集中办公、一体运行，高效统筹基层治理工作。围绕平台运用，组建街道 20 余个职能部门及 14 个城市社区大数据专员工作队伍，培育"全能社工"，全方位提升网格员的数据应用能力；围绕彰显实效，组建社工+公益岗的"1+1"专职网格员队伍共 317 名，带领"三长"、公益岗等多名兼职网格员，构建"1+1+N"网格工作力量格局。

三是优化智能考核体系，扎实推进网格服务管理。街道自主编撰《中都街道网格工作手册》，印发《中都街道"嘟来办"网格部门联动工作机制实施方案》《青青葵园全能社工"1+1"轮训工作机制》等 12 项系列文件。制定网格员职责清单，优化网格员考核办法，建立中都督查机制，线下成立 5 人电话调查专班，对网格员满意度实行周抽查、月通报、季调度、半年一次大排名，结果纳入绩效考核；线上打造智能考核板块，将网格员日常走访、网格巡查、事件办理、工作日志等使用情况进行分类统计，更直观地掌握网格员的日常动态，有力保障线上线下工作有机结合，让网格员守格有责、守格有方、守格尽责，切实打通基层治理神经脉络。

（三）数据赋能，激活社会治理"新引擎"

"我们通过平台预警，在动态监测数据比对中发现了凤凰西区 1 网格居民栗大爷刚满 90 岁，已符合享受老龄补贴政策，了解到其因身体原因无法出门办理银行卡后，随即联系银行共同上门办理，帮助栗大爷成功申请老龄补贴。"中都街道永续社区网格员何丽苹说道。

为破解网格员在整合资源和开展服务等方面存在的"小马拉大车"困境，中都街道充分发挥数据赋能网格化治理的倍增效应，极大改变社区服务方式，做实网格帮办代办，实现居民全程"零跑腿"，享受政策服务。

一是搭建数据底座，打好网格治理"精准牌"。以国家政务数据直达基层试点、镇街数据节点建设为机遇，自主打造"数治中都"服务管理平台，搭建人口、房屋、市场主体、组织、网格五大"数据底座"，逐步申请国家和省级全员人口、营业执照、残疾人等数据接口 340 个，并与市、县城市大脑实现联通，定期下放数据 270 余类，归集各类数据5500 余万条，精准掌握了 15.9 万居民、2.3 万家市场主体数据信息。构建"99 归一"信息归集补充机制，即让数据走 99%的路，通过上级数据对接，掌握基础数据信息，由网格员打通最后一米，通过日常走访更新居民当前居住情况、家庭成员、实际需求等，构建"数据一套表"，动态掌握辖区居民情况，精准描绘居民数据画像，推动大数据与网格化深度融合。

二是转变管理模式，下好技术赋能"关键棋"。面对小区高空抛物、消防通道堆物、垃圾箱房门前丢弃垃圾等各类安全问题，将数字治理技术与传统物业管理相结合，通过增设各角度 AI 摄像头，赋能智能 AI 分析，加持消防通道占用、垃圾满溢、电子围栏、周界防范、汛情灾害等 20 余类识别算法，建立 AI 预警 24 小时全闭环办理机制，提升各类矛盾问题处置效率。同时，对重点关注老人配套增加智能网关、呼叫系统、跌倒报警，所有的服务记录、报警信息，均有社区网格员监管落实情况，对出现的意外情况，及时发给家人和网格员。为进一步及时了解、动态掌握居民困难诉求，推动居民知晓政务信息"全覆盖"，引导更多居民参与小区治理工作，街道开发"嘟来办"微信小程序，设立三务公开、政府服务板块，打造"一听一看"全覆盖宣传矩阵，充分利用辖区内 151 个智慧音柱及 1185 个居民（商铺）微信群，宣传惠民政策，发布重要信息，提升群众法治观念，引导群众运用法律途径、合法方式维护权益、反映诉求，形成人人明白政策，会用政策的浓厚氛围，从源头避免矛盾激化，减少矛盾纠纷。

三是实现双向奔赴，做好高效服务"大文章"。对独居老人、残疾人、慢性病人等 45类重点服务人群进行标签化管理，依托专职网格员服务延伸触角，为重点人群提供精准服务，当前完成 7 次精准走访，精准服务居民 1 万余人次。创立"大数据×网格化×N"双向赋能基层治理新模式，以常住人口数据为基础，建立政策精准找人的大数据分析模型，打通卫健、社保、民政等数据窗口，建立"政策找人"一张图，居民实际需求、特殊情况、风险预警等一目了然，网格员精准上门服务，宣传落实政策，借助大数据预警，将惠民政策送达生成走访任务，网格员精准上门送达政策，并回传政策办理情况，高效完成老年证办理、高龄补贴、退役军人贴息贷款、两癌筛查等政策找人工作。

（四）数治网格，织密服务群众"暖心网"

"实验小学家属院单元号和门户号相反，且没有明确的单元号和门牌号，我们送外卖的时候常常走错，每次都要电话指路，非常不方便。"接到外卖小哥反映的问题后，网格员高维维第一时间进行实地查看，并向附近居民了解情况，南门社区实小北片区一网格内房屋的新、老房产证多处与实际情况不符，向居民征求意见后，经报社区党委集体商议，把2号楼调整成东户1、西户2，最终仅用1天时间完成40户居民指示牌安装工作，圆满解决了问题。

为了不断将网格服务管理的触角延伸至基层治理的"神经末梢"，着力提升网格治理的精准度，街道广泛动员专业网格员与多方社会力量，组建1、2、3"嘟来办"三支队伍，充分利用外卖员、快递员等新业态新就业群体熟悉社区人情、地情的优势，发挥网格"前哨"作用，为居民提供力所能及的服务，满足居民对小区美好生活的新需求。

一是走访巡查，画好事心双解"同心圆"。聚焦打通"窗口"，以近1200个居民（商铺）微信群为载体，自主开发"数治中都"手机端App，线上下发走访任务，打破户籍、常住界限，第一时间发现矛盾纠纷，就地协调化解，将被动处理矛盾转化为主动发现问题，确保矛盾纠纷隐患"发现在末梢、处置在萌芽"，确保矛盾纠纷不反弹。截至目前，已完成4轮全员大走访，覆盖50余万人次，摸排解决矛盾纠纷6357起。

二是多网联动，凝聚网格队伍"向心力"。聚焦数据入网，探索成立"嘟来办"线上事件办理平台，建立网格问题办理"问、派、转、办、审、回"6步工作法，充分发挥"网格吹哨、部门报到"机制作用，推动26支专业网格员队伍下沉网格，同时依托微信小程序、居民群，拓宽群众诉求反映渠道，聚焦高频共性问题，集中开展停车秩序、小区飞线等专项整治行动13次，助推物业类诉求率下降23%。针对居民个性化需求，打造"10分钟网格服务圈"，大到行政事项办理，小到下水管道疏通，手机一键互联，网格即时呼应，实现资源在网格汇集、力量在网格整合、矛盾在网格化解，让党的服务随处可见、随手可达，形成人人参与、人人负责、人人奉献的良好社区治理氛围，推动基层社会治理走深走实。

三是优化服务，筑牢社区居民"幸福圈"。规范"红帆驿站"管理规章、设施陈设、人员配备、基础服务，将"红帆驿站"打造成为集人员办公、群众服务、体育文娱、党建活动等功能于一体的综合性服务阵地，由街道党工委统筹，持续擦亮"红帆驿站"365天不打烊服务品牌，将"大数据+政务服务"向社区延伸，打造群众"家门口"的便民服务中心，增强社区凝聚力，提升居民幸福感，让群众少跑腿、办事更方便。依托网格员大走访、精准走访，深挖社区特色服务理念和本土文化底蕴，协调党员志愿者、爱心商户等多方资源,常态化开展美好社区共享会活动。发挥共享联盟作用,将文艺汇演、传统文化、亲子手工、教育培训等服务搬到群众家门口,为社区居民提供涵盖义诊义剪、生活美学、传统手造等内容的专业化服务,年累计服务群众 10 万余人次,实现 159 个小区共享服务全覆盖,让居民、商户、共建单位、网格员成为建设、享受美好社区的共同体。

三、工作成效

2023 年,中都街道政务热线增长率相比全县平均增长率低 21%,万人来话量相比全县平均量低 50 件,群众对社区和网格员的知晓率、满意率均达到 99% 以上。

在 2022 年 12 月举行的山东省首届数据赋能业务大赛上,作为唯一镇街级单位,街道数据节点项目以第 10 名的成绩,荣获大赛二等奖、最佳人气奖。山东省评选的首批智慧社区中,坝口社区以第 1 名成绩获评标杆型智慧社区,同时荣获第二届全国智慧城市建设峰会"智成奖"。

2023 年 4 月 18 日,《人民日报》头版头条《卸下"指尖"之负 扎实为民服务》对中都街道赋能做乘法,推动系统集成"高效办成一件事"进行详细介绍。

自 2023 年以来,中都街道基层治理新模式获《人民日报》、《中国社区报》、《光明日报》、新华网、山东新闻联播、《大众日报》等主流媒体报道 120 余次,31 个数治网格创新应用场景获国家和省级发文推广。

(案例报送单位:汶上县中都街道办事处)

北京市：互联网法院构建数据权益巡回审判机制促进数据市场规范运行

📝【专家点评】

该案例展现了北京互联网法院在数据权益保护领域的积极探索和实践。

随着数字经济的快速发展，数据权益保护成为司法领域的重要议题。北京互联网法院构建的数据权益巡回审判机制，对于规范数据市场运行、保护创新主体权益具有重要意义，为全国数据权益保护提供了司法实践的参考。

该案例独特之处在于其"1+N"数据权益保护巡回审判机制的构建，通过与多个职能部门合作，实现了司法与行政的协同，这种跨部门合作模式在数据权益保护领域具有创新性。

案例中提到的巡回审判机制已取得实际成效，如普法进园区活动覆盖200余家科创企业，提升了企业法治意识，体现了机制的实效性。

北京互联网法院依托技术支撑，如电子诉讼平台和"云庭审"系统，提高了司法服务的效率和体验，同时通过"天平链"等区块链技术降低了维权成本，提升了案件审理效率，展现了司法服务的创新性。

该案例通过审理涉数据知识产权登记证等新型案件，为数据权益保护提供了裁判规则，具有示范性。同时，其参与法律法规研讨制定，为数据产权制度的完善提供了司法智慧。

北京互联网法院的巡回审判机制和实践经验，不仅在北京市内产生了积极影响，也为其他地区提供了可借鉴的模式。其成功经验有望在全国范围内推广，以促进数据权益保护和数字经济的健康发展。

点评人：魏 颖 国家信息中心大数据发展部副主任

一、背 景

法院审理的案件中很多都涉及科创企业,其中数据权益类案件有知识产权纠纷、网络侵权责任纠纷、网络服务合同纠纷等几类,由于法学界对数据的法律属性、权利归属等问题尚未达成共识,法律规范供给不足,成为涉数据争议解决的难点。这就需要法院发挥司法智慧,强化规则引领作用,推动提升治理水平。

北京互联网法院作为中央深改委决定成立的服务保障网络强国、数字中国建设的功能型法院,将推动数据要素流通、护航新质生产力高质量发展作为重要职责使命。自2023 年起,我院联合市委网信办、市经信局、市政数局等职能部门,构建"1+N"数据权益保护巡回审判机制,在北京"三城一区"、北京数据基础制度先行区、北京国际机场临空经济区、北京市大兴经济开发区等科创企业聚集地,建设数据权益巡回审判庭、法官工作站、数字经济普法 e 站等,将数据纠纷巡回审理与前沿调研、普法宣传等工作有机结合,延伸司法职能、强化协同治理,取得良好效果。

二、主要做法

(一)坚持党委领导,推动巡回审判纳入市域社会治理格局

主动落实市委、市政府促进首都经济高质量发展的相关工作精神,主动融入首都"五子"联动发展大局,积极服务"两区"建设,深入落实巡视整改工作中市委第五巡视组反馈意见,建立"1+N"数据权益保护巡回审判机制,不断加强与"三城一区"主平台交流合作,为联网新业态、新模式等提供更多元的司法服务。聚焦首都数字经济司法需求,联合市委网信办在"三城一区"建设"数字经济普法 e 站",在数据产业集聚区和数字经济发展重点区域持续开展普法进园区活动,为首都新质生产力加快发展提供高质量司法服务。

(二)加强府院协同,建立数据权益行政—司法协同保护体系

作为北京市国际大数据交易所首批合作单位,我院与市知识产权局、北京国际大数据交易所签署《数据知识产权战略合作框架协议》,在数据知识产权登记、交易流通、纠纷解决、平台建设、人才培养及业务研讨等领域开展合作。与经开区签署共建协议,持续加强与"三城一区"的沟通协作。作为首批数据服务机构正式入驻数据基础制度先行区。选派 2 名优秀法官代表参加自贸试验区建设数字经济专家工作组,提供政策解读等方面的服务保障。与北京市经信局、北京市政数局等协作,在北京经济技术开发区

建立全市首个数据权益巡回审判庭,在北京数据基础制度先行区、大兴经开区、市知识产权保护中心、中关村科技园、顺义临空区等设立法官工作站。

(三)深化职能拓展,以前瞻性研究助力"订单式"精准普法

制定服务保障"五子"联动三十条意见、服务保障北京国际科创中心建设十项举措、服务保障新质生产力发展的十七项举措,发布五年规划,展现互联网法院在规范数据产业发展、服务保障新质生产力发展等方面的使命担当。深入各园区了解行政机关、企业司法需求,截至 2024 年 4 月,已累计开展调研 17 次,涉及调研点位 21 个①,确保调研广度和深度。召开"激活数据要素潜能,促进数字经济发展"平台企业座谈会,邀请多家在京平台企业座谈交流,征求科创主体对数字经济发展、数据要素保护的需求及意见建议。由顺义区经信局主办的"数据资产入表与数据跨境训练营"为百余家企业的"数据合规官"进行培训,提升企业法律风险预防能力及纠纷化解能力。

(四)依托技术支撑,为创新主体提供更优司法服务体验

依托北京互联网法院电子诉讼平台和"云庭审"网上开庭系统,并根据巡回审判地企业需求,接驳互联网法院庭审信号,设置在线旁听端口,配备线上审判的信息化基本设施,包括互联网环境、供审判人员使用的可连接互联网的电脑及麦克风、耳机等外部设备,为巡回审判搭建出一条庭审"专线",建立起北京数据基础制度先行区"数据权益法官工作站",在市知识产权局、中关村科技园、顺义临空区等设立 3 个法官工作站,与大兴经开区共建"数据合规法官工作站",实现就地审判、远程旁听、在线支持"三位一体"的巡回审判体验。通过我院司法区块链"天平链"与市知产局数据知产登记系统、北京国际大数据交易所"北数链"、"三链"贯通,降低权利人维权成本、提升案件审理效率。

(五)注重规则指引,为创新主体提供精细化司法服务

充分发挥专业化审判职能作用,在知识产权法官工作站、数据权益巡回审判庭、北京数据基础制度先行区巡回审理全国首例涉"数据知识产权登记证"语音数据集案、涉法律文件数据案、涉足球赛事数据案等,组织国家知识产权局等旁听庭审、庭后释法说理,将司法服务延伸到科创企业身边。依托数据权益巡回审判实践经验,积极参与《数据安全法》、《北京市数字经济促进条例》、《关于建立健全数据产权制度的若干意见》等法律法规和行业规范研讨制定。就《北京市数据知识产权登记管理办法(试行)(征求意见稿)》提交修改建议,10 条被吸收采纳。

---

① 包括互联网企业 13 家、行政单位 3 家、法院 2 家、专业机构 3 家。

三、工作成效

（一）司法裁判引领效果更加突出

审判机制创新促进了我院涉新质生产力类案件裁判规则产生更大影响。除数据类案件外，我院审理了全国首例"AI 文生图案"、"AI 生成声音人格权案"、"AI 换脸案"等一大批具有填补空白、树立规则、先导示范意义的互联网案件，截至 2024 年 4 月，有 7 起案件被写入最高法院"两会"工作报告，26 起案件被评为全国各类"十大"典型案件，充分发挥司法裁判定标尺、明边界、促治理作用。

（二）服务治理效果更加突出

通过构建数据权益巡回审判机制，持续开展巡回审判、巡回普法等，普法进园区活动覆盖科创企业 200 余家，企业法治意识持续增强。作为起草成员，参与国家数据局数据产权政策研讨论证，贡献数据权益保护的司法智慧。我院与北京市高院联合申报的"数据权益巡回审判机制"入围北京市推荐的自贸试验区新一批创新成果、北京市法院第二批司法改革"微创新"立项项目。

（三）普法宣传效果更加突出

我院召开服务保障新质生产力新闻发布会，发布服务保障新质生产力加快发展白皮书及十大典型案例。出版《数字治理——探索新时代互联网司法治理之路》等系列图书，发布涉数据算法等"五类十大"典型案例，上线"裁判规则库"微信小程序，进一步便捷裁判规则获取途径、扩大裁判规则影响力，增强企业法治意识。2024 年 8 月，我院被市委组织部授予建设法治中国首善之区主题"北京市现场教学点"，持续输出典型案例及司法改革创新成果。

四、经验与启示

（一）提高政治站位，主动融入首都新质生产力发展大局

在数字经济背景下，数据是形成新质生产力的优质生产要素，北京互联网法院将始终坚持党的全面领导，切实把思想和行动统一到首都高质量发展中，准确把握新质生产力的深刻内涵，积极探索与数字经济新业态相适应的司法治理模式，为数据权益发展保驾护航，服务和保障新质生产力发展。

（二）坚持规则引领，为首都数据权益保护提供清晰可预期的行为边界

加强典型案件审理，依法保护数据要素市场主体在数据资源持有、数据加工使用、

数据产品经营时的合法权益,以裁判树立涉数据权属、侵权、合同纠纷处理规则,推动构建数据流通便利、数据交易安全、共享机制健全的数据司法保护制度。

(三)深化职能作用,为首都科创企业在法治轨道上规范发展提供优质司法供给

持续发挥"数据权益巡回审判庭"、"法官工作站"、"数字经济普法 e 站"的功能作用,助力北京数据基础制度先行区建设和"三城一区"建设。进一步强化协同治理,加快构建行政保护与司法保护有机衔接、优势互补的运行机制,形成矛盾纠纷协同治理合力。持续开展精准普法进企业活动,为相关企业依法依规经营提供精准司法服务。

(案例报送单位:北京互联网法院)

江苏省常州市:"民生晴雨"助力基层一图智治

📝【专家点评】

常州市"民生晴雨"数字治理项目是数字中国建设背景下的一项创新实践。该项目响应了社会治理现代化的需求,通过数字赋能法律监督,提升了群众的安全感、幸福感和获得感,对于推动基层治理体系和治理能力现代化具有重要意义。

项目通过构建数字治理"全景图",整合了检察办案、投诉举报、政务协同及公共管理四类数据,实现了"一图"掌握态势分布等多元场景,这种跨领域的数据整合和应用在基层治理中具有独特性。项目运行以来,推送了多条重点线索,制发了社会治理类检察建议,推动了相关职能部门开展专项治理,有效提升了问题解决率和整改率,显示出明显的实效性。

项目创新性地将大数据、人工智能等前沿科技手段应用于社会治理,开发了智能分析模型,实现了从个案治理向类案治理模式的转变,提高了治理的科学化、精准化和高效化。

作为全省首创的数智地图项目,"民生晴雨"项目荣获全国智慧检务创新案例等荣誉,其成功经验被最高检转发推广,成为区域社会治理数字化检察的样板,具有很好的示范效应。

项目的经验可复制性强,其数据整合、智能分析、共治理念等做法可在其他地区推广应用,有助于提升全国基层治理的数字化水平,对于推动数字治理具有广泛的推广价值。

点评人:魏　颖　国家信息中心大数据发展部副主任

一、背　景

在数字中国建设的时代背景之下，常州市天宁区人民检察院积极响应党中央和习近平总书记关于社会工作和社会治理创新的号召，主动顺应数字化转型趋势，落实全国检察机关数字检察工作部署，以数字赋能法律监督，更好服务社会治理现代化需求。凭借先进的理念和务实的举措，常州市天宁区人民检察院创新打造了"民生晴雨"数字治理项目，瞄准群众安全感、幸福感和获得感的提升，以大数据、人工智能等前沿科技手段为引擎，结合检察履职需要和可行路径，科学化、精准化、高效化分析群众最关心、最直接、最现实的利益问题。

常州市天宁区人民检察院在项目开发过程中调研发现，基层治理在服务民生权益保障上仍存在一些短板：一是治理的精准供给还有落差。轻罪治理、未成年人保护、噪声污染和小区治理等人民群众反映强烈的、党委政府高度关注的问题在治理中还呈现出个案化、碎片化的情况，直击病灶解决群众急难愁盼问题的精准性、源头性仍需加强。二是治理数据应用还不充分。12345、网格中心、检察办案数据等数据动能尚未充分挖掘，未成年人权益保护、轻型犯罪等数据来源多样但标准不统一、利用效率不高，对基层治理推动作用不强，沉睡数据亟待激活。三是条块分割未形成综合治理闭环。由于缺乏统筹协调平台，相关领域治理存在条块分割、各自为政、牵头部门"一头热"的状况，治理联动合力不强，板块与部门联动的治理闭环尚未闭合。

对基层治理中存在的短板和需求，常州市天宁区人民检察院的"民生晴雨"数字治理项目以社会治理问题细分子项目，针对性开发智能分析模型，包含轻罪治理、未成年人保护、噪声污染和小区治理等多个领域的治理模型，实时呈现和分析辖区内相关治理问题分布和发展趋势，在"民生晴雨"数字治理平台集中呈现，形成一套涵盖"一图智治"的全景式治理模型。

二、主要做法

"民生晴雨"数字治理项目以为党委政府提供可视化决策参考、为执法司法提供数字化治理方案和打造区域社会治理数字化检察样板为设计目标。为实现上述目标，常州市天宁区人民检察院为"民生晴雨"项目架构了三大功能定位：一是通过社情民意分析发掘在其背后隐藏的社会治理薄弱环节和执法司法的突出问题，促进系统治理；二是将轻刑犯罪的数据注入电子地图，通过犯罪信息在地理纬度的可视化呈现实现治安风险提示;三是综合运用四大检察职能、发挥法律监督的治理之长,有效提升问题解决率、整改率,压降问题数,满足人民群众对于法治、公平、正义、安全、环境等方面的更高要求,促进区域社会治理水平的提升。

(一)以"智治"为翼,构建数字治理"全景图"

一是四图联动夯实空间底座。盘活检察办案、投诉举报、政务协同及公共管理四类数据,以时间、地域、行业领域为维度在地图上呈现,实现"一图"掌握态势分布、"一图"聚焦频发区域、"一图"精准查找问题、"一图"分析发展趋势。二是多元场景共建智慧平台。打造"轻罪治理"、"噪声治理"、"小区治理"及"未成年人权益保护"四大应用场景,将轻刑犯罪、社情民意、行政监管、未成年人综合履职等问题可视化呈现。三是智能分析助力科学决策。内置数据智能分析功能,根据时间、领域、地域等要素自动生成分析报告、推送线索、作出检察预警,为党委政府决策及检察履职提供参考。如根据轻罪治理场景行业研判功能,发现医疗器械行业涉企虚开增值税专用发票类案问题,开展刑事诉讼全流程合规、推动行业协会开展行业合规。

(二)以"共治"为基,打造区域治理"气象台"

一是深化检察内部综合履职。组建跨职能的数字检察办案组,加强检察职能耦合,推动各项检察职能协调互补,统筹联动发力。如轻罪治理犯罪画像功能分析发现,涉瓶装液化石油气危险作业案犯罪嫌疑人王某某6次被行政处罚均与液化石油气相关,刑事、行政和公益诉讼检察官结合走访调研从"行刑公"三个层面剖析治理漏洞,牵头9部门构建"行刑公"三法衔接、动态协同治理、风险联控联防"三位一体"预防治理模式,推动发现并整改5家站点供应许可证过期的问题。二是拓宽检察行政协同履职。平台自动推送板块高频问题,预警多人投诉、长期投诉问题,检察机关联合相关职能部门及时开展针对性治理。如针对噪声治理场景推送的工地夜间施工被举报问题,经过和区生态环境局、属地街道、相关企业开展"四方磋商",推动其以种植防噪树木等方式进行生态公益补偿。三是优化上下级院一体履职。依托数字赋能,顺畅贯通纵向一体履职机制,健全依法跟进监督、接续监督机制。如进行噪声污染相关数据分析后发现辖区存在施工噪声影响中高考考生备考情形,市、区两级检察机关公益诉讼、技术部门一体履职,共同开展调查核实和督促整改,在全市开展"静音护考"活动,还静于民。

(三)以"善治"为要,锁定溯源治理"靶向点"

一是推动"治罪"与"治理"并重。设置检察预警功能,与社区网格化治理相融合,实时预警某个地区高发犯罪情况,进而提出针对性犯罪预防和社会治理建议。如轻罪治理场景显示某街道总体案发刑事案件高发社区集中在某村。分析研判得出,该地群租房密集、人口多,缺乏相应的物业管理,因此盗窃类案件频发。通过预警功能,建议街道增加该地监控数量,加强治安巡逻,该地区盗窃类犯罪案发率下降 20%。二是促进"监督"与"预防"并行。围绕噪声污染、小区治理等民生痛点,构建数据分析模型,由事后监督转为事前预警。如地图中反映的老旧小区加装电梯引发安全隐患问题,通过民事公益诉讼有效推动施工方消除危险,化解小区治理难题。三是实现"惩治"与"保护"并举。高度重视未成年人保护,依法严惩犯罪的同时,大数据分析案发背后深层次、普遍性社会治理问题,针对性堵漏建制。如未成年人保护场景,将性侵未成人犯罪高发的酒店、网约房等场所实际入住数据与登记数据进行对比,发现辖区内多家网约房经营主体未依法纳入公安机关监管系统,并有多条未成年人异常入住记录,监督公安机关依法查处,并推动建立行业登记管理制度,强化源头治理。

三、工作成效

通过打造"民生晴雨"数字治理项目,将个案为主、人工审查、单线履职的个案治理模式,向"类案为主、数据赋能、融合履职、溯源治理"的类案治理模式转变,用大数据打通服务民生"最后一公里"。"民生晴雨"数字治理项目荣获全国智慧检务创新案例、江苏智慧法治创新案例。系全省首创的"轻罪治理"、"噪声治理"、"小区治理"及"未成年人权益保护"数智地图。在全省率先出台检察、生态环境、住建、城管四部门建筑施工工地噪声污染控制管理规范要求。办理全省首例涉未成年人行政非诉执行监督案。在全省率先共建共创未成年人保护工作站。截至 2024 年 4 月,相关做法被最高检转发推广 2 次、省级机关转发推广 6 次,市"四套班子"主要领导批示 7 次。《法治日报》等国家级媒体宣传推介 3 次,《新华日报》、省电视台等省级媒体报道 14 次,最高检领导专题调研 2 次、省检察院领导调研 4 次,均予以充分肯定。

(一)精准发现普遍性、深层次问题,群众安全感更有保障

"民生晴雨"数字治理项目正式上线运行以来至 2024 年 4 月,推送轻罪治理类案线索 23 件,噪声污染重点线索 25 条,小区领域治理问题 91 类,向相关职能部门推送不适宜未成年人进入场所线索 34 条、盲盒治理线索 42 条。

(二)推动开展精准治理,群众幸福感更可持续

针对轻罪治理,向相关部门、行业发出检察建议、监督意见 32 件,联合开展专项法治宣传 43 次。针对老小区加装电梯、噪声污染等民生问题,公益诉讼立案 99 件,推动行政机关现场检查 419 次,责令整改 24 处,作出行政处罚 7 件,居民与社区(村委)、物业等矛盾化解纠纷成功率提升 8 个百分点。聚焦校园周边盲盒治理,推动相关部门开

展综合治理,发出责令改正通知书 28 份,下架不合格盲盒产品 1000 余件。

（三）发挥基层治理"晴雨表"作用,群众获得感成色更足

助力检察机关制发社会治理类检察建议 15 件,形成重型货车危害公共安全等调研报告 8 篇,推动开展全市针对性治理 2 次。建立基层治理长效机制 20 个,其中未成年人司法保护观察员聘任意见等检察机关内部机制 7 个,瓶装液化石油气"行刑公"三法衔接意见等检察与行政执法机关会签机制 13 个。

四、经验与启示

（一）聚焦急难愁盼,汇聚民声民意

数据赋能社会治理的体现是精准呈现群众客观需求,为社会治理决策提供科学依据。常州市天宁区人民检察院在"民生晴雨"数字治理项目开发应用中,为充分发挥数字治理成效,在模型研发和设计阶段即开展充分调研,围绕是否能够助力解决人民群众反映强烈的、党委政府高度关注的问题开展开发必要性论证。通过主动上门听取人大代表、政协委员意见,举办检察开放日听取各行业代表、群众代表、行政机关代表、"益心为公"志愿者等各方意见,个案办理中开展延伸调查和社会调查等方式,确定轻罪治理、未成年人保护、噪声污染和小区治理等重点领域作为"民生晴雨"数字治理项目子模型,系统性智能化分析相关领域投诉举报数据、执法司法数据等,准确把握群众急难愁盼问题的源头和病灶,助力开展综合性社会治理。

（二）整合数字资源,深度运用数据

"民生晴雨"数字治理项目重在将已有数据用活、用好,并通过检察履职将数据资源转化为社会治理效能。常州市天宁区人民检察院借力数字政府建设浪潮,以安全性和必要性为原则,整合常州市天宁区人民政府办公室（大数据管理局）、12345、网格中心、检察办案数据等海量数据,针对数据标准不统一、利用效率不高、数据安全顾虑等问题,在全省率先建立检察数据专员制度,出台"数据归集规范"、"数据处理与应用暂行规定",汇集清洗 13.26 万条结构化检察业务数据、400 余万条可用政务数据搭建"数据方舱",以制度化建设推动破解数据标准化管理、融合创新应用、安全合规审查等难题,加快推进数据深度运用,释放社会治理效能。

（三）坚持共治理念,开展溯源治理

"民生晴雨"数字治理项目以大数据智能分析,精准研判源头问题,及时提供风险预警。常州市天宁区人民检察院在数据智慧支撑下,以四大检察融合履职、能动履职,统筹协调相关领域各责任主体开展联合治理。发挥法律监督作用,以联席会议、会签机

制等形式凝聚各方责任主体共识,以检察建议为手段保障社会治理举措刚性,打破条块信息壁垒,打造联动治理闭环。

（案例报送单位:常州市天宁区人民政府办公室、常州市天宁区人民检察院）

浙江省杭州市：
创建全量信息视图　打造社会治理智能塔基

📝【专家点评】

杭州市通过构建全量信息视图，实现了社会治理要素的全面整合和精细化管理，为城市稳定发展提供了坚实的基础。这一做法对于提升城市治理能力、优化公共服务、增强居民安全感具有重要意义。

本案例独特之处在于以"地址"为纽带，将人、房、企、事、物等社会治理要素的"条数据"治理形成"块数据"，并实现数据的关联落图，这种以地址为核心的数据整合方式在社会治理中具有创新性。

杭州市的社会治理全量信息视图实现了"全层级、全要素、全关联、全周期、全视角"五全管理，有效提升了社会问题的早发现、可防范和精准掌控能力，显示出明显的实效性。

杭州市在社会治理中创新性地运用了大数据、地理信息系统等技术，构建了社会治理全量信息视图，推动了治理理念从"事件驱动、事后处置"向"数据驱动、事前预防"的转变。

杭州市的这一做法已被多个省市单位参观交流，并在多个地区成功复制和推广，成为社会治理现代化的示范案例，具有很好的示范效应。

杭州市的社会治理全量信息视图建设经验已在多个地区得到推广应用，证明了其模式的可复制性和推广价值，对于其他城市提升社会治理水平具有借鉴意义。

点评人：魏　颖　国家信息中心大数据发展部副主任

一、背　景

为了提升社会治理能力，近年来杭州市委政法委积极开展基层治理"四平台"和统一地址库的建设，促进治理边界更优化、地址更新更及时、基层治理更科学、民生服务更高效，为推动城市稳定发展提供了坚实的基础。但如何充分发挥统一地址"桥梁纽带"作用，促进各部门社会治理要素数据贯通融合，保障治理要素数据的及时更新和可视化呈现，支撑更精细化的社会治理工作，还需要进一步的探索。通过对基层现状的深入分析，杭州市社会治理工作还面临以下三大问题：

（一）数据汇聚但未融合，未构建数据间的关联关系

基层治理"四平台"建设以来，虽已经归集了一定数量的人、房、企、事等业务数据，但人口、房屋、企业等基础数据由于地址信息不全、地址标准不一致、地址描述不统一等问题，无法以空间或地址信息为基础实现数据的关联。同时，汇聚来的人口、房屋、企业等数据之间的关联关系未构建，数据"汇聚"但未"融合"，数据背后的价值未被挖掘。

（二）数据下不到基层，精细化治理缺乏数据支撑

基层治理"四平台"数据中心因为没有采用统一地址进行标准化，数据无法落到各街道、社区、网格、建筑物、房屋等社会治理层级，导致各基层工作缺乏数据支撑。同时也不能根据业务管理的需求，将数据推送到各责任管理人，基层精细治理、精准服务缺乏数据支撑，给基层工作的开展带来了不便。

（三）缺少人、房、企等增量业务数据的常态化入格、上图机制

人、房、企等社会治理基础数据需要耗费大量精力进行清洗、汇聚、转换，方可实现数据的入格、上图，将数据落到街道、社区、基础网格、建筑物、房屋等，数据治理成本太高。对于增量数据来说，缺少人、房、企等业务数据的常态化入格、上图机制，使增量数据产生时即可与统一地址编码相关联并构建关联关系，实现数据的常态化更新，降低数据治理成本。

党的二十大报告提出："完善网格化管理、精细化服务、信息化支撑的基层治理平台。"为此，我们基于统一地址库，将人、房、企、事、物等社会治理要素的"条数据"治理形成"块数据"，赋能给区县、镇街、村社、网格，从而实现社会治理要素的一张图展示、网格化管理。

二、主要做法

（一）建设思路

1. 整合数据资源，夯实数字底座

将分散在各部门的人口、房屋、组织、事件、部件等治理要素，按照管理层级封装到区、街道、社区、网格、建筑物、房屋等治理单元，构建要素关联关系，将分散的、重复的、难以访问的各部门数据整理融合成集中统一的、有价值的社会治理全量数据，织成一张

动态、多样、鲜活、立体的数据融合关联网。

2. 数据精准下沉，压实管理责任

基于数据已建立的关联关系，对资源"分类（类型）、分级（级别）、分块（责任）"，将数据资源按照管理责任精准下沉至基层，实现数据精准"进格"、任务秒派到人、责任落实到人。工作人员"按单作业"，工作方式"变采为核"，提升工作效率、减轻工作压力。

3. 构建数据模型，驱动主动治理

构建数据模型，通过设定业务规则、碰撞数据差异等方式产生任务，推动治理理念转变，从"事件驱动、事后处置"变为"数据驱动、事前预防"，打造"数据—业务"双轮驱动的社会治理新范式。

4. 打造数据看板，展现多维数据

对人、房、企、事、物等社会治理要素进行多元化汇聚、标准化叠加、可视化展视，打造可看、可查、可用的数据窗口。锁定重点关注、服务对象，实现"全层级、全要素、全关联、全周期、全视角"管理，精细掌控区域治理重点，实现数据融合、底数明朗、共享关联、全息展示。

5. 加强数据共享，赋能多跨应用

面向区域数智宜居、基层管理、民生服务、预警预测、风险防范等多个领域，加强与各行业各部门数据共享。基于全量信息视图数据模型，搭建面向实际业务的应用场景，为监管、治理和决策提供数据支撑。

（二）建设内容

1. 摸清底数、数据入块，让基层将数据掌握起来

建立市级全量信息视图数据库，完成1510万条实有人口、1093万条房屋、123万条企业、499万条城市物部件、490万条网格事件和重点事件关联入库，成为基层村社"底数清晰、情况明朗"的智能化平台。

2. 数据互联、全量展示，让地图将信息呈现出来

在杭州市级以及所辖14个区县有序建设全量信息视图平台，涵盖社会治理要素总览、主题块数据、专题分析、全量信息、预警监测、应用场景等多项功能。

要素总览按照市—区—街道—社区—网格—建筑物—房屋七级社会治理单元，对治理要素、治理力量、网格事件、重点事件进行空间分级展示，为各级社会治理单位提供直观、清晰的社会治理要素全量展现。

主题块数据按各级社会治理单元实现对人、房、企、事、物等的主题分析。

专题分析按业务场景需求，以分色图、热力图、聚合图等形式构建专项整治、基础专题分析等多种特定场景。

全量信息以楼幢和户室为视角，展示关联统一地址的人、房、企、事、物的全量信息。

预警监测运用数据抽取模型、数据计算模型、数据分析模型，实现综合治理预警监测分析。

应用场景面向各级各部门实际业务，通过接口对接、组件封装等多种方式为应用系统提供精准、高效的数据支撑。

3. 应用提效、赋能场景，让数据把价值释放出来

（1）力量分析

基于市—区两级全量信息视图数据贯通通道，汇聚各区县村社书记、一长三员、志愿队、民警等基层治理力量以及社区组织等社会治理力量数据，通过关联上图形成力量专题图层，辅助社会治理领导决策。

（2）预警防范

基于全量信息视图所汇聚的行业预警数据，对全市所有高层楼宇、三合一重点场所、诈骗多发地等预警监测对象形成专题图层，并根据不同层级社会治理单元进行集中呈现，支撑相关业务部门更早预防、更准预判，从而有效防范安全隐患事件的发生。

（3）指挥实战

面向区域在线指挥作战，支持在线指挥室快速创建、作战区域自定义划分、人员部署、指令下达与上报等流程作业；构建实战指挥沙盘，支持对作战区域社会治理对象、治理力量、历史事件、实时事件的综合评估，多角度支撑指挥实战。

4. 标准制定、理论研究，让机制把工作规范起来

自 2019 年以来，杭州市委政法委牵头，联合吉奥时空信息技术股份有限公司等多家企业，共同编制并发布了 5 部社会治理相关的杭州市地方标准，包括：《社会治理要素统一地址规范》、《社会治理要素数据管理规范　第 1 部分：自然人》、《社会治理要素数据管理规范　第 2 部分：房屋》、《社会治理要素数据管理规范　第 3 部分：市场主体和社会组织》、《社会治理要素数据管理规范　第 4 部分：事件》，为杭州市社会治理工作的开展提供了标准支撑。《社会治理全量信息视图建设与管理规范》已于 2024 年 4 月 11 日通过专家评审，6 月 30 日作为杭州市地方标准正式发布。

三、工作成效

杭州市社会治理全量信息视图锁定重点关注、服务对象，实现"全层级、全要素、全关联、全周期、全视角"五全管理，精细掌控区域治理重点，实现社会问题早发现、可防范、精准掌控。

（一）全层级，治理无死角

依托市统一地址库建设，通过对"市—区—镇街—村社—网格—建筑物—户室"七级社会治理单元的精准划分，理清了"网格家底"，包括：14 个区县（市）级治理单元、206 个镇街级治理单元、3336 个村社级治理单元、14818 个网格级治理单元、152 万个建筑物级治理单元和 1093 万个户室级治理单元，为各类社会治理要素的精准落图搭建了全面、权威的空间底板，实现全域管理无死角，夯实市域社会治理根基。

（二）全要素，管控无漏洞

人、房、企、事、物是基层社会治理的基本要素。在此基础上，社会治理全量信息视图按照业务属性，将社会治理要素进一步划分为多类业务图层，并支持对各图层的多维度数据分析，助力精细化的管理与服务。

（三）全关联，数据无孤岛

一是实现数据与管理空间全关联，以"统一地址+地理空间底板"为纽带，实现人口、法人、房屋、事件等要素与空间地理信息进行关联融合，基于辖区空间底板实现数据上图展示；二是实现人口、房屋、企业、事件之间的全关联，利用社会关系、管理关系以及服务关系等多重关联模型，实现人与人、人与事、人与场所的动态有机关联，为社会治理和服务工作的全面贯通提供了数据基础。

（四）全周期，历程无遗漏

按照物理空间和时间轴两层维度，对人口、房屋、企业等社会治理要素实现全时空轨迹记录，将多时态的数据进行统一管理，便于更好地掌握数据的变化及发展趋势，根据情势变化的不同阶段，对策略做出适应性调整，实现精准施策。

（五）全视角，协同无障碍

根据高层建筑、独居老人等基层治理、服务的重点对象，从宏观和微观两个视角打造社会治理预警监测图层，实现基层治理与市域治理的融合联动，促进市域和基层的高效协同。宏观层面，以各级辖区为视角，通过不同颜色对治理对象统计结果进行热力图展示；微观层面，以楼幢为视角，全面掌握楼幢内重点关注指数的实时情况，加大监管力度，开展精准服务。

四、启示与建议

地址不牢，地动山摇。若要保障各行业各部门社会治理要素与空间地理信息的有效融合，需要以"地址"为纽带，利用"地址"作为治理要素之间互相识别的"标签"，实现治理要素在地理空间上的关联视图。而如果"地址"标准不一、边界不明、更新滞后，将会直接导致治理要素视图不准或失败。因此建设一个标准统一、边界清晰、更新及时的统一地址库是社会治理全量信息视图的基石。

数据常用常新，机制保障先行。杭州市社会治理全量信息视图成功的关键之一就在于治理要素的常用常新，而常态化更新又需要健全长效工作机制。明确全息图治理要素汇聚的主体与责任体系，明确治理要素关联视图的应用模式和数据流程，并在数据共享过程中，注重信息安全、加强访问控制，从而有效保障治理要素互通的高效、便捷、可持续。

总之，2022 年 1 月，全量信息视图获评省数字法治好应用（第一批）；同年 8 月，入选杭州市争当浙江高质量发展建设共同富裕城市范例第二批试点。2023 年 1 月，杭州市印发《杭州市基层智治综合应用运行管理规范（试行）》，明确建设以社会治理全量信息视图为底图的指挥体系；同年 11 月，获评浙江高质量发展建设共同富裕城市范例最佳实践（第二批）。社会治理全量信息视图作为"一张图"被正式纳入杭州市政法智能化"1234"体系总体架构。

自杭州市社会治理全量信息视图建成以来，山东、安徽、四川、海南、福建、青海等地省委政法委，以及上海、重庆、绍兴、台州、那曲等地市委政法委等上百个省、市级单位莅临杭州参观交流社会治理全量信息视图的建设模式和内容。

截至目前，全量信息视图建设经验已经在上海普陀、浙江温州、浙江绍兴、浙江瑞安、四川德阳、西藏那曲等地成功复制和推广，为当地社会治理工作赋能增效。

（案例报送单位：中共杭州市委政法委员会、吉奥时空信息技术股份有限公司）

社会治理多元主体共治篇

共建共治共享的社会治理制度是推进社会治理现代化的根本保障，其中"共治"，就是社会多元主体共同参与治理。为发挥党委、政府、社会组织以及群众的力量，建设人人有责、人人尽责、人人享有的社会治理共同体，各地多措并举，如协同各部门实现江海联运，发动朝阳群众参与社会治理，调动志愿者力量助力社区共治，以及联动"家校生政"加强校园矛盾调解等，开展了许多有益探索。

安徽省芜湖市：
创新航运综合治理模式 助力江海联运高质量发展

📝【专家点评】

该案例在推动长江黄金水道航运审批融合和江海联运高质量发展方面具有重要意义。

芜湖作为长江安徽段内河航运最为发达的城市，其航运政务服务的创新直接影响着区域经济一体化和文化交流。该案例通过整合服务事项，显著提升了航运政务服务效率，对促进长江经济带高质量发展具有重要作用。

芜湖案例的独特之处在于其"全航运要素、全生命周期"一站式政务服务大厅的建立，这在长江流域是首个。通过跨层级、跨地域、跨系统、跨部门的业务协同，实现了政务服务的集成办理，这种模式在全国具有示范意义。

案例中提到的政务服务大厅自运营以来，接受咨询超3万次、办结事项超2万9千个，船舶交易额达7.89亿元，这些数据充分证明了该模式的实效性，有效解决了航运企业、从业人员"多次跑"、"往返跑"的问题。

芜湖案例在服务模式、系统整合、事项标准制定等方面进行了创新。特别是"前台综合受理、中台专业支撑、后台分类审批、统一窗口出件"的服务模式，以及"开航一件事"的推出，都是政务服务创新的体现。

芜湖的创新做法已被国务院自由贸易试验区工作部际联席会议简报刊发，并入选全国第五批最佳实践案例，其示范性不言而喻。该模式为其他地区提供了可借鉴的经验，特别是在推动政务服务标准化、规范化、便利化方面。

芜湖案例的成功经验具有较好的推广性，其一站式服务大厅的模式可以被其他沿江城市复制，特别是在长三角一体化发展的背景下，这种跨区域、跨部门的协同服务模式具有广泛的应用前景。通过推广芜湖的经验，可以进一步提升全国航运政务服务的质量和效率。

点评人：魏　颖　国家信息中心大数据发展部副主任

一、背　景

长江作为中国内部重要的交通水道，是经济发展的动脉，在区域经济一体化、促进文化交流等方面有显著作用。早在 2013 年，习近平总书记在武汉新港阳逻集装箱港区调研时就指出，长江流域要加强合作，充分发挥内河航运作用，发展江海联运，把全流域打造成黄金水道。2023 年 10 月，习近平总书记在进一步推动长江经济带高质量发展座谈会上的讲话中强调，要加强政策协同和工作协同，谋长远之势、行长久之策、建久安之基，进一步推动长江经济带高质量发展，更好支撑和服务中国式现代化。

芜湖是安徽省域副中心、全省唯一的港口型国家物流枢纽，是长江安徽段内河航运最为发达、港口吞吐量最大的城市，可常年通航万吨级船舶，中水期可通航 3 万吨级船舶。2022 年货物吞吐量达 1.4 亿吨，集装箱吞吐量突破 130 万标箱，航运企业、从业人员较多，航运政务服务需求大。

为深入贯彻《国务院关于加快推进政务服务标准化规范化便利化的指导意见》（国发〔2022〕5 号）、《国务院办公厅关于加快推进"一件事一次办"打造政务服务升级版的指导意见》（国办发〔2022〕32 号）、《国务院办公厅关于依托全国一体化政务服务平台建立政务服务效能提升常态化工作机制的意见》（国办发〔2023〕29 号）精神，破解芜湖港航运企业、从业人员办理航运政务服务事项"多次跑"、"往返跑"等难题，2023 年 1 月以来，由芜湖市人民政府会同芜湖海事局、安徽省皖江船检局、安徽省港口运营集团等单位，共同打造了长江流域首个"全航运要素、全生命周期"一站式政务服务大厅。该创新做法在《国务院自由贸易试验区工作部际联席会议简报》第 9 期（总第 216 期）刊发，并入选全国第五批最佳实践案例。

芜湖长江航运综合服务治理模式的创新做法，吸引了航运产业链企业的迅速汇聚，形成了长江（芜湖）航运要素大市场，并发展为汇集航运物流、船舶交易、航运金融、船员劳务等专业化航运的产业集群。该市场作为新型专业市场，被认定为"2023 年省级服务业集聚区"。

二、主要做法

（一）整合服务事项"集成办"

芜湖航运主管部门多，既有交通运输部所属芜湖海事局、安徽省交通运输厅所属皖江船检局，又有芜湖市交通运输局所属市港航（地方海事）管理服务中心。管辖范围、职权属性各异,办公地点分散。办理船舶交易事项,需要"来回折返"多次,申请材料需要重复提交,办理时间跨度较长、效率不高。芜湖市数据资源管理局依托长江(芜湖)航运要素大市场,针对航运产业生命周期中从船籍登记、船舶检验、船舶交易、中介服务到船员适任等不同领域、不同阶段的需求特点,推动芜湖海事局、皖江船检局、市港航(地方海事)管理服务中心合署办公,集中整合部、省、市三级108项政务服务事项,引入公安、市场监管、税务、社会保障等部门办理相关政务事项,同步实现市监、税务、人社、公安、不动产等部门政务事项办理,提供全方位服务,打造长江流域首个"全航运要素、全生命周期"一站式政务服务大厅,实现航运政务服务事项的跨层级、跨地域、跨系统、跨部门的业务协同和集中服务。

目前,聚焦高效办理"开航一件事",实现"一次告知、一表申请、一套材料、一窗受理、一窗发证",船舶所有权登记等业务办理环节简化61%,申请材料精简54%,办理时限压缩86%,到场次数减少90%。国强航运公司负责人咨询船舶国籍证书到期续办时,工作人员发现该公司的配员证和营运证也到期了,当即推荐其办理大厅推出的"三证联办"业务。该负责人反映,以前办理船舶国籍证书、配员证和营运证要跑3个窗口、排3次队,最少也得1个礼拜。现在"三证联办",只需一表申请、一套材料,就可一窗受理、一窗发证,1个工作日就办结,材料比以前还少了一半以上。

(二)规范制定统一服务标准"一站办"

围绕高效办理"开航一件事",规范制定统一服务标准,全面梳理整合航运企业、从业人员全生命周期政务服务事项清单,将进驻大厅事项依据不同类别、不同性质分成三个层级,明确办理类型、审批程序、审查标准、申请表单和材料样本等内容标准,推动相同事项无差别受理、同标准办理。推出"开航一件事"服务,按照"一次告知、一表申请、一套材料、一窗受理、一窗发证"原则,对同一申请人提出的两个及以上的政务事项,实施一次受理、并联审查,进一步优化业务流程、压缩办事环节,满足航运企业开办变更、政策兑现、注销和从业人员资格培训等实际需求,最大限度为企业降本增效。同时,整合安徽政务服务网、交通运输厅政务系统以及航运综合审批受理系统中的交互信息,实现数据互联互通,简化业务申报程序。比如,安徽宏亚航运有限公司是一家规模较大的航运企业,拥有几十艘大型船舶,每个月办理船舶国籍、检验、适航等各类业务很多,过去至少跑六七个部门,现在网上或电话提前预约、备好材料,线下"最多跑一次"。该公司负责人深有感触地说,"现在一个门内能办航运所有事,对企业来说真是太方便了!"

(三)加强服务改革"定制办"

打破过去按部门设置单一窗口模式,推行"前台综合受理、中台专业支撑、后台分类审批、统一窗口出件"服务模式,合理设置14个无差别综合办事窗口,同时设立"异地通办"、"政策兑现"、"办不成事反映"等特色窗口,提供全程免费的导办、帮办和代办服务。规范建设 7×24 小时政务服务大厅,引入全省一体化政务服务自助终端和市监、税务、人社、公安、不动产等部门自助设备,涉及企业、群众的 426 个海事港航服务事项均可随时受理办理。同时,启用智能文件柜,打破事项办理、发证时间限制,让工作人员和办事群众材料传递、结果领取如同寄取快递一样简便。推出充分授权"马上办"、暖心服务"上门办"、跨域服务"异地办"等 10 余项服务举措,实现航运企业"最多跑一次",甚至"一次不用跑"。

芜湖聚能航运有限公司新购买的"淮海鸿运"轮为多用途船舶,按照转籍管理规定,涉及 3 个部门共 8 个审批流程,耗时将达 72 个工作日,转籍期间船舶停航将面临巨额经济损失。大厅充分发挥政务要素物理集中的优势,当天召开"一船一议"协调会,就"淮海鸿运"轮多种证书的申请办理,实施"同步受理、并联审批、信息互通、结果互认"的内部流程重塑,仅用 48 小时就首次完成了内河船舶"淮海鸿运"轮的"不停航办证"。

比如,对如证书遗失补办、污损换发等公共服务类事项,全部作为即办件事项,及时受理、立等可取;对因特殊原因无法来服务大厅的船户,组织审批人员提供现场受理和变更服务;建立异地办理机制,在不改变原有办理事权的基础上,通过"收受分离"模式,打破事项办理属地化管理限制,申请人可在异地代办"综合受理窗口"提交申请材料,窗口收件后对申请材料进行审查、身份核验,通过邮件寄递至业务属地部门,由归属地审批部门对报件进行实质性审查并作出审批决定,并通过邮寄纸质结果或网络送达办理结果。

三、工作成效

（一）推动长江黄金水道航运审批融合

一是创新综窗服务模式。全面整合部、省、市三级 108 项航运政务服务事项,推进服务模式优化升级,实行"前台综合受理、中台分类审核、后台限时审批、窗口统一出件"工作机制,实现从提交申请到领取结果的"一窗办理,只跑一次"。

二是打通省内业务系统。整合政务服务网、省交通运输厅政务系统、航运综合受理系统中的交互信息,实现数据互联互通,简化业务申报程序。将原有船舶、船员历史库存档案电子化,建设电子档案查询系统。

三是制定事项统一标准。聚焦"开航一件事",制定操作细则,明确每个事项的办理类型、审批程序、审查标准、申请表单和材料样本等内容,推动相同事项实现无差别受理、同标准办理。

（二）实现航运产业服务生命周期全覆盖

一是构建跨领域"一站办"。针对航运产业生命周期中从船籍登记、船舶检验、船舶交易、中介服务到船员适任等不同领域、不同阶段需求特点，同步实现市监、税务、人社、公安、不动产等部门政务事项办理，提供全方位服务。

二是推动长三角"异地办"。与宣城市签订《政务服务跨区域异地代收代办合作协议》，实现"标准互换"、"相互授权"、"异地代收"、"协同联办"方式。派员参加苏皖两省共同设立的营运船舶通检互认工作站"苏皖船检一体化工作站"驻点工作，前往浙江湖州、上海开展集中驻点检验，为沪苏皖浙过往船舶提供一站式检验服务，方便船舶靠泊和报检。

三是实现不打烊"随时办"。配备省一体化政务服务自助终端，启用智能文件柜，实现一般业务 7×24 小时办理。设置"异地通办"、"政策兑现"、"法律咨询"等特色窗口，新建海事多元解纷中心和船员权益保护中心（芜湖市海事海商调解中心），在线远程办理涉外、异地等不便实地调解的案件，极大便利了纠纷当事人。

（三）推动航运产业链上下游协同联动

长江航运综合服务新模式的创新做法，以标准化、规范化、便利化的政务服务供给，一体化、常态化的效能提升举措，推动实现了航运产业链企业迅速汇聚、上下联动。截至 2024 年，已汇集近 50 家企业，船舶交易总量 253 艘，船舶交易总金额 6.58 亿元。

一是引导产业自主集聚。打造长江航运要素大市场，充分提高"人、船、企、货"活跃度，强化项目引进、项目孵化、产业宣传等能力。启动核心区招商孵化中心，将原来分散在航运产业链上不同区域、不同领域的企业，通过上下游要素相互吸引，统一引入到航运要素大市场，推动航运产业做大做强。

二是发挥政策兑现优势。通过统一的企业服务，深化公共政策兑现和政府履约践诺行动，建立清单式政策兑现目录，推动更多政策"免申即享"、"即申即享"，提高各级别各类政策知晓率，避免企业遗漏。

三是立足芜湖服务全国。依托信息化平台和芜湖港万吨级深水良港优势，引入航运协会、船员俱乐部等社会机构和民间协会组织入驻，吸引各类航运人才、信息、资本，打造真正的产业闭环。

四、经验与启示

（一）不忘初心，服务群众

2020 年 5 月 22 日，习近平总书记在十三届全国人大三次会议上强调，要坚持人民至上，不断造福人民。这是中国共产党人的初心，也是全体政务服务人履职尽责、创新发展的初心。政务服务效能是事关一个地区经济可持续发展后劲是否充足、营商环境是否改善的大局，事关人民群众吃穿住行医以及办理各类民生事项的大局，能否把航运企业生产经营需求、人民群众工作生活需求放到第一位认真对待，是检验政务服务成效的核心标准，也是检验政务服务人初心的试金石。

打造长江航运综合服务新模式的出发点和目的只有一个，那就是看是否方便了航运企业、从业人员，检验工作的标准就是航运企业、从业人员是否满意。有了对待党和人民事业的这份情怀、态度，前进道路上的困难都是可以克服的。长江航运综合服务新模式改革经验再次昭示，态度决定一切。态度，比体制机制、方式方法、设施设备更为重要。这是迎难而上、克服障碍的不竭动力。

（二）直面问题，攻坚克难

政务服务的创新发展，决不能简单地回避问题，而是要直面服务中所存在的问题和不足。有些问题比较简单，通过扩大投入、增加设备、改造环境即可实现。但在改革发展的深水区，服务对象已经远远不满足于等待期间有凳子坐、有纯净水喝，他们更需要的是降低办事的时间成本、经济成本，更加聚焦的是效率和质量。要全面满足企业群众的办事需求，政务服务工作中还存在不少难啃的"硬骨头"。

在强调依法治国、依法行政的今天，横在政务服务面前的是一部部法律、法规，这是不可突破的红线和底线。进驻各级政务服务中心的部门、事项，都有其法律依据，都有其规定好的申报材料、办理程序。谁不按法律办事，谁就要承担触犯法律红线的责任和后果。但是，现行法律、制度的存在，并非选择不改革、不创新的理由和借口，均应在现行法律制度框架下积极寻找突破的契机。长江航运综合服务新模式，与其说是时代呼唤变革、管理顺应时势的产物，倒不如说是"物理集中+化学融合"的推进方式发挥了更关键的作用。在全面推行"前台综合受理、中台专业支撑、后台分类审批、统一窗口出件"服务模式之初，受法律、法规要求，部门存在不少质疑，比如：我们是法定的受理机构，航运政务服务大厅可以把受理包办下来吗？后来我们加强了沟通对接，大厅实际上不是"受理"，而是采取"收件"的模式，仅仅是对材料作形式上的审查，并按照流程将由中台、后台审批。由此，曾有的疑虑就烟消云散了，航运政务服务一站式服务才得以闪亮登场。

（三）全局统筹，各个击破

当前，影响政务服务质量和效率的难点、堵点、痛点都不同程度存在。看起来企业、群众办理的是一件小事，但小事能顺利办结吗？难在哪里？比如航运政务服务大厅推出的"开航一件事"，经过前期的调研梳理，如此复杂的情形，办理起来谁能不难、谁能不堵、谁能不痛？航运企业会满意吗？"难点"、"堵点"、"痛点"，究其根源，既不是办事人员主观上有态度问题，也不是办事人员的专业技能不足，而是事项本身复杂，情形多、要素多、节点多，并且哪个节点都很重要，哪种情形都不能忽略。实践中怎么落实党中央、国务院提出的部署任务？怎么确保领导的指示要求落地？要真正解决办事难题，只能把事项梳理清楚。因此，政务服务事项"颗粒化"、"情形化"、"系统化"的梳理做法，在长江（芜湖）航运政务服务大厅得到了广泛应用，成为有效解决政务服务"一网通办"、"最多跑一次"、"零跑动"、"一次性告知"、"一窗受理"、"不见面审批"等改革措施的基础性工作。如果没有事项"颗粒化"、"情形化"、"系统化"梳理，"互联网+政务服务"工作要求就难以落到实处。推出办理"开航一件事"靠的就是通过事项梳理打通了所有的堵点。

（案例报送单位：芜湖市数据资源管理局）

北京市朝阳区：
以"朝阳群众"为切入点拓展基层治理局面

📝【专家点评】

北京市朝阳区探索出一系列政府与群众有效协同的多元化基层治理创新做法,是践行新时代"枫桥经验"的典型实践,对于发展全过程人民民主,增进人民群众的满意度、安全感和获得感具有重要意义。

朝阳区将群防群治队伍建设,延伸到各行业、各领域群众主动参与基层社会治理的力量,建立相关机制,吸纳人大代表、政协委员、"金领"、"白领"、房屋中介、外卖小哥等力量参与基层社会治理,创新出用最低成本实现社会治理效能提升的模式。

以"朝阳群众"为品牌的基层治理体系,在维护政治社会安全稳定、提升群众安全感满意度、快速响应群众诉求为民解忧、提高群众主人翁意识等方面取得了较好的成效。

朝阳区重视对志愿者的培训,建立了区、街乡、社区(村)三级培训工作体系和机制,使每一位志愿者能够做到"三熟悉三会"、"八发现八报告",有效地提升"朝阳群众"收集上报信息、排查化解矛盾、就地消除不稳定因素的保障能力,使之真正能够在基层社会治理中发挥骨干作用。通过主流媒体、自媒体等宣传渠道以短剧短视频等方式对品牌进行传播,提升"朝阳群众"荣誉感、认同感、责任感。这些做法和经验值得加以推广。

点评人:孟庆国　清华大学公共管理学院教授、清华大学国家治理研究院执行院长

一、背　景

朝阳区积极践行新时代群众路线,不断加强基层治理,形成了"朝阳群众"特色品牌,在社会治安综合治理中发挥了积极作用,赢得了社会广泛关注。"朝阳群众"品牌在不断探索和实践中已初步彰显出首都基层治理的精度、效度、温度和包容度。朝阳区将"朝阳群众"作为基层社会治理创新的支撑点，坚持"群众唱主角，有事当地了，服务不缺位"，充分发挥公众在维护社会治安、参与社会服务中的积极作用，实现了政府与群众的有效协同，是党的群众路线在新时代的生动实践。但对标坚持和发展新时代"枫桥经验"的要求，对标首都市民日益增长的美好生活需求，以"朝阳群众"为特色的基层治理还存在着一些不足。朝阳区将进一步加强基层社会治理理念和实践创新，加强基层社会治理顶层规划，基层数字民生服务与社会治理融合，力争将"朝阳群众"打造成践行新时代"枫桥经验"基层治理典范。

二、主要做法

近年来，"朝阳群众"活跃在朝阳社会经济发展各条战线上，让繁华的朝阳更加有温度和人情味儿。为进一步提升"朝阳群众"品质，我们从规模化入手、用规范化提升、以科学化运行，拓展新时代"朝阳群众"功能，"朝阳群众"已成为身份和社会责任的认同，更化身为新时代社会正义和正能量的代言人，"来到朝阳区，就是朝阳人，就是朝阳群众"已成为大家共识。

（一）整合资源，汇聚力量，"朝阳群众"层次更加多元

"朝阳群众"一词最早起源于 20 世纪 70 年代，组织起来以民兵为主体的朝阳群众，与公安警察一起抓获了某国间谍，为此新华社 1974 年 1 月 22 日特意刊发文章进行了广泛宣传报道。进入 90 年代，朝阳区形成专职巡防队、社区保安员、治保积极分子相结合的群防群治队伍，至此，"朝阳群众"队伍正式建成并开始发挥作用。系统化的"朝阳群众"品牌形成于近十年，"朝阳群众"积极参与社会治安防控、重大活动安保、社会治理创新、基层平安创建，成为维护社会治安的"千里眼"、"顺风耳"、"守护神"，被网友戏称为"世界第五大王牌情报组织"，让朝阳群众一度成为"网红"。进入新时期，我们紧抓新形势，结合基层社会治理的新要求，探索拓展"朝阳群众"内涵外延，努力将"朝阳群众"品牌从群防群治队伍的组织，延伸到各行业、各领域群众主动参与基层社会治理的力量。吸纳各级人大代表、政协委员、青联委员等骨干力量加入"朝阳群众"，围绕区域经济发展、社会民生、基层治理等方面，代表群众积极建言献策；引导"金领"、"白领"等中坚力量加入"朝阳群众"，走进 CBD，通过党群共建、楼宇共建和区域共建，发挥其能力强、技术精、素质高的特点，强化"朝阳群众"活动吸引力、宣传渗透力、品牌号召力，不断优化区域营商环境，打通基层治理"最后一公里"。发展房屋中介、外卖小哥等新生力量加入"朝阳群众"，与我爱我家、美团等公司建立深度合作

关系,探索发挥其在发现隐患、化解矛盾、社会治理中的作用。鼓励安监协管员、文明乘车引导员、交通协管员、物业人员、停车管理员、保洁员、党员志愿者、居民志愿者、大学生志愿者等基层力量自主自发地积极加入"朝阳群众",最大限度动员在朝阳区工作、生活、居住的各行业有正义感的守法公民加入"朝阳群众",逐步完善区—街乡(行业)—社区三级"朝阳群众"动员发动体系。经过一系列强有力举措,"朝阳群众"在规模上得到壮大、结构上得到优化、服务上得到拓展,目前全区已有实名注册"朝阳群众"14万余人。

(二)明晰职责,加强培训,"朝阳群众"管理更加规范

聚合提炼"朝阳群众"参与平安建设的工作内容,以发现、报告、服务为核心职责任务,在"朝阳群众"四大体系和一项保障中发挥积极作用。在志愿服务体系中,发挥"朝阳群众"个人的兴趣特长和能力优势,利用闲暇时间,志愿服务社区。在社会治理体系中,积极参与社区(村)日常治安巡逻防控工作,主动参与矛盾纠纷排查化解、邻里守望互助等基层治理工作。在文化传播体系中,激发群众从"旁观者"变成"参与者",弘扬主流价值,传播先进文化,不断提升公共文化服务水平。在舆论引导体系中,创新建立以"三熟悉三会"(熟悉指挥程序、熟悉工作点位、熟悉职责任务,会协同配合、会报告情况、会处理问题)和"八发现八报告"(发现反动宣传物品及时报告、发现违禁横幅标语及时报告、发现非法群体聚集及时报告、发现滋事倾向人员及时报告、发现公共安全隐患及时报告、发现违法犯罪线索及时报告、发现突发紧急事件及时报告、发现可疑人车物品及时报告)为核心的区、街乡、社区(村)三级培训机制,向"朝阳群众"宣讲各类突发应急场景的报告和应急处置的流程、规范,提升"朝阳群众"收集上报信息、排查化解矛盾、就地消除不稳定因素的保障能力,当好安全稳定信息员、矛盾纠纷调解员、城市运行监测员、政策法律宣传员和社区群众服务员。在服务保障体系中,重新设计形象logo,统一为"朝阳群众"群防群治力量配备小红帽、红袖标、执勤证、马扎、马甲等相关执勤装备,建立"朝阳群众"服务奖励、星级评定、年度表彰等工作制度,让"朝阳群众"的形象深入人心,使群众有组织、有管理、有归属感,实现品牌建设从松散向规范的逐步提升。

(三)聚合平台,加大宣传,"朝阳群众"品牌更加响亮

融合各类宣传渠道,做好"朝阳群众"品牌传播工作,扩大"朝阳群众"影响力,对"朝阳群众"的宣传做到线上与线下相结合、实物与媒介相结合、传统媒体与新媒体相结合、长期宣传与重点宣传相结合,做到多样式、多种类、多渠道。加强与《法治日报》、《长安杂志》、中国长安网等主流媒体的密切合作,突出主流媒体宣传的政治性、思想性、战略性和指导性,发挥好主流舆论阵地作用,讲好"朝阳群众"故事。加强对抖音等

新媒体平台的深度拓展，充分发挥新媒体抖音平台的宣传优势，制作更接地气、更有力度、更有温度的"朝阳群众"短视频，进一步拓宽"朝阳群众"的交流互动渠道。加强与区融媒体中心和政法委自有媒体的有机联动，定期选取"朝阳群众"进行宣传，在重大活动服务保障、节假日等重点时段进行集中式宣传，采取宣传曲、宣传片、专题片、短剧、短视频等形式，展现鲜活的"朝阳群众"真人真事真感受，向更多的人群传递社会主义核心价值观，传递"向上向善"的价值追求。加强"朝阳群众"文创宣传的配套保障，将"朝阳群众"品牌具体化、时代化、生活化，充分发挥"文创"用品的吸引作用，制作徽章、帆布袋、水杯、帽子、口罩等"朝阳群众"礼物，让"朝阳群众"品牌深入人心，在潜移默化中实现品牌提质。选树先进典型强化身份认同，聚焦优秀群众，培育榜样典型，深挖经验做法，尤其是对见义勇为、无私奉献等"朝阳群众"中的各种典型，精选100名"朝阳群众"先进人物，撰写事迹编入《朝阳群众在行动》系列书籍，组织专题采访，广泛宣传报道，提升"朝阳群众"荣誉感、认同感、责任感。

（四）加强统筹，提升实效，"朝阳群众"作用更加突出

在维护政治社会安全稳定工作中，"朝阳群众"已成为安保工作的重要力量，特别在建党100周年庆祝活动、党的二十大、北京冬奥会和冬残奥会等一系列重大活动服务保障工作中，与公安等专业警力实行捆绑作战，在社区（村）、街面门店、地铁站口及社会面的3100个重点点位，12.5万余名"朝阳群众"群防群治力量佩戴红袖标巡逻站岗，确保了全区社会面的安保稳定。在提升群众安全感满意度工作中，发挥"朝阳群众"人熟、地熟、事熟的优势，在街头巷尾、楼门院落和各类工作场景中，加强日常沟通交流，加大巡逻防控力度，广泛了解搜集社情民意，及时报告各类涉及安全稳定的行动性和苗头性信息，最大限度发现违法犯罪线索，提升风险预知预警预防能力，有效震慑各类违法犯罪，让群众时刻有安全感。2023年至2024年4月，共评定群众报告情报信息奖励1312人次，下发奖金20.92万元。在"接诉即办"为民解忧工作中，发挥"朝阳群众"主观能动性，通过组织开展各类志愿活动，为群众提供各种便捷贴心服务，形成与邻为善、以邻为伴、守望相助的良好社区氛围，强化"朝阳群众"主人翁意识，越来越多的"麻烦小事"由群众"自己提、自己议、自己做"并得到妥善解决，使群众身边的大事小情"有人听、有人管、有人办、能办好"。在创新基层社会治理现代化工作中，坚持共建共治共享理念，依托社区协商民主平台，引导和动员"朝阳群众"参与党政群共商共治工程，为基层社会治理献计献策，积极参与矛盾纠纷排查化解、安全隐患整治、社会环境建设、邻里守望互助等基层治理工作，广泛参与到扫黑除恶斗争、治安重点地区整治和基层平安创建等工作中来。2023年至2024年4月，"朝阳群众"参与化解基层矛盾纠纷13000余件。

三、主要经验

北京市委多次提出，要着眼探索建立超大城市有效社会治理体系，发挥首都专群结合优势，推动形成优势互补、充满活力的社会组织。部分城区顺应市委战略，创新群防群治工作模式，形成了"朝阳群众"、"东城社工"、"西城大妈"、"海淀网友"等知名品牌。其中，朝阳区将"朝阳群众"作为基层社会治理创新的支撑点，坚持"群众唱主角，有事当地了，服务不缺位"，充分发挥公众在维护社会治安、参与社会服务中的积极作用，公众参与基层治理呈现出多元化、专业化、规范化、机制化的特点，实现了政府与群众的有效协同，是党的群众路线在新时代的生动实践。

（一）坚持党建引领，动员社会多元主体，最大范围凝聚群众参与基层治理

朝阳区充分发挥党委总揽全局、协调各方的作用，把党的领导贯穿到基层治理工作的各环节、全过程，相继出台关于"加强朝阳区立体化社会治安防控体系建设"等意见，构建区、街乡、社区（村）三级治安志愿管理体系，在全市率先组建实名制安全稳定信息员，及时发现解决社会治安问题。在社会单位多的建外街道、长安街沿线等地区设置3100处治安伞，动员1200余家社会单位参与治安防范，最大限度动员并有效整合安监协管员、文明乘车引导员、交通协管员等力量，广泛发动辖区内机关、企事业单位、社会组织和社区居民等，尤其是将水、电、气、热、物流、保安、保洁等行业与群众密切接触的人员纳入群防群治队伍，形成各类别、各年龄段群众广泛参与的全方位、广覆盖的基层治理工作体系，"朝阳群众"正在从老街坊老熟人转向五湖四海人、从大爷大妈为主体走向多元化、从粗放发展走向精细化模式。

（二）发挥人才优势，打造专业志愿者团队，不断提升矛盾纠纷调处效能

朝阳地处核心城区，社会单位多，新社会阶层人群多，专业人才多。"朝阳群众"建设充分发挥专业人才优势，优化"朝阳群众"队伍结构，打造专业志愿者团队。比如，将老法官、律师等主动纳入基层社会治理体系，组建"老法官法律服务队"，挖掘社区专业法律人才，为群众提供高质量的法律义务咨询和服务，将社会矛盾化解于萌芽阶段，提高矛盾纠纷调处化解系统化、专业化、法治化水平。

（三）建立长效机制，鼓励"志愿者反哺服务"，最大限度激发志愿者的积极性和主动性

朝阳区以街乡和社区（村）为主体，以服务实践和评价情况为标准，将治安志愿者逐级认定为一至五星级，建立志愿者等级升级、公益储蓄、服务激励等工作制度，支持鼓励各街乡开展"志愿者反哺服务"，将"志愿服务与社会服务"对接机制纳入公益反哺内容,以"服务带动参与,互动带动互助"的形式激发居民实质性参与社区事务,让居民既是服务的参与者也是服务的享受者,最大限度激发志愿者的积极性和主动性,进一步推进群防群治工作的长效发展。

(四)坚持邻里守望,用"身边人理身边事",有效促进居民自治水平提升

朝阳区人口流动性大,管理不易。"朝阳群众"与居民之间多半是街坊邻居,人员熟悉、地区熟知,是朝阳区"最佳内部和谐调解员",很多由政府部门出面沟通困难的问题,志愿者与居民之间的沟通容易得多且沟通成本较低。朝阳区充分利用"朝阳群众"的独特优势,建立区、街乡、社区(村)三级培训工作机制,要求每一位志愿者做到"三熟悉三会",全面提高志愿者队伍的能力和素质。社区居民日常遛弯儿、买菜、接送孩子时均可开展志愿巡逻,发现问题直接反馈,通过大家齐参与,交织成高密度巡逻网,真正实现邻里守望,群防群治。

四、启示与建议

当前,将以"朝阳群众"为代表的基层治理品牌打造成践行新时代"枫桥经验"的基层治理典范意义重大。其中最为重要的是用最低的社会治理成本来实现社会治理效能的提升,更好体现全过程人民民主,增进人民群众的满意度、安全感和获得感。从实际工作看,"朝阳群众"等基层治理实践需要着力实现六个转变:从风险管理向韧性治理转变、从刚性管理向包容性治理转变、从政府主导向社会多元主体参与转变、从单部门主导向多部门协同转变、从管控向寓管理于服务转变、从线下为主向线下线上相结合转变。有关具体建议如下:

(一)加强基层社会治理理念和实践创新

基层社会治理是一个长期渐进的过程。时代的发展需要基层政府不断更新治理理念,以在基层治理实践中适应新形势、新要求。建议借鉴北京师范大学与地方政府共建新型社会治理研究基地的做法,在朝阳区推动建设"中国基层社会治理研究与实践基地"、举办高峰论坛等,柔性引才、用好外脑,以"朝阳群众"基层社会治理品牌实践为基础,从北京各地实际情况出发,将"枫桥经验"与各地实际情况紧密结合起来,拓展重塑新时代群众路线在基层治理中的内涵与特质,深化北京市基层社会治理现代化的理论、政策和实践研究,探索新路径,创造新经验,推进首都基层社会治理创新,为打造践行新时代"枫桥经验"的基层治理样板蓄力赋能。

(二)加强基层社会治理顶层规划

基层社会治理面临着治理事务、组织、人员、财政超载和治理资源错配等问题。传

统基层治理体制机制、方法手段的使用正在趋于极限,在治理效果上出现边际效用递减。建议把践行党的群众路线作为一条主线贯穿在社会治理顶层设计的全过程,发挥高校社会治理国家智库的智力支持作用,高位部署,协同研究制定顶层规划,形成明确的"北京市基层社会治理行动方案",推动朝阳区研究制定以"朝阳群众"为抓手的《朝阳基层治理三年行动计划》,建立朝阳区委政法委牵头、多部门参与的协同联动工作机制,加强数字城区综合治理平台建设,以数字化赋能基层社会治理。

(三)加强基层数字民生服务与社会治理融合体系建设

没有服务的治理不是好治理。充分发挥数字化平台聚资源、促配置的作用,调动多元主体的力量,更好满足超大城市群众全生命周期、全生活场景的基本民生和社会服务需求。建议以朝阳区为试点推动"暖民心"数字关爱工程,以一老一小健康服务为切入口,先期在眼健康、心理健康两大领域构建数字服务平台和体系,联动北京师范大学心理学雄厚的学科资源和国家数字健康中心、医学人工智能实验室转化平台等资源优势,将优质医疗和健康管理资源下沉至基层,探索形成规范化、可复制、可借鉴的基层数字民生服务标杆,打造基层社会治理和社会服务融合发展的样板,切实增强市民群众在数字时代的满意度和幸福感。

(四)加强基层社会治理工作动态评估

基层社会治理体系已经突破原有的单一监管逻辑。提升北京基层社会治理能力要建立起对超大城市发展规律的全方位认识,形成科学的治理评价标准。建议依托高校社会治理智库机构,针对北京各区的实际和基层治理的具体事务,构建北京市基层社会治理工作评估体系,对北京各区的基层治理效果进行动态评估,梳理遴选北京市基层治理创新成果和典型创新案例,发挥品牌治理项目的示范效应,进一步激发社会多元主体参与基层治理的积极性和创新潜力。

(案例报送单位:北京市朝阳区政法委)

湖北省武汉市：
志愿服务与基金建设双轮驱动社区发展

✎【专家点评】

本案例就如何有效实现社区居民主体性功能进行了有益探索,创新性地将志愿服务培育和社区基金建设进行了有机结合,在提高社区服务水平的同时,更能够将服务转化为社区治理资源,凸显了社区居民在社区治理中的主体性地位,为促进社区良性自治、提升基层治理能力提供了参考。

案例以社区基金建设为抓手,重点对志愿服务组织培育进行升级。针对社区治理中的难点,社区工作者依托社区基金对具备相关能力的积极分子进行动员、组织,并为其参与筹款、监管、使用等社区基金全流程运营赋权增能,使慈善资源得到了更广泛的开发,慈善资金运作也更阳光、更具成效。这不仅增强了志愿服务组织自主回应社区个性化需求的动力与能力,还促进了"人人慈善、人人公益"的全民慈善氛围,为进一步培育社区志愿服务组织与社区内生社会组织创造了良好条件,推动了"人人有责、人人尽责、人人享有"的社会治理共同体建设。

水果湖街道社区慈善的成功实践,关键在于激发居民主体性过程中社区所主导的有机催化作用机制。其中,有效识别、动员组织社区积极分子是基础,为其赋权增能、给予可持续激励是保障,有效实现其带动社会多元主体广泛参与和达成合作的作用机制是重点,促进社区慈善文化与活力,推进基层治理体系和治理能力现代化是核心目标。本案例为其他社区探索多元共治、社区自治形成示范,为不同社区因地制宜地借鉴该治理经验提供了调整思路与优化路径,具备普遍性意义与推广性价值。

点评人:谢　琼　北京师范大学教授

杨宇昭　北京师范大学博士研究生

一、背　景

　　武汉市水果湖街道是湖北省委省政府所在街道,也是湖北省政治文化经济教育的中心地区,辖区内有 17 个社区,近 20 万常住人口,1.5 万名直管党员,121 个两新党组织,备案型社区社会组织百余个,注册型社会组织 20 余个,志愿者注册人数占常住人口的 30%。

　　2020 年之前,水果湖街道社会工作者运用"三社联动"模式,通过资源链接促进散在的慈善资源参与到社区治理中,培育了许多在地志愿服务队和社区社会组织,也吸纳了许多公益伙伴在水果湖街道落地,是武汉市社会工作基础较好的街道,并且在 2020 年就曾探索过通过筹集慈善资金来帮助街道范围内的困境儿童。当时通过社会工作者自己的力量仅发动了 64 人参与,筹集了 817 元,没能很好地动员社会力量参与,也没思考过营造慈善文化氛围。

　　2022 年 5 月,"腾讯公益·五社联动·家园助力站"项目在水果湖街道落地实施后,水果湖街道"腾讯公益"项目团队开始思考如何在前期服务的基础上运用"五社联动"模式对本土志愿服务队伍和本土社区社会组织进行升级培育,以更大力度发动社区在地力量参与到社区治理以及社区慈善文化建设中来,形成整个社区范围内多支队伍"定需求—募资源—供服务"的多元共治及社区自治的治理生态。

二、主要做法

　　社会工作者在实施过程中将建设社区基金和升级培育社区志愿服务结合起来,同期开展、交织进行,一方面积极与街道和社区合作建立起社区基金,另一方面引导社区志愿服务组织尝试依托湖北省幸福家园平台来共筹慈善资金开展后续志愿服务,助力建设"需求自提—资源自筹—服务自供—社区自治"的治理生态链。如此,在项目期间,项目社工培育了 3 支能自主服务社区的志愿者队伍。下面将通过社工如何在建设社区基金的过程中赋能培育其中一支组织——老旧小区加装电梯服务工作室的案例来重点呈现。

(一)筹建街道社区基金,利用腾讯种子资金培育志愿服务组织

　　项目启动后,水果湖街道项目社会工作者利用腾讯公益种子资金建立水果湖街道社区基金,分别在"520 湖北省首次数字公益节"和同年"99 公益日"节点发起众筹项目,主要用于各社区志愿服务组织培育、志愿者能力提升和嘉奖。由于筹款目标明确、

发动人群精准,两次筹资活动共发动900多人次参与,筹集慈善资金5.6万余元。

在具体使用这笔资金时,社会工作者发现放鹰台社区下沉党员肖某有参与社区公益服务的强烈意愿,也愿意为社区治理奉献自己力量。社会工作者了解到肖某主要是从事建筑行业,对加装电梯也很在行,通过他的发起和倡导,帮助放鹰台社区不少楼栋加装了电梯。附近不少小区有此需求都会咨询肖某,他在其他辖区内也从事了很多这类工作。老旧小区加装电梯是水果湖街道现在老旧小区改造的一项重点工作,居民需求量大,政府优惠政策好,但实际推行十分困难。于是,社工鼓励肖某成立志愿服务队专门开展老旧小区电梯加装全流程的指导工作,这一想法也得到了街道、社区的认可,很快肖某牵头招募了5名志愿者组建了以老旧小区电梯加装咨询为服务内容的志愿服务队伍。

(二)增能志愿服务组织用好社区基金,促进解决社区治理难题

"腾讯公益"水果湖街道项目拿出5万元项目资金开展微公益大赛,面向水果湖辖区内的本土社会组织发起志愿服务项目征集,扶持了十个社区本土志愿服务队伍建设。肖某通过这个微公益大赛间接受益,在全流程观摩学习本次微公益大赛后,学习了其他组织如何利用慈善资金开展项目,发挥慈善资金最大效应。例如,滨湖社区为困境儿童设计的家校社心理支持项目,针对他们在学校和家里发生的情绪困扰联动专业心理服务组织提供心理疏导,帮助他们更好地调适自己,融入社会。青鱼嘴社区则联动一家三甲医院建立医疗急救培训和绿色通道,最后推动了该医院在本社区落地,备案成立医疗志愿服务组织。

这时,肖某萌发了把组织规范化发展的想法,水果湖街道社区基金拿出1000元启动资金,帮助他完成了社会组织备案工作,成立了老旧小区加装电梯服务工作室,这也是武昌区第一家专门开展老旧小区电梯加装工作的志愿服务组织。与此同时,他们接受了街道社工站督导跟进,帮助他们梳理了志愿服务组织架构,吸纳了更多队员,也扩充了志愿服务板块,他们可以响应老旧小区加装电梯过程中遇到的矛盾调解、设计优化、资金申请、政策倡导等问题,为其提供服务。

(三)赋权志愿服务组织加入社区基金监理会,学习参管慈善资金

为了从根本上促进社区基金良性发展,提升志愿服务组织在社区基金建设方面的自主参与意识,水果湖项目社会工作者借鉴《湖北省慈善条例》相关要求,成立街道基金监督管理委员会,邀请肖某作为志愿服务组织代表和其他热心居民、驻点律师以及爱心企业、街道和社会工作者代表一起加入,确保社区基金是真正服务于居民,居民可以在社区基金的筹资、使用和管理上发挥重要作用。因此,除了监理会大量邀请居民和志愿者参与,还不定期召开监理会联席会议,对于社区基金的使用,监理会成员进行公开

讨论,最后将社区基金的使用向公众进行公示,接受全体居民群众监督。水果湖街道已经按照此模式形成了社区基金全流程管理路径,这一规范管理也加深了肖某所在组织对社区基金的信任,同时也让肖某更有使命感。

（四）支持志愿服务组织参与公益创投大赛,实现资金自筹自用自管

街道社工站引导放鹰台社区社工室在孵化了老旧小区加装电梯服务工作室后,指导其积极申报参与各类志愿服务大赛,在筹备申报过程中促进该队伍志愿服务公益理念提升,组织队伍不断扩大,从最开始的 5 人,到现在的 20 多人,实现了志愿服务能力飞速提升和成熟。2023 年 6 月社工指导他们独立申报了武汉市武昌区第十届公益创投志愿服务类大赛,他们设计的老旧小区电梯加装一站式服务项目最终获得武昌慈善总会 2 万元资金支持。在获得该资金支持后,该组织自发通过湖北省幸福家园平台发起筹款项目,计划为放鹰台社区筹集 2 万元慈善资金,用于社区同类型公益服务的后续开展。

三、工作成效

在项目第一年期间,水果湖街道社工团队完成了志愿服务升级与社区基金建设双目标。

首先,帮助志愿服务从"三社联动"时期的"组队伍+供服务"向"五社联动"框架下的"定需求—组队伍—募资源—供服务"能力升级培育,促其建成了"需求自提—资源自筹—服务自供—社区自治"的社区治理参与生态链,共计孵化培育这样的社区社会组织三支:放鹰台社区老旧小区加装电梯服务工作室、青鱼嘴社区白色贝雷帽救护队、东湖路社区揽秀为民服务志愿服务队。

其次,建立了社区基金,及其"聚集资金—管好资金—用好资金—再生资金"的规范运营流程。水果湖街道社区基金也取得了从无到有,慈善捐赠意愿从少到多,慈善资源从散发到汇集的良好效果。截至 2024 年 4 月,水果湖街道共筹集社区基金 13.7 万元,17 个社区均参与了社区基金筹款项目开发,共发动了 2000 余人次参与。社区志愿者注册率也从项目初期的 15% 上升到 30%,志愿者活跃度最高的社区接近 100%。

具体而言,突出成效如下。

（一）营造慈善文化,结合慈善赋能升级志愿服务培育

项目期间内,水果湖街道坚持升级志愿服务培育与社区基金建设相辅相成,促进志愿服务与慈善文化发展相融合。即依托志愿精神打造志愿型社区社会组织,同时在传统的需求提出、活动开展、项目实施赋能基础上,加入慈善资源募集赋能,包括筹款、管款、用款等全流程的参与及培训,如此以志愿服务和社区社会组织为依托,带动社区慈善主体培育和社区慈善文化营造,从而更加精准有效解决社区治理难题。

(二)提升全民慈善理念,汇民聚心规范社区基金全流程

项目团队突破传统的社区基金仅依靠社区或者社工发起筹款项目的模式,把社区基金建设以"五社联动"为机制,引导本土志愿者、本土社会组织在社区基金建设中发挥重要作用,从而激发更多居民了解社区基金,最大限度地推广了社区基金的在地作用,引导更多居民参与进来。这更有利于社区基金长期有机发展,真正实现了"人人慈善、人人公益"的全民慈善理念。

(三)贯通人财物服务的治理生态链,促进社区治理可持续

本项目通过升级志愿服务培育为催化剂,促进社区基金这个新鲜理念的推广。从社区治理的层面促使居民角色转变,慈善众筹理念提升,使社区居民真正作为治理参与的主体,资源募集的主体,服务提供的主体,监管的主体。只有调动他们作为主体力量参与到社区治理中来,才能真正盘活社区资源,发挥慈善资源最大作用,为慈善资源开发提供永动力。

四、经验与启示

"腾讯公益"项目落地各地的基础不同,作为一个前期"三社联动"基础建设较好的项目点,水果湖街道在"五社联动"框架下,除了要发展社区基金,是否也要继续升级对社区社会组织和志愿服务的培育?

在此问题牵引下,水果街道从本地具体情况出发,即志愿精神发展基础较好但慈善投入不足,自主服务能力不足,社会资源丰富但整合及发动不足等,确立了升级培育志愿服务组织与规范建设社区基金双目标、双进程思路,即将社区社会组织的培育和赋能嵌入到社区基金建设中去,不是社工募款给社区社会组织用,而是社工带领社区志愿服务组织自提需求、参与募款、自供服务,如此实现自主运行,为社区培育了三支真正自治的力量。

与此同时,社区基金也因为得到多支社区志愿服务组织加入募款,每支社区志愿服务队又以服务回应社区居民真需求,如此扩大了社区基金的知晓度和影响面,助力社区慈善氛围的培育。慈善氛围的营造使社区基金的自募自用具有了群众基础,也使社区志愿服务组织的自主服务能力得以形成,从而使得社区基金的开发具有了可持续性预期。

以此思路指引项目推进过程中,我们也发现了志愿服务在参与社区治理中与其他

有效途径的高度兼容和加速催化的作用;更发现社区基金建设不仅仅停留在数字上,而且还是社区慈善文化的载体。

基于此,下一步,"腾讯公益"水果湖项目团队将尝试以此思路激活更多在地组织,培育他们自导自筹社区治理项目,持续升级社区志愿组织的全链条治理能力,专业社工的角色也将进一步实现从"三社联动"时期的"深度介入"向"五社联动"时期的"后退一步"转变,即在全过程赋能社区治理主体的情况下,社工主要发挥关注、支持、督导等作用。

(案例报送单位:武昌区水果湖街道办事处、武汉楚馨社工、水果湖街道社工站)

湖南省张家界市:"旅游医生"助力景区安全治理

【专家点评】

张家界市人民医院善于发现问题,主动作为,开拓新思路,牢牢抓住问题症结,通过提供三个抓手"医疗服务",提升景区便民服务力度。这项举措意义重大,一方面为游客安全保驾护航,另一方面也为景区的进一步发展加大宣传从而提高吸引力,真正实现了景区与游客"双赢局面",即游客对景区满意,景区根据游客的建议进行调整与改善,面貌与服务持续向好。张家界市人民医院的医疗服务通过打造"三个抓手",制定"三项机制"以及绘制"一张地图",在国内景区安全服务领域做到了"独树一帜",遥遥领先。与此同时,每项措施在实际应用基础上,实现了景区与医院的有效沟通,即创新了网格化管理的"一站多点"、多路并存的"一点多路"以及沟通全阶段的"一呼多应"机制。

张家界市人民医院"旅游医生"的成功,不仅实现该市景区服务人性化,更为其他类似的景区起到示范作用,以人为本,安全第一,服务为先,该案例具备向全国景区进行推广的现实意义。

点评人:彭庆辉　北京大学政府管理学院助理研究员

孙　健　沈阳师范大学副教授

一、背　景

张家界是享誉世界的旅游和体育赛事胜地,每年接待国内外游客达数千万人次。由于当地是典型的山岳型景区,且山高路险、沟壑交错、点多线长,加之景区内医疗资源匮乏,一旦游客突发意外伤病很难实现就地就近就医,从而严重危及游客身体健康和生命安全,制约游客旅行体验感和旅游业发展。

对此,张家界市人民医院党委主动担当,善作善为,号召动员广大医务人员利用休息时间化身"旅游医生"志愿者，以走出医院、走进景区及关键区域的服务方式，为广大游客提供零距离医疗服务，确保旅行安全。

二、主要做法

（一）依托三个抓手，打造全方位医疗服务矩阵

以定点医疗、流动医疗、随机医疗为抓手，为游客提供哨点接单、途中点单、随机派单全方位医疗服务，增强服务游客的针对性、时效性和安全性。

以"定点医疗"为抓手，采取哨点"接单"，提供便捷式服务。聚焦景区景点、重要场所游客就地就近看病难、多跑路现象，在核心景区游客集散地及主要交通要道设立了111个"定点医疗"志愿服务哨点，随时为有需求的游客提供健康咨询、医疗救助、疫情筛查等一站式便捷服务。同时，针对自行入院就医游客，充分发挥医院主哨点作用，分别在多家院区门诊、急诊、感染科等多个医疗窗口设立"游客就医服务站"等，快速引导就医就诊，最大限度压缩游客及旅游从业人员等候时间。

以"流动医疗"为抓手，采取途中"点单"，提供快捷式服务。针对山岳型景区地形复杂、山高路险的特点，为各医疗小分队（组）配发急救药品和医用物资，组成58支流动医疗队（组）在景区实施不间断巡诊，随时受理各类突发意外伤病医疗救助。同时在2021—2022年，组成多支"流动医疗"党员先锋队，不分昼夜深入滞留游客所住酒店，为上万名游客免费提供多轮次核酸采检及医疗巡诊。此外，为培养旅游从业人员急救意识和提升急救技能，先后组织近200名"流动医疗"党团志愿者上门为旅行社导游员、景区工作人员开展急救培训18场次，受益人员近万人次。其中2名受训导游员在带团过程中，成功挽救了2名心脏骤停游客的生命。

以"随机医疗"为抓手，采取随机"派单"，提供紧急式服务。张家界作为体育赛事胜地，常年举行翼装飞行世界赛、自行车越野赛、旅游发展大会等各类文体赛事活动。对此，先后选派多学科技术骨干，组成112支随机医疗队（组），为参赛选手及参会嘉宾提供医疗安全保障。2022年首届湖南旅游发展大会召开期间，在两大会场、三大交通要道及部分观摩区22个点位上，近百名党团志愿者全程参与大会核酸采检及医疗保障任务，同时还负责各景区站点危重伤（病）游客的紧急转运救治工作。

（二）健全三项机制，打造立体式医疗救助体系

健全"一站多点"、"一点多路"、"一呼多应"医疗急救保障机制，形成景区景点、院内院外，整体联动救助体系，确保突发意外伤（病）游客及时得到救助。

健全"一站多点"机制，实行网格化管理。采取院内设总站、景区设分站、景点设小

组三级网格化管理,做到党委书记和院长部署、党总支书记(副书记)值守调度、党员干部带队巡线巡诊,进一步明确责任分工,形成合力,确保高效运转。

健全"一点多路"机制,实行规范化保障。在景区分站,下设多支(路)"定点医疗"、"流动医疗"队(组),做到相互兼顾,密切配合。同时,采取以党带团、以医带护、以老带新方式搭配编组,从而进一步提升团队整体协同救助能力。

健全"一呼多应"机制,实行整体化联动。在游客出现伤情后,按照灵活机动、就近原则,各医疗小分队进行现场评估处置。对于现场无法处置的意外伤病,会同旅游、交通、医院等部门整体联动,迅速启动"一呼多应"联动机制,确保伤病游客第一时间下山、第一时间入院、第一时间得到有效救治。截至 2024 年 4 月,已紧急转运救治危重伤病游客76 起。

(三)推行"一张地图",为游客安全精准导航

将主要景区景点游览线路图和医疗服务站点位置进行融合,标注具体联系方式,手绘首张"旅游健康地图",并通过线上、线下形式免费发放给进入景区游客,为其提供精准导航,确保游客突发意外伤病后第一时间能找到就近医疗点,避免延误病情。2022年 5 月 3 日,一名法国籍游客在张家界森林公园金鞭溪跳鱼潭景点受伤后,同伴按照地图所示,第一时间联系到了就近的健康服务点,仅 20 分钟左右,旅游医生党员志愿者张志猛等人赶到了现场,并快速进行了现场救治和紧急转运。

三、工作成效

探索创建"旅游医生"志愿服务项目 7 年来,6000 多人次医务志愿者利用休息时间,常年巡线巡诊在景区景点、交通场站、文体赛事等场所,累计为国内外游客提供健康咨询、现场救助、疫情筛查、紧急救治等各类医疗健康服务达 68.9 万人次,深受国内外游客及各级政府好评与肯定。经验做法多次受到新华社、《人民日报》、中央电视台、《湖南日报》等主流媒体刊发推广,并被宁夏回族自治区、山东省、浙江省等多个省市景区及医疗机构学习借鉴和复制推广,先后荣获"全国文化和旅游志愿服务创新案例"、"全国基层党建实践典型案例"、"湖南好人·最美景区人"集体等荣誉称号。

四、经验与不足

(一)经验

一是要具备专业技能。旅游医生需要具备丰富的临床经验和扎实的全科医学知识,当面对各类突发疾病或意外伤害时,必须迅速准确判断并进行初步救治。

二是要灵活机动。旅游医生经常需要在各种条件下提供医疗服务,需要保持高度的适应性和灵活性。

三是要会跨文化沟通。旅游医生需要接触来自全球各地的游客,要掌握一定的跨文化沟通技巧,理解并尊重不同文化背景下的患者需求和习惯。

四是要会制定与执行应急预案。旅游医生通常参与制定和完善旅游突发事件的应急预案,一旦发生突发事故,能够迅速启动预案,协调各方资源进行救治。

(二)不足

一是设备与资源不足。旅行途中可能缺乏完善的医疗设备和药品储备,尤其是在偏远地区或遭遇极端天气时,难以立即获取所需医疗资源。

二是信息不对称。旅游医生可能不了解患者的完整病史,或者因语言障碍导致沟通不畅,影响病情判断和治疗效果。

三是缺乏安全保障。在某些危险地区提供医疗服务时,旅游医生自身的安全也可能受到威胁。

五、启示与建议

(一)启示

一是志愿服务的重要性。旅游医生志愿者在游客集散地或偏远景区提供的应急医疗救援和健康咨询服务,充分展现了志愿服务精神和人道主义关怀。这提示我们在旅游业发展中,医疗卫生服务不可或缺,尤其对于保障游客生命安全至关重要。

二是跨领域合作。旅游医生往往需要与景区、旅行社、政府部门等多个机构协同合作,共同维护游客健康。这种跨领域的联动机制启示我们,在应对公共安全事件时,多部门联合响应、资源共享能有效提高服务效率。

三是技能培训和准备。成功的旅游医生志愿服务案例说明了医护人员需具备专业的急救技能和丰富的旅行卫生知识,且能够在不同环境下快速适应和提供帮助。

(二)建议

第一,建立健全旅游医疗志愿服务体系。鼓励和支持医疗机构、高校、社会组织等开展旅游医生志愿服务项目,设立专项资金支持和规范管理制度。

第二,加强旅游医疗志愿者队伍建设。定期组织专项培训,提升志愿者的急救技能、传染病防控知识和沟通能力,确保他们在关键时刻能够发挥关键作用。

第三,完善旅游景区医疗设施配备。在各大景区设置医疗点或急救站,配备必要医疗设备，同时可考虑引入智能化健康管理系统，以便及时发现和处理游客健康问题。

第四，加大宣传力度。通过媒体和公众平台推广旅游医生志愿服务的重要性，提高广大游客的安全意识和自我保护能力，同时也吸引更多有志之士参与到这项公益事业中来。

（案例报送单位：中共张家界市人民医院委员会）

浙江省宁波市：
"甬学安"校园矛调新解法筑牢平安根基

✐【专家点评】

守护校园安全是新时代做好教育工作的重中之重。该案例在现有社会治理的基础上，引入多元主体和专业力量，积极探索化解校园矛盾的新机制和新方法，对维护校园有序发展，保障青少年健康成长有着举足轻重的作用。该案例是协同治理理念在校园安全治理中的实际应用，在关注到多元治理主体和机制的同时，还能够针对独特的校园矛盾问题，寻找专业化的解决之道，具有良好的示范意义。

案例在市委、政法委的支持下成为集中研讨解决校园矛盾的协同中心，体现着党委和政府为学校办学安全托底，解决了学校后顾之忧，保护了学生生命安全，以党建引领，多元力量参与是解决涉校安全难点问题的根本遵循。在此机制下，平台以骨干机构为核心，积极构建有益于校园矛盾化解的社会组织矩阵，拓宽了守护校园安全的多元参与，同时，专家和志愿者的参与也使得校园矛盾的调解更具科学性和专业性。在成效上，该中心以共治思路汇聚了校园矛盾调解的多元力量，优化了矛盾化解资源共享格局，在实施过程中创新研究方法，推动校园矛盾调解机制的长效发展。

该案例需进一步分析具体矛盾调解过程中的经验，关注学生作为矛盾主体对多元调解的需求和接纳程度，持续关注矛盾调解的后续发展，在具体个案中探索校园矛盾调解的边界和长效机制。

点评人：杨华锋　国际关系学院公共管理系教授、博士生导师

一、背 景

(一)教育事业有需求

宁波市教育基础雄厚,学校层次齐全,学校数量和学生规模较大。全市共有各级各类学校(幼儿园)1801所,在校学生148.17万人,教职工12.72万人。其中,普通高校和成人高校15所,中职学校(不含技校,下同)32所,普通中学85所,初中243所,小学388所,幼儿园1028所,特殊教育学校10所。虽然校园矛盾纠纷占宁波市总体纠纷调解案件的数量不多,但群体基数大,各类矛盾事件的绝对量不可小觑。

(二)校园矛调有痛点

不同于一般矛盾纠纷,孩子在家庭、社会中的地位日益提高,矛盾纠纷对各方的影响程度也在不断扩大。目前来看,校园矛盾成因呈现出学生身心健康、学(师)生纠纷、校园欺凌、意外伤害等多样性,另外加之涉及主体广泛性、利益关系复杂性、社会影响扩大化等复杂特征,导致校园矛盾纠纷调处化解工作难上加难。面临日益复杂的案件以及不同的利益诉求,以往以学校管理者、教师为主体的一元化矛盾化解方式显得力不从心,亟待通过机制创新,引入多元、专业化力量,重构校园矛盾调处化解模式。

(三)社会治理有基础

宁波市自2020年初起即承担全国首批市域社会治理现代化试点任务,2023年10月荣获"全国市域社会治理现代化试点合格城市"称号。宁波市第十四次党代会报告明确提出"打造一流智慧善治之都",近年来通过党建引领、智慧治理、力量下沉,不断坚持和发展新时代"枫桥经验"。在此过程中,一些社会组织涌现。市教育局引导成立了宁波市甬安校园安全促进中心,专门协助相关工作。宁波市校园矛盾调处化解平台另一参与单位鄞州区鄞和社会协同治理研究院,在多年实践中构建了多主体、多层次"跨界合作"的调解机制,开展理论结合实际,多专业、多门类社会治理实践研究,在矛盾化解调处等方面积累了丰富经验。

二、主要做法

(一)党建引领,围绕主题,聚合向心力

1. 树立一个理念

一直以来,宁波各界始终把校园安全稳定作为教育事业发展的红线,不断筑牢校园

安全防线。校园矛盾调处化解是维护校园安全稳定的重要环节。习近平总书记在浙江考察期间提出要坚持好、发展好新时代"枫桥经验"，坚持党的群众路线，正确处理人民内部矛盾，紧紧依靠人民群众，把问题解决在基层、化解在萌芽状态。宁波市校园矛盾调处化解平台始终牢记习近平总书记关于"孩子们成长得更好，是我们最大的心愿"的重要指示，始终秉承人民至上、安全第一的理念，把维护校园安全、确保学生安全放在突出位置。

2. 搭建一个平台

宁波市校园矛盾调处化解平台（以下简称"平台"）在宁波市委政法委、市教育局指导下，由鄞州区社会治理中心、宁波市甬安校园安全促进中心联合打造，并由鄞州区鄞和社会协同治理研究院、宁波市甬安社会评价研究院、"老潘警调中心"、柳安社会治理研究院等多家社会组织参与构建。各个社会组织均成立了自己的党支部，通过党建联建的方式，各方积极贡献资源力量，使平台具有了多个实体化空间、专业的人员队伍，成为各个社会组织开展工作的组织阵地。

3. 建立一个机制

平台联合参建社会组织，形成了定期例会制度，总结分析阶段性工作成效，进一步凝聚合力。形成了"交办—破题"机制，围绕党委政府、学校急切紧迫或重要的议题组织专业力量进行"破题"，在进行矛盾调处的同时，开展理论研究、工作总结、校园安全指导等工作。努力做到"小事不出校、矛盾不上交"，努力形成具有宁波特色的校园风险事件化解的新模式。

（二）矩阵组网，多元参与，提升战斗力

1. 骨干机构担纲

平台主要骨干机构包括宁波市甬安校园安全促进中心、宁波市鄞州区鄞和社会协同治理研究院等社会组织。宁波市甬安校园安全促进中心于2023年2月成立，在宁波市教育局指导下，开展校园安全教育、管理指导、考核评估，参与重大校园风险事件的善后工作，协助"甬学保"管理相关事项。宁波市鄞州区鄞和社会协同治理研究院主管部门为鄞州区委政法委，成立于2020年10月，是鄞州区5A级社会组织，作为入驻鄞州区社会治理中心的枢纽型社会组织，负责统筹全区各类社会组织、人民调解员、志愿者等社会力量参与社会协同治理工作。

2. 多元主体协同

社会协同是基层社会治理的应有之义。平台形成了校园矛盾调处化解的社会组织矩阵，聚集甬安研究院、柳安社会治理研究院、老潘警调、慈善基金、睿青心理咨询等民非机构，市调解协会、市社会组织促进会、平安志愿者联合会等社会团体，以及保险公司、律师事务所等机构,通过合力构建专业化、社会化事业共同体,为校园矛盾调处化解赋能。

3. 专家志愿者参与

目前平台聘任了 30 余名兼职调解员、7 名特约调解专家。专家有的来自教育系统,对于校园安全管理有着丰富的经验;有的本身就是著名的"老娘舅",如老潘警调(联调)中心的负责人潘明杰,从事人民调解工作多年;还有行业专家,如心理咨询师、社工师、律师、医生等。有了各专业、各领域专家的支持,平台可以根据个案情况组建对口的专家调解队伍。

(三)理论支撑,方法创新,体现执行力

1. 规范工作流程

通过一年多的运行,形成校园矛盾调处化解"六步法"工作规范:①组建团队。案件发生后,成立由学校、教育部门、公安部门、社会组织调解等单位组成的处理小组,指挥和协调事故的应急处理工作。②分析原因。指派具有专业知识和经验的人员进行现场勘查、走访询问等,收集信息,分析原因。③研判责任。根据相关法规、同类案件判决对事件进行责任分析,明确主因主责、次因次责。④开展调解。以学生为核心,与家长及有关方面就事后处理,损失补救、困难救济等进行协商。⑤事件结案。对调解结果以协议等形式进行固定,形成总结,资料归档。⑥复盘溯源。分析案件的产生及解决经过,探讨事件反映出的不足与问题,为学校安全工作、类似案件调解提供参考。此外,针对已经化解的调处案例,还将定期跟踪,确保后续有帮扶,矛盾不反弹。

2. 深入调查研究

平台把校园矛盾化解专业化实证研究放在前端,作为基础,先后研究形成《宁波市校园非正常死亡事件应急预案》、《双减政策社会影响调研报告》、《教育领域社会风险分析报告》、《学生非正常死亡原因分析及危机处理对策研究报告》等研究成果。依托专家团队,对具体案例进行分析、研判、复盘,把案件分门别类进行梳理,总结内在规律,进行案例汇编,拟编发《宁波市校园安全矛盾纠纷调处化解典型案例集》,以增强指导性和可操作性,推进涉校矛盾纠纷调处化解的规范化建设,提升学校处置涉校涉生矛盾纠纷的能力和效率,提升校园安全治理的能力和水平。

3. 实施菜单式服务

平台形成了涵盖安全培训、危机化解、校园矛盾调处化解、理论研究、风险评估、心理疏导等服务清单,党委政府、学校及有关机构可以进行"点单",平台提供菜单式服务。

（四）要素配套，完善保障，打造续航力

1. 强要素保硬件

在资金保障方面，一是依托"甬学保"学生平安保险，通过设立基金，将保费部分转入基金专项使用，有效提升公共资金的使用效率。二是打通政府购买服务渠道，相关部门购买社会组织服务。三是畅通社会筹集资金渠道，引导企业捐助、爱心善款参与困难帮扶。在场地保障方面，鄞州区社会治理中心为平台提供了共享场地面积600平方米，平台运作具有完备的场地条件。

2. 抓组织建队伍

加强各个社会组织的党建联建工作，定期召开党课、培训等，提升凝聚力。引导社会组织在招聘或引进人才时，优先考虑校园矛盾纠纷领域的专业人才，推动专业人员年轻化，适当和当地高校合作，通过高校人才库为社会组织提供"后备力量"，提高人员待遇，加强保障。

3. 配政策重长效

宁波市教育局高度重视校园安全，不断深化"一环四员"平台建设，完善"三同步"、"六步法"应急处置机制，提升校园风险隐患治理水平。不断提高"一环四员"校园风险智治平台应用水平，强化校园风险隐患排查治理。2023年，市政府及教育局先后印发《关于推进青少年心理服务体系建设的若干措施》、《2023年宁波市学校安全稳定工作指导意见》等文件，为校园安全长效管理提供了制度保障。通过政策支持，引导践行新时代"枫桥经验"，支持宁波市校园矛盾调处化解平台建设。

三、工作成效

（一）校园矛调专业化

当前平台调解的校园矛盾纠纷一般分为两类：一类是突发应急事件，另一类是长久未解决的"积案"，也就是疑难杂症。截至2024年4月，平台已接到校园矛盾纠纷调解求助22起，其中18起已调解成功，其余还在调解中；专家指导30余起，组织开展校园安全讲座4场。对于调解成功的事件，平台会跟进矛盾双方后续履行调解协议的情况；对于还在调解中的事件，平台也会不定期回访，实时跟进双方的心理变化，寻找调解"窗口期"，积极推动矛盾化解。通过社会组织共同建设的方式，能够精准匹配相应的资源，实现快速反应、专业化解，提升调处化解的成功率。相关经验做法被《中国教育报》、《浙江教育报》等媒体报道。

（二）调解力量多元化

平台引进第三方社会协同治理组织,组建了一支专业的调解专家团队,从"单枪匹马"到"团队作战",逐渐集聚起的多元力量。目前已形成"市、区、校"三级化解队伍体系,平时协助做好宣传、培训、家校互动、风险排摸等工作,发生矛盾,市级协调、区级保障、校级参与,为化解校园矛盾纠纷提供了有力支撑。

（三）家校关系和谐化

学校、家庭和社会应该是相辅相成、相互促进的。通过宣传培训、案件调解、课题研究、社会服务,平台逐渐在学校、家长心中树立了家校一体的理念,孩子的教育及相关风险事件需要家校共同推进、承担,明确和增强了双方的责任意识,有效缓和了家校矛盾。

四、经验与建议

（一）多元主体参与,汇聚调解力量

"众智可解多方难题,群力能破重重障碍",在校园矛盾化解中,需借鉴新思路,创新解决方案,优化矛盾化解资源共享格局。传统上,校园矛盾解决往往侧重于事件双方你来我往的"拉锯战",但现实中多数学校和家长对于矛盾纠纷处理经验欠缺,时间精力有限,需引入多方力量,尤其是有相关经验的专业人士和社会组织参与,这种"共治"思路可以利用社会力量的集聚效应,促进校园治理的协同化、微观化和精准化。矛盾事件调解过程引入第三方,随时提醒一方尊重另一方权益诉求,促使各方保持冷静并进行理性沟通。中立的第三方观点,如专业意见、过往经验、判例分析、折中建议等,有助于打破僵局,推动建立信任,达成和解共识。

（二）处置预防并重,形成长效机制

形成校园矛盾调处化解的模式,并非"头痛医头,脚痛医脚",最终目的是在源头预防校园矛盾的发生。要重视"治未病",前端后端并重。在"矛盾调处"和"源头预防"两方面持续发力,由后端处置向前端预防延伸。例如定期组织培训活动,提升学校管理者和教师的矛盾调处能力,形成长效机制。为校园安全事故预防、校园纠纷处理提供经验,探索并实践好新时代校园治理的"枫桥经验"。

（三）理论实践并重,工作久久为功

校园矛盾调解工作并非一朝一夕、一支队伍可以完成的。要继续深化推广校园矛盾调处化解社会化参与的模式,深入挖掘并充分发挥各类社会组织在专业分工、资源协调、功能集成等方面的优势;进一步强化宁波市校园矛盾调处化解平台的辐射带动效

应,汇聚多方力量;要加强理论研究水平,提升业务能力水平。平台不仅要为学校提供具体指导和支持,还需进一步研究校园矛盾调处化解工作协调机制、操作标准规范、实用化解技巧等。通过理论研究、案例分享、经验交流等方式,帮助学校解决事件处理中缺乏理论支撑和实战经验的问题。

站在新的起点、直面新的形势、肩负新的使命,参与"甬学安"新解法建设的各政府部门、各社会组织等多元主体,将深入学习贯彻落实习近平总书记考察浙江重要讲话精神,准确把握新时代"枫桥经验"的科学内涵和实践要求,通过校园矛盾纠纷调处化解平台联动,强化社会协同治理,使平台朝着专业化、权威化、精准化的方向发展,努力提升校园社会矛盾纠纷预防化解能力和法治化水平,为持续推动教育高质量发展创造安全稳定的社会环境。

（案例报送单位：宁波市鄞州区社会治理中心、宁波市甬安校园安全促进中心）

重庆市北碚区："寻幽入微"乡村助老服务新方法

✐【专家点评】

特殊困难群体是民生保障的基本底线。由于城乡二元结构差距，农村相较城市的养老服务基础条件落后，加上家庭结构小型化、青壮年人口大量流出等现实，家庭养老难度增大，农村老人尤其是特殊困难老人的养老需求难以得到完全满足。该案例介绍了一种在乡村场域内整合政府和社会力量为特殊困难老人提供居家助老服务的方法，以回应北碚区农村地区特殊困难老人的需求为出发点，采用"双寻并进"的策略，即通过发掘、培养、赋能本土志愿者为乡村特殊困难老人提供居家助老服务。社工机构通过引入资源、构建助老队伍、搭建长效机制，激活村民参与养老服务提供的内生动力，增强了志愿者队伍的活动能力，吸引了更多社会力量参与，在满足缙云山综合整治区域内的特殊困难老人的实际需求的同时提升了助老服务的可持续性和效能，有利于夯实农村养老服务基层基础。

案例经验具有参考性。在具体服务提供中，多元主体发挥特长并形成合力协作。村委作为服务平台，助老员作为村民志愿者，民政和社会组织提供资金支持，社工组织作为服务载体发挥动员、整合、赋能等专业技巧，多元联动有利于服务力量和服务资源的整合和合理配置。

点评人：谢　琼　北京师范大学教授

高　睿　北京师范大学博士研究生

一、背　景

根据国家统计局预计，2024 年末全国 60 岁及以上人口将达 29697 万人，占总人口的 21.1%，意味着我国已进入中度老龄化社会。习近平总书记在党的二十大报告中强调"推动实现全体老年人享有基本养老服务"。然而，当前我国空巢老年人占比已超过一半，众多老年人面临居家养老的诸多不便，尤其是在地广人稀、养老服务设施分散、服务人才和经费不足的乡村地区,特殊困难老人的问题更为突出。据统计,截至2024年3月,北碚区共有特困人员2615人,其中一半以上散居在农村地区。这些分散居住的特困老人往往面临日常起居无人协助、健康状况无人监控、家务劳动难以承担等困境,亟待关注和破解。

为此,重庆市北碚区启辰社会工作服务中心积极寻求与北碚区民政局及上海市长益公益基金会的紧密合作,联系西南大学国家治理学院社会工作师生,以无私奉献为基石,以创新驱动为引擎,肩负起强化社会责任感的使命,协力探索一条"寻幽入微"的乡村助老服务新路径。

二、主要做法

"寻幽入微"乡村老人关爱志愿服务采用双寻并进策略,在北碚区积极寻找农村特殊困难老人,同步发掘和培育本土助老员,借助社会组织、高校专业力量,为助老员提供赋能培训,以确保他们具备为乡村老人提供专业且贴心的服务所需的技能和素养,能够深入了解和贴心关怀老年群体,以满足乡村老人的切身需求。在北碚区民政局的大力支持下,通过五社联动的合作模式,引入并整合上海市长益公益基金会、中国乡村发展基金会、壹基金、西南大学志愿者等多方社会慈善资源,共同为乡村助老服务贡献力量,确保每一位乡村特殊困难老人都能在不离乡土、乡邻、乡音、乡情的环境中,享受到全方位、可持续的关怀与服务。图1为"寻幽入微"乡村助老志愿服务框架。

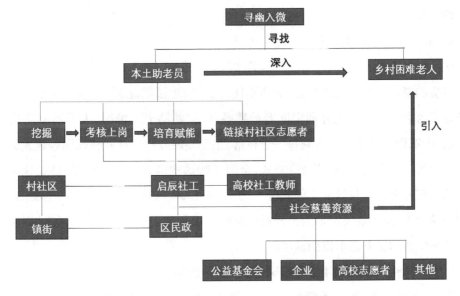

图1 "寻幽入微"乡村助老志愿服务框架

(一)"寻幽"行动,双寻并进:探老之需,觅志之力

北碚区缙云山综合整治行动在提升本地生态环境的同时,间接引发部分乡村老人居家养老的困境。特别是整治行动带来的产业结构调整和劳动力需求变化导致劳动力外流,许多老年人因此留守家中。而养老服务设施和服务人员的匮乏,让这些老年人在生活照料和精神慰藉上面临挑战。为此,2021 年在北碚区人大彭烨主任及人大帮扶集团的支持下,北碚区民政局成功引进上海市长益公益基金会(以下简称"长益基金会")。该基金会与北碚区本土的启辰社会工作服务中心(以下简称"启辰社工")紧密合作,共同致力于探索和开展符合乡村老人切身需求的助老服务项目。

"寻幽"蕴含双重意义,既指寻找缙云山综合整治区域内的特殊困难老人,深入了解他们的实际需求;也指发掘并培养本土志愿者,通过赋能提升,让他们更有效地为乡村特殊困难老人提供居家助老服务。

1. 觅本土之志,激内生之力

项目选定歇马街道、澄江镇等 4 镇街 16 村作为落地试点。在民政部门和各镇街的全面统筹下,得益于长益基金会的宝贵指导以及西南大学社工教师的专业督导,启辰社工携手 16 个项目村,按照镇街村社推荐、线上面试、岗前培训、入户调研、信息整理等程序,遴选出符合要求的本土村民作为助老员,通过专业培训后投入本村,一定程度上解决农村地区,特别是农村妇女的就业问题。同时,我们定期组织技术能力培训,不断深化助老员的专业素养,增强他们对助老服务工作的认同感。我们还积极鼓励助老员发展本土志愿者队伍,共同参与助老服务,从而确保本土组织在外部资源撤离后仍能保持强大的生命力。

2. 探长者深层之需,解颐年切实之困

在北碚区的层峦叠嶂之中,存在着许多隐秘的角落,这些地方居住着因种种原因而陷入困境的老人。由于地处偏远、交通不便,他们的生活状况鲜为人知,基本的生活和服务需求难以满足。为充分利用助老员熟悉环境、熟悉老人情况、人员不易流失等优势,我们组织助老员队伍深入到每一个村落,主动接触并探寻这些特殊困难老人的实际需求。通过入户走访、问卷调查等方式,全面了解这些老人的生活状况、健康状况及精神需求。在每个项目村村委会的支持下,各村选出 30 户农村特困、低保、空巢、独居的特殊困难老人,由助老员定期为其开展免费的居家养老服务和社区公益活动,以确保他们的基本生活和服务需求得到满足。

(二)入微之策,双轨并行:汇聚资源,深化服务

秉承"寻幽入微"的服务理念,我们不断深化和推进"入微"服务。

1. 引入资源,汇聚力量

在项目推进过程中,我们积极寻求多元化合作,在北碚区民政局的支持下成功引入社会公益基金、政府专项资金及爱心捐赠等多元资金支持。这种合作策略不仅确保项目的稳定性和持续性,而且大幅提升项目的社会关注度,进一步吸引更多社会资源的汇入。在资源整合环节,我们充分发挥各方的专业优势,实现资源的高效配置。政府部门给予的政策扶持为项目发展提供有力保障;公益组织和慈善机构的资金支持为我们提供坚实的物质基础;而企业的加入则为我们注入创新的活力和广阔的市场视野。得益于五社联动的紧密合作,我们能够为乡村的特殊困难老人提供更加全面、细致、高效的服务。

2. 深入服务,贴心关怀

(1)构建核心助老队伍

通过启辰社工陪伴式赋能与精心培育,结合西南大学社工教师的严谨指导,帮助助老员们从零开始熟悉和掌握助老服务技巧,解决与老人初识的尴尬,明白如何了解老人的需求,并在此基础上与受助老人建立良好的信任关系。助老员们也逐渐认同自己的身份。为了更好地开展助老服务,启辰社工以街道为单位,物色有责任心、具有较强服务意识和能力的成员担任本街道助老员领头人,协助启辰社工辅助和支持本街镇其他助老员开展助老服务和社区活动,使同辈支持得到强化,团队效能也得到提升。

(2)深化志愿价值认同

为了与助老员们建立良好的互动和支持,启辰社工每月召集助老员开展线上或线下例会,普及助老服务技巧或了解本月服务的困点难点,一起探讨,共同成长。很多助老员反馈,他们的一举一动其实也被老人们看在眼里,老人们对他们的关心让他们很动容,认为做这份工作很值得,现在和老人像亲人一样,无话不谈。随着助老员与老人日益紧密地互动,团队价值观和服务目标的"双认同"得以实现。

(3)激发队伍内生动力

为了丰富老人的精神文化生活,拓展他们的社交圈,助老员们会定期策划并组织各类活动,如健康讲座和文化娱乐活动,让老人在欢乐与和谐的氛围中安享晚年。助老员们不仅自发互帮互助,还激励很多本村志愿者辅助社区活动的有序开展。此外,启辰社工还会组织助老员们参与政府、社会组织或企业在项目村的公益体验活动,激励他们自主向参与者介绍老人情况、项目内容以及助老员的服务使命和价值观,不仅促使他们自主发展,也增强了团队凝聚力。

(三)持续守护,机制长效:筑牢保障,关怀永续

为确保服务的高质量和持续性,我们全面培育和赋能助老员,包括加强志愿价值引领、深化养老理论学习、提升为老服务技能等，通过这些培训，助老员能够深度融入特殊困难老人的日常生活，为他们提供切实的生活帮助与心灵关怀。同时，我们注重助老员团队的人文建设，通过建立科学的考核体系与有效的激励机制，不断提高助老员的专业素养，提升他们的服务质量。为了持续满足特殊困难老人的需求，我们建立了长效关怀机制，通过每月"2+1"定期入户探访和组织社区活动，为老人提供持续的关怀与支持。这种"寻幽入微"的服务理念贯穿于整个项目，确保每位特殊困难老人都能享受到贴心、专业的服务。

三、工作成效

（一）养老服务持续供给，助老服务效能显著

通过卫生健康、农活协助、生活照料、代买代办、情感慰藉等服务地持续供给，截至2024年4月，累计为548户707位乡村老人提供助老服务42420户次，开展社区活动200场。这些乡村困难老人的生活便利性、身心健康程度乃至整体的生活质量均得到显著提升，老人、村委以及镇街对于项目的认可度与满意度均处于较高水平。

2021—2023年，启辰社工通过电话对16个项目村的62位村干部及296位受助老人就本村助老员的服务进行了满意度评估。村社区干部对助老员的工作及"碚乡长益"项目的评价均为"非常满意"；196位受助老人反馈助老员每月都开展了"2+1"的养老服务，对助老员服务态度的评价满意度为97.25%，所接受到的服务内容评价满意度为100%。可见，助老员的服务得到各层面的较大认可，且在协同村委社会治理方面起到了一定作用。

（二）培育本土志愿者，在地执行力量逐渐成熟

针对16位本土助老员的实际情况，启辰社工从养老理论学习、为老技能提升等方面给予全方位个性化的赋能支持，促使他们能够相对独立地开展常规服务与日常活动，形成了平均年龄34.5岁、"能服务、留得住"的本土执行力量。

2022年8月，重庆疫情形势严峻复杂，加之持续高温天气，旱情、山火叠加，重庆人民面临又一次的考验。2022年8月21日至23日期间，16位启辰社工作为志愿者参与到防疫抗灾服务中，主要内容包括灭火、物资捐赠和疫情防控，累计服务约280小时、2500人次，具体内容如下：

一是全力以赴，助力山火扑救行动。山火期间共9名助老员参与此次救援行动，4名助老员在歇马街道及澄江镇的燃烧点参与灭火，其余5名作为后勤人员参与物资搬运、交通秩序维护等。

二是闻令而动,助力全员核酸检测。自疫情出现以来,启辰社工及助老员一直参与一线疫情防控,尤其在北碚山火期间,在人手短缺的情况下,16名助老员协助当地村委会搭建帐篷,同时辅助医护人员将高龄、残疾等特殊居民的信息进行录入。

助老员的志愿参与,为突发山火救援、常态化疫情防控提供了有力的物资支持与人员支持,有效缓解了相关街镇、村委的救援、防控压力。

(三)社会慈善资源融合,服务持续性有效提升

随着项目的深入推进,助老员和村民对养老问题的认知和认同感进一步提升,更多村民愿意参与其中,同时也吸引了更多志愿者和慈善机构的关注和支持。其中16位项目村助老员链接本土志愿者244名,共同助力本村助老服务的开展,营造良好的村社养老氛围,推动互助养老模式的形成与发展;启辰社工在项目执行中链接多方慈善资源,包括中国乡村发展基金会、上海市长益公益基金会、壹基金、重庆市第九人民医院、重庆市残疾人福利基金会、北碚区摄影协会、北碚区人大帮扶集团、西南大学等社会慈善资源,助力项目的有效推进。

自2022年8月以来,启辰社工积极行动,成功对接多方慈善资源,为受助老人提供了服务加持。8月,北碚区人大帮扶集团在长益基金会和区民政局资金投入的基础上,多方筹措社会资金认领了1个项目村(澄江镇史家村),拓展了服务范围。此外,在北碚山火危机中,启辰社工迅速反应,联合中国乡村发展基金会、腾讯公益及重庆青助会,筹集灭火器500支、头灯365个、充电宝128个(价值5万元),用于支援北碚山火;同年11月,启辰社工又与重庆市残疾人福利基金会合作,链接了洗发水1419瓶、沐浴露360瓶、除味剂80瓶(价值77036元),用于慰问受助老人,以培养他们的健康卫生意识,应对疫情防控。2023年7月,为响应歇马洪涝灾害,启辰社工成功链接壹基金的慈善资源,发放矿泉水12000箱、救灾包210份和粮油包360套,以支援受灾群众,特别是项目村受灾老人,帮助他们渡过难关。而在2023年9月,启辰社工再次对接中国乡村发展基金会,筹集资金30498.65元,专门用于帮助跌倒风险高的乡村老人,以提升他们的居家安全意识。这一系列多元慈善资源的注入,为项目的持续发展提供了必要的支持。

(四)宣传服务成果,扩大项目影响力

为有序推进项目实施,让项目村社区老人得到更多关注和帮扶。在北碚民政部门和长益基金会的支持与指导下,启辰社工整合了北碚区人大帮扶集团、市级媒体、区级媒体等多方资源,使项目影响力得到进一步扩大。

一是市人大常委会副主任王越调研碚乡长益项目村,肯定了项目团队的工作与成效。2022年7月,市人大常委会副主任王越在澄江镇北泉村村委会调研碚乡长益项目,深入了解项目的进展情况,并给予助老员们鼓励与支持,凸显出相关部门对农村老年公益项目的重视，增强了助老员们的信心。

二是碚乡长益项目陆续得到市区级媒体报道，扩大了公众对项目的知晓度。在北碚宣传部及北碚民政部门的支持下，启辰社工通过对接《重庆日报》、重庆慈善、重庆民政、文明北碚公众号等平台，围绕日常养老服务、社区活动内容累计发布宣传稿件10余篇，进一步提升了项目的知晓度和影响力。

（五）多元主体参与，五社联动模式雏形初显

在启辰社工的引导下，各项目村的助老员初步形成了以项目村为平台、社会组织为载体、社会工作者为支撑、村志愿者为辅助、社会慈善资源为补充的"五社联动"服务机制，从"单一"参与到"多方"融合参与，助力形成共建共治共享的基层社会治理新格局，服务资源多元链接、服务力量多方协作的良好局面为后期形成并完善"五社联动"的乡村养老治理方式奠定基础。

在具体服务中，村委作为服务平台、启辰社工机构作为服务载体，社工为项目提供专业指导、助老员激发的村民志愿者为项目提供人员辅助、各类社会力量为项目注入资源，以此发挥社会工作的专业优势，赋能村民志愿者，发掘和利用社会慈善资源，以"五社联动"模式致力于共治共享的养老服务体系建设。

四、经验与启示

（一）与项目村委会建立紧密合作关系

项目能够有序稳步推进，得益于项目村村委的大力支持，尤其是本村助老员人选和特殊困难老人人员推荐。乡村村委是最熟悉和了解本村情况的，借助他们的资源，项目落地和推进才能有序开展。而助老员更要与村委建立紧密关系，了解相关老年政策，更好地为困难老人服务，谋取更多福利。

（二）激发本土助老员的内生动力

乡村助老员作为本案例的关键人物，他们内生动力的激发不仅能提升服务质量，还能整合更多资源为项目助力。本案例中大部分助老员不局限于本项目要求的每户每月"2+1"的入户指标，在满足老人需求和他们能力范围内，他们提供的量化指标远远超过项目规定动作，但未计入服务量中，他们只期望能更好地帮助老人，由此可见助老员内生动力激发的重要性。

（三）积极整合城乡慈善资源

本案例在近三年的实施中，项目村老人和辖区城乡困难群众遭遇了疫情、山火、高温和洪涝，为了保障他们的基本生活和日常需求，启辰社工积极链接城乡社会慈善资

源,获取物资捐赠,以增加城乡困难人群福利,提升他们的基本生活质量。多元慈善资源力量的注入,实现了跨界协同与协作,激活项目自身的活力与能动性,为其长远发展奠定了坚实的基础。

(案例报送单位:重庆市北碚区启辰社会工作服务中心、西南大学国家治理学院)

社会组织高质量发展篇

　　社会组织是开展好社会工作和社会治理的重要力量之一，培育和引导有能力有情怀的社会组织参与治理，特别是提供知识技能培训、公共服务供给、特殊人群照顾等服务，能够切实提高公共服务质量，满足群众多元化、个性化、高品质生活需求。近年来，社会组织活跃在基层城乡社区，在社区基金建设、社区养老等多领域发挥了积极作用。

浙江省嘉兴市：
以"城市主理人"加强社会治理共同体建设

📝【专家点评】

基层社区治理中社区能人的挖掘和培育非常关键。青鸟社工"城市主理人"案例实践直指当前社区治理中普遍存在的"人少事多、条块分割、机制不畅"等问题，并尝试性地提出了通过挖掘社区精英资源，培训社区能人，链接多元社区主体等可操作化步骤，培育社区主体性、激活社区活力，可以说在相当程度上抓住了当前社区治理痛点的关键之处，也是行之有效的实践路径，对于当前社区治理有较大的借鉴意义，也是诸多社区治理难以突破的关键一环。当前社区治理实践正在探索一套可行有效的机制，但值得注意的是，如何挖掘社会精英，撬动、激励、培育"城市主理人"仍是一项理论可行，但实践仍处于较难或难以持续的行动和项目，虽然从具体案例来看实践具有一定的效果，但从更广泛的意义来讲，这一方面还缺乏一套相对更加详细和可操作的技术和方法，也就是说在推广性和可复制方面还需要继续深入探索，形成"城市主理人"的一套方法论和操作方法。尤其政府和社区两委的参与，社区空间的投入和市场机制的链接可能是进一步挖掘和激发"城市主理人"的重要路径。

点评人：蓝煜昕　清华大学公共管理学院副教授

一、背　景

嘉兴市解放街道以习近平新时代中国特色社会主义思想为指导，全面贯彻落实党的二十大精神，完善社会治理体系，建设人人有责、人人尽责、人人享有的社会治理共同体。针对街道位于老城区，基层社区存在人少事多、条块分割、机制不畅等问题，全面构建党建统领网格智治体系，创新"党建统领·一网众治"模式，筑强最小治理单元。在党领导下，政府、社会组织、共建单位、人民群众等以"城市主理人"计划为引导，激发各治理主体的参与意识，提高参与能力，畅通参与途径，完善协同机制。进一步倡导多元力量参与城市精细化管理，提升南湖区主城区烟火气、人文感、幸福感，提升中心城区首位度，最终实现全民共享经济富裕、政治民主、文化繁荣、社会公平、生态良好的"美好生活"的目标。

二、主要做法

（一）召集挖掘，发挥"城市主理人"参与效能

解放街道为形成基层治理最小单元中"有人管事、有钱办事、有章理事"的格局，构建了"街道—社区—网格—微网格—户"五级治理体系，实现网格架构与基层治理体系深度融合。

青鸟社工依托五级治理体系，在街道 6 个社区 47 个网格内挖掘"城市主理人"，助力城市治理、区域发展、城市精细化管理等重点工作。

解放街道社工站通过日常走访、组织活动、政策宣传等工作，发现了一批有特长、有想法、有能力并且思想素质过硬、执行能力较强、具有一定领导力的居民骨干，通过他们带领群众实现自我服务、自我管理、自我监督。

菜花泾西区是典型城中老旧小区的缩影，辖区老旧散楼居多，早期规划没有居民休闲场所，老年人平时为了休憩，经常把旧沙发、旧椅子留下来摆放在楼下或院子中，既影响市容环境又存在较大的安全隐患。社区舞蹈队队长朱戟发现这个问题，主动找到社区、街道，希望能有所改善。青鸟社工以此为契机，与朱阿姨共同探讨解决方式，提出"'泾'常来坐坐"项目。通过项目实施改善社区环境风貌，营造友善的邻里氛围。

像朱阿姨这样的主理人在 2022 年首批挖掘的时候有 11 个，他们是退役军人徐丽军、南湖区政协委员蒋莉萍、省身学校陆希老师带领的小朋友们等。这些主理人人群多样、角色多样、职业多样，他们代表了社会各领域的治理共同体。

（二）分层分类，搭建"城市主理人"赋能平台

第一，建立社区督导队伍：调动解放街道辖区内丰富的智库资源，结合高校专家教授、劳模骨干、社区支部书记、社区干部等内外资源组成丰富的智囊首脑团队，放大辖区内"名师"效应。例如解放街道徐惠琴书记不仅是劳模书记也是兴村治社名师。

第二，"社区督导+主理人"结对：通过治社名师、劳模书记、社区骨干与城市主理人结对，充分发挥传帮带作用，帮助城市主理人参与社区治理，以居民需求为基础，落地领办服务项目，打造城市主理人服务品牌。

第三，结对伙伴双向赋能：青鸟社工为社区督导及"城市主理人"开展"解放菁才"、

"小巷总理"大讲堂,通过案例分享、技能提升、情绪疏导等多维度开设各类课程,为社区人才赋能,提升基层治理水平,提升现有人才队伍的专业水平。目前已开展各类名师课堂沙龙、赋能培训互动共计30余场,例如"如何有效地开展一场社区活动"、"如何开展社区调研——社区漫步"、"如何进行项目宣传——摄影技能提升"等。

(三)项目运作,构建城市主理人品牌传播

根据解放街道位于老城区,辖区内老旧小区多、老人多,有生力量不足,产业结构单一,公共服务投入管理与老百姓期盼还有差距等现状,青鸟社工提出解放街道五大需求场景,即困境人群场景、文明风尚场景、睦邻有爱场景、居民赋能场景、社区更新场景。以解放街道社区发展基金会成立为契机,靶向定位老街区个性需求,发布"邻·有暖"、"社·有爱"、"坊·有情"、"巷·有力"、"街·有味"五大品牌。

"城市主理人"围绕五大场景及品牌,认真梳理群众日常生活中遇到的痛点难点问题,贴合"党委政府关注的事",重点针对"一老一小"、"扶贫帮困"、"人居环境"、"公民素养"等焦点谋划特色品牌项目。

例如"邻·有暖"品牌,主理人开展"邻邻YI起来"、"'泾'常来坐坐——社区长者空间营造"、"益家公益——伴护之家服务"等;"社·有爱"品牌,主理人开展"家校社联,共创友好城市"、"城市花园"、"省娃进社区 美化我先行"等;"街·有味"品牌,主理人开展"解忧杂货亭"、"老底子的印记"、"温暖商圈 爱心汇聚"等,共计开展项目达43个。

其中针对"坊·有情"品牌开展的"点点爱"项目,在凌塘社区已经帮助50余名困境人群参与社会生活。2023年,凌塘社区党委邀请辖区企业家李植香成立了植香共富工坊。植香共富工坊通过传授手工技巧、创造销售渠道,为社区困难群众、新居民、退休居民等搭建共富平台,让原本赋闲在家的居民实现"家门口"灵活就业。植香共富工坊自成立以来,累计吸纳100余人加入,人均增收超1500元/月。

三、工作成效

(一)建立城市主理人管理机制

1. 有钱办事,汇聚万众资源

汇集辖区存量资源。充分挖掘嘉兴老城区"月芦文杉"等人文底蕴,撬动芦席汇历史街区、大运河诗路e站、红船民兵先锋连等资源,联动九如城养老服务中心、省身学校、中医院城东分院等共建单位。帮助"城市主理人"从五大需求场景出发,梳理需求,汇集资源,从文化、教育、医疗、养老等方面提高精细化服务水平,提升城市的品质品牌。

引入社会资本力量。拓宽"城市主理人"项目资金渠道,依托街道创投、社区发展基金会、共建资助、居民自筹等方式,保障主理人项目顺利开展。自"城市主理人"项目运行以来,已启用 60 万元资金用于培育项目,已实施"鲜花送给最可爱的人"、"走!去瞧瞧绿色小区"等 24 个特色共富项目。

2. 有章理事,理顺管理机制

解放街道"一盘棋"打造落实"城市主理人"项目,强化街道党组织领导作用,以行政化力量制定《解放街道关于推进"党建统领一网众治"的实施方案》、《解放街道社区网格管理考核办法(试行)》。成立考评小组,通过考核推动主理人项目在网格内精准落地。

引入嘉兴市青鸟社会服务中心,以嵌入式的服务模式,强化专业评估,实现"行政+专业"双向并轨。通过青鸟社工督导协助主理人共同做好问题反馈、协商研究等事宜,督促项目正常有序推进。加强对项目的监督管理,在项目过程中,了解掌握进展情况,建立项目评估机制。帮助主理人展示阶段性成果,根据实际情况及时优化调整项目方案,并在项目开展前中后三个阶段对主理人进行辅导、指导、复盘分析,推动项目高质量完成。

3. 有人管事,健全赋能体系

做好"城市主理人"培育指导。依托解放街道社工"小巷总理"人才培育项目,通过"社工+社区督导+主理人"的赋能模式,在项目开展前将主理人项目与社区工作者进行一对一结对,每个项目落实 1 名社区督导。

青鸟社工对主理人与社区督导做好辅导培训,帮助双方了解项目基本情况,指导快速掌握团队建设、资金管理、沟通对接等方面的基本技巧。

有序开展全体主理人及社区督导培训,重点接受项目规划、实施的系统指导。通过线上线下授课、项目展评、实践研学等方式,定期面向项目主理人和社区督导开展财务管理、群众工作技巧等方面的培训。

(二)城市主理人模式推广

"城市主理人"项目自 2022 年开展以来,实现了服务人数的倍增,从 11 个主理人开展项目到解放辖区 47 个网格齐动员;实现了治理角色从接受服务的对象到服务提供者再到参与社区发展的行动者的转变;实现了从社区向居民征集问题到居民主动发现问题、解决问题的发展。

随着"城市主理人"计划的顺利实施,得到了上级政府的高度重视与认可,将主理人的工作路径进行梳理,复制推广到南湖区全区范围内开展。

印发《关于推广"南湖主理人"党群共治项目的指导意见》,并于 2024 年 4 月 18 日进行"南湖主理人党群共治项目推广培训会",部署启动"南湖主理人"基层治理品牌建设,嘉兴市青鸟社会服务中心理事长对品牌建设进行了专业培训指导。解放街道菜花泾社区的主理人,也在现场进行"'泾'常来坐坐"案例分享。

通过"城市主理人"项目,充分发挥群众在基层治理中的主体作用。推动人、财、物等各项资源在网格集结,做到服务力量下沉、服务经费下沉、政策支持下沉。将"为民服务"变为"由民做主",激发居民自治动力,推动工作对象变为工作力量。进一步涵养基层治理的内生动力,建设人人有责、人人尽责、人人享有的社会治理共同体,形成推动高质量发展的强大动力,助力实现共同富裕。

四、启示与建议

为了让一个公益品牌和项目更好地被公众所了解,获得公众的支持。青鸟社工建议基层治理场景可尝试品牌化运营。

青鸟社工针对"城市主理人"这一整体的概念、风格、表达等方式都大胆地尝试了市场运作的模式,使这一概念有效地推广深入到市场及居民之中。

(一)品牌个性定位

品牌个性从市场化的角度来说是消费者与品牌建立关系的重要媒介,人们往往会把品牌个性作为一个人、一个伙伴,甚至会把自身的形象投射到品牌上。一个品牌个性与消费者个性或者期望越吻合的情况下,消费者就会对品牌产生更多的偏好。

所以在解放辖区内我们需要撬动一批怎样的参与者,他们的共性就是我们要树立起来的"城市主理人"品牌形象。针对前文所提到的解放辖区作为老城区、老人多、老旧小区多,人们更加渴望被关爱、被有活力的氛围包裹的现状,青鸟社工尽力打造一个有爱的青年形象作为"城市主理人"的品牌个性,焕发老街的新生力量。

(二)创新表达方式

基于品牌个性的确立,青鸟社工在"城市主理人"品牌对外宣传时,尽量使用活力的橙色作为品牌颜色,从配图到行文风格都采用活泼跳脱、热血敏锐的品牌语言。将主理人的故事以音频视频等多媒体形式来表达和呈现。通过新媒体语言将"城市主理人"品牌个性有效地传递给居民。截至2024年4月,青鸟社工为"城市主理人"拍摄宣传视频9个,以社工节、睦邻节为契机进行宣传展览数次。

(三)提升公众认知

公众认知是在个性与表达方式确立之后要实现的有效传达,它可以使辖区内居民群众接受"城市主理人"服务时获得感受上的满足,进而认知接受"城市主理人"并且促使源源不断的居民愿意参与其中。截至 2024 年 4 月，有关解放街道"城市主理人"的宣传报道达 50 篇，其中市级报道 25 篇、省级 4 篇、国家级或全国性媒体报道 14 篇。在 2023 年 9 月获得民政部调研中心推荐，由北京社会管理职业学院拍摄的第七届全国高校大学生讲思政公开作品展示中就有"城市主理人"的体现。

（案例报送单位：嘉兴市青鸟社会服务中心）

江苏省无锡市：
社会组织社区基金双向赋能
构建基层治理共同体

📝【专家点评】

本案例在落实党的二十大报告中提出的"健全共建共治共享的社会治理制度，提升社会治理效能"，"建设人人有责、人人尽责、人人享有的社会治理共同体"等精神中开展，致力于探索现代化的"无锡经验"，具有较大的现实重要性。

本案例的独特性在于通过成立社区基金的方式，盘活社区组织的经济能力，为社区治理提供资金赋能和长期造血的能力。

本项目立足本地社区，以实际问题为导向，致力于满足本地居民的需求，解决社区公共问题。项目策划组秉持实事求是的原则，积极监控项目实施进程，并且善于及时总结所取得的经验以及当前存在的问题。实践表明，基金会已经设立287个社区基金项目，推出了100万元的"种子社区·共益基金"计划，扶持了全市范围内的20个社区基金项目，具有较强的实效性。

在众多与社区治理有关的科研与实践项目中，本项目所选的社区基金与社会组织双向赋能的主题较为独特，打破了既有的范例，注重发挥基层的金融潜力，巧妙地将基层的乡规民约与市场化的经济运作规律结合起来，具有较高的创新性。

本案例注重发挥无锡作为近代工商业名城所积累的公益慈善事业积淀，弘扬无锡地区"尚善至德"、"仁者爱人"的理念，并以此为思路找到了社会组织与社区基金双向赋能的路子，为各地探索如何发扬本地优秀传统文化，助力当地现代化发展提供了示范。

本案例关注到当前社区治理的主要矛盾之一即功能多样而资金不足。以社区基金为代表的社会慈善资源机制的出现可以突破单一资源主体困境，作为社区自发自主动员的灵活资源增强基层调配能力。因此，本案例或可对其他地方的基层治理出路提供启发，具有较强的推广性。

点评人：王天夫　清华大学社会科学学院教授、院长

一、背　景

我国正处于社会治理模式转型之中。党的二十大报告再次明确要健全共建共治共享的社会治理制度,提升社会治理效能。建设人人有责、人人尽责、人人享有的社会治理共同体。社会组织以社区为本,注重激发社区活力、提供专业公共服务,是基层社会治理中的重要主体,能够有效推动辖区志愿者的组织化发展、提升居民参与能力与意识,是"五社联动"的"行动"与"枢纽"力量。2021 年出台的《中共中央、国务院关于加强基层治理体系和治理能力现代化建设的意见》强调要以加强基层政权建设和健全基层群众自治制度为重点,以改革创新和制度建设、能力建设为抓手,建立健全基层治理体制机制,推动政府治理同社会调节、居民自治良性互动,提高基层治理社会化、法治化、智能化、专业化水平。

鉴于此,如何在基层治理深化中实践习近平新时代中国特色社会主义思想;如何结合我市实际探索城乡社区治理现代化的"无锡经验";如何在社区治理中引导居民参与公共事务、协商议事、邻里互助,完善民主协商机制,更好地发挥居民参与治理的主体作用;如何依托社区基金(会)机制,推动社区慈善资源集聚、培育社区社会组织、深化社区服务,不断提升社区居民共同体意识,成为时下无锡基层社区与社会组织积极探索的方向。

二、工作成效

(一)无锡市社区治理和社会组织发展成效

经过多年以来的基层治理实践积累,无锡市在推动城乡社区治理方面取得了良好的治理成效。全市现有街道 45 个、镇 30 个,村(居)委会 1224 个,城乡社区规模配置规范合理;城市社区按"不低于每 300 户配 1 名"的标准配备工作人员,社区普遍推行全科社工服务模式。城乡社区普遍形成了发掘社区达人、培育"草根团队"、孵化社区社会组织、建立社区志愿者队伍,引入专业社会组织参与居民服务的治理理念,无论是基层政府还是城乡社区都形成了通过购买服务推动专业服务开展的普遍共识,各类社会组织参与社区治理在我市具有良好的氛围。全市社会组织达 18389 个,其中登记社会组织 6253 个,备案社会组织 12136 个。城市社区平均拥有社会组织 15.07 个,农村社区平均拥有社会组织 8.47 个。这些社会组织覆盖了政治、经济、文化、教育、卫生、体育、社区公益等各行各业和各个领域,形成了较为合理的组织布局,已成为无锡市推动经济发展、促进社会稳定、服务群众需求的一支重要力量。

诸多治理要素的发展积累为我市实践"五社联动"融合治理提供了良好基础，同时无锡作为近代工商业名城，公益慈善事业源远流长，"尚善至德"、"仁者爱人"理念深植人心。在新旧观念激荡融合的过程中，无锡工商业先贤建立起自己的公益思想，并强调"社会责任感"和"公民社会建设"。为我市发掘社会、社区慈善资源，探索"建设人人有责、人人尽责、人人享有的社会治理共同体"提供了必要条件。

（二）无锡构建基层治理共同体的政策保障

为完善社会力量参与基层治理激励政策，创新"五社联动"机制，2021年出台《关于加强基层治理体系和治理能力现代化建设的意见》"支持镇（街道）通过购买社会工作服务和设立社区基金会等协作载体，吸纳社会力量参加基层治理和应急救援工作"。2022年6月下发《关于实施"五大行动"深化"五社联动"推进社区治理现代化的工作方案》，提出实施社区基金孵化行动，引入社会公益慈善资源，培育"种子基金"，真正打造共建共治共享的社会治理新格局，将社区基金作为社区治理创新的重要抓手，鼓励其利用本地资源解决本地问题。

作为基层治理现代化的专业支撑，社会工作人才培养也是无锡市政府的重要目标。《无锡市"十四五"社会工作专业人才发展规划》提出争取到"十四五"末，建设出一支数量足、结构优、能力强、素质高的社会工作专业人才队伍，推动专业化、多元化、制度化的新时代社会工作高质量发展格局基本形成。2023年印发的《无锡市促进社会组织高质量发展扶持办法》，为在民政部门依法登记管理的社会团体、民办非企业单位、基金会提供多元化的社会组织扶持机制和分级分层的社会组织服务支持体系，政府提供的帮扶包括政府购买服务、建设人才队伍、建立社会组织培育基地，以及资金扶持等多种形式，鼓励社会组织在促进经济发展、管理社会事务、提供公共服务中发挥积极作用，服务无锡经济社会发展。

（三）社会组织社区基金双向赋能

以我市社会组织灵山慈善基金会及其合作伙伴为案例，重点阐析社会组织与社区基金双向赋能的无锡模式。无锡灵山慈善基金会在市民政局的指导下于2021年开始尝试"社区公益基金"模式，通过与镇（街道）、村（社区）合作设立专项基金，链接本地慈善资源，动员多元力量参与，提供精准慈善服务，充分发挥社区慈善帮困扶弱、盘活资源、激发潜能的作用。当年11月成立了第一家"新光融享社区基金"，截至2024年9月灵山慈善基金会已成立并运行了47个社区基金，设立社区基金项目287个。灵山慈善基金会作为枢纽型的社会组织，在推动发展社区基金上充分发挥了大平台的作用。一方面基金会推出了100万元"种子社区·共益基金"计划，扶持全市范围内20个社区设立社区基金,提高了基层成立社区基金的积极性;另一方面基金会作为一个成熟的公募组织,对基层社区在资金募集、居民发动、运营管理等方面提供了专业指导,帮助社区基金良性发展。

同时,在社区基金的实际运行中,社区社会组织也发挥了不可或缺的作用,从需求发现、资金筹募、项目运作等各个环节,社区社会组织都提供了全流程的专业服务。在实践中,双向赋能模式下的合作社区在设立社区基金后,往往会依托某一专业社会组织来提供社区服务、满足社区需求,构建社区社会资源。如新吴区旺庄街道引入新吴区社工协会共同运作了"微爱旺庄发展基金",梁溪区崇安寺街道引入无锡明康社会工作服务中心共同运作了"崇安善聚公益基金"等。社会组织的参与有效弥补了社区工作人员精力缺乏、社区基金管理运营不专业不规范、社区居民商企参与度较低等不足。

目前,无锡市梁溪、惠山、新吴与滨湖区在街道、社区层面已开展社会组织与社区基金双向赋能的实践探索。社区基金立足本地社区,以问题为导向,致力于满足本地居民的需求,解决社区公共问题,打通社区参与渠道,社区基金结合各自社区问题的重难点,精准定位社区基金服务人群及使用方向,围绕"社区党建服务、社区弱势群体救助、社区公共服务、社区建设、社区营造、社区社会组织培育"等领域提供精准慈善服务,完善优化民生服务,切实提升区域治理服务效能。在 47 家伙伴社区基金中,筹款总量位居第一的"阳山橙益乡村基金"由村委会发起,而筹款总额居于前三的社区基金均设立在村级层面上。由于社区基金产生于社区,且设计开展的项目围绕居民群众自身需求,看得见、摸得着,更具直观认识,因此辖区单位、社区居民在情感上更愿意慷慨解囊。

三、经验与不足

社会组织和社区基金双向赋能模式充分体现了公益慈善生态系统中处于上游的资源平台型社会组织对于处于系统中下游直接面向服务对象的草根社会组织的支持作用。这种支持不仅包括资金资源的支持如鼓励基层社区孵化社区基金的"种子基金",更重要的是社会组织能够提供给社区及其多元组织主体的专业赋能。社区基金源自社区,服务社区。其内核是要通过基金机制动员"人人参与",倡导"人人尽责"的居民意识。社区基金不仅关注捐款总额,更关注捐款人次。人们会更加愿意为与自己利益相关的事务以及自己身边的求助奉献自己的爱心,不仅符合中华邻里互助的传统与现行体制,而且畅通了社会成员参与社区治理的途径,增进了社会团结,进而可以为国家治理奠定稳定的根基。在"五社联动"模式下,社会组织参与基层治理有利于盘活社区资源,激发社区活力。

同时,作为一种基层社区治理模式的探索,社会组织参与基层治理时也面临一些困境。以政府购买公共服务为例,社会组织在公共服务供给过程中存在服务目标偏移、服务过程不深入和服务能力泛而空等问题,这对政府购买公共服务的制度实践产生了明显的消极影响。社区基金筹募渠道与筹集也存在一些困境。从社区基金内部劝募能力来看,社区的工作精力与筹款专业性都非常有限。社区慈善资金也主要服务于辖区内的居民,与企业和商家的关联度较低,募得的资金难以具备持续性。作为辖区内居民,由于大部分社区慈善资金仍处于发展初期,居民对其职能、定位、运作程序等均存在一定的疑虑,外加之居民的自治意识有限,对慈善资金的接纳程度也相对较低。以社区基金为代表的基层社会慈善资源在联动的框架中想要有效参与并发挥作用就需要厘清自己的角色定位,同时与其他主体间建立"互惠互利"的依存性关系,以实现治理的"共建共享共治"。

四、启示与建议

(一)党建引领,联动协作

党建引领社区治理是中国特色社会主义基层治理体系的重要组成与必然选择。党建在把握治理方向、整合社会资源、促进各主体合作等方面具有独特优势,是进一步促进基层多主体之间形成合作机制、共享机制的关键力量。项目调研发现,单一的政府资金支持往往不足以满足居民日益多元的社区服务需求,亟须发掘与整合更多社会慈善资源助力基层治理。有些社区虽然有丰富的社会资源,但在接受慈善资源的机制方面尚不灵活与便利。面向社会组织的调研也发现,社会组织参与基层治理面临的普遍困境、紧缺资源依然是"资金"。基层治理强调社区治理多主体之间的联动协作,而主体之间如何"联",如何"动",基层党组织在其中发挥的作用至关重要。要进一步强化基层社区党组织在有效整合社区多方资源、赋能社会组织与社会工作者为社区居民提供高质量服务方面的引领作用。

(二)资源为本,共同营造

从"资源为本"社区发展理念来看,社区发展就是通过增加社区资源、提升居民能力,以提高社区生活质量的有计划的过程。社区资源可为社区中一切可以利用的有价值的人或物,不仅包含了社区的物质资源,还包括居民个人、社会组织和公共部门所拥有的天赋、技巧和能力等资源。无锡基层社区积极探索"社区合伙人"、"社区主理人"、"村企联盟"、"党建联盟"等合作机制,整合社区资源,激发居民与商企参与动力,通过创造社区营造多元场景,培育社群参与意识,塑造居民社区认同感。与传统自上而下行政化配置公共服务资源的模式不同,社区基金作为一种新的资源筹集机制,能够为社区多元主体提供参与基层社会治理的融合式中介平台,引导动员居民、商企、联盟单位等多元力量参与社区治理,构建共建共治共享的社区共同体。

(三)双向赋能,多维并进

近年来社区基金会在中国的兴起,得益于其所具备的"本地资助者、本地问题回应者、社区议题倡导者、慈善资源管理者、跨界合作推动者"五个角色,被视为是弥补政府缺口、规避邻里和市场组织的不足的社区保障载体,在资源募集、资源管理方面作用显著。由于社区基金会设立门槛高,"社区基金"则成为有限社区资源背景下盘活社区慈善资源的有力工具。社区想要建立"社区基金",需要有专业的社会组织对其进行运作、支持和管理。本次调研发现,无锡社会组织参与社区基金的运作过程涉及"基金发起、管理委员会参与、提供运作建议、整合社区资源、设计项目并执行以及监督评估"等全流程多环节。同时,社区基金的设立及良性运作,也可有效整合社区资源、反哺社区社会组织。

(四)共治共享,持续发力

基层社会治理多以项目制形式运作,资金多源自政府购买。以社区基金为代表的社会慈善资源机制的出现可以突破单一资源主体困境,作为社区自发自主动员的灵活资源增强基层调配能力。社区基金的筹集过程即为多元主体联动的过程,在其中可以孕育出有质量、有数量、契合本地需求的项目品牌,逐步构建起社区社会信任,营造社区共同体。在"互联网+"时代里,社区基金筹募也应积极借力互联网公益平台,充分利用网络的大众化、快速化和平民化。借助互联网平台,社会资源可以得到进一步整合与发展,网络平台为社区的需求表达、社会组织的服务监管、社会工作者的多方链接、社区志愿者的队伍建设、社会慈善资源的凝聚整合提供了有效路径。

(案例报送单位:中共无锡市委社会工作部无锡市民政局)

江苏省太仓市：
养老社会组织高质量发展的县域路径

📝【专家点评】

该实践案例聚焦当前乃至未来社会社区治理与服务的关键议题，即老龄化背景下的社会组织参与和培育发展，实践具有创新性和前瞻性，经验具有较大参考价值。案例展示了太仓市养老社会组织培育发展的历史发展，并介绍太仓市在促进养老社会组织和相关社会组织人才发展方面的政策举措和成功经验。太仓实践的主要经验包括：一是"筑巢引凤"，引入外部优质机构快速带动本地社会组织发展；二是抓住了人才队伍建设这一关键基础；三是政府在养老议题上的持续深耕和政策迭代，为社会组织发展提供相对稳定的资源环境和创新土壤。综合来看，该案例实践的现实背景定位明确，具有较强的前瞻性，也积极探索诸多力量合作机制的可行性，在县域层面的老龄化服务及社会力量的培育和参与，体现了政府、市场、社会三方主体合作的方向，诸多政策和实践也体现地方政府的用心、用情。该案例的做法值得学习、借鉴和进一步细化，尤其对经济相对发达地区鼓励和激发社会力量参与养老问题具有积极的借鉴意义。

点评人：蓝煜昕　清华大学公共管理学院副教授

一、背　景

积极老龄化是社会转型和经济发展带来的新挑战。江苏省太仓市自 1985 年就迈入老龄化阶段，比全国进入老龄化提早了 15 年。江苏太仓作为较早进入老龄化社会的县域城市，养老社会组织从"政社互动"、"五社联动"中汲取养分，十多年来，先后经历社会化探索、协同式发展和融合式共建三个阶段。

（一）社会化探索（2013—2015 年）：从"筑巢引凤"到"借巢育凤"的必经之路

人口老龄化的快速发展，使养老服务面临着供给不足或供需错位的矛盾。2013 年印发《国务院关于加快发展养老服务业的若干意见》,探索以公共财政购买服务、民间组织承担具体运作的新型养老模式,成为养老社会组织培育、发展、壮大的纲领性文件,自此太仓开启养老社会组织的"高速发展期"。

一是完善政策创制育根系。相继出台《太仓市加强资金支持促进社会组织和社会工作发展暂行办法》、《太仓市政府向社会购买服务实施细则》、《关于确定具备承接政府职能转移和购买服务资质的社会组织目录的实施方法》等政策文件,从养老社会组织的培育发展、规范运作、基础建设等方面进行发展规划和资金支持,催生一批本土型养老社会组织。2013 年至 2016 年登记的养老社会组织数量共 14 个(2013 年前成立养老社会组织数 1 个),占 2023 年养老社会组织数的 48%。图 1 为太仓市养老社会组织数量增长情况。

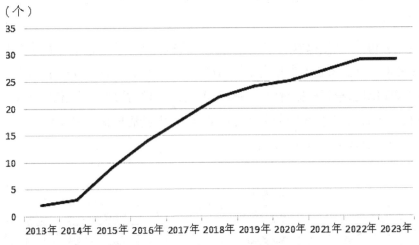

（个）

图 1　太仓市养老社会组织数量增长情况

二是创新服务项目广覆盖。开展家门口的养老服务,全面推进养老服务社会化项目,全市 100% 城乡社区建成日间照料中心,其中 72.4% 的日间照料中心通过项目化形式,由社会组织承接服务。同时,民政局每年持续推进公益创投项目,社会组织积极依托公益创投专项资金支持,探索社区养老项目的专业化服务,积累养老服务实践经验。

三是构建孵化体系促成长。为更好地赋能社会组织发展,2013 年太仓成立市级社区和社会组织服务中心,成为苏州首家副科级全额拨款事业单位,在行业交流、社工发展、项目承接等方面发挥了重要平台作用。市级社区和社会组织服务中心致力推动社会组织孵化器建设,三级社会组织孵化体系建设日趋完善,全市 9 个镇、街道社会组织服务中心建设实现全覆盖,团市委、妇联等部门社会组织孵化器各具特色。在此期间,全市注册培育养老类社会组织超过 20 家。

（二）协同式发展（2016—2019年）：从"单向发力"到"三轨齐进"的必行之举

2016年《国务院办公厅关于全面放开养老服务市场提升养老服务质量的若干意见》出台，进一步减少养老市场限制，激发社会力量参与养老服务。太仓深入贯彻落实文件精神，推动社区养老和机构养老不断提质增效，构建日趋多元的养老服务供给模式，在稳增长、扩消费和惠民生上持续发力。

一是行业规范，培养发展"掌舵人"。2018年太仓成立养老行业协会，发展会员单位85家，成为太仓养老社会组织中首家且目前唯一一家社会团体。养老行业协会肩负"行业自律、行业服务、行业协调、行业代表"的职责使命，切实发挥好政府与社会间桥梁纽带作用，广泛听取、全面吸收各类养老组织的要求和意见，争当县域养老现代化新实践的参谋助手。同时规范制定行业标准，强化养老人才培养，推动养老服务行业专业、自律、有序发展，营造县域养老服务事业产业更高效运行、更协同发展、更高质量转型的良好氛围。

二是服务拓域，推进成效"三合一"。基于传统观念影响，居家养老成为老年人接受养老服务的首选。太仓养老社会组织高度关注老龄化、空巢化和失能化给老年人群体带来的现实困境，根据居家意愿、身体机能、实际需求、护理资源、家庭收入等综合性因素，积极介入居家养老、机构养老和社区养老，自主灵活地提供多元化多层次的养老服务，优化养老服务供给质量（见图2）。

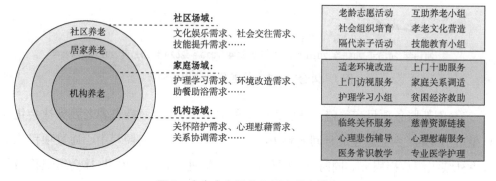

图2　太仓市多元化多层次养老服务

三是引资扩面，构建资源"汇聚点"。社会组织有效结合政府部门的资金优势、社会组织专业优势、社会志愿公益优势等，打造"爱爸妈优选"小程序平台，开发定制类、特色类的养老服务产品，带动家庭资金、社会资源向养老领域的流入，构建供需对接"桥梁"，辅助养老产业的迭代升级，有效增加老年人养老舒适度、便捷性和幸福感（见图3）。从服务内容上，社会组织从重点关注"身"向"身心"转变，积极调动社会志愿力量，通过组织社区文娱类服务活动等，丰富老年群体的精神文化生活，满足老年人精神慰藉、技能提升、社会交往等需求。

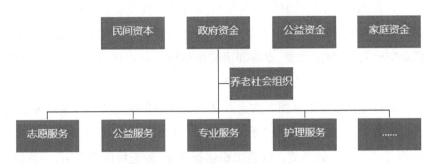

图3 太仓市养老社会资源链接情况

(三)融合式共建(2020年至今):从"普惠均等"到"全域优享"的必然之境

积极老龄化是社会转型和经济发展带来的新挑战,必然伴随差异化、多元化、个性化的养老新需求,亟待政府、社会、市场、家庭等多元融合、协调推进,养老社会组织被赋予了更高的角色期待。

一是打造示范性品牌树标杆。太仓制定《创新融合共治,打造幸福生活共同体的实施意见》《关于创新"乐活老龄"模式,构建"幸福生活共同体"的实施意见》,创新构建"颐养金仓"服务品牌,全面推进老年人认知症友好社区建设,养老社会组织各显其能、比学赶超,以优质的服务不断擦亮太仓养老服务品牌,涌现一批先进养老社会组织(3A级及以上级别养老社会组织占比62%,见图4)。市德颐善社会工作发展中心(5A级社会组织)是太仓最大的专业从事养老服务的社会组织,该组织自主培育专业社工129名、一线养老服务人员600多名,年度承接养老服务相关项目总金额超2500万元,当选为中国社会福利与养老服务协会常务理事单位,该组织多个项目荣获全国百优社会工作服务案例和全国最具影响力社工项目,成为本土养老服务领域的标杆组织。

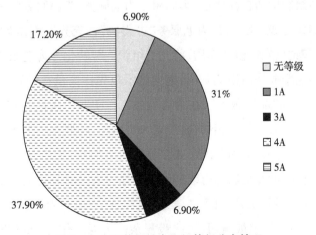

图4 太仓市养老社会组织等级分布情况

二是培养复合型人才建梯队。养老社会组织在推进太仓基层养老"普惠"阶段迈向"优享"阶段的过程中,组织中服务人员构成也随之优化提升,在类型结构上注重分类培育养老管理人才、护理人才以及社工人才;在技能水平上注重启用高层次学历或具有相关职业资格人员,目前大专、本科和研究生学历人员占比分别为62%、35%和3%,全国社会工作职业资格持证占比达29.6%。

三是锚定市场化方向绘蓝图。太仓养老社会组织在满足基本养老保障基础上不断丰富养老产品清单目录,持续开展"孝老购物节"等文化养老项目,助推"银发经济"发展,促进"养老+"新业态的形成。社会组织创新开发"爱爸妈优选"小程序商城,有效激发"银发市场"活力,进一步满足老年群体多元化需求升级,构建具有太仓特色的养老社会组织融合共治发展之路。

二、工作成效

(一)党建引领:画好品质服务"同心圆"

加强党的领导是促进社会组织健康有序发展的最根本保证。江苏省太仓市准确把握社会组织的特点和发展规律,坚持党的领导与社会组织依法自治相结合,积极探索党建引领共治下养老社会组织"开放式党建"实践的新路径。

一是写好"理论学习"文章,让组织发展"走得稳"。围绕"两学一做"工作,以习近平新时代中国特色社会主义思想武装头脑、凝聚力量。通过推动社会组织党建融合发展,开展"党旗领航、诚信自律"主题教育,举办社会组织党建创新发展推进月、"党建携手、益动娄城"等主题活动,实施培育发展专业服务型、枢纽平台型、廉洁合规型社会组织三年行动,开展星级廉洁社会组织建设,引导养老社会组织党员发挥模范带头作用,加强养老社会组织廉洁自律建设,牢固树立为老服务、为民服务的宗旨使命。

二是写好"组织建设"文章,让为老服务"办得实"。充分发挥养老社会组织基层党组织的战斗堡垒和党员先锋模范作用,将党的组织优势转化为为老服务优势,积极发动党员骨干,打造养老服务先锋模范队伍,把党员示范先锋岗设在最贴近老人、最困难一线,以"党建引领"带动"品质服务",在为老服务工作实践中深化"我为群众办实事"成效,将主题党日活动与为老服务相结合,想老人之所想,解群众之所忧,精准摸排老年群众的生活状况和服务需求,全面开展形式多样的为老服务,积极营造尊老、爱老、敬老、助老的良好氛围,精准传递基层党组织和党员先锋为人民服务的温度。

三是写好"民生保障"文章,让基本养老"兜得住"。基本养老服务对象是民生保障的重点,是条件最困难、需求最迫切、情况最复杂的为老工作,需要发挥"大数据+铁脚板"工作优势，精准摸排困难老年群体的需求底数，充分发挥党建引领、资源整合的系统优势，下沉为老服务资源。围绕特困老年人、特殊困难老年人、经认定生活不能自理的老年人三类重点人群持续提供物质帮助、照护服务和精神关爱三类服务，极大缓解特殊困难老年人需求，织密困难老年人保障网络。多措并举为失能失智老年群体提供专业化服务，开展生活照料、康复护理、认知照护等医养融合服务，满足重点人群的健康照料需求，让基本养老专业化更有保障。

（二）制度创新：绘就幸福享老"新画卷"

多年来，太仓始终注重发挥政策推动作用，系统构建助力养老社会组织健康发展的生态机制，积极培育壮大专业养老社会组织。2013 年，首次提出扶持发展民办养老机构、积极引入社会组织和专业社会工作者开展养老服务，拉开我市养老服务业供给侧改革进程。

一是资金保障，为养老社会组织提供发展动能。早在 2013 年太仓便设立了市级养老事业专项资金，专项资金主要用于补贴养老服务机构建设、养老机构特殊工作岗位、日间照料服务中心建设、居家养老服务组织运营、居家养老服务等方面。2013 年开始把老年人日间照料服务站和助餐点建设列入政府实事工程，近 5 年来市级财政共计补贴资金近 2 亿元，对引导养老社会组织蓬勃发展起到了积极作用。2017 年，太仓市出台了《关于加快发展养老服务业完善社会养老服务体系的实施意见》，进一步加大了养老服务业建设、运营、人才补贴力度，明确最高 10 万元的社区连锁化运营奖励补贴、最高 6 万元的高校毕业生入职奖励。将人才、组织、设施建设等一揽子工作的资金保障到位，为养老社会组织快速发展提供了强大动能。

二是阵地建设，为养老社会组织搭建服务场景。2005 年，太仓便在全省率先实行养老服务设施项目建设市镇两级财政各半配套统筹，逐步实现了设施建设、组织建设等八个统一，统筹城乡发展。2009 年开始持续推动村、社区老年人日间照料服务中心（站）建设，逐步实现城乡全覆盖。多年来，太仓以"城乡一体、均等优质"的发展理念完成建设 200 家老年人日间照料服务中心（站）和 161 家老年人助餐点，村、社区覆盖率超 125%，广泛链接农村医疗、餐饮、文化以及社会志愿者等资源，探索建设"银龄餐桌"、"银龄互助协会"、"银龄加油站"、"助老大联盟"等"银龄伙伴"服务品牌，为农村高龄、空巢、独居老年人提供系列照料关爱服务，惠及老人数万人。三级居家服务网络、区域性养老服务中心全覆盖，切实解决了"队伍在哪里建设"、"队伍靠什么服务"的问题，实现了"居家+长护"服务"家家相连"，"老年人日间照料中心（站）+社区养老助餐点"建设"村村覆盖"，"智慧管理+区域性养老服务中心"线上线下一张网"镇镇相通"。居家、社区、机构养老设施统筹建设为养老社会组织快速发展搭建了场景阵地。

三是人才支持，为养老社会组织注入创新源泉。多年来，太仓以"政社互动"为基础，孵化培育养老组织集群，引育专业养老人才，优化基本养老服务供给。与智库养老研究院等机构合作成立"太仓养老学堂"研学品牌，与苏州科技大学联手，在全市养老机构中开展专业社工人才教育培训；与江苏省民生职业培训学校合作，举办养老护理员职业资格培训，并将培训班开到基层乡镇，有效提高了养老服务队伍整体素质。2018年，进一步推动"校地合作、产学研相结合"，与江苏经贸职业技术学院建立战略合作，系统推进全市养老服务管理、护理等专业人才培训工作，通过共建实践基地、联合培养人才等方式，不断壮大我市养老服务人才队伍。当前，全市共有高级护理员 16 人，中级护理员 44 人，初级护理员 739 人。目前，太仓已构建起"三位一体"人才组织增能发展保障网，"三奖励三补贴"的社会化奖补激励体系全面形成。

（三）监管指导：端平规范发展"一把尺"

一是成立指导中心，释放双向奔赴的"强磁场"。随着太仓市基本养老服务体系不断健全，养老服务机构数量逐步增加，养老服务场景进一步丰富，为老服务标准逐步提高，太仓成立了养老服务体系指导中心。中心聚焦养老服务行业发展指导、老年人能力综合评估、养老服务质量监管、养老服务人才培训等职能，形成强大磁场，汇聚各方力量实现太仓养老高质量发展的共同愿景。作为政策实施者，10 年间，中心指导养老机构、医疗机构、综合为老服务中心、日间照料中心等场所，开展老年人能力综合评估室、银发顾问服务中心建设工作，为本市 50 家老年人能力综合评估室、50 多名专业的评估师，提供相适应的养老服务资源链接、老年人生涯发展指导等服务。同时，中心牵头解读了数十份养老服务行业标准，提供了百余次贯标辅导会，发布了近千份养老服务质量考评报告，推动全市养老服务水平提质增效，实现政府管理与社会服务的双向奔赴。

二是组建行业协会，扬起诚信发展的"领航帆"。2018 年，太仓市在全省率先成立县市级养老服务行业协会，进一步加强行业监管，不断完善行业服务，持续提供行业支持，有效促进行业交流。聚焦"颐养金仓"品牌建设，依托行业协会携手"智库养老"成立产学研品牌——"太仓养老学堂"，进一步深化沪太两地人才交流合作，加速引领行业创新发展。率先发布《太仓市养老服务行业诚信自律公约》，积极构建《太仓市养老服务行业综合评价指标》，试点推广综合评级"红黑榜"，深入推进行业自律工作，为养老社会组织的有序发展提供风清气正的行业环境。创新开发"爱爸妈优选"小程序商城，有效激发"银发市场"活力，进一步满足老年群体多元化需求升级，为实现太仓特色的养老社会组织融合共治、诚信发展提供了广阔空间。

三是建设公益园区，打造抱团发展的"幸福家"。根据太仓市委市政府创新发展养老社会组织的任务要求成立养老服务组织公益园。公益园通过组织孵化、能力提升、项目研发、资源链接、示范引领等活动,形成对全市各类养老社会组织的助力发展和专业支撑,发挥培育专业养老社会组织、汇聚专业养老服务人才、助力社会养老充分发展等积极作用,努力打造太仓养老公益品牌。多年来,先后引育了40余家成员单位,推动了70多个项目合作,开展了超3000余人次培训活动,公益园逐渐成为太仓养老人抱团发展的"幸福家"。

三、经验与启示

当前,江苏省太仓正以奋进的姿态积极应对人口老龄化国家战略,高水平谋划"十四五"规划,面临着深度老龄化的现实需求,如何打造面向更高质量发展目标的多梯队人才队伍,如何布局面向更精准化服务需求的现代化基本养老,探索一条具有县域特色的养老社会组织健康发展路径刻不容缓。

(一)围绕"一个中心",完善"颐养金仓"品牌建设

坚持党建核心引领,明确高质量发展目标,围绕"颐养金仓"品牌建设,汇聚发展合力,加速养老社会组织转型升级。

一是坚持党建引领。以党的建设引导养老社会组织健康发展,使党在养老社会组织助力县域养老现代化高质量发展中的各项决策部署得以贯彻落实,让养老社会组织自觉地把自身发展与民生服务高质量发展结合起来,提高党建引领养老社会组织有效参与老龄社会治理的制度化和规范化水平。

二是健全制度管理。强化政策支持,加强行业监管,进一步规范行业竞争与市场秩序,鼓励养老社会组织健康有序参与竞争,高效整合优势资源,不断丰富"颐养金仓"多元内涵,最终通过"服务迭代"而非"价格竞争"的形式,不断满足老年人日益增长的多元化养老需求。

三是优化品牌服务。加强品牌文化赋能,不断丰富养老产品清单目录,持续开展"孝老购物节"等文化养老项目,积极布局"养老+"新业态,推动产业经济新发展,为养老社会组织的持续发展提供积极稳定的发展平台。

四是拓展产品营销。依托"爱爸妈优选"小程序,首批试点打造30多家"颐养金仓优选店",构建线上线下一体化养老消费阵地,设立适老化改造体验馆,打造沉浸式、体验式、一站式营销场景,助力养老社会组织由服务创新向应用消费快速转化,提升养老社会组织发展效能。

(二)扮好"两种角色",推动养老行业管理升级

充分发挥政府部门"有形的手"和行业市场"无形的手"的管理、调节作用,为养老社会组织健康有序发展提供良好的外部环境。

一是深化养老"放管服"改革。把养老服务发展和深化"放管服"改革相结合,精简社会参与养老服务的各项审批要求、流程,提高审批管理的透明度、公开性。同时,完善社会参与养老服务的部门联席会议制度和多部门联合工作机制,把养老服务发展纳入相关部门的工作规划、考核体系,切实加强多部门联合审批管理的效率能力,发挥部门合力,推动养老服务更高质量发展。

二是规范政府购买服务管理。进一步规范政府购买社会服务的内容方式,制定并定期更新"政府购买社会养老服务名录清单",建立科学统一的购买社会服务招投标及资金拨付流程。针对养老社会组织购买服务的特殊性和重难点问题,厘清部门权责清单,简化非必要的审批流程,对材料齐全、验收合格的政府购买社会服务应切实履行主体责任,按时按量拨付款项,为养老社会组织的稳定发展提供强有力的制度保障。在购买社会服务招标时,应充分引入市场评价机制,积极引进专业社会力量,杜绝出现"地方保护主义"、"劣币驱逐良币"等行业发展乱象。

三是健全养老服务评价机制。充分发挥行业协会等群团组织作用,引入市场评价等多元评价机制,试点开展"养老服务组织综合质量评价",建立健全"养老服务红黑榜"制度,探索养老社会组织积分管理、末位淘汰机制,激励社会组织不断提升专业供给能力,引导建立行业自我管理、自我服务、自我监督、自我孵化、自我增能的平台机制,推动养老服务行业健康可持续发展。

(三)完善"三个梯度",加大养老人才队伍建设

聚焦养老社会组织人才梯队建设问题,通过打造"纺锤体结构"组织人才模型,打造一支面向未来、面向现代化的多梯度队伍,逐步实现打破限制养老社会组织长效发展的"创始人魔咒"的人才发展目标。

一是通过"校地合作"驱动高层管理人才发展。把养老人才培养与推动养老产业发展相结合,将养老人才教育纳入苏州市人才教育发展规划,建立"校地合作、产学研结合"养老管理人才培养机制,引入"养老智库"专业力量,强化"运营管理"核心能力,培育一批适应产业发展和行业竞争的高层次管理人才。

二是通过"创新创优"提升中层项目管理水平。把政府"创新创优"工作与专业人才培养相结合,试点推行精品服务项目"岗位化"采购模式,探索构建"专业技术职务岗位化"管理创新体系,逐步完善专业技术与管理岗位发展保障机制,最终形成"品质文化"、"品质服务"、"品质人才"三位一体平衡发展的格局。

三是通过"强基计划"夯实一线护理服务技能。加大对老年医疗护理、老年社会工作、老年社会学等学科的政策倾斜和资金扶持,从根源上解决养老人才队伍紧缺问题,

持续举办养老护理员技能培训与业务竞赛，夯实广大一线服务人员的技能水平，牢固树立安全服务的基本意识，持续办好养老护理员节等活动，用文化的力量凝聚养老行业的精气神，提高养老从业人员职业认同感和归属感。

（四）突出"四个效益"，激发市场创新动能活力

面对广阔的养老服务市场，充分调动养老社会组织的参与积极性，探索实践"县域养老现代化"的太仓路径，需要高效激发市场创新动能活力。在经历了"专业化"、"连锁化"、"规模化"的发展阶段后，太仓养老社会组织迎来了"品牌化"发展的新时期。

一是突出"规模效益"。探索成立养老产业发展引导基金，将全市公有养老资产打包运作，实现养老资产增值，做大养老"市场蛋糕"，延伸养老"产业链条"。通过联合"养老智库"机构对行业从业主体提供战略规划、运营管理等顾问指导服务，帮助社会组织厘清发展脉络，明确发展定位，最终实现"规模效益"。

二是突出"市场效益"。政府部门和行业协会等群团组织，需要进一步做好行业发展规划，避免出现养老供给侧理想化、单一化、同质化现象，鼓励优势互补合作，有序参与行业竞争。政府部门需要进一步畅通信息获取通道，制定好"四个清单"，为养老服务供给侧效能转化提供方向指引和制度保障。

三是突出"专业效益"。推动产业链数字化、智慧化升级，谋划养老与医疗、金融、快消、餐饮等和老年人生活密切相关的服务领域的统筹交流，对"养老+金融"、"养老+物业"等重点领域产业链和供应链短板分类施策，为养老社会组织多元化发展提供更加健全的制度保障和更加广阔的市场空间。

四是突出"科技效益"。推动养老服务智慧化发展，利用5G等新兴技术，改善老年服务设施设备和方法技术，有效降低运营管理成本。鼓励社会组织精准开发康护辅具、医疗设施设备等养老服务产品，发展老年电子商务，提供远程预约、健康咨询、物品代购等远程精准服务项目，不断拓展服务范围和对象，实现养老社会组织业务多元化发展。

（案例报送单位：太仓市民政局）

北京市大兴区：
大兴枫华参与基层治理的创新实践

📝【专家点评】

本案例坚持党建引领促发展，有助于探索社会组织参与基层治理现代化建设的实践经验。

本案例的独特性在于紧扣党组织建设这一关键脉络，线索鲜明，主题突出，同时实践内容全面、综合，涵盖基层治理的方方面面。

本案例的实践效果有扎实的数据支持，如累计开展"我为群众办实事"实践活动300余次，解决邻里纠纷、楼道堆物、个案帮扶等问题120余个，发起志愿服务项目20余个，发展志愿者2000余人，累计服务时长51000余小时，服务惠及200万人次等，在当地引发较好的社会反响。

本案例的创新性在于党组织建设不落窠臼，致力于建设创新型党支部，紧密结合组织自身发展的特点和当前的社会文化热点，开展"筑根基、强体魄"爱国主义健步走、一对一书记恳谈、红色剧本杀座谈等活动，面向时代、面向青年，加强人文关怀和心理疏导。

本案例注重强化基层党建引领的作用，涉及的项目内容较多，包括党组织建设、基层议事协商、民生服务保障等，较为全面地发挥了基层党组织的战斗堡垒作用和党员的先锋模范作用，因而具有较强的示范性。

本案例的推广性较强，原因主要在于各地党组织都可以从中借鉴如何结合基层党组织的组织架构和地方特色，打造一条为民办实事的基层治理路径。

点评人：王天夫　清华大学社会科学学院教授、院长

一、背 景

党的十八大以来,以习近平同志为核心的党中央高度重视基层治理。习近平总书记强调:"基层强则国家强,基层安则天下安,必须抓好基层治理现代化这项基础性工作。"①社会组织既是党和国家了解民情、基层群众表达民意的重要渠道,也是我国社会主义现代化建设的重要力量。基层治理工作头绪多、任务重、难度大,社会组织参与是提高基层治理社会化和专业化水平的重要途径。

北京市大兴区枫华社会工作服务中心(以下简称大兴枫华)注册于 2016 年,业务主管单位为北京市大兴区民政局,5A 级社会组织,2021 年建立党支部,同年被认定为北京社会企业,曾两次荣获首都最佳志愿服务组织称号。大兴枫华扎根北京市大兴区,致力于通过社会工作专业方法,以党建引领专业化参与基层治理服务。本文以大兴枫华为社会组织代表,展现其助力提高基层服务专业化水平的全过程,探索社会组织参与基层治理现代化建设的实践经验。

二、主要做法

(一)坚持党建引领促发展,强化组织建设定方向

党对基层治理的领导是新时代基层治理现代化建设的根本。社会组织是党的工作和群众工作的重要阵地,是党的基层组织建设的重要领域。大兴枫华坚持党建引领,建设"三型"社会组织党支部,不断增强党支部创造力凝聚力战斗力,充分发挥党支部战斗堡垒作用和党员先锋模范作用。

1. 建设学习型党支部,坚定政治方向

社会组织的党组织是党在社会组织中的战斗堡垒,发挥政治核心作用。北京市大兴区枫华社会工作服务中心党支部建立"三抓一落实"工作制度,抓严责任落实、思想教育、制度建设三个方面和党员先锋表率作用落实工作,严肃组织生活,严明政治纪律、政治规矩和组织纪律,扎实"规定动作"。组织党员群众深入开展学习贯彻习近平新时代中国特色社会主义思想主题教育,系统学习中国特色社会主义理论体系、党章和党的二十大报告等文件精神,认真开展作风建设自查自纠交流会、廉政主题教育参观活动。以党性教育为重点,加强党员教育培训,不断提高党员素质。通过设立党员先锋岗和倡

---

① 《习近平关于城市工作论述摘编》,中央文献出版社 2023 年版,第 161 页。

导参加多重组织生活等形式，引导党员落实示范带动作用，充分发挥党组织的政治功能和政治作用。

2. 建设创新型党支部，建设先进文化

围绕健康发展、职工需要和组织特点，创新党支部文化建设。紧密结合组织自身发展，开展"'一带一路'共享列车"红色研学、"青治理，倡文明"创城宣传和"筑根基，强体魄"爱国主义健步走等主题支部活动，引导党员群众践行社会主义核心价值观，与执业活动、日常管理、文化建设等方面相互促进。密切关注组织职工思想状况和实际需求，创新思想政治教育方式，开展一对一书记恳谈、红色剧本杀座谈和红色阅读活动，加强人文关怀和心理疏导。常态化与基层社区、两企三新和高校等36个部门开展党建联建，与党群服务中心、社区社工站、社区青年汇等52个基层站点实施党群共建，实现资源共享、优势互补。

3. 建设服务型党组织，团结凝聚群众

以服务作为社会组织党建的鲜明主题，建立"枫华党建'幸福+'"服务品牌，充分发挥基层党组织联系群众桥梁纽带作用，用社会组织党建"绣花针"穿起基层治理工作"千条线"。围绕中心、服务大局，结合"我为群众办实事"实践活动，依托联建共建，常态化开展社区"拉家常"议事协商、新就业群体服务、垃圾分类桶前值守和创城创卫宣传等基层治理服务。扎实推进学雷锋志愿服务常态化建设，重点围绕创城创卫、生态文明和服务民生等基层治理领域，打造"垃圾分类动员"、"五社同心"等品牌志愿服务项目，强化思想政治动员，引导组织党员和群众积极参与志愿服务，培育和践行社会主义核心价值观。

（二）深化专业服务促提升，构建基层服务新力量

加强城乡社区服务体系建设，是推进基层治理体系和治理能力现代化建设的重要举措。大兴枫华积极发挥在"五社联动"中的专业引领作用，从社区服务、质量提升和人才建设三方面发挥专业作用，增加服务供给，强化基层社区为民、便民功能，促进党群共建、多元共治、幸福共享。

1. 参与社区服务行动，助力基层服务格局完善

参与"镇街—社区"二级社会工作服务平台建设，制定平台管理制度、服务标准和评估机制，带动和指导社会工作服务中心和社区社会工作服务站，围绕养老服务、儿童福利、特殊人群、社会心理和社区治理等领域提供专业社会工作服务。参与镇街级社区社会组织孵化平台建设，发挥统筹、枢纽和支持作用，以规范化管理、品牌化建设、专业化服务和实效化发挥为重点，通过融平台、建机制、拓活动等具体措施，培育备案社区社会组织，引导其深度参与社区治理。参与镇街级社会心理服务中心建设，探索建立"从

心而治"社会心理治理模式,面向群众广泛开展社会心态预警与评估、心理知识宣传与普及、心理辅导团体活动和个体心理辅导等服务,科学引导社会心理预期。

2. 参与质量提升行动,助力为民服务功能强化

聚焦老有所养,参与乡村养老驿站服务,为低保和低收入家庭的失能、失智、高龄老年人等基本养老服务对象,开展巡视探访、健康监测和个人清洁等长期照护服务,推动基层养老服务网络建设。聚焦弱有所扶,运行村级温馨家园,通过无障碍设施改造,设立残疾康复、心理咨询、日间照料、文化活动、辅具展示和图书阅读等六大功能区域,持续为村内残疾人提供辅具康复、生活照料、文娱体育等各类服务。推进城市"一刻钟社区服务圈"建设,梳理辖区各类服务业资源,建立便民服务目录,制定服务站点认证机制,遴选超市、药店、餐饮、美容美发、家政和宠物服务等优质便民服务商,入驻服务圈并提供惠民特色活动,提高群众生活便利度。

3. 参与人才建设行动,助力专业人才队伍培育

为加快培养高素质社区社会工作专业人才,促进社区社工在价值理念、工作方法、服务能力等方面的专业水平提升,开展优秀社区社会工作专业人才培养("优才计划")、镇街级社区社工职业技能大赛、社会工作职业水平考前培训、社区社工入职培训及能力提升培训,协助镇街选拔优秀社区工作者,通过理论授课、岗位实训、个案实践、小组实践和专业督导等方式,推动社区工作方法从经验型向"专业+"方向转化,加强社区工作者和社会工作者融合发展。开展基层社区社会组织骨干人才培训,培养公益服务意识强、热心社区事务、善于做群众工作、具有一定专业服务能力的"草根队伍带头人"。开展志愿服务大课堂、分层培训和一对一培训,通过座谈交流、专题培训和实践观摩等方式,广泛提升志愿服务组织在服务理念、服务设计实施和志愿者动员等能力,专业化参与到基层治理第一线、社会服务最前沿。

(三)发挥政社协调"连心桥",打通民情政议新通道

聚焦群众关切,发挥社会组织的社会中间角色与整合功能,推动政府治理和社会调节、居民自治良性互动,积极参与化解社会矛盾、推动民主协商和扩大公众参与等基层治理工作。

1. 调处矛盾纠纷,诉源治理促和谐

枫华所服务街道的一个老旧小区,因大雨导致半地下住户积水,20余户情绪激动,发生集体信访事件。大兴枫华以"爱心组织"身份介入,通过2个月时间的随叫随到、深度走访、反复面谈、诉求约谈、心理疏导和物资登记与发放等工作,畅通多方沟通渠道,帮扶严重受损家庭,链接"爱心企业",共同完成住户门窗墙壁修缮、管线燃气更换和家具电器更新等,解决群众实际需求。在居民自筹经费、更换电梯的开创性工作实施

过程中,配合街道开展专家座谈、入户宣传、普法解答、社区议事、企业链接等服务,引导居民共同协商推进换梯工作开展。主动参与接诉即办工作,先后助力培训课程违规开设、培训机构退费协调、幼儿园噪声扰民等"12345"案件调解,搭建社会组织参与的基层治理"调解平台",切实把矛盾解决在萌芽、化解在基层。

2. 创新基层协商,民情联议促治理

协助开展"新时代、新生活、新社区、新家园"大兴区社区治理经验交流汇,搭建交流平台,总结基层治理成果。依托大兴区"拉家常"议事会机制,协助镇街和社区深化完善协商议事机制,畅通上下沟通和联动渠道,集中破解"共性"治理难题,推进社区协商与基层协商相衔接、与基层治理相结合。扩大社区协商议事"资源圈",链接法律、心理、高校、企业和领域专家等社会资源,针对不同议题引入对口专业资源,推动解决基层"个性"治理难题,加快基层协商由行政力量向社会力量转变。应用社会工作专业方法,采取电话议、线上议、上门议、户外议和座谈议等接地气议事形式,讲问题、听实话、拉家常,动员引导群众广泛参与基层治理。

3. 坚持实干实效,精准服务促参与

找准扩大公众参与着力点,聚焦"一新、一老、一小"不同群体需求和特点,设计活动载体,扎实开展精准化、专业化服务活动,助推基层治理提质增效。面向快递员、外卖员、网约车司机等新就业群体,开展"小哥儿银行"、公益理发义诊、生日会联谊等暖"新"服务,引导其认同自我、体现价值、融入城市,推动新就业群体成为城市"治理增量"。面向老年群体开展文艺演出、健康讲座和防诈宣传等活动,构建老年人社会支持网络,增强其社会融入和社会参与能力,力争满足老年群体精神情感需求。面向青少年群体开展特色寒假暑假成长营,将红色文化、乡村振兴、传统文化、安全自护和运动健康等丰富课程融入其中,提升青少年思想、创造、实践等能力,解决家庭看护需求和寒暑假孩子托管难题。

三、工作成效

大兴枫华以党建引领,开展"我为群众办实事"实践活动 300 余次,解决邻里纠纷、楼道堆物、个案帮扶等问题 120 余个,强化帮促解民忧、为民服务零距离,在实施社会工作专业服务中扎实推进基层治理现代化建设提质增效。促进志愿服务融入基层治理,发起志愿服务项目 20 余个,发展志愿者 2000 余人,累计服务时长 51000 余小时,服务惠及 200 万人次。建强为民服务平台,围绕社会建设和民政领域基层服务站点建设运营,探索为民办实事长效机制,建立"三加"、"红领带"等社会工作服务模式,开展儿童关爱、为老服务和心理普及各项专业服务 3 万余次,解决接诉即办案件 2000 余件。创新"党建引领、重点培育、项目实践、品牌提炼、宣传推广"五位一体工作法,建设"益晓天"社区社会组织服务品牌,培育备案组织 640 余支,动员群众参与基层服务 10 万余人次。完善基层协商民主,深化开展各级"拉家常"议事会基层治理协商,助力镇街打造"畅心院"、"亦智汇"等议事品牌,构建群众参与决策、参与治理的常态机制,组织开展垃圾分类治理、老旧小区微治理、回迁小区电动车棚安装等基层议事活动 200 余场,解决群众急难愁盼 130 余件。探索社会协同机制,联合民政、统战、应急、司法、共青团和镇街社区等单位,争取高校、企业、专业机构等 200 余家社会力量支持,聚合各级党群服务中心、新时代文明实践站、社会工作服务中心等服务阵地 60 余个,发挥好社会组织专业优势,促进基层治理资源整合,不断发展壮大群防群治力量。

四、经验与启示

大兴枫华从党建引领、专业支撑、政社协调、志愿服务和实务研究五方面持续发力,着力参与保障和改善民生,紧扣社会工作服务高质量发展,在提升基层治理精细化水平上发挥社会组织专业作用,奋力服务新时代首都发展大局。

(一)党建引领

社会组织要主动向党靠拢,根据实际情况成立党支部或联合党支部,暂不具备组建条件的社会组织可通过选派党建工作联络员途径开展党的工作。创新党组织工作内容和活动方式,加强自身建设,切实发挥好社会组织党组织的政治核心作用,建设先进文化、团结凝聚群众、推动事业发展。

(二)专业支撑

社会组织要在合法合规基础上发展,坚持提升组织规范化水平,加强内部治理和自身建设专业化,提升组织评估等级。坚持创新驱动,精进业务学习,加强人才队伍建设,提升组织专业能力,注重输出高质量服务,加大社工服务宣传推广,建立自律与诚信长效机制,构建正向积极的社会信任。

(三)政社协调

社会组织要做好政社协调的中间角色,做好党政联系群众的重要纽带。通过专业服务实时了解社情民意,及时将群众声音反馈,将矛盾风险隐患发现在早、处置在小,未诉先办解决群众急难愁盼,助力化解信访问题在源头,让群众感受到党和政府的温暖。

(四)志愿服务

社会组织要发挥社会动员作用,创新动员方式,围绕中心工作、群众需要和自身业务领域，引导广大群众积极参与志愿服务。不断拓展服务内容、优化服务方式，探索长效机制，实现志愿服务常态化、精准化。推进专业志愿服务队伍建设，加大对志愿者的培育培养，在重大突发事件中发挥协同作用，应用专业特长为社会作贡献。

（五）实务研究

社会组织要加强社会工作理论和实践问题研究，分析专业理论的本土适用性和实践模式，以案释理，助力专业形成，根据实务实际总结提炼新时代基层治理创新路径，在守正创新中推进基层治理现代化建设高质量发展。

（案例报送单位：北京市大兴区枫华社会工作服务中心）

山东省济南市：
社区社会组织参与基层治理的创新实践

📝【专家点评】

　　社区是基层治理的最小单元，社区社会组织越来越成为社区治理的重要主体。在社区实践的重要性中，社区社会组织不在于数量多少，更重要的是社区社会组织如何出现和活跃在群众的日常生活中。该案例把握了社区社会组织"高质量发展"的准确方向，诊断了当前社区社会组织普遍存在的问题，并通过党建引领的枢纽型社会组织，聚焦社区服务需求，挖掘社区资源，建立激励机制，促进社区社会组织的活力培育和发展，取得了较为明显的效果。案例的特色之一是开发社区慈善资源，建立社区基金"公益池"和区级社区社会组织公益创投机制，试图克服社区社会组织在资源来源、需求匹配等方面面临的问题和瓶颈。整体来看，该案例从组织的角度切入社会治理痛点，具有较大的实践意义，但如何撬动社区慈善和志愿服务资源，通过"五社联动"来促使社区社会组织更广泛地生发和活跃，还需要更多系统、创新、具体的政策措施。

　　　　　　　　　　　点评人：蓝煜昕　清华大学公共管理学院副教授

一、背　景

　　社区社会组织作为基层社会治理的重要力量，自2021年以来，济南市民政局先后出台了《济南市培育发展社区社会组织专项行动实施方案（2021—2023年）》（济民发〔2021〕48号）（以下简称《方案》）、《济南市社区社会组织备案管理办法》（济民函〔2022〕57号）（以下简称《办法》）。《办法》中对社区社会组织进行了定义，是指由社区的居民、法人和其他组织自愿发起成立，以社区为主要活动区域，以服务社区居民、满足社区需求、推动社区发展为宗旨，在城乡社区开展为民服务、公益慈善、邻里互助、文体娱乐和农村生产技术服务等活动，且暂不具备法人登记条件的非营利组织。《方案》

中要求，从 2021 年起用 3 年时间，通过实施 6 项工作计划和 20 个专项任务，重点培育公益慈善类、生活服务类、社区事务类、文体活动类社区社会组织，力争到 2023 年底，全市城市社区平均拥有社区社会组织不少于 15 家，农村社区平均拥有社区社会组织不少于 8 家。

2021 年 11 月 19 日槐荫区民政局联合多部门出台了《槐荫区培育发展社区社会组织专项行动实施方案》（济槐民发〔2021〕17 号），其中，槐荫区将城市社区社会组织的数量又增加至不少于 20 家。之后，槐荫区在区级层面出台了《关于加强城乡社区治理的实施意见》《槐荫区社会工作服务站建设实施方案》《槐荫区"红社领航+"社会组织高质量发展实施方案》等文件，对城乡社区综合服务用房、街道社会工作服务站、社区社会组织从场所、资金、项目、人员等方面予以支持保障。槐荫区还以"红社领航+党组织建设+综合监管+扶持培育"为着力点，全区 16 个街道成立社区社会组织联合会，党政主要负责同志任会长，进一步提升社会组织为社区居民提供精细服务、承接公共服务、培育社区骨干、带动居民参与社区事务的能力。

振兴街街道办事处成立于 1954 年，北起经五路，南至卧龙路，东起省委党校西墙，西至济南九中西墙，辖区面积 4 平方公里。辖区拥有和谐商圈、美乐汇商圈、凤凰街三大商圈，以及经十路和纬十二路两大金融产业街区。辖区企业商户多，教育资源比较丰富。常住人口 4.7 万人，是槐荫区城区八个街道办中面积最大、人口最多的办事处，下辖 10 个社区居委会。在市区两级政策指引下，振兴街街道也积极备案社区社会组织，截至 2024 年 3 月底，在街道备案的社区社会组织已达 240 家，平均每个社区拥有 20 个以上的社区社会组织。

10 个社区居委会从北向南依次可以分为包含零星棚户区的老旧城市社区、回迁社区、成熟高端商业住宅社区三大类社区。三大类社区特色鲜明，资源不均衡，急需一个街道级的平台统筹整合辖区资源。振兴街街道社区社会组织联合会便是在这种情况下，由济南市槐荫区振兴街街道办事处组建成立的，负责统筹辖区社区社会组织资源，参与基层治理。

二、主要做法

（一）振兴街街道社区社会组织发展现状

振兴街街道社区社会组织类别主要包括公益慈善类组织 47 个，社会事务类组织 7 个，社区事务类组织 110 个，生活服务类组织 29 个，文体活动类组织 47 个。这些社区社会组织成立的时间 80% 集中在 2020—2021 年。在社区社会组织数量提升的同时，短时间急速备案导致的问题也逐渐显现。

1. 组织活动频率低且非常态化

很多社区社会组织尤其是社区事务类组织是依托社区居委会工作的具体业务板块备案的组织，比如计生协会、社区矫正服务站、人民调解员工作站、平安建设工作委员会、老龄工作站、科普工作站等，具体的志愿服务开展情况如何，也只能是依托居委会的业务板块来开展，难以起到社区社会组织自发带动的作用。

2. 组织活动内容缺乏服务性或公益性

大部分社区社会组织的活动内容为文体娱乐型或兴趣类的，依然停留在自娱自乐的状态，鲜少能够提供持续性服务和公益性活动。

3. 组织规模较小，部分组织内成员有重合

在调研社区社会组织的骨干领袖时发现，很多比较活跃的组织成员们往往一兼多职活跃在各个社区社会组织里面，既是巡逻队的负责人，又是武术队的骨干，还是环保护卫组的领袖，一套班子的志愿者可以随时转换于多个社会组织的身份里。

（二）社区社会组织联合会参与基层治理的实践性探索

在社区社会组织数量急剧增加的同时，提升社区社会组织质量、健全社区社会组织管理体制迫在眉睫，因此培育内生枢纽型社区社会组织势在必行。2023 年 5 月，济南市民政局印发了《街道（镇）社区社会组织联合会高质量发展工作指引》，其中对街道（镇）社区社会组织联合会有了明确功能定位：是经行政审批服务部门注册登记的区县管社会组织，区县民政部门是其管理机关，街道（镇）是其业务主管单位，依照社会组织相关政策法规运行；是枢纽型、支持型社会组织，协助街道（镇）孵化联系服务管理本辖区社区社会组织，为社区社会组织提供业务指导、项目协调、场所设备等支持，引领示范带动社区社会组织依法办会、规范运作、发挥作用，建立社区资源、居民需求与社区社会组织的常态化对接机制。振兴街街道办事处对此也进行了一些实践性探索。

1. 红社领航，街道党工委书记、社区党组织书记领办枢纽型社区社会组织

振兴街街道社区社会组织联合会及 10 个社区社会组织联合会于 2021 年 12 月全部成立。振兴街街道社区社会组织联合会作为街道级的枢纽平台，街道党工委书记任职街道社区社会组织联合会会长，其功能主要是对辖区社区社会组织孵化、联系、服务、管理，赋能支持和骨干培养的作用。社区党组织书记领办各社区社会组织联合会，负责强化社区社会组织联合会政治引领，增强社区社会组织向心力，充分发挥街道社区社会组织联合会党组织战斗堡垒作用和党员先锋模范作用，培育孵化枢纽型社会组织，引导社区社会组织深入参与社会治理。

2. 立足基层治理需求，统筹资源，形成治理"服务清单"

振兴街街道辖区资源丰富，三大类社区特点特色鲜明。为此，街道联合会坚持问题导向、需求导向，广泛听取辖区内机构和居民，特别是低保对象、特困人员、空巢老人、困境儿童、残疾人等困难群体的需求，梳理建立辖区治理"需求清单"，摸准摸细辖区治理工作中的痛点、难点和堵点；坚持目标导向，积极梳理辖区社区社会组织、机关企事业单位、居民骨干志愿者力量等优势资源，广泛链接慈善组织、专家学者等外部资源，汇聚建立辖区治理"资源清单"，形成辖区强大资源合力；坚持结果导向，采取"服务对象分类、服务需求分层"策略，将"需求清单"和"资源清单"有机结合，形成辖区治理"服务清单"，并通过社区服务项目洽谈（公益项目认领）、公益创投大赛、社区基金筹集及跨部门行政力量资源整合等方式，开展社区公益服务供需对接活动，推动系列基层治理项目落地，并由社区社会组织参与具体的公益服务，回应前文所说的"僵尸"组织活动频率低且非常态化的问题（见表1）。

表1　社区公益服务供需对接统计

服务项目名称	回应的服务对象的需求	资源统筹方式	参与的社区社会组织
"幸福食光"养老助餐服务	老龄化比例较高的老旧社区，高龄空巢独居老人吃饭难的问题	社区基金	振兴社区送餐志愿服务队
独居老人陪伴关爱项目	老龄化比例较高的老旧社区，高龄空巢独居老人的精神关爱需求	公益创投	振兴社区老年义工队
"军民益家"老兵在行动	基础设施老化无物业的老旧小区的维修服务问题	公益创投，社区服务项目洽谈	纬九路社区双阳同辉退役军人志愿队
停车自管队服务	老旧小区停车难和乱的问题	社区服务项目洽谈	振兴小区停车管理小组
凤凰花开串珠手工艺服务项目	回迁安置社区新旧居民融合的问题	公益创投	丁字山金凤凰艺术团
衣旧焕新——心智障碍者家庭创业	残疾人家庭生计、精神压力缓解的需求	公益创投	阳四社区星星缘义工队
煮仔未来——心智障碍青年烹饪赋能营	大龄心智障碍青年就业的需求	公益创投	阳四社区星星缘义工队
慧爱佳人女性成长项目	大型成熟社区，年轻人参与志愿服务，关爱全职妈妈成长的需求	跨部门行政力量整合资源（泉学汇项目申报）	阳四社区慧爱佳人姐妹团
绿水家园守护项目	大型成熟社区，小区环境治理的需求	公益创投	阳三社区绿水家园守护队
"健康不倒翁、安全来着陆"项目	高龄空巢独居老人居家安全的问题	社区基金	阳三社区不倒翁大使服务队

续表

服务项目名称	回应的服务对象的需求	资源统筹方式	参与的社区社会组织
一米阳光邻里角协商议事服务	大型成熟社区,居民议事协商平台建立的诉求	社区基金	阳一社区人民调解员服务队
阳光少年合唱团培育	大型成熟社区,年轻人参与志愿服务的需求	跨部门行政力量整合资源(团省委项目申报)	阳四社区阳光少年合唱团
情系老养残,过个清洁年服务	老旧社区,以老养残家庭的照顾压力	社区服务项目洽谈	振兴社区老年义工队

从表1可以看出,街道社区社会组织联合会作为街道内生枢纽组织,在街区发挥着培育社区社会组织的作用。同时,街道的资源整合、社区两委的在地支持、社工站社工通过项目设计进行的专业陪伴式助力,为组织培育工作提供大力支持。

3."振兴益+"公益积分激励机制,助力社区组织规模壮大

针对社区社会组织规模较小、一兼多职的现象,街道联合会一方面通过各类公益服务岗位的长期招募,继续挖掘志愿者壮大社区社会组织队伍规模;另一方面在微信公众号平台开通"志愿之星"——社区社会组织风采展示栏目,访谈优秀社区社会组织骨干人物的故事,为其撰写志愿故事、服务轨迹,起到示范引领作用。同时,建立"振兴益+"公益银行积分激励机制,为每位参加社区社会组织公益服务的志愿者建立积分卡,等积分到一定数值,就可以升级为社区社会组织的管理层核心层,参与社区组织的决策权。

三、工作成效

(一)社区社会组织能力得到提升

社区社会组织联合会建立了合理的运行机制,槐荫区民政局是管理机关,街道办事处是业务主管单位,街道社工站给予专业支持,各个社区居委会起到在地协调和联动的作用。通过各方的联动,为社区社会组织发挥作用、参与基层治理创造了良好的条件和氛围,同时,联合会也注重加强社区社会组织的能力建设,提升社区社会组织的服务能力,更好地为服务对象提供高质量服务。

(二)社区社会组织服务得到规范

社区社会组织作为服务提供的中坚力量,是基层治理的参与者与受益者,只有给予社区社会组织专业的引导才能使其更好地服务于社区,从而服务于社会。联合会在培育社会组织方面,利用小组工作进行了组织孵化和培育的尝试,同时将已成型的社会组织吸纳到联合会中,借助平台为其链接资源,实现供需对接和服务监管,既满足其提供

公益服务的诉求，又保证了其所提供的服务的质量，一举两得。

（三）社区社会组织交流得到推进

联合会在提升社区社会组织骨干能力方面通过团队建设活动以及参观交流等形式使其开拓视野，为其得到更为广泛的信息作保障。此外，也对接省内外参观，加强社区社会组织与其他兄弟城市的沟通与交流，分享彼此的参与基层治理的经验，取长补短，进一步探索参与基层治理的新模式。

四、经验总结

（一）积极开拓渠道，走出去引进来，以街道联合会为主体承接社会资源合作项目

济南市民政局 2023 年 5 月 31 日印发的《街道（镇）社区社会组织联合会高质量发展工作指引》文件中指出，要突出工作亮点，探索以街道（镇）社区社会组织联合会为主体统一承接政府购买服务项目。虽然济南的街道联合会目前还没有承接政府购买服务项目，但是振兴街街道社区社会组织联合会积极开拓渠道，走出去引进来，以街道联合会为主体承接了多个社会资源合作项目——乐高集团的乐乐箱困境儿童关爱计划和山东省妇女儿童发展基金会的小候鸟项目，资金体量虽然只有 1.5 万元，但是可以支持到服务类社区社会组织部分物资道具和图书资源，给予组织成员专业赋能培训，使得社区社会组织能够带着乐高积木和图书走进流动人口子女比较集中的学校和托管机构，开展困境儿童延时课堂服务，大大提高了社区社会组织的服务能力。

（二）打造社区基金的"公益池"，街道联合会扶持、推动社区社会组织参与基层治理

目前振兴街街道已经成立 5 支社区基金，开展 6 个社区基金项目。振兴街街道社区社会组织联合会作为社区基金落地实施项目的执行机构，发挥着平台搭建的功能，主要是通过建立社区资源、居民需求与社区社会组织的常态化对接机制。发挥社区社会组织联合会联系服务管理本辖区社区社会组织作用，为社区社会组织提供业务指导、项目协调、场所设备等支持，扶持培育推动社区社会组织参与基层治理。加强社区基金项目的可持续筹款与宣传，吸引辖区社会多元力量认领公益项目，为社区基金"公益池"不断蓄水助力。

（三）街道联合会作为枢纽型平台，创建"以社管社"新模式

区级公益创投比赛不仅可以为社区社会组织发展助力资金支持，还可以培育一批社区社会组织新秀，赋能社区组织人才专业能力成长，同时为推动社区社会组织提质增

能、创新发展发挥了积极有效作用。比如，在槐荫区两届公益创投大赛中，振兴街街道社区社会组织联合会充分发挥了枢纽和支持的作用，从 10 个社区推选的 20 家社区社会组织里面，优中选优，全程赋能陪伴 10 支社区社会组织登台参加路演比赛，培养出来一批有情怀有能力有品牌的社区社会组织。这个过程中，街道联合会的任务，从项目策划，到申报书的撰写，全程给予赋能陪伴支持。除了区级的公益创投，街道还自主举办微创投比赛，设置多种类别奖项，以评促建，促进社区社会组织正向发展。

五、存在问题

（一）街道联合会缺少专职工作人员

目前，街道社区社会组织联合会虽然已经在区级行政审批服务部门注册登记，但是注册法人往往都是兼职，很难把全部精力都放在此项工作推进上。街道联合会的很多工作主要由社工站的社工兼职负责，工作人员任务繁重、精力有限，难以将工作进行有效整合。

（二）街道联合会的资金来源比较单一

街道联合会的资金来源主要是社会资源合作项目，如山东省妇女儿童发展基金会、乐高集团等小额资助项目，资金体量比较小，很难满足更多社区社会组织的需求。此外，在承接政府购买服务的机会和能力方面都有待进一步摸索。

六、启示与建议

（一）建立健全枢纽型社区社会组织发展的体制机制

联合会作为枢纽型社区社会组织，需要政府为其发展提供良好的政策环境。不断健全法律法规，为枢纽型社区社会组织的发展提供坚实的政策保障。政府需要给予枢纽型社区社会组织适当的政策倾斜，为枢纽型社会组织的发展营造良好的政策扶持环境。

（二）加快枢纽型社区社会组织人才引进

枢纽型社区社会组织的从业人员建议引入专职的社工人才的加入。社工人才在专业性、实践经验、人际关系处理能力、社会责任感和适应性等方面都具有明显的优势。这些优势使得社工人才在解决社会问题、改善社会状况、促进社会发展等方面发挥着重要的作用。作为平台的搭建者，应该在琐碎的工作中找到更多的创新，能够有针对性地开展服务，满足服务对象的多元化需求。

（三）提高枢纽型社区社会组织从业人员的专业性

枢纽型社区社会组织要加大对组织成员，尤其是一线工作人员的培训力度，运用多样化的培训手段，如内部培训、外请专业人员培训、"干中学"培训等，真正落到实处地提高队伍的整体专业素养，进而提高枢纽型社区社会组织整体的服务能力和水平。

（案例报送单位：济南市槐荫区振兴街街道办事处）

四川省成都市：
构建"1368"服务模式 助力社区社会组织发展

📝【专家点评】

　　该案例聚焦社区社会组织的培育问题，是当前基层社区治理非常重要的内容。该案例实践基于涉农社区的治理背景，探索出了一套"1368"服务模式，从培训学习模式，到资源链接、主体联动、操作程序，总结和提炼了一套相对完整的社区工作方法论，具有一定创新性和推广意义。整体而言，该案例在理论和实践方面，针对社会治理和社区社会组织培育的各个环节的痛点，进行了相对科学和有效的总结和提炼。案例在社区社会组织培育问题上呈现出较强的系统性和生态思维——社区社会组织的培育不是孤立的工作，必须在社区治理的整体格局下，处理好组织培育和作用发挥、社区发展和治理的依存关系。此外，案例在社区层面设立"社区社会组织学院"，强化意识传播和人才发展的做法非常关键，对提高社区社会组织在设立和运行方面的能力、传播现代的科学社区工作的方法论具有较大的作用，对于当前社区社会组织培育和社区治理具有较大的借鉴意义。

点评人：蓝煜昕 清华大学公共管理学院副教授

一、背 景

（一）政策背景

　　《成都市社区社会组织发展三年行动计划（2022—2024 年）》提到：建设枢纽型社会组织，为社区社会组织提供政策指导、项目协调、场地设备等支持，示范带动社区社会组织依法办会、规范运作、发挥作用。发挥社区社会组织在扶老、助幼、助残、济困等公益事业上的作用。

（二）基本情况

　　双流区永安镇共 7 个村（社区），辖区面积 56.75 平方公里。总人口 3.48 万，农业人口 2.96 万,占总人口的 85.1%,有农业耕地面积 3.9 万亩,紧邻生物科技城及黄龙溪,形成了农业、旅游、高科技产业多元化发展的新兴区域。

全镇上报民政局的备案社区社会组织有 70 支,未达登记条件(备案)的 8 支,正在培育的 7 支。主要涉及农村红白喜事宣传、新农村建设、留守儿童关爱、残障人士关怀、留守老人关怀、退役军人关怀、环境美化、垃圾分类、农业互助合作等多个领域。

社区社会组织成员以务农的农民居多,其组织领袖为乡贤、"草根达人"等。主要面临：

第一,现有乡镇社区社会组织发展的客观条件薄弱,需通过枢纽平台获得相应发展的支持。社区社会组织成员多以务农的农民为主,存在"缺资金、缺场地、缺资源、缺平台、交通难、时间统一难"等问题,面临政策咨询、能力培训、展示平台、活动空间、资金资源链接、信息共享等服务,同时加上组织发展需求、阶段不一,急需建立"社区社会组织"库,将全域社区社会组织纳入组织库,建立档案、分层分类、精准培育。

第二,全镇社区社会组织特色鲜明且发展水平参差不齐,需针对其进行分层分类、精准培育。全镇各类社区社会组织存在项目设计与撰写水平低、财务制度不完善、骨干策划能力不足等问题。需进一步提高辖区社区社会组织发展水平。

第三,社区社会组织在常态化参与全镇扶老、助残等基层公益事业的主动性、自主性不够,且参与意识及能力有待提升。永安镇社区社会组织培育发展起步较晚,持续培育投入的资金时间相对较少,70% 的社区社会组织主要依赖社区干部和社会组织的投入和刺激,自身组织参与社区活动的积极性较低;受知识水平、资源贫乏等多方因素的影响,导致社区社会组织对社区治理的基本概念模糊,参与意识及能力都有待增强。

二、主要做法

以永安镇社区社会组织为对象,针对其发展条件薄弱、水平参差不齐、参与公益事业的意识及能力不足等问题,在"参与式发展理论"指导下,采取"1368"服务模式,即深化建立 1 个"社区社会组织学院";创新 3 种服务方法"分层互助、分类服务、陪伴参与式微创投";联动 6 类主体"社区社会组织+村/社区民政干部+社工站(室)+社会组织+社工+商校企等慈善资源";按照 8 个步骤"阵地建设—摸清现状—明确需求—分类赋能—精准培育—陪伴参与—创投实践—五社联动"。发挥乡镇社区社会组织学院枢纽支持功能的同时,陪伴各层类的组织的发展,提升其常态化参与公益事业的意识及能力,探索出一条可复制、可推广的乡镇社区社会组织扶持发展路径。

(一)建立一个学院,夯实社区社会组织培育的平台

依托永安镇社工站场地资源(社工站建设总面积 240 平方米、设置了个案工作室、小组工作室、多功能室、档案室)建立 1 个"社区社会组织学院",为辖区社区社会组织提供场地支持服务 10 余次、政策咨询 23 次、动态展示 12 次、信息共享 30 余次,服务 2000 余人次。指导 11 支组织完成备案,助力 26 支组织完善了组织架构、财务制度等,提高了社区社会组织的规范性及参与社区公益事业的能力。

(二)创新培育模式,分层分类陪伴式培育促进组织发展

一是建立分层互助培育模式。根据组织发展阶段,把社区社会组织培育分为三个层次。第一层"筑基":未备案且不具备能力,使其在活动参与中受到相关知识的熏陶,进一步成长发展;第二层"赋能":未备案但具备能力,指导其成长完善,成功备案;第三层"提能":备案且具备一定能力,重点培育,旨在能力进一步提升。以"培优、提中、助弱"的理念促进其从"被动参加"到"主动参加"到"参与"到"自主参与"层次递进发展转变。

二是分类服务实现组织差异化发展。按照社区社会组织涉及领域(包括但不限于:红白喜事民风民俗宣传类、留守儿童关怀、残障人士关怀、留守老人关怀、环境美化、垃圾分类、农产品推广等),将其进行分类,针对性地开展"陪伴参与式"微创投,在参与服务的过程中提升其参与社区基层治理的意识和能力。

三是陪伴成长助力组织长效发展。按照"分层分类"的逻辑,开展"陪伴参与式"微创投。联动村/社区民政干部、村/社区社工室、社会组织参与,微创投按照各阶段分为发包、申报、评审(前期、末期)、立项、优化、督导等步骤。共计 17 支组织参与立项,涉及留守儿童/残障人士/弱势群体服务、未成年人保护、疫情防控、垃圾分类、乡风民俗宣传等主题,过程中联动多方参与,共计开展活动 33 次,服务居民 5375 人。在过程中社工扮演"陪练"、"教练"的角色,不再单一作为一个"服务者"。在陪伴的过程中,让社区社会组织看到自己可以解决问题、参与社区治理的可能性,逐步让社区社会组织在面对问题的时候从要求社区、社会组织等第三方解决到主动承担、自我解决;社工在指导社区社会组织开展微创投时,"一对一"进行指导,深入到"田间地头、服务现场",为社区社会组织提供指导与支持;社区社会组织既作为享受服务的主体,又作为提供服务的主体,在参与微创投服务的过程中参与创投申报、实施、评估的全过程,在过程中不断提升参与社区公益事业的意识及能力。

(三)联动 6 类主体,营建社区社会组织发展生态系统

联动"社区社会组织+村/社区民政干部+社工站(室)+社会组织+社工+商校企等慈善资源"6 类主体,贯穿其培育发展的全过程,为社区社会组织发展奠定坚实的基础。

积极发动较成熟的社区社会组织以"朋辈"支持、示范带动等形式支持社区社会组织成立发展;社工站(室)提供场地、政策支持协助;枢纽型、支持型社会组织联动在地服务的 7 支社会组织,为社区社会组织培育提供专业支持;村、社区及民政干部对接村/社区民政干部,发挥他们在农村社区的熟人关系和信任关系,参与永安镇社区社会组织培育;驻村(社区)社工与区关爱援助中心社工一起以专业的社工方法"陪伴引领"社区社会组织发展;联动在地企业、商家、合作社、学校、医院等资源参与,为社区社会组织开展服务提供更多资金、专业支持。

(四)规范 8 个步骤,标准化建立社区社会组织培育流程

阵地建设:依托社工站场地资源,挂牌建设 1 个社区社会组织学院,为其提供场地支持服务、政策咨询、动态展示、信息共享等服务,并建立了完善的社区社会组织服务发展手册,涵盖成立社区社会组织的步骤、组织章程指南、政策、场地使用申请、微项目申报实施流程等全面的内容,服务 2000 余人次。

摸清现状:以"一对一"走访村/社区和座谈等形式了解社区社会组织数量、擅长领域、遇到的问题等发展现状,建立起较完善的社区社会组织档案。

明确需求:经过村/社区工作人员、居民骨干、居民代表、在地社会组织访谈梳理资料,建立起 1 套社区社会组织需求清单。

分类赋能:针对其发展阶段进行分层分类,开展"社区社会组织如何参与公益服务、社区社会组织骨干组织力提升、微项目策划"等能力提升培训 3 次,服务 150 余人次。

精准培育:按照其划分的领域(留守儿童/残障人士/弱势群体服务、未成年人保护、疫情防控、垃圾分类、乡风民俗宣传等)精准开展培育,如针对未成年人保护开展未成年人保护法宣讲、消防安全技能等内容。

陪伴参与:社工全程陪伴其参与培训、微创投等服务的全过程,包括微项目策划撰写、简报书写、财务报销陪伴指导 30 余次,使有能力的社区社会组织初步具备独立完成公益服务项目的能力。

创投实践:面向 7 个村(社区),70 支社区社会组织,开展微创投 1 次,17 支组织参与立项,涉及"一老一小关怀、特殊未成年人帮扶、残障人士创就业服务、社区志愿服务、垃圾分类"等内容。共计开展活动 33 次,服务居民 5375 人。

五社联动:联动社区 7 次、社区社会组织 7 次、社区志愿者 200 余人、社区公益慈善资源 5 家,贯穿于社区社会组织培育发展的全过程,开展大型"社区社会组织"联欢节,以成果展、表彰、表演、农业特色走秀、游园会等多种活动形式,为社区社会组织提供展示自身、宣传自身的机会,增强永安镇社区社会组织的自豪感,激发其参与社区公益服务的积极性。

三、工作成效

(一)整合"人、财、物"资源,提供发展保障

整合了永安镇社工站(室)场地资源,建设总面积 240 平方米、拥有相对独立的办公场所 30 平方米,设置个案工作室、小组工作室、多功能室、档案室,活动、服务区域根据主要服务内容设置功能区,能够满足活动开展所需;整合了辖区关爱援助中心、生物城、双流区第二人民医院、永安中学、永安派出所、科创广告公司、永安文具店、7 个村(社区)社工室等资源;获得永安镇支持服务资金 12 万元、双流区创投资金 5 万元用于支持各社区社会组织服务开展。

(二)建立社区社会组织学院,搭建支持平台

依托永安镇三新村所提供的场地,挂牌建立起永安镇社区社会组织学院,对社区社会组织提供场地支持、政策咨询、动态展示、信息共享等服务。梳理形成《永安镇社区社会组织学院管理手册》,包含功能介绍、政策、创投开展流程方式、管理架构、咨询接待流程等内容,为社区社会组织发展提供了学习发展的平台。

(三)成立社区社会组织联合会,促进持续发展

召开双流区永安镇社区社会组织联合会成立大会 1 次,现场 28 家单位会员,选举出了第一届理事会、监事会成员,确立了"协助永安镇开展社区社会组织发展与发挥作用的调查研究"、"加强政策宣传指导"、"引导会员建立和完善内部治理"、"动员和指导会员开展困难群众帮扶、融入社区治理、助力乡村振兴、开展志愿服务等社会公益慈善活动等服务工作"等业务范围,为永安镇社区社会组织可持续发展奠定了坚实基础。

(四)"内培+外学"专业赋能,提升意识能力

在赋权理论指导下,开展了社区社会组织"助飞计划"培训活动 3 次,覆盖 30 余支社区社会组织,共计 60 余位骨干参与。以整体赋能的方式,面向全体社区社会组织,集中针对骨干参与意识不足、服务技巧欠佳、策划能力不足等问题集中培训。分别参访了黄水镇长沟社区的社区社会组织发展情况、蛟龙社区"龙渡小喇叭"广播站。集中学习了老年人服务技巧、团队管理方式、民主议事规则、入户探访技巧和相关政策文件,为永安镇社区社会组织发展提供新思路、新想法。

(五)"陪伴参与式"微创投,发挥服务功能

在第一届"幸福永安"社区社会组织微创投的基础上,面向永安镇社区 10 余家社会组织开展了第二届"幸福永安·协力共建",在"农事互助"、"老年人关爱"、"老年人居家安全环境改造"、"特殊儿童关爱"、"残疾人关爱"、"居民素质提升与文明劝导"、

"邻里文化"等方面,立项项目 10 个,完成了微创投服务 21 次,服务 3700 余人次。指导支持社区社会组织开展专业性服务包含:空巢老人、独居老人等特殊老年人关爱陪伴活动 6 次、老年人居家安全环境改造活动 3 次、特殊未成年人成长关爱活动 4 次、协助文明城市创建活动 4 次、残疾人关爱活动 4 次,充分发挥了社区社会组织在公益服务中的功能。

（六）长效激励机制,激发参与积极性

开展表彰会,为 7 个村(社区)优秀社区社会组织代表颁发荣誉证书;在社团联欢节上摆摊设点,将社区社会组织特色服务、特色农副产品搬到现场,为社区社会组织提供展示自身、宣传自身的机会,调动了社区社会组织参与公益服务的主动性和积极性,增加了辖区居民对永安镇社区社会组织的认同感,为社区社会组织的可持续发展奠定了基础,增强永安镇社区社会组织的自豪感,扩大了项目影响力。

（七）媒体宣传与参赛获奖,扩大项目影响力

获得人民网宣传 1 次、中国新闻网宣传 2 次、微信公众号宣传 6 次,分别在永安镇、双流区各大社工专业群转发学习,阅读量超过 5000 人,扩大了项目的影响力。在"2022 年度成都市社工站(室)优秀案例"评选中,荣获建设运营类优秀案例;受邀参加四川省民政厅指导的"凝心聚力,共谋社工站发展之路——'川慈美好·种子计划'基层能力治理的发展路径经验交流活动(第三期)";"双流区永安镇'深化乡镇志愿服务组织学院 1368 模式·助力全域社区志愿服务'",被成都市委社治委评为"十佳志愿服务项目";双流区永安镇社工站被成都市社会工作支持中心评为 2022 年成都市"示范社会工作服务站"。

（案例报送单位:双流区众成社会工作服务中心）

县乡社会治理现代化篇

　　县及其下辖镇村社会治理是推进国家治理体系和治理能力现代化的主要内容和基础性工程。县城也是我国城乡体系的重要组成部分,在推进城乡融合发展中具有带动辐射作用。县乡区域范围虽小,但治理要素全面,包含政治、经济、文化、社会、生态方方面面。近年来,全国各县乡在践行新时代"枫桥经验"、县乡文化建设、乡村民主自治、保障和改善民生等方面做出了积极探索。

江苏省睢宁县：
新时代坚持和发展"枫桥经验"的睢宁实践

【专家点评】

坚持和完善新时代"枫桥经验"是加强和创新基层社会治理的重要举措，不断探索新时代独具特色的"枫桥经验"对发挥共建共治共享在基层的作用有着重要意义。该案例在县党委的引领下，构建覆盖诉求解决全链条的"速来办"工作机制，协同联动不同部门和流程，高度重视复盘溯源工作，在实践中更新和改进工作机制，取得了较为可观的治理成效。案例推行"我来办、快速办、办得好"工作理念，将倾听群众呼声和解决群众所思所求作为平台的治理要义，积极总结社会治理效能有效提升的经验，坚持探索睢宁经验的可借鉴性，以制度机制建设为重点，以低投入成本为基础，搭建起体系化的社会治理经验，具有较强的现实参考价值。该案例对未来县域社会治理的提升做出了积极的尝试，除了对现有工作的持续讨论，睢宁经验亦可关注县级行政体系和能力的建设，县一级处在党的组织结构和国家政权结构中承上启下的关键环节，是国家治理的基石。强化基层治理效力，推动行政能力和行政机构的成熟规范是治理有效落地的关键。

点评人：杨华锋　国际关系学院公共管理系教授、博士生导师

一、背　景

"枫桥经验"是20世纪60年代，浙江诸暨枫桥镇干部群众在实践中创造的"发动和依靠群众，坚持矛盾不上交，就地解决，实现捕人少、治安好"的实践概括。党的十八大以来，以习近平同志为核心的党中央提出，新时代运用数字技术提升社会治理现代化水平的战略要求。数字技术赋能社会治理是"枫桥经验"与时俱进、创新创造的时代特征与基本要求，开拓了基层社会治理科学化、系统化、精细化的新领域。

近年来，睢宁县坚持以党的领导为核心，以全周期管理为理念，以制度机制建设为着力点，建设"速来办"社会治理体系，构建共建共治共享的基层治理格局。经三年探索完善，睢宁县"速来办"社会治理体系已经建成有理论目标、有战略布局、能统筹推进、能监督考核的组织架构体系，担负起顺应群众需求、突显人文特色、凝聚社会共识、构建和谐生态、创新治理模式的历史使命。

二、主要做法与成效

（一）做法

睢宁县坚持以问题为导向，以务实解决具体问题为基础，构建党建引领、机制保障、数字支撑、高效服务、联动共治的"速来办"社会治理体系，主动防范各类矛盾发生，稳步提升基层社会治理效能。

一是坚持以问题为导向，创新"速来办"平台主动问需于民。睢宁县面临矛盾纠纷存量大、外溢上行突出等严峻挑战，创新打造"速来办"平台，主动问需于民。搭建"速来办"线上问需一平台，整合小程序、微信扫码、电子邮箱、手机短信、"速来办"信箱、书记信箱、12345热线等民生诉求反映渠道。织密线下问需一张网，在县镇村三级综治网格的基础上，进一步细分建立综合网格964个，微网格4088个。打造现场问需一中心，成立县社会治理指挥中心，"一站式"受理群众纠纷诉求。

二是坚持党建引领，发挥县党委"领头雁"关键作用。睢宁县坚持党的核心领导地位不动摇，推进基层社会治理提质升级。建立高位推动的组织领导机制，成立由政法委书记任组长的社会治理体系提升工作领导小组，统筹全县社会治理工作。县委书记高度重视基层社会治理工作，随时跟踪热点重点问题处理进度，仅2023年签批社会治理指挥中心研判工作简报、专报、"速来办"平台月报数量达37次。县委县政府领导班子全员开通"速来办"手机App专属账号，公布重点案件，随时跟踪。

三是秉承办好办快办成理念，构建联动共治"速来办"工作机制。睢宁县建立覆盖诉求解决全链条的"速来办"工作机制，形成从快从速、高效办结的新格局。建立首访受理交办机制，首位受理群众诉求的工作人员当日完成交办、推送，责任单位当作出受理告知。建立快办协办处理机制，责任单位原则上在7个工作日内办结事项。建立答复回访反馈机制，责任单位办结后告知反映人办理结果，"速来办"工作人员进行回访评价。建立首问负责督查机制，县委督查室全程监督诉求办理情况，对落实不力的责任单位/人给予提醒、催办、督办或会办、帮办。

四是秉承化解在早、处置在小理念，建立多元矛盾纠纷化解机制。睢宁县建立县镇村上下联动、各部门、多主体左右协同机制，有效提升矛盾多元化解能力。建立三级多主体联动调处机制，按照村60%、镇30%、县10%的目标，吸纳多元主体化解纠纷。建立"诉前调解、司法确认、速裁快执"全链条纠纷化解工作机制，成立12个各类调解室，建立诉调对接工作机制，让非诉讼纠纷解决更高效。

五是坚持复盘溯源，建立趋势比对分析、成因分析、对策总结法。睢宁县高度重视复盘溯源工作，主动分析问题原因、总结经验教训。运用趋势比对问题分析法，统计分析受理办结案件情况，把握全县各类诉求、矛盾纠纷变化趋势。运用科学研判成因分析法，注重从制度机制上找准问题症结和矛盾本质所在。运用典型经验总结法，汲取和推广全县各地矛盾纠纷化解经验，深入剖析典型案件释以法理。

六是坚持风险防范在先，着力提升源头治理能力。睢宁县充分利用信息技术，严把矛盾风险源头关、监测关、管控关。利用大数据技术强化风险监测，运用"速来办"平台检索功能进行社会热点重点问题大数据比对分析。狠抓初信初访，出台《睢宁县初信初访闭环管理办法》，利用"速来办"快速办理机制预防矛盾上行风险。严管干部作风，建立领导干部信访工作实绩考核档案清单，严惩相关机关部门、党员干部失职失责行为。

七是坚持德治善治，树立乡风文明新气象。睢宁县以德铸魂、以德促行、以德化人，广泛凝聚社会共识。深化协商民主实践，在县级和各镇/街社会治理指挥中心设立人大代表驻点工作站，收集或转办群众具有普遍性的意见要求。推动民俗风俗文明化，出台《文明新风尚十条》，营造浓厚文明氛围。选树道德模范，开展了"德行天下、睢水安宁"等活动，开设"睢宁榜样"专栏，树立向上向善社会风尚。

（二）成效

睢宁县创新打造"速来办"社会治理体系以来，实现案件办结率高、非诉纠纷化解率高、人民群众满意度高"三高"，全县信访总量大幅减少、群众关切积难案件存量减少"两少"，人民群众的获得感、幸福感、安全感不断增强。

一是信访总量大幅减少。"速来办"平台运转以来，全县国家信访局网上投诉量、国家省市转交办总量大幅下降，与2021年相比，2023年分别下降83.97%和62.85%。建党百年、党的二十大、2023年两会等重点时期实现国家信访局"零登记"。睢宁县被评为全省信访工作示范县、信访法治化试点单位。

二是人民群众满意度较高。"速来办"平台运转以来，为人民群众提供了优质便捷高效的服务，人民群众满意度较高。总体上案件当事人参评率为93.4%，满意度达到99.37%。历年年度满意度均在98%以上，其中2023年全年群众满意率为98.6%。

三是群众关切积难案件存量减少。"速来办"平台运转以来，平台接单量下降，群众关切重点领域案件减少。日均接单量由2021年成立之初的400单下降至40单。

"攻坚专班"化解"骨头案"、"钉子案"成效明显,国一、国二件全部化解,国三件 82 件全部办结。

四是案件办结率高。"速来办"平台运转以来,压实各单位责任,案件办结率高。平台成立以来,共受理群众诉求 74638 件,受理率、办结率均达 100%。尤其自从 2023 年 4 月初信初访案件全面导入"速来办"平台以来,初信初访一次性化解率较高,达 98.17%。

五是非诉纠纷化解率高。非诉纠纷化解案件成效明显,调解化解纠纷比例高,法院诉讼压力有效缓解。2023 年以来,社会治理指挥中心共受理调解事项 18746 件,办结率达 90.85%。通过诉前分流化解,2023 年睢宁县法院新收民事案件下降 7.31%。

三、经验与启示

睢宁县坚持以人民为中心,扎实走好新时代党的群众路线,积极转变政府职能,探索体制机制创新,形成了可借鉴、可复制的县域新时代"枫桥经验",为县域社会治理体系和治理能力现代化提供了有益启示。

(一)坚持人民至上,是社会治理的出发点和落脚点

睢宁县坚持人民至上,实现了社会治理对象与社会治理主体的统一。在目的上,"速来办"平台的宗旨是解决群众的所思所求,着眼点是倾听群众呼声。在评价标准上,睢宁县将社会治理成效的评判权还给群众,将群众对所诉事件的处理满意不满意、高兴不高兴、答应不答应、赞成不赞成作为工作成效评价的首要标准。在工作方式上,睢宁县坚持主动服务、精准实施,让群众在诉求解决过程中,真切地体悟到被理解、被尊重、被服务,从而最大限度地将群众团结在党的周围。

(二)政府转职能提效能,是推进社会治理的服务保障

政府职能转变是伴随改革全程的一项重要任务,也是改革不断深化的重要标志。睢宁县在回应群众呼声的同时,推进了政府职能的转变,改变了部门林立、相互推诿的现象。在理念上,睢宁县推行"我来办、快速办、办得好"工作理念,让"我来办"成为党员干部的自觉意识、让"快速办"成为日常工作的习惯、让"办得好"成为落实责任的必然。在考核上,将群众满意度评价结果纳入个人和单位绩效考核。在监督上,县委县政府督查室对责任单位受理办理情况进行全程跟踪督查,倒逼各职能部门履职履责。

(三)坚持体制创新,是推进社会治理的着力点

体制创新是优化和完善制度机制的手段,也是促进治理体系的现代化和科学化的重要路径。睢宁县创新治理模式,探索多元化、协同化的社会治理体制,有效提高治理

效能。在主体上，吸纳政府部门、社会组织、企业和公民等多方主体，构建矛盾纠纷多元化解大格局。在协调联动机制上，建立从受理、办理、反馈到监督、复盘，覆盖诉求解决闭环的"速来办"工作机制，整合各主体资源和优势共同应对复杂的社会问题。

（四）睢宁经验可借鉴可复制，是提升社会治理效能的有益探索

睢宁经验已经受到徐州市和江苏省重视，对县域社会治理、市域社会治理和未来县域社会工作部运行具有重要借鉴意义。对县域治理而言，睢宁县以制度机制建设为重点，以低投入成本为基础，成体系的社会治理经验，为全国县域社会治理提供了可复制性强的经验。对县域与市域社会治理有效联结而言，在复制睢宁经验的基础上，进一步以市级中心辐射带动县级中心，建立平台分级分流受理案件流程，出台地方性法规保障体系运行。对于未来县域社会工作部而言，睢宁县社会治理指挥中心的组织架构和体制机制设计，为县域组建社会工作部、开展社会工作提供启示和参考。

四、主要建议

为进一步推动社会治理体系和治理能力现代化，坚持和发展新时代"枫桥经验"，打造"速来办"社会治理品牌，睢宁县要进一步构建党的领导、源头治理、系统治理、依法治理和综合治理相互关联、相互促进的社会治理体系。

（一）坚定不移加强党对社会治理的全面领导

必须坚持党对一切工作的领导，坚决做到"两个维护"，才能推动以党建引领基层治理向纵深发展。一是牢固树立"抓党建就是在抓全局"的意识。睢宁县要把"党建引领"摆在社会治理工作的龙头位置，充分发挥党总揽全局、协调各方的核心作用。二是始终把党的领导贯穿于基层治理的全领域、全过程、全环节。睢宁县要坚定不移用党建统领各项工作，强化县党委在社会治理中的领导地位。三是不断增强党的领导力、凝聚力。睢宁县要坚持党建引领聚合力，齐抓共管促治理，不断推动社会治理重心下移、力量下沉、权力下放。

（二）坚定不移强化源头治理，预防问题的发生

源头治理强调解决问题的根本出发点和关键环节，注重预防、化解矛盾和问题的发生，从源头上减少社会治理的压力。一是加强教育与文化建设。睢宁县要不断加强教育和文化建设，培养公民的道德观念、法治意识和社会责任感，提高整个社会的文明素质水平。二是社会监督和舆论引导。睢宁县要加强监督机制，提高社会舆论的引导和监督力度，防止权力滥用和不当行为。三是社会信用体系建设。睢宁县要建立健全社会信用体系，利用信息技术手段进行信用评估和记录，强化信用约束和激励。四是公共

参与治理。睢宁县要进一步鼓励公众广泛参与社会治理,通过公众讨论、协商、监督等方式,增强社会的凝聚力。

(三)坚定不移完善社会治理体系,提升全面有效系统治理

系统治理强调整体性和协同性,通过建立完善的社会治理体系和机制,共同应对社会问题和挑战。一是综合协调。睢宁县要跨部门、跨领域整合资源,进一步完善多元参与的决策机制,实现各项政策和措施的有效衔接。二是激励约束。睢宁县要健全激励机制和约束机制,引导各方主体积极参与社会治理,激发其活力和创造力。三是反馈调控。睢宁县要建立健全信息反馈和动态调控机制,及时获取各类社会信息和需求,实现社会治理工作的动态优化和持续改进。四是风险防范。睢宁县要加强对各类风险的评估预警,提高风险管控和危机处理能力。

(四)坚定不移加强依法治理,促进社会治理的公平正义

依法治理强调依法进行社会治理,通过法律、法规、制度等手段,保障公平正义、维护社会秩序和稳定。一是法治建设。睢宁县要建立健全法律法规体系,完善相关法律法规,为社会治理提供有力法律法规保障。二是执法公正。睢宁县各执法机关要依法公正履行职责,对违法行为进行制裁,维护社会公平正义。三是法治文化。睢宁县要加强守法诚信的法治文化建设,培育公民的法治观念和法治精神。四是法治监督。睢宁县要健全法治监督机制,加强对权力运行的监督和制约,防止滥用职权和腐败现象。

(五)坚定不移加强综合治理,推动社会协调和可持续发展

综合治理强调综合施策,通过多种手段和方法,综合运用各种资源,解决社会问题,推动社会治理的全面发展。一是多元参与。睢宁县要广泛动员各利益相关方和社会主体参与社会治理,形成共商共建共治共享的治理格局。二是资源整合。睢宁县要整合各种资源,形成资源互补和优化配置,提高资源利用效率。三是综合施策。睢宁县要考虑政策的整体性和协同性,形成政策的有机衔接和配合,提高治理的针对性和有效性。四是绩效评估。睢宁县要健全科学的绩效评估机制,对各项政策和措施进行全面评估和优化调整,提高治理的实效性和适应性。

(案例报送单位:江苏省睢宁县区域治理现代化指挥中心)

湖北省崇阳县：创新农村基层治理的新探索

📝【专家点评】

党的二十大报告提出"健全共建共治共享的社会治理制度，提升社会治理效能"，党的二十届三中全会通过的《中共中央关于进一步全面深化改革、推进中国式现代化的决定》进一步强调"坚持和发展新时代'枫桥经验'，健全党组织领导的自治、法治、德治相结合的城乡基层治理体系，完善共建共治共享的社会治理制度"，该案例把基层治理单元向下延伸到村民小组，通过建立村民理事会，动员群众投工投劳，发展组级经济，解决群众参与基层治理的组织平台和物质资金保障问题，保障了农村基层治理可持续和有效化。将共青团员、妇联成员、工会组织纳入村级与小组治理中来，汇聚起强大基层善治合力，并有效发挥党群组织力量，充实基层治理力量。搭建"小组夜话"等协商平台，积极回应群众关心关切，保障民意诉求通道畅通。政府、人大与政协的多头联动协同，各司其职，通过优化政务流程，提升服务质量，实现民众暖心。该案例通过基层治理组织创新、平台创新、服务创新，将完善共建共治共享的社会治理制度与基层群众直接挂钩，保障了基层治理机制的持续、有效，是我国农村基层治理模式的有益探索，有一定的借鉴意义与推广价值。

点评人：李　娣　中国国际经济交流中心研究员

一、背　景

基层治理是直接面向群众、服务群众、解决群众问题的前线，是维护社会稳定、防范和化解社会矛盾的重要环节，是构建和谐社会的基础。湖北省崇阳县积极响应国家号召，以"美好环境与幸福生活共同缔造"为核心理念，作为推动基层治理现代化的重要抓手和实践路径，力图构建一个"纵向到底、横向到边、共建共治共享"的全方位、立体化的城乡社会治理体系，着力解决基层治理中的"最后一公里"难题，确保每一项政策、每一个项目都能真正落地生根，惠及民生，实现事事有回应、件件见实效，真正做到事事"见底"，事事"为民"，为构建和谐社会贡献崇阳智慧和力量。

二、主要做法

（一）制度"铺底"：下沉自治单元，夯实小组治理基础，促"民生"

基层强则国家强，基层安则天下安。崇阳县通过向下延伸自治单元到村民小组，建立小组理事会，动员群众投工投劳，发展组级经济，给群众参与基层治理提供组织平台和物质资金保障，为农村基层治理长效化打牢基础。

一是政务"自理"，以小组理事会激活群众自治。崇阳县从有能力的骨干群众中选举成员，成立村民小组理事会，完善议事规则，利用村民小组内闲置房屋或公共场所建立起一个集政策宣传、协商议事、举办活动等多功能于一体的活动阵地，实现村民在小组内自我管理自我服务。截至2022年12月，高枧乡桃花村桃花洞小组理事会收集问题清单31项，动员小组沿线62户村民，安装安全防护栏600米、晾衣杆40米和路灯15盏，小景点打造60处，整治堰塘沟渠1200米，自建小桥2座，群众主动投工1000余个，捐款3.1万元。

二是众筹"自助"，以投工投劳满足小微建设。崇阳县发挥党组织、小组理事会的作用，依托"小组夜话"开展宣传，通过设立"光荣榜"、"公示榜"、"积分榜"，公示群众投工投劳、捐款捐物的情况，使村民对小组发展的贡献可视化，破除群众"等靠要"的思想，激发群众投工投劳意愿，引导村民参与小组公共设施建设。2022—2024年，崇阳县政府奖补资金2700万元，撬动社会、群众投入湾组建设资金4亿元以上；高枧乡桃花村群众通过到河溪捡拾鹅卵石，铺路、建围，打造小景观，节约建设成本约10万元；大市村下湾用六块"共同缔造小石牌"解决了6处11家捐让宅基地的难题。

三是资金"自给"，以组级经济支撑治理运转。崇阳县全面清查村民小组劳动力、土地、山水林田湖草、历史文化遗产等资源，农村闲置宅基地、村集体经营性土地、可用于经营的公益性资产等集体资产及组集体资金，制定相关法律规范小组集体资金使用，并通过能人带动、发展特色产业实现从"外部供血"到"内部造血"的转变，发展组级经济，促进小组治理长远有效。白霓镇大市村上湾的集体经济收入来源为每年5000元的林地补贴，2022年，湾组通过理事带头捐款捐地投劳等，实现民财民管，积极尝试通过土地流转发展组级小微产业，争取小组发展自给。

（二）身份"摸底"：激活群团成员，充实基层治理主体，聚"民力"

崇阳县始终坚持人民主体地位，充分调动广大人民的积极性和创造性，将共青团员、妇联成员、工会组织纳入村级与小组治理中来,汇聚起基层善治的强大合力。

一是调动共青团员,开展"青力"行动。崇阳县面向社会公开招募青年志愿者,组建"青力缔造"志愿服务队,鼓励青年参与"返家乡"社会实践、"希望家园"等青年志愿活动,还通过举办"座谈会",引导本村青年学子围绕家乡发展建言献策,引领团员青年广泛参与基层治理,为基层治理贡献青春力量。崇阳县团委对接武汉大学、华中师范大学等 10 所高校,组织 120 名返乡和 369 名"三下乡"大学生,2024 年开办暑期学堂 75 个班次,覆盖 103 个村(社区),服务少年儿童 4000 余人。

二是组织妇联成员,集结"她者"力量。崇阳县坚持开展"姐妹共建·幸福家园",以村民小组为单位,设立妇女小组,根据妇女群众的需求建立服务类、文体类队伍,组织妇女群众有序参与基层治理,在小组治理的方方面面增添"她"力量。白霓镇大市村成立妇女议事会,通过村妇联引领广大妇女群众广泛开展"一村一业,创富在家园"、"一村一队,洁美在家园"等活动,带动广大妇女群众共建共管,共同缔造幸福家园。

三是协调工会组织,实施"职享"计划。崇阳县扎实推进"建会建家·共同缔造"行动,推动"小三级"工会组织关爱外出务工家庭的留守老人与儿童,做好后勤保障。在党群活动中心增设工会服务窗口,遵循联动合作的工作模式,了解职工群众的诉求,解决职工群众的难题,帮助职工群众依法维权,提升了工会组织参与基层治理的能力水平。2023 年 10 月崇阳县在大塘村成立了首个村级工会,依托崇阳在外的商会,大塘村工会设立了 3 个农民工异地维权工作站,已帮助调解 4 例纠纷,涉及金额 200 余万元。

(三)协商"揭底":直面利益冲突,畅通诉求表达渠道,显"民意"

崇阳县始终把广大人民的根本利益作为最高标准,借助"小组夜话"等协商平台,畅通民意表达渠道,积极回应群众关心关切的问题,真正做到协商于民、协商为民。

一是干部、村民"面对面",召开"小组夜话"。崇阳县在小组议事协商过程中,以拉家常的形式,创造"夜话"①机制,党员干部做好夜话记录,梳理协商事项和解决方案,引领群众参与到治理实践之中,做到有事大家议,有事大家干,推动协商成果转化为民生实事项目,提升基层治理的实际成效。2022 年以来,崇阳县每年开展"夜话"1000 余场,梳理问题千余条。大市村丁家湾针对湾组建设,召开"小组夜话"形成决议,村里党员干部和乡贤能人组织群众按照决议一起拆除了古柏下的围墙,铺上彩砖,整个村湾变得干净透亮。

二是房前、屋后"心连心",携手"十户共治"。崇阳县以"离群众最近的地方"为着

---

① 崇阳的夜话机制,除了小组夜话(原为村湾夜话或湾子夜话),还包括农家夜话、星空夜话(社区内夜话)、政企夜话,统称为"四个夜话"。

力点,确立中心户长制度,细化乡村治理服务单元。"十户共治"通过中心户带头,村民以"亲帮亲,邻帮邻"的形式,发动民众群策群力,提升基层治理效能。崇阳县坚持社情民意收集到点、矛盾纠纷化解到场,织密"十户共治"的连心网。近两年通过中心户长调处的矛盾达19026件,2023年全县矛盾调处率达到99.47%,比两年前提升0.42%,上访人数比两年前下降28.6%,2023年进京赴省零非访。

三是党员、群众"手拉手",解决"一类问题"。崇阳县党员干部始终把为民办实事作为重点,充分发挥共同缔造载体作用,持续抓好"三张清单"动态管理,注重研究解决"一类问题",在解决一个个具体问题时,注意梳理类似共性问题,全域化、一体化推进解决,推动下基层察民情解民忧暖民心实践活动走深走实。至2024年9月,全县党员干部走访服务对象1.3万余人次,收集问题1396个,已办结1182个,办结率84.7%。县处级以上领导班子成员建立"三张清单"28份,纳入问题66个,已办结39个,涉及54个小区改造,总建筑面积195.88万平方米,完成道路提档升级工程68.377公里。

（四）服务"兜底":多头联动协同,满足群众现实需求,得"民心"

崇阳县始终坚持全心全意为人民服务的根本宗旨,借助政府、人大与政协的多头联动协同,优化政务流程,为群众提供"高质量、高效率、有温度"的服务,满足群众日益增长的美好生活需要。

一是数字政府:构建平台终端,打造"智慧"服务。崇阳县积极深化"互联网+政务服务",打造线上平台终端"桃溪帮办"政务服务小程序、"桃溪帮办·云综窗"平台以及自助网办区,推动群众网上办事,让"数据多跑路,百姓少跑腿",持续提升崇阳县数字化、信息化、智慧化水平。崇阳县医保局推出一款微信小程序——门诊慢特病服务"一网通",集申报、鉴定、购药、认证、监管功能于一身,解决了2万余名门诊慢特病患者急难愁盼问题。

二是人大代表:做实联络渠道,供给"代言"服务。崇阳县深入开展"聚力共同缔造·推进基层治理"代表行动,通过线下分片区设立"联络站"接待群众,配合"小组夜话"、走访群众等方式以及线上畅通网络渠道,实现选民接待全天候,了解民情、为民发声,真正把"代言"服务送到人民"心坎儿"里。群众可以通过扫描二维码直接与代表交流,同时在线上智慧平台随时反映自己的诉求。油市村联络站门前聚集的村民说:"你看我只要扫描这个墙上杨代表的二维码,就可以加上她的微信给她发消息,她会第一时间给我回复。"

三是政协委员:拓展身份职能,做好"调解"服务。崇阳县充分发挥基层政协委员的职能,以"三同"式调研、"三话"式协商为抓手,推动政协委员深入基层察民情,引导群众积极参与协商议事,依据实际情况对协商议事的成果分类型分层次,有针对性地解决民众实际问题。2023 年上半年崇阳县政协委员及相关职能部门开展一线协商 20 余次，各方筹集并争取政府奖励 200 余万元，协调化解各类矛盾问题 110 余件。

三、启示与思考

崇阳县在创新基层治理实践中，凡事均破解"最后一公里"难题，实现了事事"见底"，为创新基层治理贡献了有益的借鉴。

（一）合理划定治理单元，并配套经济发展模式

在治理空间的布局与调整上，崇阳县将自治单元下沉至村民小组层面，通过选举成员成立连接政府与村民之间的桥梁——村民理事会，并利用村民小组内闲置房屋或公共场所搭建"自理"平台，引导村民共商共建美好村湾。在治理基础的建设与巩固上，一方面，通过"五个一点"的工作办法集众力、聚众财，达到了"自助"，为村湾建设奠定了经济基础；另一方面，通过"能人联谊会"等平台动员在外能人投身家乡建设，并通过小组理事会带领群众发展组级经济，实现了"自给"，为实现村湾建设可持续发展提供了经济支撑。

（二）强化群团组织成员的身份意识，充分调动群团组织力量

在治理主体的多元化构建中，团员青年无疑是基层社会治理中一支充满活力与生机的生力军，崇阳县团委通过招募青年志愿者、举办青年志愿活动、举办"座谈会"等方式，为青年提供了广阔的实践舞台，同时也为基层社会治理注入了新鲜血液；妇女能顶半边天，崇阳县通过成立妇女小组，凝聚巾帼力量，让妇女群众有序参与基层治理，为小组治理的方方面面增添了不可或缺的温柔与坚韧；工人阶级作为经济生产的中流砥柱和社会稳定的坚强基石，在崇阳县基层社会治理中也扮演着举足轻重的角色，崇阳县推动"小三级"工会组织有效覆盖、高效运转，通过上下联动的模式，为外出务工人员解决难题，解决他们的后顾之忧，极大地提升了职工群众参与基层治理的意愿和能力。

（三）扎实推进协商议事制度，汇集民智根治问题

在治理方式的探索与创新中，协商民主作为一种强调双方或多方主体通过平等沟通、深入交流、相互妥协并最终达成共识的高效过程，已经成为群众深度参与基层治理不可或缺的重要途径。崇阳县在脱贫攻坚与共同缔造实践中，创造了"夜话"机制，把话语权交给群众，并落实"夜话"协商成果，将其转化为提升基层治理实效的民生实事项目，有效改善了群众的生产生活条件，提升了基层治理的实效性和满意度。为了确保"夜话"机制的长效运行，崇阳县确立了中心户长制度，出台了《中心户工作职责》，规定中心户长在村组大事、门前小事各方面的行为规范，以更好倾听和回应群众的需求，为

民办事,这不仅加强了政府与群众之间的联系,还提升了基层治理的精细化水平和响应速度。

(四)联动协同多中心治理,构建兜底机制

在治理机制的构建与优化上,崇阳县政府在党委的坚强领导下,积极探索数字化治理的新路径,通过创办特色云平台和打造自主网办区等创新举措,不断深化"互联网+政务服务",致力于打造高效、便捷、透明的数字政府,以科技赋能提升便民服务速度与质量;在人大代表工作方面,崇阳县采用线上线下相结合的方式,不仅增强了人大代表的责任感和使命感,也有效提升了群众对人大工作的满意度和信任度;崇阳县还充分发挥基层政协委员的职能作用,积极探索政协委员下沉一线的工作机制。通过组织政协委员深入基层、深入群众,与群众面对面交流,共同协商议事,并注重将协商成果转化为具体的政策措施或民生项目,不仅拉近了政协委员与群众的距离,也增强了政协工作的针对性和实效性,满足了民众的多元化诉求,也显著提升了群众的幸福感和满意度。

总之,崇阳县在创新基层治理实践中,将制度与机制建设和基层群众直接挂钩,以此来构建基层治理体系,实现了国家治理逻辑与乡村社会运作逻辑的衔接,避免了国家政策在乡土社会的"水土不服",形成了"纵向到底,横向到边"的创新性基层治理新格局。这一系列创新举措不仅显著提升了崇阳县基层治理的效能与水平,也为其他地区提供了宝贵的经验与启示,展示了在新时代背景下,如何通过创新基层治理实践,推进国家治理体系和治理能力现代化的生动实践。

(案例报送单位:华中师范大学中国农村研究院)

安徽省南陵县：
以"周郎法治"助推文化赋能基层社会治理

【专家点评】

安徽省南陵县针对法治体系不够健全完善、法治服务不够高效便捷等问题，探索形成了立策决策科学化、政策服务便捷化、行政执法精准化人性化、司法诉讼智能化、法治宣传普及化等体系措施，对深化基层法治建设、助力社会发展活力持续增强、人民安居乐业和社会安定有序，具有重要的借鉴意义。

南陵县将法治供需平台建设与当地传承悠久的历史文化有机结合，根据周瑜治军、治乱、治恶、治县理念，塑造周郎法治文化品牌，体现出对县域社会治理内涵的独到理解。

通过法治政府、法治社会建设，南陵县获得多个荣誉奖项，全县信访总量显著下降，群众安全感居全省前列，法治化营商环境进一步优化，取得了较好的成效。

该案例的创新性在于将法治建设的理念与当地历史文化紧密融合，对丰富法治文化内涵、正确引导群众法治观念、增强群众认同感等起到潜移默化的推动作用。

改善法治氛围，基础是要提升公民法治素养，引导群众主动参与基层治理。南陵县深化村务公开制度，创新农村公共建设"三会四自一平台"治理模式，有助于解决我国各地农村基层治理问题，具有较强的示范推广意义。

点评人：孟庆国　清华大学公共管理学院教授、清华大学国家治理研究院执行院长

一、背　景

党的十八大以来，法治被提到前所未有的高度，法治建设也进入新时代，步入快车道。与此同时，各地更加注重塑造法治文化品牌，赋能基层社会治理现代化建设。芜湖市南陵县立足自然禀赋、人文积淀，以法治为根，以文化为魂，塑造富有南陵地域特色的周郎法治文化品牌,助推了法治南陵在更高层次、更高水平上发展。

一是源于文脉传承。南陵历史悠久,人文炳蔚,以法治世、以法育民、以法为教古则有之,法治传承历久弥新。南陵人对这些法治典故如数家珍、津津乐道、如沐春风,法治文化已根植于南陵人的血脉。

二是源于实践需求。民之所向,政之所行。随着经济社会的深刻变迁,人民群众法律意识不断提升,而现有的法治体系还不够健全完善,法治服务还不够高效便捷,法治氛围还不够浓厚,无法满足人民群众日益增长的法治需求。如何因势利导,立足法治根脉,从文化的视角重构法治供需平台,塑造富有南陵地域特色的法治文化品牌,助推法治南陵在更高层次、更高水平上发展,是摆在南陵县当前非常迫切的课题,周郎法治文化品牌呼之而出。

二、主要做法

南陵县深入挖掘南陵法治历史文化脉络,根据周瑜治军、治乱、治恶、治县理念,塑造周郎法治文化品牌。在治军上,创制《勒水军军法》,实现有法可依;在治乱上,严格执法,打破历朝有令不行、禁而不绝的怪圈;在治恶上,公平公正,剿抚并重,柔性执法,百姓安居乐业;在治县上,以法治世、以法育民,为推进南陵县社会治理法治化提供历史借鉴。

(一)传承"周郎"治军理念,完善科学立制

1. 程序导向立策决策

建立健全规范性文件、重大行政决策公众参与、专家论证、合法性审查、集体决策、公开发布、评估论证等方面的制度体系。行政规范性文件制定和重大行政决策出台前,通过线上和线下等多种方式,广泛、精准征求意见。围绕"建筑之乡"等重大产业政策制定,通过走访企业等方式,吸纳企业意见。常态化邀请"两代表一委员"、企业代表、基层群众列席政府常务会议。对专业性较强的事项适时组织专家进行必要性和可行性论证,对与群众利益密切相关的重大决策事项召开听证会、论证会。通过推行立策决策科学化、民主化、规范化,南陵县构建以《中共南陵县委关于构建"五强五访"工作机制走好新时代群众路线的意见》为统领,《关于在走好新时代群众路线中树牢"问一问、早一步"工作理念的指导意见》等为支撑的"1+N"制度体系,全面夯实制度根基。

2. 特色导向赋能赋势

围绕快递物流等主导产业发展,发挥重大政策导向作用,推动经济高质量发展。作出推进工业发展"天地"行动三年计划实施意见等一系列重大行政决策,助力获批省重大新兴产业工程、省智能装备制造特色小镇,入选全国电子商务百强县、全省十大建筑

业强县等。

3. 阳光导向便企惠企

树立"无时不在、无微不至、无私奉献、无困不纾、无事不扰"的"五无"工作理念，探索形成成本法、市场法、收益法、利润法、效率法"五法联动"工作模式，促进"1%工作法"在南陵不断拓展延伸，实现规上工业企业利润总额平均增长6.6%。结合迭代升级和探索创新，深化办成一件事改革。上线惠企政策网上超市，实现了公共政策查询一键检索、兑付一键直达，让政策兑现像网购一样方便。升级"招商引资合同履约监管信息系统"，实现合同履约双向监管，切实规范政府履约行为，不断夯实政务诚信基础。

（二）弘扬"周郎"治乱理念，强化严格执法

1. 执行有力度

严格落实行政执法公示制度、全过程记录制度、重大执法决定法制审核制度，做到执法主体、权限、依据程序、救济渠道、处罚、许可结果100%公示，执法全程留痕和可回溯管理，重大执法决定法制审核全覆盖。率先在全市完成五大领域综合执法改革和镇级综合执法改革，进一步解决基层"看得见管不着"的问题。

2. 执法有温度

强化民生领域文明执法，创新"五型"、"三色单"柔性特色执法。推行交通说服教育型、城管劝导示范型、公安警示告诫型、环保指导约谈型、农业以案释法型等特色执法方式，群众满意度100%。创新城管执法"三色单"制度，推行"绿单"宣传、"黄单"警告、"红单"处罚的柔性执法方式，引导当事人主动终止、纠正违法行为，"绿单"占比62.2%，提高执法质效。

3. 协作有深度

完善精准联合执法，农业、水务、环保、市监等执法部门依托智慧渔政平台，发挥空中"千里眼"、水中"飞毛腿"作用，推送禁捕退捕、秸秆禁烧等各类预警信息，及时处置违法违规行为，实现河湖管护由单兵作战向联合立体作战转变。农业农村部门会同公安部门查处的《马某州在禁渔区内使用电鱼方法捕捞案》，被评为"中国渔政亮剑2021"执法典型案例。县农业综合行政执法大队获评全国示范窗口。

（三）延展"周郎"治恶理念，深化公正司法

1. 深化司法体制改革

深入推进"繁简分流"改革，实施案件繁简分流、轻重分离、快慢分道，推动大数据、人工智能等科技创新成果同司法工作深度融合。创新"诉前调解＋速裁快审"方式，开辟涉企诉讼"绿色窗口"，有效化解涉企纠纷。法检两院联合建立侦查监督与协作办公室，进一步完善刑事侦查权运行机制。进一步深化受立案改革，成立南陵县公安局案件

管理中心。进一步完善庭审实质化工作机制及刑事执法司法衔接,充分发挥庭前会议作用,优化司法资源配置。

2. 完善制约监督机制

县委制定《关于加强党委政法委执法监督工作的意见》等7项制度,保证执法监督规范有效。建立"政法系统日常监督工作协作区",推动政法工作与纪检监察工作贯通协同,实现对政法机关日常执法司法行为全流程监督管理。审判机关注重提升案件质量,出台案件阅核实施办法,实施"四类案件"监管,压实院庭长监督管理责任。检察机关深化以办案流程信息查询、重大案件信息发布、终结性法律文书公开为主要内容的检务公开,依法及时公开执法司法依据、程序、流程、结果和生效法律文书,促进司法公正,提升司法公信力。

3. 强化智能化运用

审判机关优化便民诉讼服务,深耕"一站式"诉讼服务体系建设,完善12368热线服务工作机制。在基层组织创新搭建"零距离法庭",利用"云上法庭"智能终端设备,将司法服务触角延伸至基层治理末梢,相关工作获《人民法院报》肯定推广。建立切实解决执行难工作协作平台,与29家单位共建"查人找物、强制执行、失信惩戒"联动机制,健全完善综合治理执行难工作大格局。检察机关积极推进数字检察战略,构建督促整治未成年人滥用药品类案监督模型,被最高检在全国推广应用。

（四）创新"周郎"治县理念,推进全民守法

1. 搭建法治阵地,拓展法治文化覆盖面

周郎法治文化艺术馆、省级青少年普法馆、全省首家农民普法馆、周郎法治宪法广场、周郎法治文化广场等主题馆（场）特色鲜明、拱卫呼应,成为一站式"学法超市"、"学法基地"。周郎法治宪法广场、周郎法治文化广场等地标性休闲广场,把流动法治元素嵌入固定法治阵地,在普法同时,彰显趣味、启示、实用等理念,主题雕塑突出引领,法治灯柱创意新颖,警句灯谜驻足即观,阵地建设做深做细、"润物无声"。

2. 优化法治服务,增强人民群众满意度

大力实施公民法治素养提升行动,突出领导干部和青少年学法用法,抓两头带中间,齐头并进。开展"四员一律"进村居活动,建立矛盾纠纷多元化解一站式平台,提供矛盾调处、诉讼咨询、法律援助、劳动保障等"一站式"综合服务,有效满足群众法治需求。持续开展五届"12·4"大型法治文艺汇演,创作《法治三句半》、《法治之光》等经典诙谐语言类节目。开设《法润春谷》、《交鑫话》等一批法治专栏,成为南陵群众感知点滴法治进步的"观景台"。持续开展周郎法治主题系列法治文化作品征集评选活动,创作《周郎法治主题曲》、《周郎法治画册》、《我的法治故事》、《周郎法治典型案例》等一批本土法治作品，普法宣传生动活泼、深入人心。

3. 创新法治模式，提升人民群众参与感

积极引导群众主动参与基层治理，创新"清风（亭）夜话"、棋盘格"出奇制胜"等基层自治工作法，实施"三民"（民生池、民声卡、民声台）村务公开制度，充分发挥1+1>2的基层自治效能。创新农村公共建设"三会四自一平台"治理模式，建构"主体+多元"的资源整合平台，人民群众通过村民议事会、项目理事会、项目监事会，实现乡村规划建设、人居环境整治等项目"自选、自建、自管、自用"。创新设立县综合执法局，破解"九龙治水，分而无力"的难题。强化民主法治示范村（社区）引领带动作用，海井村、万兴村获评全国"民主法治示范村"荣誉称号。

三、工作成效

南陵县全力打造周郎法治文化品牌，深化法治建设，社会发展活力持续增强，实现人民安居乐业、社会安定有序。

（一）品牌成果不断涌现

坚持法治南陵、法治政府、法治社会一体化建设，获评第二批全国法治政府建设示范县、全国"七五"普法先进集体、全国信访工作先进县。农业综合行政执法大队获评全国示范窗口，许镇司法所获评全国模范司法所，籍山镇人民调解委员会获评全国模范人民调解委员会，农业农村执法大队任青松等获评全国行政执法先进个人，法院、检察院、海井村、南陵中学等一批党政机关、村居学校、法治基地深化行业部门示范创建，获得国家、省市表彰。

（二）法治氛围更加浓厚

南陵县通过进一步丰富周郎法治品牌内涵，拓展品牌外延，使周郎法治平台更广、载体更丰、作品更精、人物更优、单位更强。人民群众在日常生活、工作中依法办事、依规办事，遇到困难的时候以法治思维解决，遇到纠纷以法治方式解决，"信访不信法"成为过去式，2023年全县信访总量显著下降，百万人进京访人次大幅低于全省平均水平。

（三）安全指数有效提升

全县治安整体状况持续向好，连续5年获评全市平安建设先进县。在安徽省群众安全感调查中，群众安全感持续保持98%以上，稳居全省前列，各政法单位2023年度执法工作满意率同比均有较大提升。

（四）营商环境持续优化

南陵县法治化营商环境进一步优化，市场主体活跃度提升，经营向好，2023年全县拥有市场主体同比增长 8.78%,获评安徽省优化营商环境工作优秀单位。提供高效法治服务供给,对办理工商注册等 14 个事项实施"容缺受理+告知承诺制",平均办理时长缩减 50%。惠企政策扩面增效,2023 年惠企政策网上超市上线惠企惠民政策 159 项,同比增加 19 项。

四、经验与不足

(一)经验启示

一是挖掘历史是塑造法治建设理念的灵魂。历史文化是一个国家的灵魂,是一个民族的瑰宝,承载着历史的记忆,传承着智慧的火炬,连接着人们的情感和共同体验。南陵通过深入挖掘春谷长周瑜、黄盖、周泰在治乱、治恶、治军等方面的建树,形成周郎法治文化品牌,给予人们精神的滋养,引导人们的法治观念。挖掘历史既能丰富法治文化内涵,又加深人民群众认同,对增强群众法治理念起到潜移默化的推动作用。

二是因地制宜是构建法治建设格局的关键。因地制宜,是求实效、谋长远的必然要求。南陵县结合实际塑造周郎法治文化品牌,紧盯法治南陵建设的难点、堵点、痛点,谋划、储备、建设一批周郎法治品牌项目和行动计划,深入推进法治政府建设行动重点任务清单,探寻法治建设内生动力机制,为法治建设持续提供动力源泉。

三是群众参与是取得法治建设成效的基础。在基层治理中,群众既是受益者也是主导者和参与者。南陵县在推进法治建设中,树立周郎法治文化品牌,综合运用政策、法律、经济、行政等手段和教育、协商、调解、疏导等办法,整合社会资源,动员和组织各方力量,情、理、法多管齐下,提升群众法治获得感,努力让法治成为一种生活方式和共同信仰。

(二)存在不足

总体来看,当前周郎法治依然存在一些基层治理的不足之处,需要在今后工作中予以应对解决,提升工作实效。

一是在周郎与法治方面缺乏专业化、体系化研究。目前,基层工作实践开展十分丰富,但是围绕周郎法治的内在法理逻辑,需要结合现代社会治理进行专业化、体系化的梳理和研究,提升文化现代性的实践价值。此外,在南陵设县以来,基层治理中的法治建设历史脉络,也需要进一步梳理,从历史纵向视角,提炼当前法治建设可能面临的新问题、新载体、新思路。

二是在丰富周郎法治品牌的内涵与外延上,需要进一步着重品牌的理论阐释。包括周郎法治与县域社会治理各个方面的有机结合如何推进,传统文化中的法治意涵如何在具体实践中阐发,都需要进行类型化的研究、提炼。此外,传统文化并非"百搭"、"特效药",如何界定周郎法治的外延边界也十分重要。

五、工作展望

一是搭框架,夯实品牌矩阵。持续优化周郎法治平台、载体、作品、人物、单位等四梁八柱,融入法治建设日常工作,立体化、深层次展示品牌深耕建设成效,推动周郎法治品牌文化深入人心。

二是造活血,实施品牌行动。紧盯法治南陵建设的难点、堵点、痛点,谋划、储备、建设一批周郎法治品牌项目和行动计划,深入推进法治政府建设行动重点任务清单,探寻法治建设内生动力机制,为法治建设持续提供动力源泉。

三是强筋骨,开展品牌提升。用好专家研讨平台,厘清南陵法治历史文化脉络,找到三国文化与法治建设的契合点,持续在增强品牌内涵外延上下功夫,力争市内有影响,省内有特色。

(案例报送单位:中共芜湖市委政法委员会、中共南陵县委政法委员会)

贵州省荔波县：
"两约四议三提醒"的乡村善治实践

📝【专家点评】

荔波县的"两约四议三提醒"乡村善治实践是一种党建引领、村民自治、长期有效的议事协商机制。这一机制通过规范的制度安排和多元参与的方式，有效促进了乡村治理的现代化。该实践展示了如何通过制度化的协商机制、多元主体的参与以及文化与治理的结合来推动乡村治理的现代化。这些经验和做法对于其他地区的乡村治理具有重要的借鉴意义，有助于推动我国乡村治理体系和治理能力的现代化进程。

首先，该议事协商机制充分考虑了多元参与。荔波县通过制定村规民约、开展村民大会等议事活动，确保了村民广泛参与乡村治理决策过程。这种机制强化了民主原则，使乡村治理更加透明和公正。议事协商作为基层民主的重要形式，有助于增强群众对决策的认同感和满意度，从而提高政策的执行效率和效果。除了村民直接参与，还包括乡贤人士、寨老、知识青年等不同群体的参与，形成了多元化的协商主体，增强了治理的全面性和包容性。这种多元参与的模式有助于汇聚各方智慧和力量，共同解决乡村治理中的问题，提升决策的科学性和合理性。

其次，该议事协商机制有效设置了制度保障。"两约四议三提醒"作为一种制度化的协商框架，为乡村治理提供了稳定的操作平台。这种制度设计不仅提高了议事的有效性，还加强了对执行过程的监督和管理。制度化的协商机制有助于确保协商过程的规范性和有序性，防止协商过程中的随意性和不确定性，提高协商结果的可信度和执行力。

最后，该议事协商机制充分彰显了文化尊重。荔波县将少数民族的文化特色融入乡村治理中，通过文化活动和正向激励促进社区成员的道德自律和文化自觉，这在一定程度上增强了议事协商的文化基础和社会支持。文化因素在乡村治理中发挥着重要作用，它能够增强社区成员的归属感和认同感，促进社区凝聚力的提升，为议事协商创造良好的社会氛围。

总的来说,荔波县的"两约四议三提醒"乡村善治实践为我们提供了一个成功的议事协商案例。该实践表明,议事协商不仅是一种治理工具,更是一种重要的社会治理理念。强调通过对话和协商来解决分歧和冲突,而不是简单地依靠行政命令或强制手段。这种理念有助于构建和谐、稳定的社会关系,促进社会的长期健康发展。

点评人:黄家亮　中国人民大学社会学院副院长、教授

一、背 景

加快推进乡村治理体系和治理能力现代化是实施乡村振兴战略的重要任务。健全自治、法治、德治相结合的乡村治理体系,是实现乡村善治的有效途径。荔波县位于贵州省南部,是党的一大代表邓恩铭烈士的故乡,总人口 18.6 万人,其中少数民族人口占93.36%,主要有布依、水、苗、瑶等少数民族。荔波辖贵州省深度贫困地区"三山"(麻山、瑶山、月亮山)中的瑶山和月亮山,被列为国家扶贫开发工作重点县。近年来,荔波县坚持以党建引领乡村治理,积极探索自治、法治、德治、智治"四治"融合基层综合治理体系,采取"两约四议三提醒"机制,不断健全完善以党的基层组织为核心,以村民自治组织为主体,以法治为准绳,以德治为基础的乡村治理体系,有效提升了乡村治理能力。荔波县先后被评为"2020 年度中国社会治理百佳示范县市"、"中国数字治理百佳县市"和"平安中国建设示范县",大土村获评"全国民主法治示范村",板寨村、瑶山村获评"全国乡村治理示范村"。

二、主要做法

(一)"两约"发起,促乡风文明

一是结合民意订"约"。县级出台《关于进一步规范和完善村规民约(居民公约)工作方案》,组织乡贤人士、寨老、知识青年等群众共商起草村规民约,经乡镇党委政府和法律顾问审查后,进行审议和表决,以户签订村规民约承诺书,确保村规民约合规、合法、合理。制定《荔波县推进移风易俗破除封建迷信工作实施方案》、《荔波县推动移风易俗、树立文明新风、整治城乡滥办酒席管理办法》等民俗公约,组建反封建除陋习工作队,实行网格制管理,有效遏制封建迷信、滥办酒席、乱搭乱建之风。

二是示范引领守"约"。村"两委"引领履行"两约"内容,实行奖惩并与绩效考核挂钩。党员干部主动亮身份,在"两约"执行上率先垂范,接受群众广泛监督。通过线

上、线下方式与群众签订遵守"两约"承诺书,并围绕突出问题,建立负面清单。

(二)"四议"发力,促和谐稳定

一是群众动议。由寨管委对群众反映强烈迫切要求解决的实际问题进行汇总研判,召开党小组、寨管委会及时动议,按轻重缓急分类研判处理,对于村民小组能够自行协商解决的,由寨管委自行销号,超出职责和能力范围的报送网格员,保障群众诉求件件有回应。

二是网格商议。发挥好乡村振兴网格员和联户长作用,各网格员、联户长在网格内摸排走访,听取记录村民反馈的意见和事项,对寨管委、村民小组提交事项与寨老、乡贤等进行商讨,帮助群众解决困难和问题,不能解决的移交到村级研判。

三是村"两委"审议。每月召开1次以上村"两委"联席会议,充分讨论"三重一大"和网格(村民小组)移交审议事项,意见一致后,形成议定审议事项和会议纪要,对需要评议的重大事项提交村民大会进行评议。

四是村民评议。每季度召开1次以上村(居)民大会或代表会议,围绕"说事、议事、办事、督事、评事",对村(居)"两委"和党员大会审议提交事项,以公开辩论、举手表决、现场投票、测评打分的方式进行评议,并在党建"心愿墙"、"回音壁"上公布工作清单,明确目标任务、推进措施、责任人和完成时限,实行动态管理,确保任务落实、接受监督。

(三)"三提醒"发声,促观念转变

一是事前"敲门"提醒。创新开展"敲门行动",从退休职工、党员、包保网格员、医护人员、联户长、大学生志愿者等群体中优选综合素质高、服务意愿强人员组建"敲门服务"志愿工作队,深入群众家中、工厂企业开展环境整治、安全生产、疫情防控、森林防火等提示,积极化解群众纠纷,为企业发展出谋划策,确保"敲门行动"敲出温度、准度、干群紧密度和基层治理融合度。

二是事中"红脸"提醒。结合当地风俗习俗、村规民约、公序良俗等,在遵照合法性原则基础上,对家庭纠纷、邻里矛盾、环境整治、违规违建、建设发展等问题"敲门"提醒化解不了的,先后组织寨管委、包村"警长"、村(居)"两委"轮番上前化解,对仍不听劝解、不听安排、不按规定的提交矛盾纠纷委员会调处,实行"一般矛盾纠纷由村(居)人民调解委员会调解、较大矛盾纠纷由镇人民调解委员会调解、重大矛盾纠纷由县矛盾纠纷多元化调处中心人民调解委员会调解、特别重大矛盾纠纷由县级领导包保处置"的分级调处机制,实现基层"矛盾不上交、责任不缺位"。

三是事后"挂榜"提醒。积极推行"红黑榜"制度,切实用好正反典型两面镜,制定《农村党员积分管理办法》和《村民积分管理制度》,将积分管理作为检验党员、教化村

民有效抓手，建立"一户一档案、一月一公示、一年一奖惩"机制，设置农户"积分存折"，对参与村公益性活动、做好人好事等，奖励积分；对违纪违法、违反村规民约等，实行扣分。对于积分排在前列的村民，列为红榜名单，靠后并为负积分的列为黑榜名单，实行张榜公示，年底村民可凭"红黑榜"榜单和积分兑换相应奖品、享受惠民政策、利益分红，有效改善村容村貌、革除陈规陋习、净化村风民风、促进乡村治理。

三、工作成效

（一）增强了村党组织战斗力

党组织是基层治理的核心和龙头。荔波县始终坚持和加强党对农村工作的全面领导，通过抓支部班子、抓党员队伍、抓村民自治，着力建组织、搭平台、聚合力、破难题，切实提高基层组织力，发挥好农村基层党组织在乡村治理中的领导核心作用。全力把党员聚在网格中、把党旗插到网格中，确保党员骨干先锋引领在一线、党支部战斗堡垒在一线，充分发挥基层党组织的政治优势、组织优势、密切联系群众的优势，为乡村善治提供坚强组织保障。2021年瑶山瑶族乡党委荣获全国脱贫攻坚先进集体，彰显了极贫地区抓党建促乡村振兴卓越成效。

（二）激发了乡村善治内生动力

荔波县在推进乡村治理进程中，聚焦群众急难愁盼操心事、揪心事、烦心事，主动问计于民、问需于民、问效于民，准确掌握村民的思想动态、利益诉求和矛盾纠纷，将矛盾及时化解在萌芽状态。全面提升了基层自治水平，做到小事不出村、矛盾不上交，成为民族地区基层治理的典范。荔波县"421"社会治理模式获"中国十佳社会治理创新奖"；兴旺社区易地扶贫搬迁安置点居民公约推动自我教育、自我管理、自我约束、自我服务的"基层治理举措"被中央电视台《焦点访谈》作为案例向全国播报；瑶山瑶族乡瑶山村获评"全国乡村治理示范村"；"瑶山'3+6+N'基层治理工作法"被评为"全国新时代'枫桥经验'精品案例"。

（三）弘扬了乡风文明正能量

荔波县充分用好少数民族特色文化，将乡村治理和民族文化深度融合。通过树立正向激励机制，推行"制家训·亮家风"、"堂屋文化"等活动，广泛开展文明行动评选，全力激发"内动力"，激发群众干事创业内生动力，弘扬了乡风文明正能量。大土村创新提出了"八个不许三个一斤"村规民约，通过广泛宣传引导，树立文明新风尚，营造了积极向上、文明和谐的氛围。板寨村把弘扬红色文化与基层治理相融合，实施"1+3+N"治理行动，将红色文化、惩戒机制融入村规民约，实行"一寨一策一清单"，重点抓好环境整治、庭院美化、村规民约、家风家规等工作。"大土村创新'三个三'模式探索乡村善治新路径"案例被人民网评为"2023乡村振兴创新案例"。

四、经验与启示

（一）实现乡村善治必须坚持党建引领

农村基层党组织是宣传党的主张、贯彻党的决定、领导基层治理、团结动员群众、推动改革发展的坚强战斗堡垒。开展乡村治理、实现乡村善治，是一项十分复杂而艰巨的系统工程，只有坚持党的领导，才能把握正确的政治方向，才能坚定不移地贯彻落实党的各项方针政策。荔波县创新探索乡村治理模式，突出把党的领导摆在首要位置，着力构建党组织领导下自治、法治、德治、智治相结合的乡村治理体系，进一步提高了党全面领导新时代乡村治理工作的能力和水平。

（二）实现乡村善治必须坚持村民自治

村民自治是乡村善治的内在要求和根本特征。中共中央办公厅、国务院办公厅印发《关于加强和改进乡村治理的指导意见》指出，要进一步加强自治组织规范化建设，拓展村民参与村级公共事务平台。基层治理必须紧紧抓住人这个核心，切实从各方面利益出发谋划思路、制定举措、推进落实。荔波县始终坚持以人民为中心的发展思想，紧扣"自治"这个出发点和落脚点，发挥党员群众在基层治理中的主体作用，让各方面利益得到有效的表达、协调和保护，最大限度激发农村多元治理主体活力，推进乡村治理的多元化，提高群众参与度。

（三）实现乡村善治必须坚持长效管理

"小智治事，大智治制"。只有通过系统性的制度安排与治理机制创新，显著改善乡村治理机制和治理效能，才能应对面临的困难与挑战。实践证明，只有通过刚性的制度制约，才能清除滋生问题的温床；只有把务实管用的真招实策固化好、落实好，才能推动农村基层治理不断迈上新台阶。荔波县坚持党建引领乡村治理效能提升，聚焦群众急难愁盼，主动问计于民、问需于民、问效于民，准确掌握村民的思想动态、利益诉求和矛盾纠纷，注重通俗易懂、简便易行、务实管用原则，使各类矛盾纠纷得到及时有效化解，实现了"秩序好、服务优、群众满意"的目标。

（案例报送单位：中共荔波县委组织部）

四川省成都市：
"在地光芒行"公益慈善行动助推街域治理

【专家点评】

四川省成都市大力开展公益慈善活动是值得提倡的,也是非常重要的。公益慈善活动能够引导社会、组织、个人积极参与公益慈善事业,有利于弘扬中华民族传统美德,从而实现多方面街域治理。成都市能够将家校企社资源凝聚,靠合力共建促公益慈善,发挥合力资源有利于加大治理机制和范围,放大慈善效应,而非某个部门单独负责。成都市的公益慈善活动也是紧密联系了多方面的力量,进行网格赋能。

当前社会正处于媒体信息时代,成都市能够与时俱进地进行线上线下结合,推行光芒小店计划,提供观影、餐饮、运动、休闲等多方面的服务,包含的公益慈善活动范围广泛,多方面帮助需要帮助的人。线上搭建积分管理平台,通过积分兑换服务越来越多的人。线下与植树节结合开展主题活动。由党员干部带头,带动各部门开展植树添绿、公益捐赠,让所有人参与到公益慈善活动中来,人们的思想观念因此改变,城市幸福温度更多,环境品质也持续提升,人们的意识提高,街域治理也能良序发展。

点评人:彭庆辉　北京大学政府管理学院助理研究员

孙　健　沈阳师范大学副教授

一、背　景

新时代以来,党中央高度重视慈善工作和慈善事业发展。2023 年 3 月,习近平总书记看望参加政协会议的民建工商联界委员时指出:要继承和弘扬中华民族传统美德,积极参与和兴办社会公益慈善事业,做到富而有责、富而有义、富而有爱。① 党的十九大报告提出:"完善社会救助、社会福利、慈善事业、优抚安置等制度"。党的十九届四

---

① 《正确引导民营经济健康发展高质量发展》,《人民日报》2023 年 3 月 7 日。

中全会提出："重视发挥第三次分配作用,发展慈善等社会公益事业"、"统筹完善社会救助、社会福利、慈善事业、优抚安置等制度"。党的十九届五中全会提出："发挥第三次分配作用,发展慈善事业,改善收入和财富分配格局。"党的二十大报告提出："构建初次分配、再分配、第三次分配协调配套的制度体系","引导、支持有意愿有能力的企业、社会组织和个人积极参与公益慈善事业"。

2023 年 8 月 22 日,四川省民政厅印发《慈善助力共同富裕"个十百千万"行动工作方案》强调,以习近平新时代中国特色社会主义思想为指导,深刻认识慈善在中国式现代化进程中的重要功能,准确把握慈善在基本经济制度、社会保障制度、基层治理制度中的重要作用,以扶弱济困为重点,以创新拓展为关键,以创新试验区为带动,以高质量发展为主题,坚持"四个转变"的思路,加快培育品牌慈善组织,大力发展社区慈善基金,积极培养慈善专业人才,广泛链接社会慈善资源,着力营造"人人向善、事事行善、时时可善、处处有善"的慈善格局,为推进共同富裕贡献慈善力量。

2022 年 1 月 26 日,成都市人民政府办公厅印发《成都市促进慈善事业高质量发展若干规定》(成办发〔2022〕1 号)中第十一条指出:推动城乡社区广泛开展慈善活动,引导城乡社区与慈善组织联动服务,鼓励城乡社区发掘慈善文化、宣传善人善举、设立慈善基金、开展志愿服务、倡导居民互助互济、优化慈善救助服务,促进慈善全民参与、人人共享。第十二条也指出:以慈善示范社区(村)创建和慈善场景营建为重点,依托社区、公园、绿道、街区等公共场所,打造文化底蕴深厚、慈善元素丰富、慈善氛围浓厚、具有观赏性和参与感的慈善示范项目,形成特色鲜明、内涵丰富的慈善平台。

天府街道地处天府之国腹心,是温江区城市区域重要组成部分,面积 22.5 平方公里,辖 7 个社区,服务人口约 21 万。街道有逾 90 年城镇发展史,有着项目承载、日新月异的荣光,作为成都医学城 A 区、温江大学城主要承载地,现有工业企业 650 余家,拥有百亿级商圈 TOD 旭辉以及成都中医药大学、成都师范学院、四川理工技师学院 3 所高等院校,中小学和幼儿园共 24 所。工业企业集聚、校区资源富集,为打造公益慈善品牌,放大慈善社会效应,提供先天条件和重要基础。

二、主要做法

(一)深挖家校企社资源,凝聚"一盘棋"强大合力

一是党建引领聚力。按照党建带群建促公益慈善的思路,全域梳理辖区企业、学校、机构、小区等资源,运用党组织聚合功能,分类构建党群共同体,变组织优势为资源优势。在街道层面,构建区域化党建模式,实现"职能部门、国企、学校、街道(社区)"融

通互动、资源共享,推动区域变化可视可感。在社区层面,积极推进社区党组织与成都中医药大学、成都师范学院、园林企业等党组织深化共建协作,推动"YOU+同善街"、儿童戏剧营地等公益新场景建成投用。

二是网格赋能筑基。完善"微网实格"治理机制,探索"七色网格工作法",推行公益慈善进网入格项目化清单化。比如,依托红网领航格,行业党员开展法规宣讲、矛盾纠纷调处等志愿服务;依托橙网公益格,公益人士开展义诊、义卖等志愿活动;依托绿网环保格,干部职工参与巡田、巡林、巡河、巡路、巡房等"诸巡合一"志愿行动;依托青网助老格,青年志愿者开展理发、助餐、陪诊等为老服务。

三是精神培塑强魂。全域凝聚"天府街·天府人·天府心"愿景共识,传递灌注"在街识街、在街爱街"区域正能量,弘扬"日赞一善、日行一善、日劝一善"街域公益精神。深挖属地历史人文底蕴,7个社区全部凝练出社区精神,比如笼堰社区的"拢聚人心、堰上风景",游家渡社区的"游子家人、渡人自渡",天府家园社区的"天府家园、添福家人"等,引导在社各方,同心协力,命运与共。

(二)创设"线上线下"平台,构建"一体化"工作范式

一是搭建固定捐赠平台。联合区慈善会建成街道级"光芒公益慈善基金",为社会各界资金捐助搭建固定通道。通过"杨柳风·留灯书屋"、"社区食物银行"等服务载体,持续面向社会开展实物捐赠募集。天府商会、成都市食品检验研究院、沃尔玛超市、中铁二十三局第三工程公司等25家实体机构捐赠物资总市值均超过85万元。

二是搭建积分管理平台。依托"天府街的天府心"微信公众平台,开发"指尖上的公益积分管理平台——天府·光芒卡"小程序,设置志愿服务、光芒联盟、光芒基金、光芒指数、光芒积分5个模块,实现社区志愿服务项目实时发布、公益慈善捐赠实时开展、光芒积分实时更新,实现"赋分标准化、得分全龄化、积分透明化"。

三是搭建多元应用平台。推行"光芒小店计划",链接辖区内观影、餐饮、运动、休闲、培训等8类商家(机构)提供积分兑换服务,固定合作"光芒小店"已达40余家。开行"公益慈善积分巡回兑换服务车",已开展10次,累计兑换服务495人次。

(三)开展"在地光芒"活动,营造"一家亲"浓厚氛围

一是策划开展"我为天府添棵树"主题活动。利用3月12日植树节的重要时点,策划"城市向善·自带光芒,我为天府添棵树"、"一家亲·光芒路,我为天府添棵树"主题活动2期,公开向社会各界人士倡议,为天府辖区植树添绿、公益捐赠,累计募集苗木、景观等390余万元,平场整治、植绿补绿4万余平方米,种植较大株红梅、桂花、樱花、茶花等苗木8600余棵,"成师·笼堰风景带"、"盛江·盛情盛景路"等区段连片成景,蓝海智装、开心广场、社区食堂等区域闪"靓"登场,"三个广场、三条路段和一个节

点"景观落地呈现。

二是策划开展"一家亲·城市啄木鸟"行动。自 2023 年 3 月起,每月利用周末时间,由街道、社区两级党员干部带头,带动部门(单位)党员干部、园区企业员工、院校师生、沿街商户和市民家庭等参与,聚焦城市环境、城市安全、城市文明等领域,排查问题、建档处置、限期销号。每轮行动均为参与人员赋予相应"光芒积分"作为认可和激励。

三是策划开展"一家亲·光芒行"主题活动。发挥社区食物银行平台效能,常态化为环卫工、农民工等群体发放"温馨粮袋",每月入户走访独居老人、残疾人等特殊困难对象,定额发放关爱积分。利用中秋、国庆等重要时节,开展"我为长者献爱心"、"我为娃娃捐本书"等系列活动。建成社区共享食堂 2 个,采取"公益+市场"运营模式,就近就便服务辖区群众、企业员工等。

三、工作成效

(一)社会动员体系更趋完善

截至 2024 年,光芒平台注册个人(机构)超过 2.6 万个,募集来自家庭、学校、企业等多方公益捐赠物资总市值约 700 万元;累计发布城市书屋志愿服务等主题活动 282 场,吸引 2.6 万人次参加;蜜雪冰城、都市美程酒店、博众汽修、万花拾景园等 40 户商家(机构)提供积分兑换消费。先后迎接江苏、浙江、山东等省市工作考察观摩 80 余批次,中央、省市区各级媒体持续关注并报道"在地光芒行"做法。

(二)城市环境品质持续提升

累计开展"一家亲·城市啄木鸟"行动 13 轮,累计处置突出问题达 5400 余个,整改完成率达 98.2%,为服务实体经济发展,服务市民工作生活,提供了良好环境。比如:"城市啄木鸟"行动中,志愿者发现突发路面塌陷,迅速上报处置,及时避免重大安全事故发生;实施科伦药业周边捡种区域整治,打造"科伦·青泰芳草地";改造健康谷·开心广场等 4 个广场。小区治理三年攻坚中,每月开展物业服务品质提升拉练,全国首创组织网格多元力量向属地社区党组织述报小区治理工作。

(三)城市幸福温度更加彰显

截至 2024 年,累计策划开展"温江一家亲"系列主题活动 190 余场,募集公益基金 97 万元,慰问特殊困难对象 6000 人次。街道"留灯窗口"累计夜间和周末为企为民办件 3160 余个;"一家亲·看电影"、"我为娃娃捐本书",受到市民热忱参与。西财附小"一场双门"、"杨柳河·货车司机之家"、"YOU+篮球场"、"一家亲·共享食堂"等公益慈善场景,已线下消费兑换超 64 万分。街道办公区停车场让渡迪恩捷小学家长、教师车辆临停超 3 万车次,作为温江区荣获"2023 中国最具幸福感城区"典型案例之一进行宣传。

四、经验与启示

(一)坚持党建引领,广泛整合慈善资源,是发展公益事业的关键之要

实践证明,慈善工作既要靠政府部门强势推动,也要靠高校企业、人民群众的广泛参与,形成政府推动、全民参与的充满活力的慈善发展良性格局。天府街道充分珍视区域内特有的校区、企业、商家等资源,以区域党建、党建联建为抓手,健全"家校企社·在地光芒行"公益慈善体系,通过"项目赋分、贡献得分、平台积分、消费用分、光芒晒分"全链条大回环机制,深度推动家庭、学校、企业、社区衔接联动,先后与沃尔玛、唯品会、五芳斋等 25 家实体机构建立稳固慈善合作机制,拓展线下公益消费场景 40 余家,一年一个月时间里,链接爱心资源市场价值超 700 余万元,实现各类公益慈善资源、治理资源链接汇聚,努力营造全民共担、助人自助的社会氛围。

(二)发展指尖公益,推动善行触手可及,是发展公益事业的必由之路

近年来,互联网公益全面、深刻地影响着慈善事业发展格局,"人人公益"、"指尖公益"渐成潮流,辐射出一个超强的慈善"磁场"。天府街道搭建"天府·光芒卡"线上平台,实现志愿服务项目实时发布、公益慈善捐赠实时开展、光芒积分实时更新,畅通公益行善渠道,激发公众善心善行,以"指尖公益"引领"大众慈善",助力"指尖公益"的涓涓细流汇聚成慈善大爱的汪洋大海。常态发布慈善主题活动,调动企业、高校、居民广泛参与,让日行一善触手可及。

(三)反哺街域治理,实现民生可感可知,是发展公益事业的应有之义

天府街道以公益慈善为抓手,积极拓宽社会公益慈善力量参与基层治理渠道,链接企事业单位、学校、社会组织、居民等资源,增进民生福祉、提升城市品质、创建公益场景,生动实践多元共治模式,实现慈善文化与社会治理有机融合。"一家亲·共享食堂"、"一场双门"等系列公益场景极大提升城市发展温度,让居民收获实实在在的幸福。"一家亲·城市啄木鸟行动"、"一家亲·光芒路,我为天府添棵树"等系列主题活动,调动广大志愿者参与活动、募捐慈善资金,既尊重居民"主人翁"地位,又实现街域治理良序发展,构建公益慈善发展壮大、多元共担街域治理"双向奔赴+双向赋能"的生动格局。

(案例报送单位:成都市温江区人民政府天府街道办事处)

福建省泉州市：
"'老叮'一耆绿地"助力乡村老年人社区参与

📝【专家点评】

　　福建泉州百崎回族乡的社工站通过改造幸福院七楼阳台为"欢乐农场"，运用资产为本的地区发展模式，汇聚资源，组建空间改造队伍，有效激活了社区公共空间，促进了老年人及社区成员的参与和乡村治理的发展，增强基层社区建设的情感联结与内生动力。该案例在促进社区参与、活化公共空间、推动文化传承、激发内生动力等方面有着诸多创新做法，为乡村振兴和社区治理提供了可借鉴的经验和启示。

　　首先，该项目充分拓展了社区参与。该平台不仅促进了老年人和其他社区成员在社区治理中的积极参与，而且通过实际参与活动，提升了居民对于民主治理理念的理解和认同。这种基于居民自主参与的治理模式，有助于构建更加开放、包容和平等的社区环境，进而提高治理的有效性和民众满意度。通过组建志愿服务队和开展多样化的志愿活动，案例在社区内培养了浓厚的志愿服务精神和互助文化。这种文化的培养不仅促进了社区成员间的相互帮助和支持，还提升了整个社区的文明程度和社会责任感，为构建和谐社会奠定了坚实的基础。

　　其次，该项目有效活化了公共空间。"欢乐农场"的创建是对闲置公共空间二次开发利用的典型示例。这一做法不仅为社区居民提供了实用的农业种植空间，还通过设计和规划，使其成为促进社区交流、文化传承和休闲娱乐的综合场所。案例通过动员和利用社区内部资源及人力，减少了对外部资源的依赖，展现了社区自我发展和自我完善的能力。这种内生发展模式不仅提升了社区的自我管理能力，还增强了面对外部挑战时的自主性和灵活性，为社区的可持续发展奠定了坚实基础。

　　再次，该项目深度增强了社会凝聚力。"欢乐农场"活动设计巧妙地将儿童和老年人聚集在一起，通过共同参与"欢乐农场"的种植和管理，促进了跨代共融，使不同年龄群体之间增加相互理解和支持。这种跨代共融的活动设计有助于强化社区内的社会纽带，增进共同的社区认同感，从而增强整体的社会凝聚力。

最后，该项目充分彰显了文化传承的治理意涵。在"欢乐农场"项目中融入当地的农业文化和节日习俗，不仅有助于保护和传承地方特色文化，而且通过将传统文化元素与现代社区治理相结合，创造了一种新的文化表达方式。这种结合体现了对传统文化的尊重和现代诠释，增强了文化的活力和适应性，使其能够在现代社会中继续发挥作用。同时，结合社工站的建设和社会工作者的深入参与，将专业的社会工作理念和方法引入乡村治理之中，提高了文化治理的专业性和系统性。这种融合也拓展了社会工作的实践领域，为社会工作者提供了广阔的工作平台和挑战，促进了社会工作专业的发展和创新。

总的来说，"欢乐农场"项目展示了如何通过创新的社会工作和社区治理方法，有效激活乡村公共空间，促进老年人和社区成员的广泛参与，进而推动乡村振兴和社区的可持续发展。该案例为其他乡村社区提供了可借鉴的经验和启示，特别是在如何通过社会工作专业服务和社区居民的积极参与推动社区治理和乡村振兴方面意义重大。

点评人：黄家亮　中国人民大学社会学院副院长、教授

一、背　景

（一）政策背景

中共中央、国务院在 2021 年发布的《关于加强基层治理体系和治理能力现代化建设的意见》中，强调构建人人有责、人人尽责、人人享有的基层治理共同体的目标。同年，民政部也要求各地加快乡镇（街道）社工站的建设，以提升对特殊困难群众的服务能力，并促进社区融入和社会参与，特别是在社会救助、养老服务、儿童关爱及社区治理方面。这不仅强化了基层民政服务，使之更贴近民众，还为我国乡村振兴战略的实施提供了助力。在此过程中，养老服务显得尤为重要。乡镇（街道）社工站需要思考如何利用本地资源优化养老服务，并鼓励老年人更多地参与到社区活动中。社区公共空间，作为治理的平台，其有效利用和活跃化能够调动社区居民和其他相关主体的积极性，培养公共精神，进而增强社区治理的内在动力，重塑社区的公共特质。因此，在乡镇（街道）社工站的服务推进中，激活社区公共空间和促进老年人的社区参与成为两大抓手。

（二）项目背景

2024 年 1 月，泉州台商投资区民生保障局委托泉州投资区致和社工事务所运营百崎回族乡社工站。百崎回族乡位于泉州台商投资区南部，依山面海、沿江拥湖、临港近城，全乡总面积 16.7 平方公里，辖 5 个行政村。百崎回族乡社工站设立于白奇村五星

级幸福院,共有 7 层,约 2000 平方米,7 楼阳台闲置。百崎回族乡常住人口 3.1 万人,户籍人口 1.75 万人,其中郭氏回民占 87%,是福建省唯一回族乡也是泉州市唯一的少数民族乡。"一小一老"人群服务和社区治理是社工站核心工作内容。百崎回族乡是著名侨乡,内有丰富史馆、文化展览馆、纪念馆,浓厚海丝文化,仍保留部分回族生活习俗和文化。

(三)案例情况

百崎乡白奇村幸福院功能完备,但受限于老人协会成员的身体和文化水平,公共空间利用率低下。社工介入前,老年人的娱乐活动局限于打麻将和聊天,社区参与渠道和机会均有限,治理服务意识薄弱。幸福院 7 楼阳台虽宽敞,却闲置并存在卫生问题,未能有效发挥为老服务和文化服务的功能。百崎回族乡社工站积极探索社会工作与乡村治理的融合路径,依托社工站建设,结合文化治理理念,活化公共空间,链接公益资源,激发老年人和乡村其他主体的积极性,培育公共精神和共同体意识,增强乡村治理的内生动力,重塑乡村公共性。

二、问题需求

社会工作者通过乡村实地走访观察、问卷调查、访谈等调研方式,了解到白奇村在基层治理中面临以下问题与需求。

(一)公共空间利用率低,老年人缺乏参与社区治理渠道

白奇村幸福院由白奇村老年人协会管理运营,整栋大楼共有 7 层,除 1 楼棋牌室利用率达 95% 之外,其他楼层使用率均较低。老年学校一开始每个月举办 2 期活动,后逐渐演变为 1 年不到 6 期。每月 25 日,老人会定期召开理事和小组长会议,但有时会因为部分理事和会长不能参与而没有召开,会议召开次数逐年递减。村委会将大部分精力投入到行政事务服务中,忽略了自身在引导村民自治中应发挥的作用和所需承担的责任,极少为老年人提供参与社区基层治理的平台和机会。村委会和老人会除了在重阳节、春节有大型文化活动,其他时间段较少举办文化活动,老年人参与社区服务机会少。

(二)老年人公共意识淡薄,较少关注社区基层治理发展

社会工作者在走访调研中发现,老年人主动参与社区活动积极性不高,缺乏社区主体意识。老年人认为白奇村仅仅是个人或家庭的居住场所,而非一个可以满足村民多种需求和兼具各种服务性功能于一身的现代社会生活的共同体。部分老年人认为村里公共事务管理和决策活动由村内少数精英人物参与即可,轮不到老年人"指点江山"。

老年人更多以个人利益作为出发点,存在搭"社区服务"便车心理,希望可以在不付出任何成本的前提下,合理地享受社区发展带来的福利,导致白奇村公共资源及场地运用陷入"公地悲剧"的处境。

社会工作者经过和村支部书记、退休党员、老人协会会长、村内能人及志愿者商讨,计划将幸福院7楼闲置阳台进行改造,结合文化治理理念,注重挖掘和传承社区的文化特色,将传统文化元素与现代设计理念相结合,活化社区公共空间,建设欢乐农场,为老年人提供参与社区空间治理的平台,逐步培养其主动参与社区基层治理的意识。

三、服务计划

(一)理论基础

资产为本的地区发展模式,注重挖掘和发挥当地自身的能力与资源,通过资本积累推动乡村治理与发展,鼓励居民自助互助,广泛参与社区事务,旨在培养居民的自助互助意识,提升社区凝聚力,不仅关注居民利益的实现,更致力于发掘社区发展的"资产",引导居民参与社区治理,通过激发内生动力提升社区生活品质。

本案例中,白奇村社区能人多,公共空间大,社会组织多。社会工作者以当地幸福院物理公共空间改造为手段,将当地人力资源、知识资源以老年人议事协商的形式汇聚起来,集体讨论幸福院7楼闲置空间的利用方向,为老年人提供更多社区公共活动的参与平台和机会,促进老年人互助服务。在充分发掘、调动、鼓励老年人参与公共空间活化后,逐步提升老年人社区参与的主动性和意识,借助公共空间活化的相关活动,以老年人带动其他居民参与的方式,提升居民的社区参与意识及乡村治理的积极性,让在地人力资产和知识资产有能力和意识,促进乡村的发展与进步,助力乡村振兴。

(二)服务目标

1.总目标

通过专业社会工作服务,增加老年人参与社区治理的渠道,构建老年人交往互助的平台,结合文化治理理念,注重挖掘和传承社区的文化特色,将传统文化元素与现代设计理念相结合,活化社区公共空间,让老年人感受到物理空间的改变,进而搭建更多的白奇村老年人社区参与平台、提升参与社区治理意识,促进乡村治理共同体的形成。

2. 具体目标

①组建一支不少于 15 人的"欢乐农场"志愿服务队,以退休党员志愿者为引领,吸纳广大老人志愿者和小小志愿者参与志愿服务,并举行志愿者表彰仪式;

②活化闲置阳台,建造 1 个"欢乐农场",制定一套"欢乐农场"管理制度,以确保"欢乐农场"能够顺利持续运转;

③利用每个月 25 日召开"欢乐农场"议事协商会,进行活化公共空间讨论和"欢乐农场"活动设计;

④在"欢乐农场"蔬菜能够丰收的前提下,每个月 5 日、10 日、15 日、20 日、25 日、30 日上门为民政服务对象送上爱心蔬菜,关注弱势群体,营造良好的互助氛围;

⑤根据天气时节和回族乡特色开展以"欢乐农场"为依托的相关活动,讲好民族融合故事,凝聚志愿服务力量,巩固建设成效,让至少 80% 的服务对象对社会工作者提供的服务表示满意。

(三)服务策略

第一,组建公共空间改造队伍,包括老人协会、村委会、社工站、社区能人、乡政府等多方组成的改造力量,达成改造目标、明确各自职责。

第二,搭建资源汇聚平台,落实各方的分工与合作,例如老人协会负责组织"欢乐农场"议事协商会议,社工站和村委会引导退休党员与老年人参与公共空间运营,制定"欢乐农场"运营制度等。

第三,通过各种服务,进一步提升参与机会和参与意愿。社工站定期开展专业服务,同时组织社区能人、老年人志愿者、高校志愿者、小小志愿者参与志愿服务,并且培养老年协会骨干学会组织各种服务活动;在村委会、社工、志愿者、公益单位多元主体持续参与社区文化服务后,增加老年人参与社区治理的渠道,提升老年人参与社区治理意识,进而带动其他居民的参与,助力社区治理。

四、主要做法

(一)汇聚资源,组建空间改造队伍

社工站积极联动各方志愿者资源,挖掘乡村中的文化能人和热心公益的党员、教师等,形成"欢乐农场"文化能人资源库 30 余人。通过培训、议事协商及督导服务,提升乡村能人在文化传承和社区治理方面的能力,组建一支以文化引领为核心的"欢乐农场"志愿服务队,明确分工,注重文化传承和社区治理的结合。

（二）需求调研，设计"欢乐农场"项目

基于前期百崎回族乡社工站服务的开展，社工站以乡村实地走访观察法、问卷调查法、访谈法的方式对老人协会、村委会、幸福院三个场域展开调研，分析挖掘村民的需求，盘点整合社区资源。在老年协会年中会议，将村支部书记、老人集中在一起，运用专业技巧引导村民参与讨论，设计"欢乐农场"项目内容。

（三）依计行事，打造"欢乐农场"平台

在"欢乐农场"卫生改造和空间规划过程中，注重融入社区的文化元素。邀请文旅文创志愿者和老年协会会长等共同参与规划，将社区文化融入阳台布置方案中。在植物种植方面，老人结合当地的农业文化，选择具有文化意义的蔬菜品种进行种植。同时，社工通过撰写信息稿、制作宣传海报等方式，宣传推广"欢乐农场"的文化特色和社区治理理念。

（四）常态服务，提升社区参与意识

定期开展具有文化特色的种菜活动，如民族农耕体验、传统农耕技艺展示等，加强老年人和"欢乐农场"的联结，从物理空间活化转为意识空间提升。建立日常维护责任制度，注重传承和弘扬社区的文化传统，如设立值班制度时融入当地的节日习俗或传统仪式。提升志愿者的文化治理能力，通过培训和团建活动加强志愿者的文化传承能力和社区治理技巧，推进服务的常态化开展。

（五）依托平台，提升社区内生动力

依托"欢乐农场"文化公共空间，结合乡村治理需求，开展一系列富有文化内涵的特色服务。培育老年人的社区文化参与意识，激发村民的社区主体意识和文化自觉，提升社区的内生动力。

互助送餐送菜服务：在蔬菜能够丰收的前提下，老年协会志愿者每个月 5 日、10 日、15 日、20 日、25 日、30 日上门为民政服务对象送上爱心蔬菜和餐食。

讲好民族融合故事：组织乡村能人、乡贤、退役军人、优秀党员等，为困境儿童及家庭讲述励志、良好家风家训等民族融合故事，形成一支社区"民星公益讲师团"。

体验乡村农耕文化：组织亲子活动，让儿童体验农耕实践，以儿童带动家庭，家庭联动乡村，共同关注乡村公共事务，参与乡村服务。

表彰社区内志愿者：致敬乡村最美的守护者，社会工作者每年组织 2 期志愿服务表彰活动，在区、乡、村平台上进行表彰，宣传志愿服务，体现志愿者服务的价值，增强志愿者的个人价值感和社区归属感。

召开议事协商会议：每个月 25 日，老年协会召开"欢乐农场"议事协商会，从原先讨论改造事项，逐步深入到村、社会工作者、村民、志愿者、公益单位讨论乡村治理问题，

包括幸福院用电、古街运营、村规民约等问题,发挥村民的社区主体意识。

五、工作成效

（一）评估对象

通过对"欢乐农场"改造参与者、社会工作者、村务工作者、社区活动服务对象等进行评估,总结项目取得的成效。

（二）评估方法及内容

根据任务完成情况和目标实现程度,对服务成效进行全面的评估。采用问卷调查法和访谈法来收集参与者的反馈意见,确保评估的准确性和客观性。

（三）评估成效

第一,物理空间活化:"欢乐农场"的创建为白奇村老年人打造一个交往空间,激活社区的公共空间。原本荒废的幸福院7楼阳台,经社会工作者的巧妙改造,摇身一变成为疗愈、休闲、娱乐的交流场所,深受各年龄层喜爱。农场占地约90平方米,种植各类蔬果,不仅丰富老年人的生活,也增进邻里间的互动与信任。

第二,参与机会增加:"欢乐农场"的建立,深化白奇村老年人的社区参与,通过改造公共空间为老年人提供了参与社区治理的渠道和机会。利用"欢乐农场"议事协商会议,将党员、村委会、社会工作者、村民、志愿者集中起来,关注乡村公共事务,并为乡村治理出谋划策,包括解决幸福院用电问题、组织开展古街集市等,为老年人提供更多的平台以发挥自身的"余热"。

第三,参与意识提升:"欢乐农场"的建立,构建了"邻里互助圈",促进白奇村"睦邻友好"氛围建设,提升了老年人的主人翁意识。随着"欢乐农场"服务的常态化开展,项目逐步关注到民政服务对象,上门为民政服务对象送上爱心蔬菜和送餐,促进志愿者参与社区服务,营造良好的互助氛围,真正体现了"远亲不如近邻"的真情,营造了邻里和睦的乡村氛围,建立"低龄互助高龄"的互助体系,破解了乡村治理面临的内生动力不足的困境。通过服务的开展,白奇村老人真正把幸福院当作自己的"家",对乡村的认同感和责任感得到了提升,积极参与社区议事,共同建设幸福家园。

六、经验与启示

（一）资产为本,促进社区可持续发展

社区发展不应仅仅依赖于外部资源的投入,更应挖掘和利用社区内部的资产。通

过动员老年志愿者参与公共空间改造,不仅提升老年人的社区参与感和归属感,还实现了社区资源的最大化利用。资产为本地区发展模式有效回应人才资源丰富但互助平台缺乏的社区挑战,真正满足老年人多元社区生活的需求,促进社区的可持续发展。

(二)公共空间活化,增强居民参与意识

公共空间作为居民生活的重要载体,其活化对于提升居民社区参与意识和构建内在体验意识空间具有重要意义。通过挖掘乡村能人和关注服务对象的优点,为居民创造了更多的社区参与机会,不仅提升居民的社区参与意识和能力,还为社区治理注入新的活力,使社区治理拥有持续改变的动力。

(三)乡镇社工站建设,强化情感联结与内生动力

在乡镇社工站建设中,公共空间活化项目不仅加强社工与村民之间的情感联结,通过聚焦民政服务和以老年人为抓手的方式,有效激发社区的内生发展动力。这一实践启示我们,在推进乡镇社工站建设时,应注重发挥公共空间的作用,通过关爱乡村社会救助对象和带动不同年龄段居民的参与,实现社区的共同发展和进步。

(案例报送单位:泉州台商投资区致和社工事务所)

后　记

为深入贯彻落实党的二十大和二十届三中全会精神与习近平总书记关于社会工作和社会治理的重要论述，统筹推进社会工作和社会治理高质量发展，更好发挥典型案例示范引领作用，助力社会治理现代化，北京师范大学中国社会管理研究院和中国社会工作联合会共同发起首届"全国社会工作和社会治理创新"典型案例征集活动。案例征集工作得到了人民出版社、《半月谈》杂志社等单位的协助支持，也得到了各地党政机构、高校科研机构、社会组织等单位的大力支持。

在国务院研究室原主任魏礼群、中国社会工作联合会会长陈存根的关心和指导下，2024年3月启动本次案例征集活动，共收到来自25个省（区、市）投稿案例近600个，这些案例申报单位有党政机构、高校科研机构、社会组织等。经过初审、复审、终审、答辩和复核5个案例评审环节，历时7个月，最终评选出54个优秀案例，70个入围案例。为进一步总结丰富的实践经验，特将优秀案例集结成册，并邀请知名专家学者对案例进行点评。本书设八个篇章，分别是党建引领社会治理篇、基层治理创新发展篇、社会工作体制机制建设篇、社会治理基层自治互助篇、社会治理数字赋能篇、社会治理多元主体共治篇、社会组织高质量发展篇、县乡社会治理现代化篇。李建伟、魏颖、孟庆国、王天夫、王大华、章文光、宋贵伦、黄家亮、孙爱东、李娣、皇娟、谢琼、刘冰、杨华锋、杨旎、陈劲松、蓝煜昕、周群英等知名专家学者参与了本次案例评选活动，对案例进行了评审和点评，付出了大量心血，在此表示衷心感谢！

在案例评选过程中，张本平、陈凯、张建滨、王海侠、冯贺霞、李睿深、周瑞春、彭庆辉、齐从鹏、孙健、戴瑶、张潆月、万巧玲、崔欣雨、石真祯、陈肖菡、李文君等承担了案例分类整理、审读评价、编写核校等大量工作，人民出版社的编辑老师为本书的出版付出了辛劳，在此一并感谢。

本书编写组

2024年11月

策　　划：王　彤
责任编辑：任　益
封面设计：石笑梦

图书在版编目（CIP）数据

中国社会工作与社会治理：创新案例与评价 / 李韬主编；朱瑞副主编. -- 北京：
人民出版社，2025.8. -- ISBN 978 - 7 - 01 - 027504 - 8

Ⅰ. D63

中国国家版本馆 CIP 数据核字第 2025VV2300 号

中国社会工作与社会治理：创新案例与评价
ZHONGGUO SHEHUI GONGZUO YU SHEHUI ZHILI CHUANGXIN ANLI YU PINGJIA

李韬　主编　朱瑞　副主编

人民出版社 出版发行
（100706　北京市东城区隆福寺街 99 号）

中煤（北京）印务有限公司印刷　新华书店经销

2025 年 8 月第 1 版　2025 年 8 月北京第 1 次印刷
开本：787 毫米×1092 毫米 1/16　印张：24.75
字数：484 千字

ISBN 978 - 7 - 01 - 027504 - 8　定价：139.00 元

邮购地址 100706　北京市东城区隆福寺街 99 号
人民东方图书销售中心　电话（010）65250042　65289539